TEMPOS DE ENCONTRO

Escrita, escuta, psicanálise

Blucher

TEMPOS DE ENCONTRO

Escrita, escuta, psicanálise

Rubens M. Volich

Tempos de encontro: escrita, escuta, psicanálise

Editora Edgard Blücher Ltda.

Serie Psicanálise Contemporânea
Coordenador da série Flávio Ferraz
Publisher Edgard Blücher
Editor Eduardo Blücher
Coordenação editorial Jonatas Eliakim
Produção editorial Bonie Santos
Preparação de texto Maurício Katayama
Diagramação Negrito Produção Editorial
Revisão de texto MPMB
Capa Leandro Cunha
Imagem da capa fotografia de Steve Johnson em unsplash.com

Blucher

Rua Pedroso Alvarenga, 1245, 4º andar
04531-934 – São Paulo – SP – Brasil
Tel.: 55 11 3078-5366
contato@blucher.com.br
www.blucher.com.br

Segundo o Novo Acordo Ortográfico, conforme 5. ed. do *Vocabulário Ortográfico da Língua Portuguesa*, Academia Brasileira de Letras, março de 2009.

Dados Internacionais de Catalogação na Publicação (CIP)
Angélica Ilacqua CRB-8/7057

Volich, Rubens M.

Tempos de encontro : escrita, escuta, psicanálise / Rubens M. Volich. – São Paulo : Blucher, 2021.

524 p. (Série Psicanálise Contemporânea / coordenação de Flávio Carvalho Ferraz)

Bibliografia
ISBN 978-65-5506-272-4 (impresso)
ISBN 978-65-5506-268-7 (eletrônico)

1. Psicanálise. 2. Escuta psicanalítica. 3. Psicanálise e política. 4. Psicanálise francesa. 5. Laplanche, Jean, 1924-2012. 6. Fédida, Pierre. 7. Neurociência. I. Título. II. Ferraz, Flávio Carvalho. III. Série.

21-0930 CDD 150.195

Índice para catálogo sistemático:
1. Psicanálise

A vida é a arte do encontro,
embora haja tanto desencontro pela vida...
Vinicius de Moraes, "Samba da bênção"

Conteúdo

Apresentação

Convés, porões e esperanças...

Como começou?

Quem sabe na ousadia ingênua daquele menino, entediado pela formalidade das redações escolares, mas apaixonado pela professora de história com nome de feiticeira... Diante de mais uma lição de casa, que solicitava a descrição da civilização fenícia, imaginou-se escondido em uma embarcação, e, num papiro encontrado em um canto perdido do convés, escreveu um diário de suas aventuras pelo Mediterrâneo.

Quem sabe na adolescência, quando, participando de um movimento de jovens, descobriu o prazer de compartilhar suas leituras na preparação de conversas temáticas e atividades para os grupos dos quais era monitor, aventurando-se também na redação do jornal do movimento.

Em tempos de telefonia cara, quando a internet ainda era ficção, as cartas eram a forma possível de preservar amizades e amores distantes, de trocar confidências, manter pela escrita conversas interrompidas em encontros que só podiam ocorrer nas férias, limitados pela geografia e pelo tempo.

Escrever sempre foi desafiador, fascinante. Brincar com palavras, sonoridades, sentidos era e continua sendo fonte inesgotável de prazer, mesmo diante das dificuldades, dos "brancos", das angústias vividas pela inspiração que se furta e pelos prazos a serem cumpridos... Nesses momentos solitários, muitas vezes, capturado pelas armadilhas da exigência, que silencia as palavras e seca as imagens, fui salvo por uma música fortuita, por uma palavra errante, por cenas de filmes ou pela poesia de autores ou amigos, também atormentados por silêncios insuportáveis, como os que eu vivia. Em tais momentos, buscava companhia. Felizmente, muitas vezes a encontrei, em olhares cúmplices, palavras e gestos solidários, algumas vezes inesperados, de amigos, colegas, alunos e pacientes, que, mesmo sem o saber, indicavam-me um curso por onde voltavam a fluir as imagens que havia perdido, ou brotavam novas que desconhecia.

Descobri assim, aos poucos, a importância da escuta. Dos amigos, dos mestres, dos livros, de sons e imagens que faziam vibrar dentro de mim experiências inusitadas do mundo, mediadas por outros olhares, sentimentos e experiências, diferentes daqueles que conhecia. Formas de ouvir que me desafiavam a enfrentar o medo e a desconfiança do que estranhava e desconhecia, mas que me resgataram de mim, revelando pessoas, modos de vida, valores e costumes, alguns que nunca imaginara, outros que mantinha distante, por ignorância, medo ou preconceito.

Ao ser escutado, pude me escutar. De outras maneiras, nem sempre fáceis de reconhecer ou viver, porém mais próximas do que por muito tempo não consegui ou recusei enxergar. Longo e infindável caminho, por vezes percorrido em terrenos íngremes, difíceis e acidentados, em meio a dores e tropeços, outras em campos mais amigáveis, podendo desfrutar com prazer, inclusive, tanto os trechos já trilhados como novas paisagens que se revelavam. Às palavras, pensamentos e afetos que vinham de dentro de mim misturavam-se os que vinham de fora, do outro, transformando-me. Novas inspirações, outra escrita, novas escutas.

Nada disso teria sido possível sem a experiência dos encontros. Nem a escrita, nem a escuta, menos ainda a vida. Este é um livro que celebra essas experiências.

Reunir escritos de períodos tão diferentes de minha vida é uma forma de compartilhar os frutos desses encontros, os caminhos pelos quais foram se traduzindo em livros, entrevistas, resenhas e artigos, a partir de relações pessoais ou de trabalho, permeados por vivências, ideias e sentimentos provocados pelos momentos sociais e políticos em que ocorreram.

Retomar esses escritos é, para mim, uma viagem no tempo, uma experiência de reencontro. Reencontro comigo mesmo e, mais ainda, com muitos com quem convivia na época de cada texto, alguns dos quais ainda bastante presentes em minha vida.[1]

Reencontro com cenas e tempos distantes, com lugares para os quais nunca mais voltei e que ainda me fazem sonhar, e outros que nunca deixei de frequentar.

Reencontros com minhas próprias ideias de outros tempos, que me propiciaram, em textos há muito redigidos, novas descobertas, novas formas de dizer o que então não conseguia muito bem entender ou expressar.

---

1 Explicito meu reconhecimento para com cada um nos "Agradecimentos", ao final do livro.

Opressão

Meus primeiros textos foram gestados e publicados no longo período de transição que vivemos da ditadura, instalada desde 1964, para a redemocratização. Os eventos daquela época, quando iniciava minha vida profissional, continuaram reverberando por muito tempo após o fim do regime militar, marcando, até hoje, minha compreensão das relações de poder, minha visão das relações sociais, de ensino e terapêuticas. Vários artigos da coletânea permitem vislumbrar essas repercussões.

Em 1975, eu cursava o primeiro ano da Faculdade de Pedagogia da USP, quando Vladimir Herzog foi torturado e assassinado nas dependências do DOI-CODI, em São Paulo. As tentativas oficiais de dissimular esse fato com uma versão bisonha de "suicídio" desencadearam intensas reações de muitos setores da sociedade civil. A solidariedade e as longas conversas com os colegas da faculdade, as manifestações de protesto em muitos pontos do país, o culto ecumênico na Catedral da Sé, a coragem de Dom Paulo Evaristo Arns, do rabino Henry Sobel e do pastor James Wright, enfrentando todas as ameaças do aparato repressivo mobilizado para silenciá-los, impressionaram-me profundamente.

Sufocado como todos naquela época, preparava-me para viver fora do Brasil, em uma sociedade que esperava mais justa, onde não tivesse medo de dizer o que pensava e não precisasse desconfiar às vezes até de pessoas próximas, de colegas trabalho e de alguns que apenas buscavam conhecer-me e relacionar-se comigo. Naquele culto, em meio à multidão que lotou a Catedral e a Praça da Sé, pude realmente respirar e, pela primeira vez, imaginar que talvez, naquele momento, a opressão, a violência e a injustiça que pareciam infindáveis podiam estar começando a ceder lugar à solidariedade, à busca pela liberdade e à esperança de que, talvez, um dia também aqui prevaleceriam.

Quarenta e cinco anos depois, ao reavivar a memória daqueles tempos, revolta-me o aberrante momento em que vivemos, quando um governo é eleito preconizando e promovendo institucionalmente muitas das políticas irrespiráveis daqueles tempos, apoiado por uma fração significativa da opinião pública que anseia pela volta do regime militar e seus instrumentos, como os Atos Institucionais e o fechamento do Congresso Nacional, justificando a tortura e a violência.

A mobilização contra o assassinato de Herzog e contra o engodo das "versões oficiais" efetivamente permitiu que viessem à tona e passassem a ser mais amplamente conhecidos muitos outros casos de tortura, de arbítrio, de detenção e assassinatos de presos e perseguidos políticos, a grande maioria pelas ideias de justiça e liberdade nas quais acreditavam. Foi também nessa época que começaram a se tornar públicos os porões da ditadura, os casos de conivência e colaboração de civis de todas as profissões com o regime militar, como Harry Shibata, médico-legista que assinou o laudo com a versão do suicídio de Herzog, assim como o de Manoel Fiel Filho, também morto nas dependências do DOI-CODI. A colaboração de Amílcar Lobo (médico e psicanalista da Sociedade Brasileira de Psicanálise do Rio de Janeiro) com os serviços de repressão e tortura já era então murmurada, porém acobertada pelos dispositivos institucionais da SBPRJ. Foi esse episódio que levou à expulsão de Hélio Pellegrino, Eduardo Mascarenhas e de Helena Besserman Vianna, quando tentaram denunciá-la em nome da ética e de princípios psicanalíticos, com as consequências que conhecemos.[2]

2 Ver o artigo "Psicanálise e terror político" desta coletânea.

Os protestos e a pressão crescente de movimentos pelos direitos humanos e setores cada vez mais amplos da sociedade civil efetivamente criaram, gradativamente, as condições para a abertura política que culminou, nos anos 1980, no movimento pelas eleições diretas para presidente, na libertação de presos políticos e na anistia para perseguidos pelo regime militar.

Na época, iniciando minha atividade clínica, interessei-me também em conhecer as hipóteses psicanalíticas relacionadas aos fenômenos coletivos, dos grupos e do social. Freud, Wilhelm Reich, Erich Fromm, os autores da Escola de Frankfurt e Hanna Arendt ajudaram-me a compreender outras manifestações do sofrimento, do psiquismo e da pulsionalidade humana, para além de suas expressões individuais, que observava na clínica, como os sistemas totalitários, a barbárie, a pobreza, a opressão e a violência social, o terrorismo, a tortura, a discriminação e o racismo e tantas outras expressões coletivas, questões presentes em vários artigos desta coletânea.[3]

Psicologia de massas do fascismo (1972) foi objeto de minha primeira resenha publicada, em 1984, na *Folha de S.Paulo*. No ano seguinte, ampliei em outro artigo (aqui combinado com a resenha) a discussão desse tema. Refletir, a partir de Reich, sobre as articulações entre o funcionamento psíquico individual e as dinâmicas socioeconômicas e culturais que engendraram o nazismo alemão e o fascismo italiano ajudou-me na época a compreender melhor o período autoritário que acabávamos de viver no Brasil. Ficou claro que, antes mesmo de se constituir como um sistema político, o fascismo subjetivamente se constitui a partir de certas formas de perversão da economia libidinal e das relações de alteridade, da

3 Artigos "A Constituinte, o desejo e a Lei", "O fascismo nosso de cada dia", "Psicanálise e terror político" e "A psicodinâmica do trabalho e as novas formas de dominação".

mobilização do ódio e da destrutividade do outro e do diferente como forma de valorização narcísica.

Porém, naqueles anos 1980, não imaginava que manifestações explícitas do fascismo, que pareciam distantes no passado, viriam novamente se manifestar individual e coletivamente, com a intensidade e amplitude que constatamos nos dias atuais, não apenas no Brasil, mas em vários outros países. Estarrecidos, pouco percebemos a memória coletiva sendo sub-repticiamente neutralizada, a empatia anestesiada, a indiferença ao sofrimento dos "diferentes" promovida e justificada quando não somos pessoalmente afetados pelo preconceito e pela violência. É fato que, nos tempos em que vivemos, lamentavelmente nos descuidamos e não estamos conseguindo nos contrapor à "peste emocional", descrita por Reich, apesar de há quase noventa anos conhecermos as condições que contribuem para sua emergência e disseminação.

Primeiros tempos

Ainda no final dos anos 1970, apesar de mobilizado pela luta pela abertura do regime político no Brasil, por quatro anos, só pude acompanhá-la a distância. Vivendo a experiência coletiva e comunitária em um *kibutz*, graduei-me em Orientação Educacional e no bacharelado em Psicologia em Tel Aviv. Pela primeira vez, senti que vivia em uma sociedade livre, plural e muito menos desigual, apesar de toda a complexidade e das contradições resultantes dos conflitos com árabes e palestinos, tanto os vizinhos como os que moram no próprio país. Minha primeira psicanálise contribuiu para a elaboração e o luto de muitas de minhas idealizações daquele momento, relativas ao país, à profissão e a minhas relações pessoais e sociais. Compreendi o impossível das sociedades, das relações e da vida sem conflitos, e a dura e inevitável necessidade de um trabalho pessoal e coletivo permanente para viabilizar a empatia, a tolerância e a convivência com as diferenças. Entendi que nenhum crescimento é possível sem confrontos, sem dor, sem perdas e que uma das principais funções do trabalho terapêutico é criar recursos individuais e coletivos para tolerar essas experiências e transformá-las em criação e em crescimento. Os desdobramentos dessas descobertas atravessam textos de diferentes épocas, aqui apresentados.

Retornei ao Brasil em 1980 para continuar minha formação e dedicar-me à clínica. Para isso, precisava revalidar meu diploma, complementando algumas disciplinas do currículo. A afinidade de ideias levou-me a fazê-lo na Faculdade de Psicologia da PUC-SP, sem imaginar que ali faria alguns dos encontros mais significativos e fecundos de minha vida. Ao chegar, sentia-me um pouco estrangeiro em meu próprio país. Desconhecido e estranho em uma turma com uma história de três anos de convivência acadêmica – da qual constava a vivência do cerco e da invasão da PUC-SP pelas tropas de Erasmo Dias (1977), que levou à prisão de alguns alunos da turma –, fui acolhido com cuidado e generosidade por muitos colegas e alguns professores. Com o tempo, as relações com cada um deles, e outros ainda, se estreitaram, e dessa aproximação resultaram amizades e relações de trabalho que persistem até hoje, cada vez mais profundas. Neste livro, inspirado pelos encontros, é natural expressar minha particular gratidão pelas experiências vividas com os amigos e outros próximos dessa turma, com quem me formei em 1981.

Nesse período, retomei minha análise e iniciei minha formação em uma perspectiva reichiano-psicanalítica, trabalhando especialmente as articulações entre a metapsicologia, a análise do caráter, a couraça muscular e o adoecimento, buscando também compreender a dimensão social dessas dinâmicas. Por esse viés, comecei a aprofundar meu interesse pelas relações entre o corpo e o psiquismo e, em especial, pelas manifestações das biopatias, descritas por Reich, nas doenças oncológicas. Para fazê-lo, procurei alguns serviços de oncologia em São Paulo, porém, na época, infelizmente não encontrei da parte deles abertura para essa proposta ou mesmo para inclusão de um psicoterapeuta em suas equipes.

No início dos anos 1980, simultaneamente a minha prática clínica em consultório, iniciei uma atividade institucional no Centro Comunitário de Saúde Mental de Parelheiros (na época, conveniado à Secretaria de Saúde do Estado de São Paulo). Era uma época efervescente, marcada pelos movimentos antimanicomiais italiano e francês, principalmente pelas ideias de Basaglia, e também pelo início da Reforma Psiquiátrica no Brasil, que buscava a ampliação da assistência em saúde mental para as populações mais periféricas e a mudança do modelo psiquiátrico centrado no hospital para o atendimento ambulatorial.[4] Nas vivências com a equipe do Centro Comunitário, formada por psiquiatras, psicólogos, fisioterapeutas, fonoaudiólogos, terapeutas ocupacionais e assistentes sociais, descobri a importância das trocas transdisciplinares. A reflexão sobre a natureza e as dinâmicas institucionais e grupais e a constatação da função estruturante para o paciente de múltiplas transferências foram experiências marcantes e transformadoras para todos os profissionais que delas participaram, criando também laços afetivos intensos, até hoje presentes entre alguns de nós.

O trabalho comunitário na periferia de São Paulo, a clínica institucional e particular e o período de transição para a abertura política no Brasil foram inspiradores para minha escrita e meus primeiros artigos publicados. Inicialmente enviei-os à *Folha de S.Paulo*, que os acolheu e, em seguida, convidou-me a colaborar

4 Artigos "As instituições no divã" e "O destruidor de muros e mitos" desta coletânea.

com outras resenhas e artigos, alguns aqui publicados.[5] A receptividade que encontrei nessa parceria de alguns anos foi encorajadora para outras publicações posteriores.

Ao longo dos primeiros tempos de minha formação, aproximei-me aos poucos da psicanálise francesa. Lacan ampliava de forma significativa o estudo que fazia de Freud e Melanie Klein, e a compreensão propiciada por Laplanche e Pontalis, por meio de seu *Vocabulário de psicanálise*, instigaram-me a conhecer melhor autores como Serge Leclaire, Piera Aulagnier, André Green, Françoise Dolto e outros. Coincidentemente, em meados dos anos 1980, alguns psicanalistas franceses como Pierre Fédida, René Major, Piera Aulagnier e Félix Guattari começaram a vir com certa regularidade ao Brasil, em um movimento que se intensificou bastante nos anos seguintes. Participando de suas conferências e supervisões, comecei a imaginar a possibilidade de prosseguir por um certo tempo minha formação na França. Renato Mezan e Luis Carlos Menezes encorajaram-me nessa fantasia, e uma feliz circunstância de vida pessoal contribuiu para que eu pudesse realizá-la.

Novos horizontes

Em 1986, comecei a participar dos seminários de Laplanche, Fédida e André Green, na Universidade de Paris VII – Denis Diderot e no hospital da Salpêtrière, e também dos seminários de Piera Aulagnier no Hospital Saint Anne, além de congressos e jornadas de psicanálise de diferentes grupos. Queria também trabalhar em algum serviço hospitalar que me propiciasse a experiência clínica para compreender os aspectos psicossomáticos implicados

5 Artigos "A Constituinte, o desejo e a Lei", "Psicanálise e o retorno a Freud", "Aos mestres sem nenhum carinho", "Do poder da cura à cura do poder", "Os dilemas da tradução freudiana" e "Os postulados da razão tradutora".

nas doenças oncológicas. O Prof. Michel Marty, chefe do serviço de Oncologia e Mastologia do Hospital Saint Louis em Paris, foi receptivo a essa proposta. A equipe desses serviços era aberta e sensível para a escuta das dimensões psicoafetivas das experiências de seus pacientes. No hospital, acompanhava alguns deles em psicoterapia e também em consultas, no trabalho e nas discussões da equipe clínica. As discussões dessas experiências, tanto no hospital como na universidade, levaram-me a elaborar uma pesquisa de doutorado sobre as funções do seio no desenvolvimento das representações do feminino e as repercussões das doenças benignas e malignas da mama sobre elas.[6]

O encontro com aqueles psicanalistas foi marcante para minha formação e para meu pensamento clínico. Suas aulas e seminários eram motivadores e aprofundaram uma leitura crítica da obra freudiana, propiciando-me também uma ampliação significativa do estudo de autores pós-freudianos, não apenas franceses, mas também ingleses. Lacan era uma referência constante, e, mesmo em meio a divergências e polêmicas, era evidente o quanto suas posições e ideias continuavam a instigar produções conceituais, clínicas e movimentos institucionais ricos e criativos, até entre aqueles que o contestavam. Havia um grande estímulo à discussão, à escrita e à construção de um pensamento próprio e autoral. Apesar de algumas vezes ferinas, as críticas e controvérsias muitas vezes abriam caminho para a reflexão e novas descobertas.

Cada um desses mestres deixou, a sua maneira, marcas significativas em meu pensamento e modo de trabalhar. Com Laplanche aprendi a importância do trabalho sistemático e do "corpo a corpo"

---

6 Volich, R. M. (1992). *Seio Real, Seio Imaginário. Uma abordagem psicossomática das patologias e dos riscos oncológicos mamários – repercussões sobre o* screening. (Tese de doutorado em Psicanálise e Psicossomática pela Universidade de Paris VII – Denis Diderot). Pesquisa realizada com apoio do CNPq.

conceitual com o texto para "fazê-lo trabalhar", como ele preconizava especialmente para a leitura e a tradução da obra freudiana. Fédida cativou-me por seu veio fenomenológico e seu raciocínio clínico, revelando-me a importância da dimensão metapsicológica para a compreensão da experiência do corpo.[7] O encontro com André Green ocorreu no momento em que ele formulava suas hipóteses sobre o trabalho do negativo, suas repercussões psicopatológicas e clínicas, chamando a atenção para a importância do trabalho do analista para a constituição de seu enquadre interno, em especial no acompanhamento dos "casos difíceis". Piera Aulagnier encantou-me com a sensibilidade de sua escuta, no manejo dos funcionamentos mais primitivos e na revelação da função ao mesmo tempo violenta e necessária da interpretação na constituição do sujeito e na atividade clínica. O reconhecimento pelas contribuições de cada um deles manifesta-se naturalmente em meus escritos e em meu ensino, e aqui, especialmente, em artigos dedicados a alguns deles e a sua produção.[8]

A elaboração de minha clínica no hospital e minha pesquisa com mulheres acompanhadas nos serviços de mastologia e oncologia aproximaram-me da psicossomática psicanalítica, desenvolvida por Pierre Marty, Michel Fain, Léon Kreisler e seus colegas do Instituto de Psicossomática de Paris (IPSO). M. Sami-Ali, orientador de minha pesquisa, havia participado durante muitos anos desse grupo, porém havia se distanciado dele. Por uma questão transferencial e institucional, que na época não consegui compreender completamente, não me foi possível naquele período

7 Descrevo o clima e o impacto do momento em que tomei contato com essa ideia na "Introdução" de *Hipocondria, impasses da alma, desafios do corpo* (Volich, 2002, p. 19).

8 Laplanche, em "Os dilemas da tradução freudiana" e "Os postulados da razão tradutora"; Fédida, em "Tão longe, tão perto"; André Green, em "Dos limites à poesia dos conceitos".

participar diretamente das atividades do IPSO, porém as hipóteses dos autores desse grupo – sobre a importância da metapsicologia psicanalítica para a compreensão das relações entre o psíquico e o somático – foram fundamentais para minha pesquisa e continuam o sendo até hoje para meu pensamento clínico. Apenas após meu doutorado e depois de meu retorno ao Brasil, pude participar de algumas atividades do IPSO e manter contato pessoal com alguns de seus psicanalistas.

Apesar de polêmicas históricas no meio psicanalítico em torno do campo dito "psicossomático", ao longo dos anos 1980 e 1990, as hipóteses metapsicológicas e construções clínicas de Marty, Fain, Kreisler e outros psicanalistas da primeira geração do IPSO, bem como de Marilia Aisenstein, Claude Smadja, Gérard Szwec, Diran Donabedian e outros da segunda geração, gradativamente foram se revelando particularmente importantes para o trabalho psicanalítico com casos-limite, toxicomanias, transtornos alimentares, doenças orgânicas e outras manifestações resultantes da precariedade e da desorganização da subjetividade e da economia psicossomática, cada vez mais frequentes na clínica contemporânea. Essa constatação levou-me a aprofundar meu estudo a partir dessa perspectiva e, ainda na França, perceber a importância desse referencial para minha clínica institucional e particular.

Em função dessas experiências, ao retornar ao Brasil, em 1995, fui convidado a lecionar no então denominado curso de Psicossomática do Instituto Sedes Sapientiae, em São Paulo, que oferecia uma especialização inspirada pela perspectiva da psicossomática psicanalítica francesa.

Não foi fácil decidir voltar. Gostava muito da França, sentia uma profunda gratidão pelo que pude ali construir. Mais que o crescimento profissional, encontrei pessoas especiais com quem teci amizades profundas. Construí uma família, podendo contar com o respaldo de um sistema social, de saúde e educacional que nos assegurava esses serviços essenciais. Ali recebíamos uma remuneração justa e suficiente por nosso trabalho, tínhamos tempo para nos dedicar a interesses, atividades profissionais e relações afetivas significativas.

Foi também naquele período que se intensificou minha relação com a escrita. As nuances da língua francesa, suas expressões, a busca pela clareza sem perder a poesia – tanto na literatura como em artigos especializados e na imprensa –, a versatilidade e a riqueza da linguagem na expressão escrita e também oral, acadêmica ou cotidiana me seduziam e transformaram meu estilo, bem além da necessidade de escrever minha tese. A correspondência com amigos e com a família no Brasil continuava a me oferecer a oportunidade de experimentar esse prazer. Mesmo sem publicar, anotava reflexões, poemas, esboçava artigos e relatos de caso, alguns dos quais inspiraram e foram mais tarde incorporados a livros e artigos.[9] Ao lado dos amigos, de minha nova família e das contribuições para minha formação psicanalítica, a ressignificação do ato de escrever foi um dos principais legados de minha experiência na França.

Apesar de tudo isso, após nove anos de permanência naquele país, senti que havia chegado o momento de retornar. Imaginava que no Brasil teria oportunidade de desenvolver meu trabalho de uma forma que talvez ali não fosse possível.

---

9 Chantal em "Entre uma angústia e outra..." (Volich, 1996), Thérèse em "Gene real, gene imaginário: uma perspectiva fantas(má)tica da hereditariedade" (Volich, 1998b), Virginie, no capítulo "A função terapêutica" em *Psicossomática: de Hipócrates à psicanálise* (Volich, 2000), Jean, no capítulo "Desafios", em *Hipocondria, impasses da alma, desafios do corpo* (Volich, 2002), Marianne e Jerôme, em "O cuidar e o sonhar", nesta coletânea.

Desencantos e inspirações

A despeito de minhas expectativas, os primeiros tempos foram difíceis. Foi importante dedicar mais tempo à clínica em consultório e iniciar meu ensino na Especialização em Psicossomática Psicanalítica do Sedes, atividades que mantenho com grande prazer, até o momento. Porém, buscava também inserções institucionais com equipes de saúde que me permitissem desenvolver as experiências clínicas iniciadas no hospital St. Louis e as elaborações de minha tese e de minha formação na França.

Algumas de minhas primeiras tentativas nesse sentido, em uma instituição universitária e cursos particulares, foram decepcionantes. Convidado a lecionar em uma pós-graduação e a coordenar um projeto de pesquisa com mulheres com riscos genéticos de desenvolver câncer de mama, descobri as graves discrepâncias entre o marketing e propostas sedutoras para alunos, professores e para a sociedade e as práticas institucionais marcadas por discursos dúbios, posturas autoritárias e desvios éticos. Talvez em função de minhas experiências com a transmissão da psicanálise no ambiente universitário, nas sociedades e grupos psicanalíticos franceses, ingenuamente não consegui de início perceber a força das idiossincrasias da sociedade brasileira no ensino, na pesquisa universitária e no campo psicanalítico em nosso país.

Não é possível a existência de uma "psicanálise com dono". Seja qual for o contexto, a ética do ensino, da pesquisa e da transmissão da psicanálise é pautada pela liberdade para a elaboração das transferências clínicas, de ensino e institucionais, pelo saber compartilhado e pela construção de uma dimensão coletiva e simbólica nas diferentes modalidades de associação entre psicanalistas. Ao negligenciar esses princípios e privatizá-los, diferentes interesses – individuais, familiares, patrimonialistas, mercantis ou oligárquicos – distorcem ou inviabilizam projetos de formação, de pesquisa, e também a prática clínica realizada no âmbito de alguns centros particulares. Aos poucos, percebi que em um certo número de cursos de psicanálise, de pós-graduação ou sem vínculos com instituições universitárias, o questionamento dessas distorções desencadeia a violência do ego ideal institucional e atitudes totalitárias. "Olhares de criança", aqui apresentado, é fruto da elaboração de vivências dessa natureza em algumas de minhas inserções institucionais no Brasil. "O psicanalista em busca de sua alma", publicado alguns anos depois e também aqui incluído, amplia essas reflexões analisando a essência da prática psicanalítica e questionando o fenômeno da "especialização" nessa prática.

Após esses primeiros dissabores, tive a satisfação de encontrar interlocutores pessoais e institucionais significativos para viabilizar alguns de meus anseios. Em meados de 1996, convidado por Manoel Berlinck, comecei a participar do recém-criado Laboratório de Psicopatologia Fundamental do programa de pós-graduação em Psicologia Clínica da PUC-SP e, quase ao mesmo tempo, comecei a implementar o Projeto Clínico e Didático de Ação Multidisciplinar em Meio Médico no Departamento de Clínica Geral do Hospital das Clínicas da Faculdade de Medicina da USP, graças à receptividade do Prof. Milton de Arruda Martins e de sua equipe.

O Laboratório ofereceu-me a oportunidade de continuar trabalhando na perspectiva da Psicopatologia Fundamental, desenvolvida por Fédida, criador de uma linha de pesquisa nesse campo na Universidade de Paris VII.[10] O primeiro grupo do Laboratório da PUC-SP era composto por alguns colegas psicanalistas próximos e acolhia também jovens pesquisadores interessados na proposta de Fédida. As discussões semanais do projeto de cada um eram

10 "D'une psychopathologie générale à une psychopathologie fondamentale. Note sur la notion de paradigme" (Fédida, 1992).

ricas em conteúdo e a diversidade de temas refletia o interesse de todos em reformular, a partir da experiência clínica do *pathos*, da psicanálise e da fenomenologia, a compreensão da psicopatologia.

Ao longo de seis anos ali, discuti o trabalho que desenvolvia no Centro de Estudos da Mama, criado por mim e alguns colegas,[11] realizando intervenções clínicas e institucionais com equipes de oncologia e mastologia de alguns hospitais (Albert Einstein, Pérola Byington e Beneficência Portuguesa) (Assolini & Mesquita, 1998; Volich, 1998a).[12] Simultaneamente a essas atividades, na Clínica Geral do Hospital das Clínicas da FMUSP, eu promovia grupos de discussão das condições de aprendizado, treinamento e exercício profissional para alunos, residentes e médicos assistentes visando a elaboração de suas experiências e dificuldades na formação e no atendimento dos pacientes. Essas atividades evidenciaram a importância de enquadres como esses para o acolhimento e a compreensão das vivências de médicos e estudantes de medicina para a ampliação de sua escuta, de sua capacidade de observação e de seus recursos clínicos. Essas experiências na interface entre a medicina, a psicanálise e a prática clínica em instituições de saúde levaram-me a algumas reflexões sobre o cuidar e o trabalho multidisciplinar, aqui relatadas em alguns artigos[13] e também em outras publicações.[14]

---

11 Ana Cecilia Mesquita, Éline Batistella, Luciana Tejada, Marta Assollini, Rosiane Sobrino, Rubia Mara Nascimento e Sonia N. Hotimsky.

12 Optamos por indicar, no corpo do texto, o ano de publicação original de cada obra mencionada. Nas listas de Referências ao final de cada capítulo, o leitor poderá encontrar informações das edições consultadas.

13 Artigos "Os dilemas da formação do médico", "O cuidar e o sonhar: por uma outra visão da ação terapêutica e do ato educativo" e "Severina: breves reflexões sobre o ato terapêutico".

14 Cf. especialmente "A clínica da supervisão, da desorganização à autonomia" (Volich, 2015), "O campo transferencial como recurso terapêutico: uma perspectiva psicossomática psicanalítica" (Volich, 2016b) e o número temático

Construções

Minha prática clínica e o ensino na Especialização em Psicossomática Psicanalítica do Sedes se constituem como o pano de fundo de todas as experiências profissionais que desenvolvi desde meu retorno ao Brasil. Convidado por Wilson de Campos Vieira e pelo primeiro grupo de professores, em 1995, passei a ministrar algumas disciplinas e supervisões compartilhando os frutos de minhas experiências na França. O encontro com esses colegas, com novos professores,[15] alunos e ex-alunos que, ao longo dos anos, ampliaram esse grupo resultou no crescimento de nossa formação e em inúmeras produções coletivas, como simpósios, jornadas, publicações, um projeto clínico e um departamento.

Esses encontros e realizações foram e continuam sendo importantes fontes de inspiração para muitos de meus escritos. Sou profundamente grato a esses colegas e amigos com quem venho há 26 anos construindo a formação em Psicossomática Psicanalítica, pelas trocas estimulantes em nossa experiência de transmissão e sobre a clínica e pelo desenvolvimento e amadurecimento de um pensamento clínico próprio, de professores e alunos. Os 5 volumes da coleção *Psicossoma* (1997, 1998, 2003, 2008, 2014) e *Psicanálise e psicossomática, casos clínicos, construções* (2015), organizados

"Psicanálise e oncologia". *Boletim de Novidades Pulsional*, n. 107, março 1998, organizado por mim.

15 O primeiro grupo de professores era composto por Wilson, Lídia F. Castro, Wagner Ranña, Flávio Ferraz, Decio Gurfinkel e Rubens Coura. Com o tempo, novos colegas se juntaram ao grupo, como Sidnei Casetto, Bernardo Bittelman, Maria Auxiliadora Arantes (Dodora), Sonia Neves, Maria Helena Fernandes, Márcia de Mello Franco, Éline Batistella, Ana Maria Soares, Maria Elisa Pessoa Labaki, Ângela Penteado, Maria Luiza Ghirardi, Aline Camargo, Atílio Bombana, Cristiane Abud, Mirian Rejani, Maria José Femenias Vieira, Gil Moreira, Lilian Carbone, Ana Luisa Cordeiro, Helly Aguida. A maioria permanece até hoje diretamente envolvida na Especialização.

principalmente a partir de trabalhos de nosso grupo e de colegas de outras instituições, são algumas das melhores expressões dessa construção coletiva.

Por meio dessas e de outras produções,[16] a escrita se revelou como um importante recurso para a elaboração de minhas experiências pessoais, clínicas e de ensino. Aos poucos, compreendi sua função como um quarto elemento fundamental da formação analítica. Ao lado da análise pessoal, do estudo da teoria e da supervisão clínica, ela se constitui como um elemento mediador, transicional, entre a experiência do analista, a elaboração e a apropriação dessa experiência por meio de construções teóricas e clínicas. É também a escrita que torna possível a transmissão e o compartilhamento dos frutos desse processo.

Os artigos aqui reunidos permitem acompanhar algumas dessas etapas. Eles revelam minhas descobertas da importância da dimensão coletiva, social e política da psicanálise, bem como da relevância ética da alteridade para a constituição do sujeito e para a prática clínica e institucional. Ao reorganizá-los, pude resgatar e reconstruir caminhos e sentidos perdidos, ressignificar minhas errâncias e buscas, compreender a condição de estrangeiro que, em diferentes momentos, vivi sem conseguir completamente entender.[17]

Em alguns, descrevo meus encontros com textos e autores de diferentes vertentes da psicanálise e a inspiração que me propiciaram para elaborar questões clínicas, meus embates com as palavras

---

16 Principalmente *Psicossomática: de Hipócrates à psicanálise* (2000), *Hipocondria: impasses da alma, desafios do corpo* (2002), artigos e capítulos de livros, como "O eclipse do seio na teoria freudiana: a recusa do feminino" (1995a), "Formas fabricadas" (2005), "Mitologias: perspectivas clínicas dos movimentos de integração e desintegração" (2013), "A clínica da supervisão, da desorganização à autonomia" (2015), "O campo transferencial como recurso terapêutico..." (2016b), "Nomear, subverter, organizar" (2016a), entre outros.

17 Parte I: "Eu, outro, coletivo".

e com outras línguas.[18] Em outros, discuto algumas perspectivas da psicanálise que permitem compreender e transformar as organizações da subjetividade e as articulações entre corpo e mente. Na interlocução com outros autores ou solitário em minhas reflexões, eles traduzem algumas de minhas ideias sobre o enquadre e sobre a relação terapêutica, sobre o processo educativo, sobre os contextos clínicos e institucionais do trabalho analítico e da prática médica, sobre a inspiração, a interpretação e a transmissão em psicanálise.[19]

Nesses artigos, também percorro, com colegas significativos, diferentes territórios, como aqueles que revelam o caráter subversivo e desafiador da histeria e a transformações de suas manifestações desde as primeiras formulações freudianas até suas insidiosas formas na contemporaneidade. Em boa companhia, atravesso as terras conturbadas e controversas da perversão, desde sua condição originária e estruturante do sujeito, suas manifestações temporais e em atos, até seus desdobramentos diagnósticos e armadilhas transferenciais. Convidado a contemplar as cenas nas quais se enredam os atos suicidas, aponto os relevos sombrios e indiferenciados da melancolia e os difíceis e angustiantes lugares para os quais somos convocados por essas cenas. Diante dos quadros onco-hematológicos e de desorganizações graves da economia psicossomática, reflito com a autora sobre a importância restauradora, organizadora e representativa do ambiente para lidar com os efeitos da dor, paralisantes do sentir, do pensar e do agir. O sofrimento, o tempo, a morte são temas que perpassam diferentes textos e são tratados especificamente em dois deles. É curioso vislumbrar em suas diferentes formulações as marcas de experiências que me transformaram.

---

18 Parte II: "Escutar, escrever, encontrar".

19 Parte III: "Clinicar, transmitir, cuidar".

Algumas companhias queridas me ofereceram a satisfação de revisitar, depois de alguns anos, o universo do feminino e suas múltiplas manifestações, evocando gratas lembranças de caminhos que percorri, propiciando-me também novas leituras e descobertas desse universo. O diálogo com outros colegas em torno das relações entre psicanálise e neurociências permitiu-me resgatar a aventura dos Encontros Mundiais e regionais dos Estados Gerais da Psicanálise, que, nos anos que antecederam e sucederam a passagem para este século XXI, mobilizou um grande número de psicanalistas, alguns muito próximos, em busca da renovação institucional, clínica, teórica e política, sintonizada com as mudanças socioculturais dos novos tempos.

Em outros artigos, reflito ainda, acompanhando Isabel Kahn Marin, sobre a importância de distinguir entre a violência necessária e estruturante e os desvios e perversões que a transformam quando, pelo gozo e pelo excesso, são inviabilizados o desenvolvimento e a realização do sujeito. Reencontro, por meio de textos e conceitos, Fédida e André Green, em novas leituras e descobertas por meio de olhares sensíveis de outros colegas. Relembro em conversa com Laplanche o significado da tardia publicação das *Obras Completas* de Freud em francês e as implicações clínicas dos movimentos de tradução. Aventuro-me com Joyce McDougall em suas travessias, tentando transformar a tristeza que senti quando de sua partida. Acompanho com o prazer das boas amizades as aventuras e a criatividade de Flávio Ferraz pelos terrenos da loucura e de diferentes expressões da subjetividade e da economia psicossomática, da formação e da clínica psicanalíticas.

Assim, cada um dos artigos desta coletânea atravessa a escuta, a escrita e os encontros, reunindo explicitamente ou nas entrelinhas pessoas queridas, mestres, analistas, colegas, alunos e pacientes que me provocaram, me tocaram e me transformaram. Muitos poderão facilmente ali se reconhecer; outros, cuidados pelo necessário sigilo, manifestam-se pelas palavras que me inspiraram. Todos são objeto de minha gratidão.

Este livro é uma homenagem a essas experiências que me constituíram, me inspiram e me enriquecem como pessoa e como psicanalista.

Ele foi elaborado durante o período que vivemos desde 2018, marcado por turbulências sociais e políticas, pela escalada de violência, de intolerância e de arbitrariedade, e foi, naturalmente, afetado por elas, o que me levou a comentá-las no contexto de alguns artigos. Um período em que valores como justiça, igualdade e solidariedade, pelos quais muitos de nós vivemos e lutamos, uma vez mais, foram e, infelizmente, continuam sendo diariamente atacados e corroídos de forma estarrecedora.

Ele foi finalizado em meio às intensas angústias, solitárias e coletivas, provocadas pela pandemia da covid-19, quando, de forma abrupta e radical, perderam-se e se desorganizaram referências pessoais, culturais, profissionais e de convívio social. Tempos em que os encontros foram compulsoriamente reduzidos a uma dimensão virtual, desencarnada, sensorialmente empobrecida. Tempos de mãos que não podiam ser tocadas, de abraços e beijos evitados, da proximidade do outro temida. Tempos de separação, de confinamento, de espaços públicos desertificados.

Assombrados pela fantasia e pelo medo de contaminação, da doença e da morte, foram meses de estranhamento, de confusão e de incertezas, de projetos abortados e de previsões impossíveis. Meses em que foram esvaziadas as possibilidades estruturantes, simbólicas e criativas de instituições e rituais socioculturais. Tempos de celebrações impossíveis, de perdas sem despedidas, de aprendizados confinados, de cuidados apavorados. Tempos de turbulências e de terror que se estenderam muito além do que inicialmente conseguíamos imaginar.

Ainda quando escrevo estas linhas, combinados à pandemia que já dura um ano, políticos, grupos e indivíduos que continuam a promover o ódio, a violência, a negação e a discriminação da diversidade e das diferenças tornam o cenário de nosso país ainda mais tenebroso e explosivo, o ar rarefeito e irrespirável, embrutecendo e aviltando o humano, desprezando o sofrimento e a vida, dilacerando valores e o tecido social.

Nesse ambiente nefasto, em meio a nostalgia, revolta e esperanças, gestos simples como respirar, falar e olhar, cuidar daqueles que nos cercam e descobrir muitos que nunca enxergamos são formas de resistir e lutar. Nesses tempos sombrios, tão diferentes de tantos relatados neste livro, é ainda mais urgente resgatar, promover e celebrar os encontros. Aqueles que acolhem, cuidam e animam as trocas, que nos revelam o inusitado, ensinando-nos a abraçar o que nos parece estrangeiro, que encorajam a criação, o crescimento e as mudanças.

São Paulo, abril de 2021

Referências

Assolini, M. M., & Mesquita A. C. (1998, março). O desafio do psicólogo na equipe multidisciplinar de mastologia e oncologia. *Boletim de Novidades Pulsional*, *107*, 13-15.

Fédida, P. (1992). D'une psychopathologie générale à une psychopathologie fondamentale. Note sur la notion de paradigme. In *Crise et contre-transfert* (p. 295). Paris: PUF.

Ferraz, F. C., & Volich, R. M. (Orgs.). (1997). *Psicossoma: psicanálise e psicossomática.* São Paulo: Casa do Psicólogo.

Reich, W. (1972). *Psicologia de massas do fascismo.* São Paulo: Martins Fontes.

Soares, A. M., Rua, C. R., Volich, R. M., & Labaki, M. E. P. (Orgs.). (2015). *Psicanálise e psicossomática. Casos clínicos, construções.* São Paulo: Escuta.

Volich, R. M. (1992). *Seio real, Seio imaginário. Uma abordagem psicossomática das patologias e dos riscos oncológicos mamários – Repercussões sobre o* screening. (Tese de doutorado, Universidade de Paris VII – Denis Diderot).

Volich, R. M. (1995a). O eclipse do seio na teoria freudiana: a recusa do feminino. *Percurso – Revista de Psicanálise, 14*, 1.

Volich, R. M. (1995b). Entre uma angústia e outra... *Boletim de Novidades Pulsional, 80*, 37-45.

Volich, R. M. (Org.). (1998a, março). Psicanálise e oncologia. *Boletim de Novidades Pulsional, 107* (número temático).

Volich, R. M. (1998b). Gene real, gene imaginário: uma perspectiva fantas(má)tica da hereditariedade. *Revista Latinoamericana de Psicopatologia Fundamental, 1*(2), 137-152.

Volich, R. M. (2000). *Psicossomática: de Hipócrates à psicanálise* (7a ed., Coleção Clínica Psicanalítica). São Paulo: Casa do Psicólogo, 2010.

Volich, R. M. (2002). *Hipocondria, impasses da alma, desafios do corpo* (3a edição ampliada; Coleção Clínica Psicanalítica). São Paulo: Casa do Psicólogo, 2015.

Volich, R. M. (2005). Formas fabricadas. *Viver Psicologia, 149*, 28-37.

Volich, R. M. (2013). Mitologias: perspectivas clínicas dos movimentos de integração e desintegração. *Jornal de Psicanálise*, São Paulo, *46*(85), 141-157.

Volich, R. M. (2015). A clínica da supervisão, da desorganização à autonomia. In A. M. Soares, C. R. Rua, R. M. Volich & M. E. P. Labaki (Orgs.), *Psicanálise e Psicossomática. Casos clínicos, construções.* São Paulo: Escuta.

Volich, R. M. (2016a). Nomear, subverter, organizar. *Revista Brasileira de Psicanálise, 50*(2), 47-64.

Volich, R. M. (2016b). O campo transferencial como recurso terapêutico: uma perspectiva psicossomática psicanalítica. In M. Kamers, H. Marcon & M. L. Tourinho Moretto (Orgs.), *Desafios atuais das práticas em hospitais e nas instituições de saúde.* São Paulo: Escuta.

Volich, R. M., Ferraz, F. C. & Arantes, M. A. C. (Orgs.). (1998). *Psicossoma II: psicossomática psicanalítica.* São Paulo: Casa do Psicólogo.

Volich, R. M., Ferraz, F. C., & Rana, W. (Orgs.). (2003). *Psicossoma III: interfaces da psicossomática* (2a ed.). São Paulo: Casa do Psicólogo.

Volich, R. M., Ferraz, F. C. & Ranña, W. (Orgs.). (2008). *Psicossoma IV: corpo, história, pensamento.* São Paulo: Casa do Psicólogo.

Volich, R. M., Ranña, W., & Labaki, M. E. P. (Orgs.). (2014). *Psicossoma V: integração, desintegração e limites.* São Paulo: Casa do Psicólogo.

Parte I

Eu, outro, coletivo

1. A Constituinte, o desejo e a Lei[1]

O Brasil vivia, em 1985, a expectativa de uma nova Carta Constitucional. A campanha pela convocação de uma Assembleia Nacional Constituinte era amplamente divulgada nos meios de comunicação e correspondia às reivindicações da maior parte da sociedade brasileira, havia mais de vinte anos submetida a leis de exceção do regime ditatorial instalado pelo golpe de 1964. Naquele contexto, este artigo destacava a importância de refletir sobre o significado daquela mobilização e sobre o anseio de sermos regidos por uma nova legislação, justa e democrática. Nos tempos em que vivemos, mais de trinta anos após a promulgação da Constituição de 1988, que ainda nos rege, permanece fundamental a reflexão aqui proposta sobre a origem e a natureza da lei e sobre seu papel nas relações sociais e individuais, a partir

---

1 Publicado no caderno "Folhetim", da *Folha de S.Paulo*, 3 de novembro de 1985, pp. 8-9, revisto e modificado para esta coletânea. Agradeço a Roney Cytrynowicz algumas sugestões que contribuíram para a elaboração da versão original deste artigo.

dos instrumentos que a psicanálise nos proporciona para a compreensão dessas questões.

Em uma de suas mais simples e brilhantes colocações, Freud (1913) revela em *Totem e tabu* que a necessidade de regras, compartilhadas socialmente, proibindo certos comportamentos, evidencia, ao mesmo tempo, a existência no ser humano de desejos e tendências a realizar os comportamentos que elas proíbem.

A tendência à transgressão é inerente à espécie humana. Transgredimos a ordem da natureza para nos constituirmos e alcançarmos o mundo da cultura. As condições de dependência e carência primordiais do ser humano precisam ser superadas para que se constitua como sujeito. Um recém-nascido, apesar de vir ao mundo em completo do ponto de vista biofisiológico, é incapaz de sobreviver exclusivamente por meio de seus próprios recursos. A presença e o cuidado de um outro é indispensável para que essa criança sobreviva, cresça e se desenvolva. Essa relação primordial propicia não apenas a aquisição de recursos para superar as limitações iniciais da vida, mas também para gradativamente diminuir sua dependência do outro, relacionar-se com ele, com o ambiente e com as demais pessoas com quem convive. Para sobreviver e buscar a satisfação de necessidades e desejos, transgredimos inicialmente as condições da Natureza. Porém, dessa condição, inevitavelmente surgem também conflitos em torno da superação dos limites que se interpõem entre nossos desejos e a realidade. Esse processo constante e interminável pauta nossa existência.

Seriam terríveis as consequências da realização irrefreada de vontades e necessidades de cada um, sem nenhum limite ou impedimento. Constataríamos a instauração de um mundo de tiranos, onde vontades e desejo individuais sempre buscariam se impor sobre a dos demais, tornando a convivência com o outro e a existência social simplesmente impossíveis.

Entretanto, é exatamente essa a forma de muitas fantasias infantis, e certos processos inconscientes dos adultos. Como revelado por Freud, o pensamento mágico e onipotente da fantasia é uma das formas de tentar lidar e compensar o desamparo e a fragilidade de nossa existência, marcada pela perda das experiências de plena satisfação vividas durante a fase intrauterina e nas primeiras relações com a mãe.

Papel do Édipo

É delicado o equilíbrio a ser alcançado entre, por um lado, a necessidade de superação de limites para nos desenvolvermos de forma autônoma e, por outro, a necessidade de constituir limites e instâncias reguladoras da onipotência, de forma a viabilizar tanto a existência de cada sujeito como a vida social e a cultura.

Ao evidenciar as dinâmicas do que denominou complexo de Édipo, Freud (1913; 1924) contribuiu particularmente para a compreensão desses processos, inerentes às relações entre o sujeito, a sociedade e a lei. Esse conceito central da teoria e da clínica psicanalíticas tem uma função estruturante do desejo do sujeito, de seu desenvolvimento e da psicopatologia, e também da organização de suas relações com o mundo social, por meio da instauração da instância da Lei.

Lacan aborda o complexo de Édipo a partir de um enfoque estrutural (Godino Cabas, 1982; Lacan, 1999). O estado do desamparo do bebê o torna dependente da mãe para viver. Ela é vivida por ele de forma indiferenciada dele mesmo, não apenas como aquela que satisfaz suas necessidades vitais, mas também, ao satisfazê-lo, como aquela que lhe propicia prazer. Nessa relação, a partir das experiências primordiais da criança e de suas fantasias onipotentes, a mãe é vivida como um ser todo-poderoso, fonte inesgotável de satisfação e prazer. Por sua vez, o filho é também objeto de satisfação de desejos da mãe e de suas fantasias inconscientes de plenitude, escamoteando a falta e a castração maternas (Bleichmar, 1984).

Mãe e filho são cúmplices em um pacto narcísico, em que vivem, cada um à sua maneira, a ilusão de completude, perfeição e suas fantasias de onipotência, bastando-se a si mesmos. Ambos se encontram sob a égide de um falo imaginário, objeto mítico, idealizado, representante da perfeição. Essa condição caracteriza o primeiro tempo do complexo de Édipo, denominado complexo materno.

Ao se apresentar como um terceiro, interpondo-se entre mãe e filho, o pai introduz a realidade, convocando para si o desejo da mulher-mãe, separando a relação dual e narcísica estabelecida entre os dois, desvanecendo as ilusões fusionais e revelando a falta. Dessa forma, ao exercer a chamada função paterna, o pai revela a si mesmo seu próprio desejo, a realidade e a lei. Para além do desejo da mãe e do da criança, ele introduz, por meio dessa função, o complexo de castração, segundo tempo das vivências edípicas.

Muito mais que um elemento referido à realidade anatômica, a castração constitui uma dimensão simbólica. Por meio dela e da separação entre a mãe e a criança desvanece-se a ilusão do falo imaginário. A criança reconhece que a mãe não é perfeita nem completa, que lhe falta algo, que deve ser buscado em outro lugar, em outras pessoas, por meio da escolha de novos objetos de satisfação para suas necessidades ou de identificações. A criança passa a existir de forma independente da mãe, remetida a sua própria falta. Por meio da função paterna, o pai, representante da lei, impõe um duplo limite: à criança fica vedado o gozo sexual com a mãe (proibição do incesto), enquanto à mãe fica interditado reintegrar o seu fruto, ou seja, tomar seu filho como seu próprio falo (Bleichmar, 1984).[2]

Após ser separada da mãe, a criança pode colocar o pai no lugar dela, identificando-o como a figura fálica onipotente. O pai, ao ser reconhecido em seu desejo, ocupando um lugar no desejo materno, passa a ser percebido pela criança como tudo aquilo que ela mesma não é, o ser perfeito, personificação do falo. Neste momento, a relação da criança com o pai é vivida de modo ambivalente. Por um lado, ele é o terrível rival que privou a criança de seu objeto original de satisfação, o que desencadeia a agressividade da criança contra o pai. Por outro, o pai representa um ideal que, se alcançado, pode propiciar à criança qualidades para estabelecer novas relações com o mundo e com outras pessoas e, dessa forma, obter seus próprios objetos de satisfação, gerando na criança sentimentos amorosos e a busca por identificar-se com ele.

Ao introduzir a lei, proibindo o incesto e rompendo a relação fusional, o pai estabelece também uma nova interdição, proibindo que os sentimentos agressivos da criança se materializem em seu próprio assassinato (interdição do parricídio), evitando assim que as relações entre as gerações de pais e filhos se transformem numa sucessão de vinganças (Freud, 1913), permitindo que ele possa ser tomado como objeto das identificações infantis.

O terceiro momento do complexo de Édipo é instaurado ao se revelar a ilusão da onipotência do pai. Configura-se então o *complexo paterno*, ou seja, a constatação de que o próprio pai é incompleto, castrado, que tampouco ele é o falo mítico e idealizado. Tanto o pai como a mãe e ela própria, a criança, têm como

2 É importante lembrar que também o conceito de *falo* transcende a realidade do pênis anatômico, alcançando a ordem da cultura, articulando o desejo do sujeito e sua relação com o outro e consigo mesmo.

inerentes à sua condição de sujeitos o desamparo e dependência primordiais, que os constitui como seres em falta, sujeitos a uma lei que lhes é exterior. Nesse momento, a criança pode se deslocar da questão de *ser ou não ser* o falo para *tê-lo ou não tê-lo*. O falo é reconhecido em sua dimensão simbólica, podendo circular entre diferentes objetos. A função simbólica paterna inaugura as possibilidade de identificação com a figura paterna e também a constituição do sujeito (em falta) como desejante.

Raízes do autoritarismo

A "lei do desejo", anterior à interposição da função paterna, é implacável: supõe e exige a gratificação imediata de todas as necessidades, não admite postergação, situa o sujeito como centro do mundo, inviabilizando o reconhecimento do outro, da diferença, do coletivo e do social. Essas condições determinam a busca permanente de pessoas e elementos onipotentes, perfeitos, completos, sem falta. Elas se constituem como o germe tanto da admiração e adesão a líderes totalitários como a "leis" autoritárias: as que legislam em causa própria, atos institucionais, decretos-lei, votos de liderança, e tantos outros.

Para Lacan, a Lei é um preceito que se encontra acima do desejo ou da vontade de um único sujeito. Uma pessoa pode agir como representante da lei, no sentido simbólico, mas nunca "*ser* a lei". Uma "lei" que emana da onipotência (fálica) do desejo não pertence à ordem simbólica, não merece o qualificativo de lei. Para se constituir como ser humano, é necessária a passagem da "lei" do desejo ao reconhecimento do desejo da lei, segundo a bela colocação de Hélio Pellegrino (1983).

A lei introduzida pelo pai, em sua função de interdição e de representante do social, é um pacto no qual a criança, em troca do reconhecimento de limites para seus desejos, recebe o direito de ser reconhecida, e de associar-se ao empreendimento humano. Esse pacto é, acima de tudo, um pacto de reciprocidade. A lei, fundada sobre a proibição do incesto e do parricídio, se constitui como fundamento de todas as outras leis que visam a viabilizar o convívio social.

Infelizmente, a realidade histórica e social brasileira periodicamente revela o quanto estamos distantes da lei simbólica, de uma relação mútua entre direitos e deveres, individuais e coletivos, nossos e daqueles que nos governam, e como, desde há muito tempo, nossa sociedade carrega as marcas do arbítrio. Em seu antológico e sempre atual *Raízes do Brasil*, Sérgio Buarque de Holanda (1984) demonstra como, desde os primórdios da colonização, a estrutura social brasileira foi pautada por características rurais, praticamente inviabilizando o intercâmbio social: cada casa ou propriedade era quase uma república independente, onde a autoridade patriarcal era quase ilimitada e, muitas vezes, mais poderosa que a própria justiça oficial.

Em tais condições, a unidade familiar ou a propriedade são quase que completamente impermeáveis às influências externas. O poder familiar extrapola seus domínios, fazendo com que a entidade e os interesses privados sempre precedam os coletivos, inclusive no âmbito da administração pública e de diferentes aspectos da vida social que, em princípio, deveriam ser pautadas pelo interesse coletivo. É terrível constatar que, ainda presentes em 1985, quando da escrita do original deste artigo, essas dinâmicas continuam impregnando as relações sociais, políticas e econômicas até os nossos dias, em alguns momentos de forma ainda mais exacerbada.

Sérgio Buarque de Holanda acrescenta ainda que a tradição positivista no Brasil, com sua racionalidade e anseio de perfeição, contribuiu antes de tudo para uma alienação da realidade brasileira. Acredita-se no "poder mágico das ideias", levando a que todos os nossos modelos políticos, econômicos e jurídicos tenham sido "importados" de experiências de outros países. As constituições brasileiras, legislações idealizadas ou oportunistas, sempre foram vistas apenas como requisito para a manutenção da "boa" ordem social, na visão dos grupos dominantes. Estes nunca foram capazes de elaborar uma legislação que emanasse de necessidades específicas mais amplas de nossa realidade social. À exceção das constituições de 1891 e de 1946 – elaboradas por assembleias constituintes –, antes de 1988, todas as demais foram outorgadas com o claro intuito de, antes de mais nada, garantir a estrutura de poder vigente, e não de promover a justiça social.

Como todo povo, também o brasileiro é confrontado com o mesmo dilema que se apresenta à criança em sua relação com a lei. Acreditar na existência de um ser superior e onipotente que é a lei, ou que é o falo, conduz inevitavelmente à infantilização e ao aprisionamento por essas entidades, idealizadas e onipotentes, e à identificação alienante com eles. Porém, é o reconhecimento dos limites, da castração e da existência de uma lei exterior, aos quais se sujeitam todos os humanos, que permite à criança (e aos povos) o acesso à sua subjetividade, ao social e à cultura. Nessas condições, o falo e, por conseguinte, a lei são reconhecidos como entidades que sujeitam todos os Homens à castração simbólica.

Durante toda a sua história e, principalmente, depois do golpe de 1964, a sociedade brasileira sempre contou com grupos e instituições que se arrogaram a posição de *ser* a lei, e não de representá-la, submetendo-se também a ela. Onipotentes, os detentores do poder intimidam e tentam fazer crer em sua capacidade de tutelar-nos, fazendo o que "é para o nosso bem" e "para o bem da nação". Pela violência e por ameaças, mesmo depois da redemocratização, fomos e, muitas vezes, somos ainda governados pela "lei" do terror, infantilizados, submetidos a regimes autoritários, explícitos ou dissimulados, que pouco se importam com as reais necessidades das pessoas e do país. Recentemente, "Brasil acima de tudo, Deus acima de todos" tornou-se o lema de um regime macabro que sequer busca encobrir o recrudescimento da violência, da tirania e do arbítrio. Até os nossos dias, grande parte dos brasileiros é relegada ao completo abandono e à própria sorte, que, irremediavelmente, conduzem muitos à privação, ao flagelo e à morte.

Transformações desejadas e resistências à transformação

O terror e a violência não promovem a castração simbólica. O pai autoritário vigia, controla e submete, sendo assim incapaz de propiciar a seu filho o acesso ao que existe para além dos muros da endogamia. O governo que insiste em *ser* a lei,[3] em vez de representá-la e também a ela submeter-se, travestido pelo paternalismo, infantiliza a nação e seu povo impedindo que reconheçam tanto seus limites como seu potencial, podendo dessa maneira amadurecer e transcender sua história. Ele também dificulta e impossibilita o conhecimento da Lei, que nos permite refletir sobre a justiça e a ética e nos pautarmos por elas.[4]

---

3 "Eu sou, realmente, a Constituição", afirmou Jair Bolsonaro em 20 de abril de 2020.

4 Este parágrafo constava do artigo original de 1985. Com imenso pesar, constatamos o quanto essas dinâmicas estão arraigadas e reiteradamente se manifestam nas relações pessoais, sociais e políticas em nosso país, especialmente nestes tempos em que vivemos.

A Assembleia Nacional Constituinte, que se organizava em 1985, finalmente reuniu-se em torno do Congresso entre fevereiro de 1987 e setembro de 1988. Ela trouxe contribuições significativas, porém sem promover transformações mais profundas na estrutura autoritária e desigual da sociedade brasileira. Naquele momento, imaginávamos que tais transformações seriam possíveis. Esperávamos que resistisse à tentação de se constituir em um poder acima de qualquer outro, sabendo reconhecer os limites de sua ação e conseguindo escapar às armadilhas das idealizações, evitando transformar, uma vez mais, a sociedade brasileira em um mero instrumento de seus próprios desejos. Sonhávamos com deputados constituintes se dispondo a abrir mão de seu narcisismo (ou pelo menos aceitar limites para ele), colocando-se à escuta e sintonizando com a imensa diversidade e complexidade da sociedade brasileira, reconhecendo necessidades, desejos, anseios e a realidade do povo e da nação que a nova constituição viria a legislar.

A Constituição de 1988 apresentou, sem dúvida, progressos significativos com relação à de 1967, pautada pelo regime de exceção militar, alterada de forma arbitrária por decretos e atos institucionais e por um poder legislativo ora interditado, ora submisso ao regime. Além das propostas dos deputados constituintes, a nova Carta recebeu também inúmeras contribuições da sociedade civil. Ela buscou garantir direitos individuais e coletivos, a laicidade do Estado, a liberdade religiosa e de opinião. Propôs-se a promover os direitos de mulheres, negros e indígenas, a reforma agrária, proteger indivíduos, grupos e camadas fragilizadas da sociedade.

Porém, na época, os deputados constituintes deram inúmeras mostras de "despreparo, irresponsabilidade e fisiologismo". Em sua forma final, a Carta foi considerada heterogênea, evasiva e ambivalente quanto a alguns pontos,

> *produto de caprichos e indecisões de um plenário fragmentado e caleidoscópico, de interesses variáveis, incompatíveis e ambíguos que vagueavam entre o arcaico e o moderno, o democrático e o corporativo, o paternalismo e a liberalização, entre o estatismo e o respeito à livre iniciativa.* (Folha de S.Paulo, *1988, p. A-2)*

Apesar disso, Hübner Mendes (2020) considera que

> *[a] Constituição de 1988 encarna a melhor [versão] de nós mesmos. Não foi por sua extensa declaração de direitos, nem pelos deveres e responsabilidades que impôs ao Estado, aos indivíduos e às famílias, que [essa Carta] desencadeou o desenvolvimento institucional e social que assistimos ao longo de quase três décadas. Não foi pela beleza do texto.*
>
> *Foi antes pelo compromisso de parte das elites políticas em tomá-la como plataforma inegociável para organizar a competição pelo poder. Foi também pelos múltiplos canais institucionais que abriu à sociedade civil para demandar a implementação de políticas públicas.*
>
> *Essa demanda não precisava mais apelar à generosidade do presidente, à boa vontade do deputado ou ao favor do burocrata bem intencionado. Passou a se expressar, finalmente, pela linguagem dos direitos. Esse novo código mudou a história da cidadania e provocou outra dinâmica institucional, na qual o sistema de Justiça (Judiciário, Ministério Público e Defensoria Pública) ganhou protagonismo. (p. A-15)*

Nesses trinta anos que se seguiram à promulgação da Constituição de 1988, constatamos que, apesar de seus avanços, a realidade política e socioeconômica brasileira continuou a se revelar resistente a esperanças e princípios que inspiraram a nova Carta. Observamos nesse período um relutante progresso econômico e um frágil desenvolvimento que continuou a privilegiar uma pequena fração da população. A gritante ampliação das desigualdades sociais dessas décadas, as paralisias e os retrocessos nas áreas da saúde e da educação, o aumento generalizado de todas as formas de violência e de intolerância e os exemplos deploráveis de transgressões éticas nas relações sociais e econômicas reiteradamente evidenciam que povo, nação e sujeitos estamos ainda longe de alcançar a autonomia e a justiça de uma lei simbólica estruturante e organizadora.

Sobretudo desde a eleição presidencial de 2018, é especialmente preocupante constatar o crescente movimento de ataques, tentativas de fragilização e desrespeito à Constituição, que se manifesta de forma ostensiva e violenta. Como aponta Hübner Mendes (2020), o edifício constitucional vem sendo gradativamente desmontado. Observamos quase diariamente investidas concretas para o esvaziamento de seu potencial, muitas vezes sem mesmo a necessidade de mudança no texto constitucional. Segundo o autor,

> *[foi isso que] o bolsonarismo aprendeu com a melhor cepa da história autoritária. As mesmas elites políticas que asseguraram a continuidade democrática desde 1988 entraram em espiral autofágica. Perderam de vista o que estava em risco e embarcaram na disputa sectária inconsequente. Pavimentaram a avenida para o bolsonarismo. (A-15)*

Justamente por isso, apesar de suas imperfeições, é fundamental lutar por essa Carta que, na história republicana, foi o que mais se aproximou dos ideais defendidos pela Constituinte. Ao mesmo tempo, é também importante continuar sonhando e trabalhando para que um dia seja possível ao povo brasileiro constituir e reconhecer uma Lei que não venha para nos denegrir e submeter, e sim para nos estruturar individual e coletivamente como sujeitos de nosso desejo, donos de nossa própria história.

Referências

Bleichmar, H. (1984). *Introdução ao estudo das perversões.* Porto Alegre: Artes Médicas.

Buarque de Holanda, S. (1984). *Raízes do Brasil.* Rio de Janeiro: José Olympio.

Freud, S. (1913). Totem e tabu. In *Edição Standard Brasileira das Obras Psicológicas Completas de Sigmund Freud* (Vol. XIII). Rio de Janeiro: Imago, 1980.

Freud, S. (1924). A dissolução do complexo de Édipo. In *Edição Standard Brasileira das Obras Psicológicas Completas de Sigmund Freud* (Vol. XIX). Rio de Janeiro: Imago, 1980.

Folha de S.Paulo. (1988, 3 de setembro). O Significado da Constituição. *Folha de S.Paulo*, p. A-2.

Godino Cabas, A. (1982). *Curso e discurso da obra de Jaques Lacan.* São Paulo: Moraes.

Hübner Mendes, C. (2020, 20 de maio). Evitar o pior. *Folha de S.Paulo*, p. A-15

Lacan, J. (1999). *Seminário 5. As formações do inconsciente*. Rio de Janeiro: Zahar.

Pellegrino, H. (1983, 11 de setembro). Pacto edípico e pacto social. *Folhetim*.

2. O fascismo nosso de cada dia[1]

A simples menção da palavra "fascismo" mobiliza emoções, muitas vezes intensas. Simpatizantes ou partidários de movimentos inspirados por ideias dessa natureza são geralmente impressionados e atraídos por demonstrações de disciplina, ordem, força e autoridade que delas emanam. O termo também remete a imagens atrozes de campos de concentração, pureza étnica, aniquilações em massa, violência e desrespeito à pessoa humana.

A expressão "fascista" é naturalmente relacionada a sistemas políticos vigentes na Itália e na Alemanha durante a Segunda Guerra Mundial e mesmo antes dela, e, até os nossos dias, a movimentos que continuam a defender e divulgar algumas de suas teses, como a superioridade de uma certa raça ou nação, o Estado totalitário, o sacrifício do indivíduo em prol do Estado, entre outras. Seu uso

1 Este artigo amplia as ideias apresentadas na revista *Encontro*, 6, janeiro de 1985, pp. 30-33, com as desenvolvidas em "Reich e as raízes do fascismo", resenha de *Psicologia de massas do fascismo*, de Wilhelm Reich (1972), publicada no caderno Ilustrada da *Folha de S.Paulo*, 21 de abril de 1984. Ambos os textos foram modificados e contextualizados para esta publicação.

corrente foi banalizado e a expressão é frequentemente utilizada como juízo de valor, adjetivo pejorativo, sem necessariamente referir-se a esses fenômenos e eventos históricos.

Por muito tempo foram fonte de alívio o fato de Hitler e Mussolini terem sido derrotados na Segunda Grande Guerra, a indignação e a oposição provocadas quando do ressurgimento de movimentos e partidos neonazistas, ou o repúdio majoritário a atentados e manifestações promovidos pela extrema direita em diferentes países.

No Brasil, apesar do movimento integralista e do Estado Novo e mesmo do regime militar iniciado em 1964, imaginou-se que a distância geográfica ou histórica poderia nos proteger do fascismo. Reconfortaram-nos a reconquista gradual da democracia, o fracasso de Paulo Maluf, apoiado pelos grupos sociais e econômicos mais conservadores e remanescentes civis e militares da ditadura na eleição indireta de 1985, os movimentos pelas eleições diretas e pela anistia. Ao final dos anos 1980 e na década de 1990, o crescente sucesso eleitoral de partidos de esquerda, que culminou com a eleição de Lula como presidente em 2002, a influência significativa desses partidos e movimentos progressistas em políticas governamentais em todo o país e outros pareciam tornar pequenas as chances de disseminação dos discursos e ativismos fascistas e de extrema direita.

A realidade evidenciou o caráter ilusório de tais crenças. Sempre presentes de forma latente, manifestações esporádicas de movimentos de extrema direita foram ao longo desse tempo se revelando de formas cada vez mais ostensivas e radicais, principalmente na Europa, inclusive com uma crescente expressividade eleitoral. Na última década, movimentos e partidos com orientações nacionalistas, discriminatórias e, algumas vezes, manifestamente xenófobas cresceram de forma significativa, ganhando apoio e espaço político em seus respectivos países e no Parlamento europeu.[2]

Nos Estados Unidos, é forte a presença de grupos que pregam a supremacia branca e se reúnem em torno de movimentos como o QAnon, o Alt-Right, o Partido Nazi Americano (ANP), o Movimento Nacional Socialista (NSM), a Aliança Nacional (NA) e a Ku Klux Klan (KKK), com uma longa tradição que remonta à Guerra de Secessão (1861-1865). A vitória de Donald Trump nas eleições de 2016 foi impulsionada por esses e muitos outros movimentos de extrema direita e conservadores. Ao longo de seus quatro anos de governo, Trump promoveu de forma ostensiva uma agenda com narrativas polarizadas em torno de temas caros a esses grupos, como restrições de direitos de minorias, reforço de ações contra a imigração, promoção de armamento da população, teorias conspiratórias e negacionistas da ciência, principalmente durante

2 Em 2019, destacavam-se o Agrupamento Nacional (antes Frente Nacional) fundado por Jean-Marie e, mais recentemente, comandado por Marine Le Pen, há várias décadas presente na França (13%*); na Alemanha, a Alternativa para a Alemanha, de Alexander Gauland e Alice Weidel (12,6%*); na Itália, a Liga do Norte, liderada por Matteo Salvini (17,4%*); na Hungria, o Movimento para uma Hungria Melhor, de Viktor Orbán (49%*); na Áustria, o Partido da Liberdade (FPO), comandado por Norbert Hofer (26%*); na Polônia o partido Lei e Justiça, de Jaroslaw Kaczynski; na Holanda, o Partido da Liberdade, de Geert Wilders (13%*); na Dinamarca, o Partido Popular Dinamarquês (21%*); na Turquia, o Partido da Justiça e Desenvolvimento, de Recep Erdogan; na Suíça, o Partido Popular Suíço (29%*); na Grécia, o Aurora Dourada, comandado por Nikolaos Michaloliakos (7%*); na Suécia, o partido dos Democratas Suecos, de Jimmie Åkesson (17,7%*); na Bulgária, o partido Patriotas Unidos (9%*); na Eslováquia, o partido Nossa Eslováquia (8%*); na República Tcheca, a Aliança dos Cidadãos Descontentes, de Andrej Babis (11%); na Finlândia, Partido dos Verdadeiros Finlandeses, de Olli Kotro (17,7%*); na Espanha, o partido Vox, de Santiago Abascal (10,3%*), além de diversos movimentos e organizações com propósitos explicitamente fascistas.

* Porcentagem de votos obtidos nas eleições nacionais mais próximas a 2019 (BBC, 2019).

a pandemia da covid-19, e questionamento sistemático das instituições democráticas americanas e internacionais, que culminou com o questionamento do próprio processo eleitoral para a presidência em 2020. Apesar de ter sido vencido tanto no colégio eleitoral como no número de votos por Joe Biden, Trump recusou-se a reconhecer a derrota, proclamando insistentemente a versão de que as eleições haviam sido fraudadas e incitando seus correligionários a contestar os resultados por todos os meios, inclusive pelo uso da violência. Essa escalada verbal e jurídica, potencializada por campanhas maciças de *fake news*, culminou com a invasão do Capitólio, sede do Congresso americano, por apoiadores de Trump e militantes daqueles movimentos em 6 de janeiro de 2021, uma ação sem precedentes nos últimos duzentos anos de história americana.

No Brasil, a fulgurante ascensão de Jair Bolsonaro em sua campanha à presidência da República em 2018 não foi apenas impulsionada pela revolta contra a corrupção de políticos e governos anteriores, de "esquerda", mas, sobretudo, pela emergência e naturalização de ideias radicais conservadoras no âmbito dos costumes, nacionalistas, saudosas da suposta "ordem e paz" política e social vigentes durante o regime militar, que justificaria, inclusive, atitudes autoritárias e a violência de Estado como meios para alcançá-las. Grupos expressivos de pessoas se aglutinaram em torno de ideias como essas, formando movimentos de opinião e de ação cada vez mais numerosos, marcados pela intolerância e pelo preconceito, que passaram a utilizar cada vez mais a intimidação, a violência e a perseguição e humilhação pública por meio das redes sociais como forma de atuação e pressão política. Muitos outros candidatos a cargos do executivo e do legislativo em 2018 e 2020 também utilizaram e assimilaram com sucesso esse discurso como meio para impulsionar sua eleição. Desde que assumiu a presidência, em janeiro de 2019, Jair Bolsonaro, seus filhos e membros de todos esses grupos, incorporados à administração do país, em todos os níveis, praticamente transformaram tais práticas em política de Estado.[3]

É evidente, portanto, que, mesmo tendo refluído por algumas décadas após a Segunda Guerra Mundial, identificações e manifestações individuais e coletivas próximas ao ideário fascista nunca deixaram de existir, tendo inclusive se intensificado de forma frenética nos últimos vinte anos em todo o mundo, como tristemente revelam os exemplos acima.

As condições socioeconômicas de cada país, como crescimento, mercado de trabalho, fluxos migratórios e outros, certamente contribuíram nos últimos anos para o sucesso eleitoral de muitos partidos de extrema direita. Para além desses fatores, cabe também refletir sobre a persistência das ideias e iniciativas inspiradas pelo fascismo, para entender de forma mais abrangente e profunda as raízes desse fenômeno e o solo no qual germina e se prolifera. Wilhelm Reich (1897-1957) foi um dos autores que mais contribuíram para essa compreensão.

---

3 Ao longo dos primeiros anos do governo Bolsonaro, inúmeras declarações e gestos de membros do governo, de partidos de apoio e do círculo próximo ao presidente evidenciaram essa tendência. Um dos episódios mais explícitos, ostensivos e deploráveis de afinidade com propostas de caráter nazista foi o discurso do então secretário da Cultura Roberto Alvim, em 16 de janeiro de 2020, emulando claramente a estética, a proposta e o próprio conteúdo do discurso de Goebbels, ministro da Propaganda de Hitler.
Em reunião ministerial em 22 de maio de 2020, o próprio Bolsonaro ameaçou intervir com tropas no Supremo Tribunal Federal ("Vou intervir!") e interferir na organização e no funcionamento da Polícia Federal ("Acabou, p...! Não teremos outro dia igual a ontem!") por discordar de decisões que considerava prejudiciais a ele e a membros de sua família.
Durante todo o período da pandemia da covid-19, a forte ingerência política do presidente e de seus grupos de apoio comprometeu seriamente necessárias medidas sanitárias de prevenção, tratamento e imunização que poderiam ter evitado centenas de milhares de casos e diminuído significativamente a mortalidade.

Reich e as raízes do fascismo

Em *Psicologia de massas do fascismo*, Reich, profundo observador do ser humano, convida-nos a considerar que, antes mesmo de se organizar como um movimento político-social, o fascismo se constitui como uma organização subjetiva. Atitudes, comportamentos e ideias fascistas se configuram a partir dessa forma de subjetivação resultante da impossibilidade de expressão e satisfação de necessidades básicas, biológicas, afetivas e relacionais, do ser humano. São pessoas marcadas por essas características que contribuem, no processo e nas relações sociais, para o surgimento e desenvolvimento de ideias, movimentos e partidos fascistas.

Se Freud dizia inspirar-se na humanidade como paciente, Reich, durante muito tempo um de seus mais próximos colaboradores, foi aquele que efetivamente saiu às ruas para observá-la mais de perto, muitas vezes digladiando-se pessoalmente com aqueles que ameaçavam a existência do Humano.

Em *Psicologia de massas do fascismo*, ele analisa as raízes profundas do autoritarismo e das bases econômicas e psicológicas que criam as condições para o surgimento do fascismo. Planejado nos anos 1930-1933 em Berlim, a partir de suas observações das repercussões políticas, sociais, econômicas e psíquicas da grande crise mundial de 1929, o livro se constitui a um só tempo como um diário vivo das convulsões provocadas por essa crise e um libelo inacreditável e tristemente profético do que ainda estava por vir.

Distinguindo-se da maior parte das análises sobre os movimentos fascistas, que ora acentuam o lado político-social da questão, ora os fatores psíquicos que levam à submissão a um líder, Reich articula essas duas vertentes destacando as relações dialéticas existentes entre o organismo, o indivíduo, a ideologia e o meio social no qual ele se insere. Essa visão, que considera tanto as relações entre as forças econômicas da sociedade como a estrutura emocional do ser humano, permite uma real compreensão do fenômeno autoritário, permitindo também vislumbrar os meios pelos quais, eventualmente, ele pode ser combatido.

Tanto seu trabalho como psicanalista como sua militância política em movimentos marxistas ofereceram a Reich os principais elementos para sua análise. Do pensamento de Marx, ele acentua a visão do lugar do ser humano no processo socioeconômico, base da produção material, e de suas condições de vida que influem no processo da produção e nas condições sociais. Junto com esses fatores, ele também considera a importância dos processos inconscientes e da sexualidade humana e de suas interações com a cultura, revelados por Freud. Segundo Reich, a intolerância e a repressão da sexualidade e os efeitos inconscientes do recalcado são fundamentais para compreender crenças, ideologias e funcionamentos irracionais do ser humano, as principais fontes do fascismo.

A educação e as relações interpessoais que negam e reprimem necessidades vitais do sujeito são fontes da *peste emocional*, que encontra no fascismo uma expressão extrema. Crescendo em uma civilização repressiva, impossibilitado de realizar necessidades vitais essenciais, reprimido em sua vida amorosa genital e submetido a condições de vida precárias, o indivíduo é perturbado em seu equilíbrio natural autorregulado e desenvolve comportamentos irracionais em sua própria vida e nas relações com seus semelhantes.

A peste emocional resulta da somatória de forças irracionais do humano. Seus efeitos se fazem sentir em comportamentos individuais, nas relações interpessoais e sociais e no funcionamento de grupos e instituições. É nesses últimos que são percebidas muitas de suas principais expressões, como a incongruência sistemática entre determinadas ações e as razões que buscam justificá-las e o acobertamento dos verdadeiros motivos que conduziram a elas.

Assim, antes mesmo de se manifestar como um movimento político ou ideológico, o fascismo se revela como uma *modalidade de existência e de relação humana*, uma atitude emocional básica do indivíduo reprimido por formas autoritárias da civilização, que resulta em uma concepção de vida mística e mecanicista. Para surpresa de muitos, segundo Reich, o fascismo político-ideológico é *consequência* de uma personalidade reprimida, e não o contrário.

Partindo da consideração da ideologia como força material, ele descreve em sua obra a ideologia autoritária e o comportamento das massas, a teoria da raça, o simbolismo do fascismo, as instituições autoritárias (Igreja e Família) e os motivos pelos quais os homens abdicam de ser livres.

Apesar de publicadas há mais de oitenta anos, em diversos momentos, as hipóteses de *Psicologia de massas do fascismo* revelaram-se tristemente pertinentes nos anos seguintes a sua publicação e, infelizmente, ainda hoje continuam extremamente atuais. Além de permitirem a compreensão dos inúmeros momentos de extrema crueldade que o mundo presenciou durante a Segunda Guerra Mundial em diferentes países e ainda presencia em regimes e movimentos sociais e políticos de nossa época, possibilitam também vislumbrar e compreender com clareza tanto eventos de nossa vida pessoal, familiar e profissional como do âmbito social.

As ideias de Reich oferecem alternativas às armadilhas das ilusões e das idealizações, permitindo a superação de impasses e a libertação da cegueira alienante quanto ao que nos rodeia. Comentando as táticas de manipulação fascistas, ele revela como elas se fundam no manejo das emoções individuais, dos grupos e do coletivo, evitando ao máximo a argumentação objetiva. A propaganda nazista prescindia da argumentação apontando às massas o "grandioso objetivo final". Nesse sentido, é fácil constatar que essa técnica não se restringe apenas ao ideário e a políticas considerados de "direita", em nossos tempos revividos no discurso de Trump de resgatar a "Grande América" perdida, mas é também utilizada por regimes e organizações políticas de "esquerda", como, em suas respectivas épocas, nos sistemas ditatoriais comunistas soviéticos e chinês, dos *khmer* vermelho, no Camboja, e mesmo, mais recentemente, na Venezuela, no Vietnã e na Coreia do Norte.

Da peste emocional à democracia do trabalho

Em diferentes circunstâncias da vida, todos estamos sujeitos a episódios de peste emocional. A educação autoritária, negadora de necessidades vitais e de possibilidades de satisfazê-las, pode levar o indivíduo a responder a determinadas situações de forma irracional e, em alguns casos, sádica. Elas podem também resultar em dificuldades para lidar com sentimentos de inveja e para tolerar que outros usufruam de coisas que nos faltam e gostaríamos de possuir. Os comportamentos místicos, atitudes autoritárias e moralistas, preconceitos raciais, sexuais ou de classe podem também se constituir como expressões da peste emocional. No âmbito social, ela pode ainda se expressar em certas formas de política partidária, nos métodos sádicos de educação, nas ideologias imperialistas e belicistas, nos hábitos tanto de pornografia como de excesso de moralismo, no vandalismo, entre outros.

Ao contrário do que muitos gostariam de acreditar, Reich revela que a peste emocional e, em especial, sua expressão por meio do fascismo não se restringem apenas a alguns grupos e partidos, nem a processos históricos e políticos de algumas nações. É fácil constatar em certas formas de educação e tratamento das crianças em nossa sociedade, em algumas reações diante de um pedinte, de moradores de rua, de grupos que vivem a exclusão social, em posições individuais e coletivas diante do problema da marginalidade e do crime, manifestações próximas ou evidentes da peste emocional.

De certa forma, é mais fácil acreditar na possibilidade de circunscrever as expressões da peste emocional ao fascismo, considerar que a vitória de um candidato socialista, barrando a ascensão de um governo de "direita", logo, autoritário, impediria suas manifestações e a ameaça fascista. Ou ainda que os sucessos eleitorais de grupos de extrema direita podem ser circunscritos a países ou condições específicas de políticas "pendulares" de oscilação e troca de poder. Frequentemente recorremos a alguns bodes expiatórios. Por mais que nos amedronte, é mais tolerável pensar no fascismo instaurado no governo de algum país distante, ou mesmo no Palácio do Planalto, do que reconhecê-lo em nossa sala de visitas, em nosso círculo social ou profissional.

Os acontecimentos sociais e políticos vividos no Brasil desde 2016, as manifestações públicas e em redes sociais, a violência e a virulência crescente vivida nas discussões em família, no trabalho e durante a campanha presidencial de 2018, que persistem premeditadamente mesmo após a eleição, são evidências notáveis de que os fenômenos irracionais descritos por Reich sempre foram e continuam sendo parte de nosso universo social.

É fundamental voltarmos nossos olhos para nós mesmos, questionando a responsabilidade e a contribuição individual de cada um para o surgimento de figuras como Hitler, Mussolini, Le Pen, Trump, Netanyahu, Erdogan, Salvini, Orbán e, entre nós, o clã Bolsonaro e o grupo significativo de políticos que aderiram e foram eleitos graças a seu discurso. Cabe refletir sobre as atitudes autoritárias e repressivas que muitas vezes assumimos sem perceber, sobre as formas de relacionamento com nossos semelhantes, próximos ou distantes, como criamos e educamos nossas crianças.

Reich não nos poupa, e nem a si próprio, da responsabilidade pelo surgimento da peste emocional e do fascismo. Porém, afirma que, se somos responsáveis por sua criação, devemos também ser capazes de eliminá-los. Para isso, ele evoca a importância das Crianças do Futuro e as possibilidades da Democracia do Trabalho.

Ao longo de sua obra, repetidas vezes Reich menciona o desrespeito com que são tratadas as necessidades vitais e sociais das crianças. O adulto se apossa da infância e a transforma em sua Terra Prometida: seu filho terá tudo aquilo que ele próprio não tem, será tudo que ele não conseguiu ser. Assim, oprimida pelo desejo dos pais, a criança não consegue se apropriar de seu próprio desejo, preparando-se para a função de opressora ao se tornar adulta.

As Crianças do Futuro seriam aquelas que poderiam um dia crescer a partir do reconhecimento e respeito de tais necessidades e de suas opiniões. Que teriam a liberdade de se expressar quando crianças para, quando adultas, permitir ao outro também fazê-lo. Como afirma Roger Dadoun (1978), a tarefa do novo educador seria perceber, reconhecer e sentir as qualidades de vida em cada criança e fazer todo o necessário para que possam se desenvolver. Ele deveria se familiarizar com as qualidades emocionais específicas, que variam de uma criança para outra, e considerar as influências sociais que, de perto ou de longe, se opõem ao desenvolvimento dessas qualidades.

A *Democracia do Trabalho* é ao mesmo tempo uma forma de tentar evitar o desenvolvimento de fenômenos fascistas e uma oposição concreta a eles. Seus principais objetivos são cuidar da educação, proteger a sexualidade infantil e dos adolescentes e buscar a afirmação da vida. Como desenvolvimento natural desses processos, a Democracia do Trabalho revela a possibilidade de a vida ser governada por relações interpessoais racionais, a partir de indivíduos que cresçam de maneira natural e orgânica. Ela independe de partidos ou ideologias.

Compreendemos assim que a principal arma na luta contra o fascismo é a possibilidade de afirmação da vida. A partir da educação não repressiva das crianças, do reconhecimento e proteção das necessidades da sexualidade infantil e adolescente na sociedade, do respeito e tolerância à diversidade e às diferenças criam-se novas possibilidades de relação entre o sujeito e seus semelhantes. A Democracia do Trabalho seria a consequência natural de todos esses processos no âmbito social, aquela que possibilitaria a instauração de relações interpessoais racionais e saudáveis em todos os campos da atividade humana, no "Amor, no Trabalho e no Conhecimento que, sendo as fontes de nossa Vida, deveriam também governá-la", como destaca Reich em todos os seus livros.

Referências

BBC. (2019, 3 maio). Quem são os líderes por trás do avanço da direita radical na Europa. *BBC News Brasil*. Recuperado de https://www.bbc.com/portuguese/internacional-48110858

Dadoun, R. (1978). *Cien flores para Wilhelm Reich*. Barcelona: Anagrama.

Gugliano M. (2020, agosto). Vou intervir! O dia em que Bolsonaro decidiu mandar tropas para o Supremo. *Piauí*, n. 167. Recuperado de https://piaui.folha.uol.com.br/materia/vou-intervir/

Reich, W. (1972). *Psicologia de massas do fascismo*. São Paulo: Martins Fontes.

3. Psicanálise e terror político[1]

Em janeiro de 1986 realizou-se em Paris o Encontro Latino-americano de Psicanálise, em torno do tema "O psicanalista sob o terror".[2] Organizado por Heitor O'Dwyer de Macedo, com a participação de psicanalistas do Brasil, da Argentina, do Uruguai e da França, o Encontro propunha-se a discutir o papel e a postura da psicanálise diante da violência política e social e da miséria que por anos marcaram e, em muitos países, até hoje, no século XXI, marcam as sociedades latino-americanas.

Discutindo a ética e a prática psicanalíticas exercidas sob regimes autoritários e ditatoriais, o colóquio se propunha também a apresentar aos psicanalistas franceses condições de trabalho inimagináveis para alguns deles e reinserir a discussão sobre a ética no seio da própria psicanálise francesa. Segundo Françoise Dolto,

---

1 Publicado na revista *Encontro*, 9, outubro de 1986, pp. 18-20, ampliado para esta publicação a partir do artigo "Psicanalistas discutem 'Terror de Estado'", publicado na *Folha de S.Paulo*, em 29 de janeiro de 1986.

2 Os trabalhos e as discussões do encontro foram posteriormente publicados em O'Dwyer de Macedo, H. (1988). *Le psychanalyste sous la terreur*.

participante do Encontro, a negligência e o esquecimento sistemáticos da ética na psicanálise na França geraram distorções adaptativas em algumas técnicas terapêuticas, que mais nada tinham a ver com a psicanálise.

O Encontro visava também "inverter a direção" das comunicações entre a psicanálise mundial e a latino-americana, em que eram predominantemente os colegas europeus e americanos os convidados a falar para os psicanalistas latino-americanos.[3] Na ocasião, a apresentação dos trabalhos foi responsabilidade destes últimos, ficando os comentários a cargo dos colegas franceses.

Entre os trabalhos brasileiros, encontravam-se o de Jurandir Freire Costa, sobre violência e psicanálise, o de Wilson Chebabi, sobre a questão racial, negritude e psicanálise, e o de João Batista Ferreira, sobre as atividades de uma clínica social de psicanálise em uma favela do Rio de Janeiro. Os autores evidenciaram as dificuldades do trabalho com as populações mais carentes, a crônica inexistência de apoio e recursos por parte do governo para trabalhos como esses e a forte resistência que frequentemente eles suscitam. Participaram também dos debates Célio Garcia, Paulo Siqueira de Queiroz, Sonia Carneiro Leão, Edmundo Gomes Mango, Izildinha Nogueira, Marilena Chaui, Samuel Werebe, Marcello Vignar, entre outros.

Em seu trabalho, Hélio Pellegrino uma vez mais destacava uma característica crônica e preocupante da sociedade brasileira, ainda muito presente em nossos dias:

> *O "pobre absoluto" não tem nenhum motivo para manter o pacto social com uma sociedade que o reduz à*

3 Uma troca que, felizmente, ao longo dos anos, tornou-se um pouco menos desequilibrada.

> *condição de detrito, ao mesmo tempo em que, em seus estratos dirigentes, ela se outorga a corrupção e o deboche impune. Ele tem toda a razão de odiar e repelir essa sociedade. Ao romper com o pacto social, na medida em que não tenha uma alternativa político-transformadora – e libertadora – rompe ao mesmo tempo com a Lei da Cultura. Comete, no mundo inconsciente, parricídio puro e simples e, tendo destruído as barreiras antepostas aos seus impulsos primitivos, entrega-se a eles e parte para a delinquência: roubo, homicídio, estupro, sequestro e tudo o mais. . . .* O surto de delinquência que no momento cresce nas grandes cidades de maneira assustadora é uma resposta perversa à delinquência mais do que perversa – porque institucionalizada – do capitalismo selvagem brasileiro. *(Pellegrino, 1988, p. 22, tradução minha, grifo do original)*

Os argentinos Diego García Reinoso – um dos pioneiros de psicanálise naquele país – e Gilberte Royer discutiram as sequelas do terrorismo de Estado nos filhos de "desaparecidos" e o papel das mães da Praça de Maio na sociedade argentina. Por sua vez, Ricardo Bernardi, do Uruguai, abordou a "importação" de teorias psicanalíticas na América Latina.

Entre os psicanalistas franceses, comentaristas e participantes das discussões, encontravam-se Nathalie Zaltzman, Piera Aulagnier, René Major, François Roustang, Monique Schneider, Radmila Zygouris, Alain Diddier-Weil e outros colegas.

Na época da realização do Encontro, a existência de regimes totalitários e de sistemas de exceção na maior parte dos países da América Latina questionava (e até hoje questiona, quando exercidas sob sistemas semelhantes) a prática e as condições do exercício da psicanálise nesses países. Ao longo das discussões, os participantes destacaram os desafios que a violência da sociedade e o terror de Estado lançam para a psicanálise. Além de lidar com os afetos, experiências e conflitos vividos ao longo da história de cada sujeito, cabe também à psicanálise encontrar formas de responder à sistemática agressão proveniente do meio social, em suas diferentes formas de manifestação, onde quer que ela seja praticada. Essa é sua dimensão política. Uma criança submetida sistematicamente à fome, pela ausência de condições socioeconômicas para que seus pais a alimentem, pode viver uma experiência tão traumática como alguém submetido à tortura premeditada. Como afirmava o uruguaio Carlos Plat, "o psicanalista que ignora o problema da tortura e da violência social não é psicanalista, anula o que faz com seu paciente".

O golpe militar e as marcas da ditadura na psicanálise argentina

À margem do colóquio, Diego García Reinoso, Gilou García Reinoso e Ricardo Ileyassoff[4] comentaram mais detalhadamente, na

4 Diego García Reinoso pertencia à geração de fundadores da psicanálise argentina. Gilou García Reinoso era médica e psicanalista e realizou sua formação na Argentina. Ambos foram analistas didatas da Associação Psicanalítica Argentina (APA), com a qual romperam em 1971, criando os movimentos "Plataforma" e "Documento". De 1976 a 1981 viveram exilados no México, retornando à Argentina às vésperas do fim do regime militar. Falecidos em 1987 e 2018, respectivamente, ambos sempre foram reconhecidos por sua importância na renovação do movimento psicanalítico argentino, na defesa de seu papel social e na luta pelos direitos humanos. Ricardo Ileyassoff é psicólogo-psicanalista e participou do grupo de analistas formado a partir dos anos 1970 segundo o ensino de Lacan. Pertenceu à Escola Freudiana da Argentina, com a qual rompeu por razões ideológicas. Vive na Itália desde 1989.

entrevista a seguir, os antecedentes do golpe militar de 1976 e as marcas deixadas pela ditadura na psicanálise, na população e na sociedade argentinas.

Rubens M. Volich: Qual era o lugar da psicanálise no panorama social argentino às vésperas do golpe militar de 1976?

Gilou García Reinoso: A psicanálise argentina começou em 1942 com a chegada de psicanalistas europeus, que fugiam do nazifascismo, como Angel Garma e Marie Langer. Juntamente com alguns psiquiatras e pediatras locais, formaram o primeiro núcleo psicanalítico na Argentina. Desde então, a psicanálise conheceu uma crescente difusão e penetração em vários segmentos sociais e culturais. Nos meios médicos e científicos, a psicanálise também era bastante reconhecida. Antes do golpe militar, hospitais gerais e psiquiátricos, universidades e diversas instituições contavam em seus quadros com um grande número de psicanalistas. Tudo isso foi destruído com a instauração da ditadura e os psicanalistas foram substituídos por psiquiatras de orientação organicista ortodoxa.

O governo anterior ao golpe de 1976 fora eleito democraticamente. Era um governo peronista, que representava o retorno de uma ilusão popular, mas que, ao mesmo tempo, vinha fracassando e afundando o país em um grande caos. A sociedade argentina pré-golpe fragmentava-se, e essa fragmentação teve repercussões no movimento psicanalítico, uma vez que se fazia inevitável pensar na inserção social e política da prática psicanalítica. Esta questão produziu graves conflitos no âmbito das instituições psicanalíticas, criando cisões, gerando novos grupos e movimentos com uma maior abertura no ensino da psicanálise.

RMV: Como o ensino de Lacan?

Ricardo Ileyassoff: Exatamente. Naquela época, o ensino de Lacan era proibido na Associação Psicanalítica Argentina. O estudo de Lacan surgiu como um movimento marginal. Muitos participantes dos primeiros grupos lacanianos vinham de movimentos de esquerda. Existia um compromisso político nesses grupos. Porém, a partir de 1976, observou-se paradoxalmente uma crescente perda de interesse pela realidade e contexto cultural do país e um gradual fechamento dos próprios grupos lacanianos. Alguns psicanalistas chegavam a afirmar que a ditadura que se instalava não interferiria em sua prática psicanalítica. Por meio de uma discussão cada vez mais abstrata, alguns grupos lacanianos isolavam-se, acentuando o caráter a-social da prática psicanalítica.

Entretanto – é importante lembrar – também a sociedade argentina vivia uma certa ilusão quanto ao novo regime. Sabemos que a época de Martinez Hoz[5] foi muito favorável para os segmentos de classe média, quando a individualização na sociedade argentina foi extrema. Entre os lacanianos este processo se refletia em uma marcante opção pela "Clínica do Fantasma" em detrimento de uma "Clínica do Trauma".

RMV: Diego, a seu ver a opção pela "Clínica do Fantasma" foi consequência do quadro social criado pela ditadura?

Diego García Reinoso: A "Clínica do Fantasma" podia ser feita fora da prática concreta. Pode-se teorizar indefinidamente sobre o Fantasma e a Fantasia. Por outro lado, enfocar o trauma no tratamento exige enxergá-lo na vida cotidiana. A meu ver, essa

5 Ministro da Economia durante a ditadura militar entre 1976 e 1981, era considerado um representante do liberalismo econômico e do neoliberalismo na Argentina.

experiência do dia a dia que cada analisando levava para sua sessão, muitas vezes marcada por muita violência, ou não era escutada, ou só o era na medida em que podia ser resgatada e interpretada como uma fantasia e não como uma situação real, traumática, que afetava toda a população, e não apenas aqueles que poderíamos chamar de neuróticos.

RMV: Em sua opinião, o que era omitido na atitude de tais analistas?

Diego: A Argentina viveu o que denomino de *Terror*, produzido e cientificamente planejado pelo Estado. Os mais modernos conhecimentos da ciência foram utilizados com fins de dominação e de extermínio. O Terror – que é diferente da angústia, descrita por Freud – pode ter duas consequências: a primeira é o silêncio, não se fala da violência, os crimes deixam de existir, surgem os "desaparecidos". A segunda consequência é a criação inconsciente de Heróis. Eles são a contrapartida dos agentes de violência do regime, mas também devem ser mantidos no silêncio. Os mortos ou os "desaparecidos" são transformados em Heróis.

O Herói situa-se no lugar atribuído na teoria freudiana ao Chefe, entre o Ego e o Ideal do Ego. É uma personagem que pode salvar ou matar. Diante de tal poder, o indivíduo muitas vezes sente que nenhuma de suas ações pode saldar a dívida contraída com o Herói. Esta circunstância, em uma família ou em um grupo, muitas vezes levou à morte inútil muitos jovens argentinos, sobretudo quando a luta estava perdida. O Herói idealizado é um obstáculo a toda possibilidade de Desejo. Cria-se a sua volta um culto religioso, pessoal ou familiar. Não existe separação possível, nem castração simbólica e tampouco qualquer possibilidade de elaboração do luto.

Não me surpreende que, nesse contexto, a psicanálise muitas vezes era descartada como possibilidade de mudança, que fosse inclusive desprezada. Pois a psicanálise busca justamente criar um vazio ali onde existe a idealização. Um vazio insuportável, que somente um Outro – como às vezes pode ser um analista – pode considerar positivo, e pensar que algo pode nascer desse vazio.

RMV: Gilou, nessas circunstâncias, qual foi o papel representado pelo movimento das "Mães da Praça de Maio"?

Gilou: Além do ataque direto à integridade física das pessoas, a violência gerada pelo Estado autoritário agride a possibilidade do homem de escutar, sentir e falar. O regime totalitário responde a tudo, ocupa todos os espaços. Na análise, retira a palavra do paciente e impede ao psicanalista a possibilidade de escuta.

As Mães da Praça de Maio produziram um fato importante e insólito para a população argentina: a presença de umas poucas pessoas, inicialmente, em meio a uma ditadura feroz, começa a produzir uma brecha no espaço compacto e onipresente exigido e ocupado pelo regime. A ignorância dos fatos ou mesmo o imobilismo já não podem ser sustentados.

Na Praça de Maio criou-se a possibilidade de circulação. As mães tornam-se significantes da existência dos "desaparecidos", dos crimes, da tortura. Algo começa a ser simbolizado. Mas, principalmente, as mães foram e são a prova de que o poder não é absoluto, que nenhum poder é absoluto. Quando elas o enfrentam, imediatamente são qualificadas de "loucas", mas podem tornar-se mensageiras de uma verdade, oferecendo à população, pela sua simples presença, a oportunidade de recuperar o pensamento que a ditadura havia suprimido. A insistência das Mães da Praça de Maio – a exigência persistente de que seus filhos aparecessem vivos – trazia e continua trazendo algo da persistência do Desejo; algo impossível, uma demanda que retorna sempre, mesmo que nunca alcançada.

Referências

O'Dwyer de Macedo, H. (1988). *Le psychanalyste sous la terreur*. Vigneux: Matrice.

Pellegrino, H. (1988). Pacte oedipien et pacte social. In H. O'Dwyer de Macedo, *Le psychanalyste sous la terreur* (pp. 15-34). Vigneux: Matrice (Versão original publicada em "Folhetim", *Folha de S.Paulo*, 11 de setembro de 1983).

4. A psicodinâmica do trabalho e as novas formas de dominação

Entrevista com Christophe Dejours

Psiquiatra e psicanalista, Christophe Dejours[1] desenvolveu sua clínica e suas pesquisas em torno de dois campos. Um se dedica à investigação sobre as relações entre o funcionamento psíquico e o corpo, questões geralmente identificadas pela psicossomática, e o outro é dedicado às relações entre saúde mental e trabalho.

A partir de uma perspectiva metapsicológica, desde os anos 1980 Dejours investiga as articulações entre duas dimensões da experiência corporal, a do "corpo biológico", inato, anatômico, funcional, orgânico, e a do "corpo erógeno", marcado pela "subversão libidinal" que possibilita a transcendência da dimensão biológica para a viabilização das experiências de desejo, de

1 Professor titular da cadeira de psicanálise-saúde-trabalho no Conservatoire Nationale d'Arts et Métiers, em Paris. Dedica-se também à orientação de pesquisas na Universidade de Paris V – René Descartes, no Laboratório de Psicologia Clínica, Psicopatológica e Psicanalítica. Além disso, é membro titular da Associação Psicanalítica da França (APF, filiada à International Psychoanalytical Association) e do Instituto de Psicossomática Pierre Marty e presidente científico da Fundação Jean Laplanche – Institut de France.

prazer e sofrimento, próprias à subjetividade. As circunstâncias, possibilidades e impedimentos que modulam essas formas de experiência do corpo participam de diferentes formas de vivências, vulnerabilidade e de adoecimento. Em algumas, podem predominar manifestações psíquicas ou somáticas, que oscilam entre as psicoses, neuroses, transtornos comportamentais e doenças orgânicas. A partir dessa vertente, Dejours contribuiu também de forma significativa para a ampliação da metapsicologia psicanalítica e da compreensão das dinâmicas psicossomáticas por meio de suas conceitualizações sobre a "terceira tópica", o "inconsciente amencial", as "somatizações simbolizantes", entre outras.[2]

Articulado a todas essas dinâmicas, Dejours interessou-se especialmente pelas distorções da experiência do corpo e pelos processos de adoecimento provocados pela organização social contemporânea e, em particular, por suas manifestações no mundo do trabalho. Nesse campo, derivado das investigações sobre a psicopatologia do trabalho, que ganhou força nos anos 1970, ele aprofundou as pesquisas sobre as formas de subjetivação, funções libidinais, narcísicas, sublimatórias ou reativas ligadas ao trabalho, sobre as dinâmicas coletivas e institucionais de produção e de inserção no universo laboral, bem como sobre os mecanismos de defesa e enfrentamentos específicos desenvolvidos para lidar com o sofrimento no ambiente social e funcional nesses contextos. Todos esses processos configuram o campo da psicodinâmica do trabalho, no qual Dejours é pioneiro, ao propor instrumentos e conceitos para uma análise psicodinâmica dos processos intra e intersubjetivos, culturais e sociais, mobilizados pela atividade do trabalho humano.

2 Cf. as Referências ao final da entrevista.

Na entrevista a seguir, ele discorre sobre algumas das principais características e dinâmicas desses processos na sociedade contemporânea.[3]

RMV: Você poderia apresentar sua visão da psicopatologia no início do século XXI?

Christophe Dejours: Do ponto de vista daquilo que chamamos *psicopatologia do trabalho* ou, ainda, *psicodinâmica do trabalho* a situação para nós caracteriza-se, no fim do século XX e começo do século XXI, pela, digamos, vitória mundial do liberalismo econômico que se traduz – aproximando-nos do funcionamento psíquico individual – pela aparição de novas formas de dominação.

O neoliberalismo não é só a economia, o mercado. É também a existência de novas formas de dominação no dia a dia, no cotidiano. Um dos lugares onde essa dominação é exercida e atinge de forma privilegiada o funcionamento psíquico é, precisamente, na relação com o trabalho.

Ninguém está livre dessa relação com o trabalho. Seja quando se trabalha, e então a pessoa está ligada a formas de dominação muito particulares que se concretizam na organização do trabalho, na prescrição e divisão de tarefas, no ritmo, por exemplo, seja quando se está privado de emprego. Nesse grupo encontramos os que estão desempregados há muito tempo, os novos pobres que aparecem nos países mais ricos. Nós nunca fomos tão ricos como nos últimos vinte anos do século XX, e, contudo, há uma nova pobreza que emerge. Uma pobreza não somente no plano material, de miséria de condição de vida, mas igualmente no plano psíquico,

3 Entrevista realizada em Paris, em 11 de julho de 2000, e publicada na *Revista Latinoamericana de Psicopatologia Fundamental*, *4*(3), setembro de 2001, pp. 158-163, adaptada para a presente coletânea. Tradução de Adriana Campos de Cerqueira Leite.

como uma explosão de patologias. Esse fato é extremamente preocupante, não somente porque as patologias são graves e numerosas, mas porque, além de tudo, não sabemos de que maneira abordá-las e como proceder, não somente em relação ao cuidado mas, eventualmente, à prevenção das consequências desastrosas da privação de trabalho.

Assim, nos damos conta de que a dominação no mundo do trabalho, ainda que traga benefícios extraordinários, uma riqueza absolutamente inacreditável, traz, ao mesmo tempo, um sofrimento no trabalho, que não para de crescer. Em um país como a França vimos surgir, nos anos 1990, novas formas de patologia, algumas recentemente identificadas no mundo do trabalho. Em particular, o que é mais surpreendente para nós é a aparição daquilo que chamamos patologias de sobrecarga.[4]

No momento em que o triunfo da robotização, da informática, da automação, deveria trazer a emancipação dos homens em relação ao trabalho, observamos o contrário. Ali onde as tarefas de manutenção deveriam ter diminuído, onde, segundo o que nos anunciavam, o trabalho desapareceria, tudo passaria a ser feito pelas máquinas, o que vemos, na realidade, é uma explosão de patologias de sobrecarga.

Vocês, no Brasil, conhecem muito bem [esse fenômeno], pois são um dos países mais afetados pela Lesão por Esforço Repetitivo. A LER ganhou verdadeiramente um caráter de epidemia, mas é uma epidemia ligada ao trabalho *strictu sensu* e que explode em

4 Esse panorama descrito por Dejours, já preocupante na virada do século, ganhou expressões ainda mais graves, nos vinte anos que se seguiram, com o aumento do desemprego, precarização generalizada do trabalho e manifestações ainda mais dramáticas dos problemas de saúde individuais, como o aumento da gravidade e cronificação das patologias, a incidência crescente do suicídio ligado a situações de trabalho, com repercussões significativas sobre a saúde pública e sobre a economia.

países como o Brasil, mas não onde esperávamos, não nas tarefas de manutenção que exigem esforços físicos e imposições fisiológicas, ao contrário, [paradoxalmente] nas tarefas em que há pouca participação manual. A dificuldade dos digitadores em informática no Brasil é bem conhecida; [na França] vemos pessoas que ocupam cargos executivos e que são também atingidos por essa Lesão por Esforço Repetitivo, o que levanta uma série de problemas...

RMV: Então não é simplesmente uma questão muscular, a ser tratada por fisioterapeutas...

Dejours: Isso mesmo. Esse é o paradoxo, essa Lesão por Esforço Repetitivo (LER) não pode ser explicada unicamente por processos biológicos ou fisiológicos - existe no centro dela uma verdadeira doença mental. É a forma pela qual a organização do trabalho atinge o funcionamento psíquico e nós podemos demonstrá-lo. Existe um aumento de imposições de ritmo, de produção, de produtividade e de qualidade. A soma dessas imposições termina por paralisar o funcionamento psíquico.

Isso tudo pediria uma explicação bem complicada, mas [podemos dizer] que há uma distorção do funcionamento psíquico, uma paralisação do pensamento que, justamente, torna o corpo muito mais vulnerável e faz dele o lugar onde se manifestam os sintomas. No lugar do sintoma psicopatológico é o corpo que adoece. Essa é uma das características importantes. Mas existem outras patologias de sobrecarga que foram postas em evidência nesses últimos anos.

No mundo inteiro, falamos muito de *burnout*, um esgotamento profissional, encontrado em muitas profissões. Mesmo que critiquemos esse termo, ele tem a vantagem ao menos de mostrar que o que está no centro dessa nova patologia é a relação entre aquele que trabalha e o cliente, o usuário...

Demo-nos conta, afinal, de que a relação com o cliente é uma cilada psíquica, pois as pessoas são pegas numa relação que, de um lado, traz um excesso de carga de trabalho imposta pela própria relação com o cliente e que, ao mesmo tempo, cria uma forte agressividade reativa que é, entretanto, barrada pela forte culpabilidade que faria descarregar a agressividade sobre o cliente. De fato, as pessoas reprimem tudo aquilo que, do ponto de vista pulsional, é mobilizado pelo encontro com as filas nos caixas de supermercados ou com as filas nos guichês do correio etc. De modo que, aí também, vemos aparecer essa patologia do esgotamento profissional observada igualmente nos enfermeiros, cuidadores.[5]

Há ainda [novos tipos] de patologias que apareceram, como a famosa *karoshi*, cuja explicação, do ponto de vista fisiopatológico ou psicopatológico, é a mesma que para a Lesão por Esforço Repetitivo. A *karoshi* é a morte súbita causada frequentemente por acidente vascular cerebral e, por vezes, cardíaco. Atinge homens jovens, com idade entre 25 e 40 anos, que morrem subitamente sem ter nenhum antecedente cardiovascular; na verdade, descobre-se que o único fator para explicar a morte dessas pessoas é o excesso de trabalho.[6] São pessoas que trabalhavam mais de setenta horas

---

5 E também em muitas outras profissões e atividades em que o trabalhador é colocado como intermediário entre mecanismos, regulamentos, condições da instituição, da empresa e do serviço e o público, os usuários, clientes, consumidores etc.

6 *Karoshi* é a "morte por excesso de trabalho", uma morte súbita ocupacional, devido principalmente a um ataque do coração e derrame provocados por estresse. O Japão é um dos poucos países que relatam casos dessa natureza nas estatísticas em uma categoria específica. O primeiro caso de *karoshi* foi relatado em 1969, com a morte relacionada a derrame de um trabalhador homem de 29 anos no departamento de remessa da maior companhia de jornal do Japão. A mídia começou a dar atenção ao que parecia ser um novo fenômeno a partir do final da década de 1980, durante a bolha econômica. Alguns executivos de alto nível, ainda em seus primeiros anos de carreira, morriam subitamente

por semana, notadamente na contabilidade japonesa, pois é uma doença que foi reconhecida especialmente no Japão, onde se formaram até mesmo associações de famílias das vítimas da *karoshi*.

Temos ainda outras formas de patologias que apareceram em países como a França, absolutamente inexistentes no passado. São as patologias pós-traumáticas ligadas ao desenvolvimento da violência do público, dos usuários, contra as pessoas que estão exercendo suas funções. No começo, na França, isso afetava sobretudo os empregados de bancos e, depois, passou a atingir enfermeiros, motoristas de táxi, motoristas de ônibus, de trem, frentistas dos postos de gasolina, enfim, toda uma série de pessoas que atuam prestando serviços à população, principalmente nos serviços públicos, e que passaram a ser vítimas da violência do público. De qual público? Bem, essencialmente daquele público que está colocado à margem da sociedade e para o qual os agentes do serviço público são acessíveis, simbolizam as novas formas de dominação.

Enfim, vimos ainda surgir, na França, em meados dos anos 1990, algo muito perturbador: os suicídios ou tentativas de suicídio no próprio local de trabalho, que não existiam antes. Desde a criação da medicina do trabalho na França, nos anos 1950, existem registros e a memória da prática nesse campo e todas as publicações científicas, e jamais tinham sido publicados anteriormente casos de suicídio no local de trabalho. Desde o início do fenômeno, centenas e mesmo milhares de pessoas se suicidaram no local de trabalho.

Temos então, por um lado, a grande riqueza, a promessa de felicidade do neoliberalismo, mas, no interior disso tudo, nos damos conta de que para aqueles que trabalham a situação é cada vez mais grave. O mais inquietante, além disso, é que não caminhamos no

---

sem qualquer sinal prévio de doença. Essas manifestações foram denominadas *karoshi* e imediatamente vistas como uma nova e séria ameaça às pessoas na força de trabalho.

sentido de uma melhora. Podemos mesmo prever que todas essas patologias vão ainda se agravar.

Eu poderia falar de outros quadros clínicos que apareceram e, em particular, de uma coisa difícil de se explicar em poucas palavras, mas que nos fez trabalhar e pesquisar muito: a aparição de transtornos da cognição. Observamos o aparecimento de transtornos cognitivos em adultos, resultantes de situações de contradição relativas à organização do trabalho, que fazem com que as pessoas tenham dificuldade para pensar. Eles não conseguem mais distinguir aquilo que é bom daquilo que é ruim, entre o que é justo e o que é injusto e mesmo entre o que é verdade e o que é falso na própria natureza do trabalho. Isso quer dizer que não se sabe mais fazer a mediação que conduz a uma abstração do trabalho, sobretudo no que gira em torno da nova economia etc. As pessoas não sabem mais onde está a verdade e terminam por ter problemas de julgamento, problemas de atribuição, problemas de pensamento e, sobretudo, problemas de memória.

Na França, descrevemos casos de pessoas em condições de trabalho que são constantemente interrompidas pelo correio eletrônico, pelas ordens, pelos clientes ou por pedidos que exigem muita flexibilidade. Essas interrupções constantes provocam problemas de memória e, então, eles anotam tudo o que lhes é dito, inclusive as comunicações telefônicas, em *post-its*. Aos poucos todos os postos de trabalho são constelados de *post-its*. Tivemos até mesmo um caso particular – aliás vários casos, mas um particularmente espetacular: um homem cobriu todo seu corpo de *post-its* e se suicidou.

Esse é o tipo de patologia com o qual somos confrontados hoje em dia e que propõe problemas muito particulares: como devemos cuidar disso, como analisar ou tratar essas dificuldades?

Esse é apenas um voo panorâmico, para mim, um voo muito importante, mas talvez não seja – e isso pode surpreender – o mais importante. O mais importante é que a maioria das pessoas que se encontram nessas situações de trabalho consegue não enlouquecer, não adoecer mental ou fisicamente, apesar das imposições com as quais é confrontada. O problema que se coloca é saber qual é o preço, quais as estratégias utilizadas para conservar a normalidade e não adoecer mentalmente. E aí entramos em um outro capítulo da clínica ordinária, o da clínica das defesas individuais e coletivas mobilizadas e utilizadas pelas pessoas, no exercício do seu trabalho, para não enlouquecerem.

Ora, o que acontece é que essas estratégias de defesas constituídas contra o sofrimento psíquico ocasionado pelo trabalho são ambíguas e equivocadas. De um lado, não podemos reprovar as pessoas por defenderem-se, pois é a condição para sobreviverem, mas, de outro lado, essas defesas têm um efeito perverso. O efeito perverso mais notável é o da manutenção da situação existente. Essas defesas têm um papel na adaptação das pessoas às novas formas de dominação e, finalmente, um papel de anestesia para a dor. Quando uma defesa funciona, as pessoas toleram restrições que não deveriam tolerar, seja por razões morais e políticas ou por razões psicológicas. Assim como a anestesia diminui a dor, mas não recupera a lesão, corre-se o risco de que um dia a doença estoure de uma forma muito mais grave.

Por exemplo: se você tem uma úlcera estomacal, eu te dou morfina. Você não terá mais dor, mas a úlcera continuará a escavar seu buraco. Da mesma forma, o que é danificado quando as pessoas toleram situações inaceitáveis? A subjetividade e tudo o que está em jogo na associação entre trabalho e subjetividade.

Poderia ainda desenvolver um longo capítulo, que seria extenso demais, lembrando que o trabalho não é apenas um cenário. O trabalho é uma prova, uma ocasião excepcional para o sujeito colocar-se em xeque. Talvez o trabalho seja ainda, em certos casos, uma promessa de autorrealização. Porém, no contexto do qual estou falando, em que as imposições da organização, as novas formas de dominação, tornam-se cada vez mais duras para a população, as pessoas se defendem e, finalmente, o trabalho não é mais um lugar de autorrealização. É um lugar onde se esvaem todas as energias em um mesmo sentido: aquele de proteger-se. Proteção de si não é a mesma coisa que autorrealização. Há um certo momento em que as pessoas não fazem outra coisa a não ser se proteger, não podendo mais lidar com a questão da subjetividade e não podendo mais servir-se do trabalho como mediador na construção da identidade. Chegamos, então, a paradoxos e coisas que são extremamente preocupantes não somente para cada um de nós, mas para o futuro da sociedade. Essas novas formas de dominação não funcionam sozinhas.

Isso quer dizer que as novas formas de dominação consistem em organizar planos utilizando cada vez mais a flexibilidade e o trabalho precário. Essas novas formas de dominação só funcionam se muita gente participar delas trazendo sua contribuição. Elas não ocorrem simplesmente por decreto. É por meio de ameaças que se consegue que as pessoas trabalhem. Apesar das leis que são aprovadas, as pessoas trabalham mais em casa, durante a noite, de forma mais ou menos clandestina, e há também muito trabalho informal, inclusive em países europeus, onde as leis são constantemente e cada vez mais violadas. Tudo isso não pode funcionar sem uma forte colaboração.[7] É isso o importante.

Essas novas formas de dominação supõem o envolvimento de um grande número de pessoas, sem as quais o sistema não funcionaria. Para que o sistema funcione é preciso um grande número de executivos, de gerentes e funcionários de Recursos Humanos,

---

7 Com toda a conotação que o termo *collaboration* tem em francês – atitude de colaboração com o invasor alemão, durante a Segunda Guerra. [N.T.]

mas é preciso igualmente uma quantidade de supervisores de serviço e mesmo de técnicos que aceitem contribuir com atos e práticas que, no entanto, eles reprovam moralmente. É isso que essas novas formas de dominação nos ensinam: dar nosso consentimento para que se façam coisas que reprovamos. Isso gera não somente um problema moral, mas esse problema moral deixa seu herdeiro, que é o sofrimento psíquico de trair a si mesmo, de descobrir em si o covarde que dá seu consentimento a coisas que, na verdade, reprova.

Descobrimos, então, e isso é mais recente, estratégias de defesa que, finalmente, permitem que se oculte, que se oponha uma recusa à percepção dessa situação particularmente dolorosa do ponto de vista moral. No que consistem, então, essas defesas? Elas têm uma coisa em comum: só funcionam pelo entorpecimento da capacidade de pensar. A maneira de aguentar [as condições de sofrimento] é não pensar, não se faz outra coisa senão trabalhar. Concentra-se e focaliza-se exclusivamente no trabalho, pensa-se na eficiência do trabalho sem que se raciocine sobre as consequências do trabalho sobre o outro... Eu nunca trabalho para produzir, eu trabalho para alguém, para um patrão, eu trabalho para o senhor Bordonnais, eu trabalho com meus colegas. Toda essa dimensão do outro, implicada na relação de trabalho, é ocultada por essas defesas. Cada um se concentra em seu posto de trabalho, sua produtividade e sua performance.

Assim, chegamos ao problema fundamental do impulso subjetivo ou psicológico para o consentimento na participação do mal. Isso faz parte da psicopatologia fundamental propriamente falando, pois essa "normalidade" não pode ser compreendida a não ser diferenciando-se da patologia, aquilo que não é verdadeiramente consentido acaba sendo resolvido com uma doença. O risco entre essas duas saídas é a morte da subjetividade no trabalho e, por meio do trabalho, em toda a nossa sociedade, que é ameaçada por uma desqualificação da posição subjetiva na vida cotidiana.

Referências

Dejours, C. (1988). *O corpo, entre a biologia e a psicanálise*. Porto Alegre: Artes Médicas.

Dejours, C. (1989). *Repressão e subversão em psicossomática: investigações psicanalíticas sobre o corpo*. Rio de Janeiro: Jorge Zahar, 1991.

Dejours, C. (1998). Biologia, psicanálise e somatização. In Volich R. M., Ferraz F.C.& Arantes M. A. A. C. (Orgs.), *Psicossoma II: psicossomática psicanalítica*. São Paulo: Casa do Psicólogo, 1998.

Dejours, C. (2000). *A banalização da injustiça social*. São Paulo: Fundação Getulio Vargas.

Dejours, C. (1998). *A loucura do trabalho: estudo de psicopatologia do trabalho*. São Paulo: Cortez.

Dejours, C. (2019). *Psicossomática e teoria do corpo*. São Paulo: Blucher.

Dejours, C. (Org.). (2017). *Psicodinâmica do trabalho: casos clínicos*. Porto Alegre: Dublinense.

Karoshi. Recuperado de https://pt.wikipedia.org/wiki/Karoshi

5. Pátio de miragens

Reflexões sobre o "Estrangeiro"[1]

O mais difícil dos sentimentos é o sentimento do outro. O outro é ele e és tu. Ele é realmente o outro ou é a parte tua que não queres ser, saber, ver ou aceitar? Tu és o outro para os outros, logo és igual a ele. Todos somos "outros". E no entanto o outro invade, ameaça, mastiga de boca aberta, irrita, eriça, machuca.

Até teu filho é o outro. E tu, pobre pretensioso, pensas que ele é teu...

Artur da Távola (1977, p. 96)

"Pobres pretensiosos." É assim que nos interpela o ensaísta, sacudindo-nos em meio a nossos sonhos e nos privando de uma de nossas mais secretas ilusões. Provocador, ele denuncia nossa ambição ilimitada de perceber e sorver o mundo e os seres que o habitam como se a função destes fosse manter-se em prontidão

1 Resenha de *O estrangeiro*, organizado por Caterina Koltai, São Paulo, Escuta, 1998. Publicada na *Revista Latinoamericana de Psicopatologia Fundamental*, *1*(2), 1998, pp. 177-188, atualizada para esta coletânea.

permanente para nos servir e nos satisfazer, adaptando-se e curvando-se a nossos caprichos e desejos. Renitentes, resistimos a suas investidas agarrando-nos a nossos devaneios, a nossos mitos, a nossos privilégios, às miragens desse mundo que insistimos em criar à nossa imagem. Está engajada a batalha.

Desde o primeiro encontro, que nos concebe como projeto, como ato, como célula, somos filhos do conflito, filhos de outros. O clima em que somos gestados, as contrações que iniciam a separação de nossos corpos do corpo materno, a luz, o frio, os odores e o ar que penetra nossos pulmões no nascimento nos fundam e nos transformam. Experiências necessárias à vida, mas que, desconhecidas, amedrontam e ameaçam. Instintivamente as recusamos, sem saber que, com isso, resistimos a condições de nossa própria existência. Como lembra Freud (1915, p. 167),

> *o externo, o objeto, o odiado seriam, no início [da vida] idênticos. O objeto se revela mais tarde fonte de prazer, ele então é amado, mas também incorporado ao ego, se bem que, para o ego-prazer purificado, o objeto coincide apesar de tudo com o estrangeiro e com o odiado.*

Quem é o outro? Aquele de quem, no início, dependemos para sobreviver, mas que, ao apresentar-se, revela-se também como uma ameaça a essa sobrevivência. Aquele que inscreve em nossa carne nossa capacidade de amar, mas que, clandestino, infiltra-se também como fonte de nosso ódio. Conflitos e paradoxos que marcam nossas origens e que nos acompanham ao longo de nossa vida. Eu e tu. Amor e ódio. Dialéticas que definem os destinos de nossas existências individuais e coletivas.

Em torno dessa dialética, Caterina Koltai reúne em *O estrangeiro* as contribuições de psicanalistas, sociólogos, filósofos e jornalistas apresentadas no colóquio internacional realizado em 1994 na PUC-SP sobre esse tema. Imigrante, militante, exilada, Koltai é marcada pela experiência do estrangeiro, desde sua manifesta condição geográfica, passando pelas migrações que empreendeu ao longo dos anos em sua ação política e profissional, da sociologia à psicanálise, tentativas de elaborar o desconhecido dessa condição. Organizadora daquele colóquio e com uma pesquisa de doutorado sobre esse tema,[2] ela coloca em movimento, nos trabalhos desta coletânea, figuras de exílio em criações viscerais, que nos convidam a reconhecer e pensar nossa própria condição de estrangeiros e de exilados, com relação a nós mesmos e àqueles que nos rodeiam.

Seus convidados oferecem diferentes perspectivas para elaborarmos essas questões: os paradigmas e as condições do estrangeiro na História, elementos para compreender as fontes da xenofobia e do racismo, o papel do estrangeiro na dinâmica da subjetividade, o duplo e os segredos de família, a dimensão do *Unheimlich* na clínica, na teorização e na escrita psicanalíticas.

A condição histórica e os paradigmas do estrangeiro

Em seu artigo, Edgar Assis de Carvalho situa a preocupação com o estrangeiro dentro de um panorama histórico, desde a antiga Grécia, passando pela organização do mundo cristão medieval, pela mudança de visão do Outro determinada pelos movimentos das descobertas e da expansão europeia dos séculos XV e XVI, pelas posições de Montaigne, de Montesquieu, com suas *Cartas persas*,

2 O resultado dessa pesquisa foi publicado em *Política e psicanálise: o estrangeiro* (Koltai, 2000), apresentado no próximo capítulo.

e de Rousseau. A partir desse último e inspirado por Lévi-Strauss, Carvalho situa a antropologia como uma tentativa de compreender as origens e as especificidades da diversidade humana. Ele discute a função dos "viajantes modernos" (expressão de Todorov) marcados por uma subjetividade que metamorfoseia a si própria para transformar-se em algo mais totalizado, que pensa simultaneamente a diversidade e a unidade, e que pode assim "desnaturalizar o discurso duro do pensamento teórico para reorientá-lo para canais mais holográficos, portadores de sentidos e percepções trans-históricas" (p. 28). Antonin Artaud, com suas experiências alucinógenas com os índios *tarahuama* do México, em 1936, é uma referência a esse tipo de viajante.

Eugène Enriquez analisa a figura do judeu como paradigmática do estrangeiro, a partir da perspectiva trágica do laço social, "a que nos obriga a compreender que os outros existem não como objetos possíveis de nossa satisfação, mas como sujeitos de seus desejos e de seus atos" (p. 37). O judeu desempenha a função daquele que produz o que Tocqueville denominou "a perturbação de pensar", fruto da impossibilidade de acolher a vida interior e o estranhamento que o contato com ela produz permanentemente. Enriquez traça uma retrospectiva histórica do lugar ocupado pelo judeu no imaginário social desde o mito da aliança divina, passando pelas manifestações modernas do antissemitismo, até chegar às repercussões desses processos nas dinâmicas sociais da sociedade israelense e em suas relações com seus vizinhos. Ele analisa os mitos subjacentes a esses processos: o mito do povo da origem e da eleição, o da pureza e do isolamento, o da crítica do Estado-Nação, o da racionalidade instrumental e da dominação capitalista, o mito da relação específica do povo judeu com a espiritualidade e com as pulsões. O autor mostra que, apesar de muitas vezes contraditória, a culpa atribuída ao judeu independe do que ele realmente faça, pois ela se deve, acima de tudo, ao fato de que a figura do judeu lembra cada um de seu lugar de estrangeiro, fator de preocupação e desordem. Porém, ele lembra também que esse lugar pode ser ocupado por qualquer indivíduo ou minoria, mesmo que não possuam as características descritas para os judeus. Inspirado por Montesquieu, Enriquez mostra ainda que é justamente o estrangeiro que pode, por sua posição, permitir a descoberta das falhas, da falta, do novo, do escândalo, sem os quais toda sociedade ficaria presa na compulsão à repetição, no narcisismo nacional e numa visão mortífera do mundo, sem poder evoluir, em sua busca pela verdade.

Por sua vez, Jacques Hassoun reflete sobre as consequências da condição peculiar do estrangeiro em Alexandria, excêntrica cidade mediterrânea fundada por um estrangeiro, macedônio, onde, inicialmente, eram os autóctones os marginalizados pelos grupos étnicos vindos de fora. As contingências da história egípcia conduziram a que, do Império Otomano à independência do Egito, passando pela época colonial, o estatuto do autóctone e do estrangeiro fosse gradualmente se modificando até a criação de uma figura jurídica particular para designar a maioria judaica na cidade, sujeitos locais, nem egípcios, nem estrangeiros. A tensão permanente entre o movimento de subjetivação que busca o outro e a tendência a voltar-se para seus semelhantes, situar-se entre-nós, gera uma tentativa de sair do aprisionamento voluntário de quem só sonha tornar-se parte de um Todo: "então será criado o estrangeiro, exatamente onde não se ousa imaginar o confronto com o nada" (p. 84). Com esse pano de fundo, Hassoun analisa as fontes da xenofobia nas ideologias nacionais que necessitam "suscitar o outro no seio de uma nação, a fim de negar sua alteridade" (p. 87). Assim, através da história, em diferentes latitudes, constatamos sistematicamente a criação de legislações que visaram (e ainda visam) sobretudo "situar os inquietantes estrangeiros no espaço para preservá-los em sua função de estrangeiros, designá-los, e, ao mesmo tempo, fazê-los desaparecer" (p. 92). Esse movimento social é lastreado em uma dinâmica imaginária onde o estrangeiro

> *parece formar o ponto de convergência de uma série na qual viriam se enovelar, se enviscar, todos os outros . . . convocados para metaforizar sua uniformidade, sua mesmidade... em nome de uma distinção representando o estado terminal da decadência e da dejeção, o estrangeiro seria esse Outro desprovido de toda alteridade. . . . o estrangeiro, não ainda distinto, mas já não sendo mais qualquer um, seria o significante que falta na série. (pp. 94-95)*

Nessa falta, poderíamos localizar a persistência taxinômica do xenófobo que busca por meio das mais meticulosas classificações completar aquela série na tentativa de não se deparar com o horror diante do indistinguível (uma perspectiva também defendida por Marcelo Viñar em seu artigo). O termo estrangeiro faz entrarem em ressonância todos os significantes da diferença, o que explica a fragilidade do xenófobo

> *a ponto do estrangeiro (e a fobia por ele suscitada) parecer ser o único elemento capaz de afastar a iminência de uma catástrofe incompreensível. Para o racista, é preciso haver o estrangeiro para sustentar o conjunto, sempre destinado à derrota e à catástrofe. (p. 99)*

O jornalista José Arbex Jr. mostra a atualidade dessas análises. Para ele, a guerra civil na Iugoslávia (1991-2001) é paradigmática da construção da figura do estrangeiro pela mídia. Ela criou, a partir de uma comunidade multiétnica que vivia em relativa harmonia, um quadro maniqueísta com, de um lado, o grupo dos "bons" (croatas e muçulmanos) e, de outro, o dos “maus” (sérvios). O estrangeiro surge – ali, mas também em muitos outros conflitos modernos – nos momentos em que desabam todas as referências tidas como seguras, como alvo ainda mais necessário como uma referência que extrai sua positividade de seu valor absolutamente negativo, de tudo o que não sou e que tenho que destruir para ser eu mesmo, já que não sei muito bem quem sou. A facilidade com que a mídia pode construir um Estrangeiro nos conflitos interétnicos ou mesmo intraétnicos é atribuída por Arbex à crise de referências típica da modernidade: não sei qual o meu lugar no mundo, mas “compartilho com outros – família, amigos, colegas de trabalho – a noção e a imagem de tudo aquilo que não sou” (p. 17). Ele denuncia o movimento cultural, no qual reconhecemos facilmente as marcas da globalização, que intensifica a tendência a considerar a “diferença” como sinônimo de marginalidade, e “estrangeiro como uma ameaça”, paradigma do Mal (p. 19).[3]

3 Presentes ao longo de toda a história, responsáveis por episódios como o que desencadeou a Primeira Guerra Mundial (o assassinato do arquiduque austro-húngaro Francisco Ferdinando pelo nacionalista sérvio Princip, em 1914), os conflitos interétnicos se intensificaram no final do século XX, eclodindo periodicamente em várias regiões do mundo, até os nossos dias. Na Europa, ganharam força após a queda do Muro de Berlim em 1989 e as guerras que se seguiram à fragmentação da União Soviética. Na África e na Ásia, movimentos religiosos e nacionalistas e rivalidades tribais continuam a provocar regularmente conflitos de extrema violência que se prolongam por anos e décadas e resultam em centenas de milhares de mortos e deficientes, deslocamentos de população, refugiados e miséria social. Da triste e longa lista desses conflitos, podemos lembrar os conflitos no Oriente Médio (árabe-palestino-israelense, a Guerra Civil Libanesa de 1975-1990, a recente guerra na Síria, iniciada em 2011); as guerras iugoslavas (Bósnia, 1992-1995; Kosovo; Sérvia-Albânia); os conflitos no Cáucaso (final dos anos 1980 e década de 1990), na Chechênia (1991-1997) e, mais recentemente, na Crimeia, entre Rússia e Ucrânia (2014 até o momento); a guerra civil em Ruanda (1990-1994); o conflito em Darfur, no Sudão (2003 até o momento), na Somália (2006 até o momento) e na Etiópia (1998-2000); conflitos periódicos na Caxemira, no Punjab, na Índia, entre

O ódio ao estrangeiro e suas origens

Marcelo Viñar analisa o ódio ao estrangeiro a partir dos comportamentos de distanciamento, medo e designação pejorativa daqueles que são diferentes de si, como os observados em crianças e em alguns grupos indígenas. Ele denuncia o caráter falacioso do recurso a essas manifestações para justificar uma suposta "naturalidade" da discriminação. Para escapar dessa armadilha, ele propõe a necessidade de

> *tematizar e gerar narrativas que permitam simbolizar a presença do semelhante e do diferente em duas existências não excludentes, sabendo que a metáfora conciliadora e da exclusão sempre rondam por aí e culminam no aparecimento de um entendimento ou na monstruosidade de um sacrificado e um torturador. (p. 175)*

Buscando compreender o processo de reconhecimento e qualificação do próximo, Viñar recorre a elementos da semiótica, da sociologia, da história, da biologia e da ética para enriquecer a perspectiva psicanalítica, inclusive a psicopatologia psicanalítica, que acentua a importância dos núcleos identificatórios iniciais e/ou aleatórios da constituição subjetiva, "considerando também os traços identificatórios que concernem o vínculo social e definem a comunidade e/ou os sujeitos que a constituem" (pp. 183-184). A busca da identidade comporta sempre uma dimensão irracional. Uma das formas de lidar com o diferente é a criação de um destino e a projeção de uma identidade nacional que ele propõe renomear "memória coletiva". "Na busca tão necessária do 'nós' que define o

---

hindus e *sikhs*, e em Bangladesh, entre hindus e muçulmanos, a guerra civil do Sri Lanka (1983-2009), entre outros, todos alimentados e muito marcados pelo ódio ao diferente, ao estrangeiro, como aponta Arbex.

próprio, o diferente é inquietante e às vezes insuportável. O que fazemos com a diferença e os sentimentos que ela provoca? Procuramos admiti-los ou apagá-los, tolerá-los ou suprimi-los?" (p. 191).

Alertando para o risco de desvio psicologizante do psicanalista que tenta abordar o tema do racismo e da xenofobia, Radmila Zygouris propõe que, para compreendermos a xenofobia ordinária, precisamos antes de tudo reconhecer que no início da vida a criança não experimenta rejeição ou ódio ao estrangeiro, mas simplesmente tem medo dele. "A xenofobia se torna possível com o reconhecimento do Eu, e se desenvolve com a constituição de nós". Num primeiro momento, o estrangeiro é o significante de um espaço desconhecido. A xenofobia tem suas raízes nos primórdios da constituição do sujeito, quando a identificação com o semelhante humano prevalece sobre todo outro tipo de identificação. A autora relaciona essa dinâmica ao desenvolvimento pulsional e dos afetos e, correlativamente, ao da experiência do tempo e do espaço. É nesse contexto que se desenlaçam os destinos da angústia e da agressividade do sujeito. Por meio do processo de nomeação e da impossibilidade de realizá-lo, permanece na criança algo de sua experiência que

> *não pode ser absorvido por nenhuma representação, nem de si-própria, nem do outro. Este resto de imagens, esse objeto-pulsão não-identificado, o estranho, é variável segundo os indivíduos, não cai necessariamente sob um recalque definitivo: está sempre presente, em reserva de ser figurado. O estrangeiro surge aí como figura ideal para fixar esse objeto não identificado. . . . O estrangeiro é uma metáfora especial objetivada de uma distância temporal subjetiva. (p. 201)*

Os destinos e possibilidades dessa metáfora determinarão a passagem do íntimo da xenofobia infantil à eventual tragédia social do racismo ativo, privado ou coletivo. A partir desse pano de fundo, Zygouris analisa o genocídio e os efeitos do discurso de execração, "aquele que se insere no lugar em que fracassam os projetos de vida que unem o singular e o social. O discurso de execração se torna projeto coletivo e mascara, assim, o vazio do projeto subjetivo" (p. 204), que vem nomear um bode expiatório, autorizando a pulsão agressiva, fazendo recuar a angústia e focalizando o ódio sobre o corpo do outro. Essa escalada tem como consequência a ruptura que torna impossível ver no estrangeiro um semelhante, de identificar-se com a espécie humana, impedindo que se estabeleça com esse estrangeiro um relacionamento imaginário ou simbólico de interlocução. Fica assim escancarada a porta que conduz, diretamente, ao genocídio.

Bastante sintonizada com Zygouris, Caterina Koltai também reconhece as dificuldades de articulação entre o psicanalítico e o político. Ela aborda o recrudescimento da segregação e do racismo como "uma forma de mal-estar, como sintoma social, relacionando o inconsciente freudiano com as transformações históricas e sociais do mundo contemporâneo". Orientando-se pelas formulações de Freud (1930) em *O mal-estar na civilização*, ela aponta o paradoxo do mandamento bíblico "amarás o próximo como a ti mesmo", uma vez que o próprio movimento identificatório implica em uma segregação, em uma divisão entre semelhantes, excluindo os não semelhantes. "Não há amor entre irmãos sem rejeição dos estrangeiros" (p. 107). Nesse sentido, também a unidade do grupo se estrutura sobre a consideração como inimigos os que se situam fora do grupo. Koltai lembra ainda o caráter visionário de Lacan ao antecipar, em sua *Proposição de 9/10/1967*, a extensão e a generalização dos processos de segregação "em nosso futuro de mercados comuns". Se o racismo não é apenas um fenômeno moderno, suas formas de manifestação modificaram-se ao longo do tempo. Observamos na atualidade como o discurso da ciência, ao tentar escamotear a divisão do sujeito, se presta à promoção da segregação colocando-se a serviço do discurso do mestre, promovendo a desubjetivação, o totalitarismo e conduzindo à catástrofe. Para a autora, dentro desse panorama, o racismo se caracteriza pelo ódio ao gozo do outro, identificado e exacerbado no estrangeiro. O processo analítico pode introduzir a questão da tolerância ao gozo do outro, ao revelar que

> *. . . não há nada mais estrangeiro para o sujeito que sua própria anterioridade. O modo como se lida com a própria estrangereidade pesa na hora de definir o outro como estrangeiro. . . . a lição de Freud é que o exílio é a estrutura do sujeito. (pp. 110-111)*

O estrangeiro e o processo de subjetivação

Luís Cláudio Figueiredo aborda o tema do estrangeiro a partir da questão da alteridade nos processos de subjetivação. Ele contrapõe à concepção de alteridade, formulada por J. Laplanche como a de um ente-já-constituído, uma concepção da alteridade processual, tomada no mesmo processo em que se constitui a si-próprio. Nessa visão, o "estranho desponta exatamente de onde não se esperava, da mais absoluta proximidade" (pp. 61-62). Apresentando a posição de Laplanche segundo a qual as etapas do surgimento da alteridade decorrem do encontro com o enigma do adulto, das exigências de tradução e de destradução que servem também de perspectiva para a constituição da temporalidade, da história e do sentido, Figueiredo aponta a necessidade de uma leitura crítica da perspectiva positivista realista de Laplanche e de introduzir nessas concepções as noções de acontecimento e transpassabilidade.

Assim, ele propõe conceber a alteridade a partir de um outro funcionando como parte de si, como encontramos nas noções de Kohut de *self*-objeto, de Winnicott de mãe-ambiente, de Bollas de objeto transformacional, ou ainda nas concepções de Max Scheler. Dessa forma, o que deve surpreender-nos ou assustar-nos não é tanto a alteridade do outro, mas "a surpresa de alguém-que-sendo--parte-do-mesmo-é-outro o que constitui o outro na sua alteridade e estrangeirice. A alteridade surpreende porque provém do que parecia mais próximo e familiar" (p. 74).

É também do lugar do estrangeiro na produção da subjetividade que parte Fernando Ulloa, ao analisar o movimento que tem início na condição de desamparo de todo recém-nascido humano e seu percurso para "apoderar-se do próprio" e do conhecimento. Figura permanente da existência humana, o estrangeiro "mantém sua presença na estrutura subjetiva sob a forma de um sonho irrenunciável de permanência na unidade indiferenciada com o âmbito de origem" (p. 167). Essa perspectiva revela o porquê da condição necessária de estrangereidade e de distanciamento para que uma palavra possa ser escutada como um enunciado de verdade ou de profecia. Da mesma forma, as diferentes distâncias entre o estranho e o familiar caracterizam as diversas modalidades afetivas de relação pessoal, que vão desde as relações íntimas, "centradas no enamoramento e no edípico", passando pelas amizades cotidianas, como a camaradagem e as relações de trabalho, até as amizades estrangeiras, "amigos que estão em margens distintas [desse] rio mutante da vida que passa entre eles", e onde ocorrem periodicamente encontros, "situações onde prevalece a liberdade . . . um desejo distante dos enamoramentos . . ., uma via que permite recuperar o amistoso, no dispositivo psicanalítico transferencial" (p. 172).

Ricardo Goldenberg contesta as posições de Figueiredo e Ulloa. Para ele, a estraneidade não pode ser tomada como uma posição subjetiva. Ser estrangeiro é apenas fruto da miragem criada pela própria segregação, e que, em certas ocasiões, como em viagens, por exemplo, pode-se *estar* estrangeiro. Para Goldenberg, a dimensão identificatória é um eixo privilegiado para a compreensão do fenômeno da "estrangeirice". Ele afirma que, na verdade, o pai é o primeiro estrangeiro: ao mesmo tempo que garante a unificação do grupo ele também representa o elemento excluído de sua totalidade, tese sintônica à condensação operada por Freud (1912) em *Totem e tabu*, do gozo e da morte na figura do pai primitivo. Assim, segundo o autor, "o único bem inalienável de um grupo é seu "gringo" (p. 79). Porém é possível conceber

> *uma estraneidade que não precisa defender-se de seu gozo apelando para o pai próprio ou alheio. É apenas nesse sentido que poderíamos afirmar não que somos todos estrangeiros mas que todos poderíamos vir a ser estrangeiros de vez em quando, à condição de não nos imaginarmos fazendo parte de uma classe de entendidos. (p. 82)*

A morte, experiência-limite da subjetividade, suscita enquanto estrangeira as reflexões de Peter Päl Pelbart. Ele relata o belo conto de Jean-Paul Richter, "A morte de um anjo", em que, ao menos uma vez, o anjo da morte tenta morrer na pele de um homem, e descobre que a vida, olhada do ponto de vista da morte, é muito mais terrível do que a própria morte. Nessa perspectiva, Pelbart evoca também Heinrich von Kleist – que busca ao longo de sua vida não alguém que queira viver com ele, mas morrer com ele –, os guerrilheiros Baader-Meinhof, Kirilov, personagem de *Os possessos* de Dostoiévski – que via no suicídio não só uma insubordinação contra a vontade divina, mas como a própria prova da inexistência de Deus –, e Rilke, que pede ao Senhor que dê a cada um sua "própria" morte. Por meio desses relatos, Pelbart polemiza com Maurice Blanchot a respeito da estrangeirice da morte e suas duas facetas: aquela que faz sentido, manifestação do negativo, como extremo do poder, como afirmação do Eu, e a segunda, caracterizada mais como morrer que como morte, da ordem da incerteza, da indecisão do que nunca chega, que "desapossa" o alguém de seu próprio eu. Introduz-se, aqui, a dimensão do Tempo, que se afirma ou que é negado em função de tais experiências, e a reflexão sobre suas repercussões na organização da sociedade moderna e seus modos de produção, de mercadorias, de sentido e da própria experiência da temporalidade.

O estrangeiro, duplo e clandestino

Em verdadeiro clima de *thriller* político, Emílio Rodrigué investiga o "caso" Max Eitigon, acusado em 1988 tanto de ter ativamente colaborado com os serviços secretos stalinistas como de conivência com Reinhard Heydrich, do serviço de espionagem nazista. Considerando o papel central exercido por Eitigon desde os primórdios do movimento psicanalítico – participou do primeiro círculo de fiéis de Freud, fundou a Policlínica de Berlim e foi, em 1927, presidente da Associação Psicanalítica Internacional –, tais acusações provocam no leitor a experiência do estranhamento, mantendo sua respiração em suspenso. Por meio de Eitigon, Rodrigué nos remete à curiosa fascinação/decepção que nos acomete quando se revelam os segredos de família: atos pouco louváveis, figuras vis, doenças constrangedoras, traições e torpitudes acobertadas ao longo dos anos que, ao virem à tona, surpreendem ao mesmo tempo que dão a impressão de que sempre os conhecemos. Segredos de polichinelo.

Personagem do romance familiar da psicanálise, Eitigon tinha tudo para nos fazer sonhar: rico, aristocrata, culto, poliglota, viajante frenético do continente europeu, hábil articulador político. Teria ele se servido da psicanálise tanto quanto a serviu? Teria sido sua reconhecida dedicação à "causa da nova ciência" uma fachada conveniente para acobertar atividades de outra natureza? Ao elaborar por meio desse caso uma reflexão sobre o duplo, o próprio Rodrigué, conhecido contador de casos, vacila... Desejando deixar ao leitor a liberdade de decidir sobre a veracidade dos fatos, ele acaba escorregando em alguns momentos para o julgamento moral, ao afirmar que, se verdadeiras, as acusações contra Eitigon configurariam "o maior escândalo da história da psicanálise" (p. 151). Mas por que se escandalizar diante do acobertamento ou da clandestinidade do estrangeiro? Não seria este convite permanente à clandestinidade quase que a condição natural do desconhecido?

Àqueles que ainda hesitam diante de tais dilemas, Neuza Santos Souza lembra a artificialidade de nossa aparente surpresa diante das supostas atividades encobertas (como as de Eitigon) ou da revelação de aspectos ocultos da vida de qualquer outra figura pública ou familiar (lembremo-nos, por exemplo das reações despertadas pela presença de Mazarine, filha extraconjugal de François Mitterrand no funeral de seu pai, em 1997). O estrangeiro, segundo a autora, "vive sempre em nossa casa, sendo o mais opaco, o mais escondido . . . O mais íntimo não se conjuga com a transparência – ao contrário" (p. 156). Nesse sentido, o estranho é fruto do enlace entre o registro do simbólico e do real, que, num átimo, se nos apresenta no imaginário. Dessa dinâmica, configuram-se diferentes figuras do estranho: o autômato, o duplo, o feminino, e mesmo, paradoxalmente, o sentimento de fastio do mundo, descrito por Freud (1914) em seu artigo "Sobre a transitoriedade".

O estrangeiro na clínica e na escrita psicanalíticas

É na clínica que Luís Carlos Menezes busca sua inspiração para a compreensão do fenômeno do *Unheimlich*. Lembrando a definição freudiana do termo (Freud, 1919), que revela o efeito do recalque e do retorno do desejo inconsciente que se apresenta ao sujeito como ao mesmo tempo estranho e familiar, Menezes ressalta que, nesse fenômeno, "a realidade parece dar razão à possibilidade de realização imediata do desejo, às crenças mágicas, animistas e à crença em forças ocultas maléficas", o que de certa forma antecipa a descrição do mecanismo da identificação projetiva descrito por Melanie Klein (p. 122). Analisando o sentimento de *Unheimlich* que o acometeu nas semanas que seguiram a morte súbita de um paciente seu, o autor se pergunta sobre o grau de proximidade em que se encontrava com seu paciente naquele momento, que permitira inclusive que essa morte tivesse sido pressentida pelo analista, sem que nenhum elemento de realidade permitisse prever tal desenlace. É por meio de mudanças notáveis nas reações, nos comportamentos habituais e nos sonhos, tanto do analista como do paciente, que se instilam como verdadeiras pré-percepções da catástrofe latente, o que leva o primeiro a questionar

> *a origem e a natureza das percepções que vieram alimentar como "restos diurnos" o sonho [do paciente, mas também, posteriormente, do próprio analista]: a percepção endopsíquica da catástrofe psicótica da qual [o paciente] estava saindo ou, então, percepção onírica da catástrofe iminente? (p. 125)*

O entrecuzamento dos sonhos do paciente e do analista caracterizam para o autor a dissolução das fronteiras do Eu descritas por Freud (1919) no fenômeno do *Unheimlich*, convidando à reflexão sobre a experiência telepática e sobre o ocultismo pelas quais se manifesta em nós a vivência da angústia ante o desconhecido e o estrangeiro.

Por sua vez, Cristina Magalhães analisa os efeitos do estrangeiro sobre a teorização, a escrita e a constituição do texto psicanalítico. É a condição de Freud como emigrante em um sítio estrangeiro do não saber e do desconhecido que marca o ato fundador da psicanálise. O terreno da clínica é fecundo em suas possibilidades de revelação e de transformação dessa matéria-prima permanente da experiência da estranheza. A fala nessa situação é de outra ordem do que a da simples comunicação. O silêncio muitas vezes é gritante quanto ao que pode revelar. A experiência clínica se apresenta como "linguagem e *poesis*", onde podem transmutar-se ato, sonho, imagens e palavras, diferentes manifestações da pulsão que permitem a produção de coisas, modelos, ficções, mitos e conceitos. Articulando técnica e saber, a clínica psicanalítica permite compreender a "origem da palavra, da psique, da fundação do inconsciente, da pulsão e da sexualidade", vias privilegiadas de manifestação do *infans* e do infantil. O estrangeiro é a fonte de onde emerge, pela livre-associação, "toda a memória do originário, do antepassado, inclusive do animal e do inorgânico. Assim ocorre uma transferência transgerativa de tradução e transmissão transgeracional" (p. 117). O estrangeiro é aquele que permite a emergência do poder poiético das palavras, que, dessa forma, se descristalizam, abandonando sua depressão, readquirindo assim movimento e ambiguidade, polissemia e transitividade. Magalhães sugere também que é essa perspectiva – da abertura para a experiência do estranhamento – que permite a descoberta permanente da obra freudiana a cada releitura, no contato com seu texto interminável e inesgotável.

* * *

Ao longo do fascinante percurso organizado por Koltai, somos tomados pelas mais diversas emoções: surpresa, medo, fascinação, repulsa, reações apaixonadas ao encontrar em cada página fragmentos do que temos de familiar e daquele que rejeitamos. Densos em suas análises, os artigos acabam por vezes nos aliviando do incômodo de nossa posição de estranhamento ao nos resgatar, por meio da teoria, do mundo de nossos fantasmas. Ações involuntárias, que nos distanciam em alguns momentos daqueles que nos assombram. Alívio passageiro, mas que não deixa de intrigar-nos sobre a função da teoria e da experiência para entrar em contato com o estrangeiro.

Sensação bizarra, que talvez manifeste um desejo de aproximação. Quem é o outro, o estrangeiro? Como compreendê-lo ao encontrá-lo ao nosso lado, em outros países, em outras espécies, em outras gerações, no pai, no filho, no homem, na mulher? Encontros inevitáveis que tantas vezes recusamos ou negamos por meio de miragens que nos ofuscam e nos alienam conduzindo, como ao pacato Meursault, no *O estrangeiro* de A. Camus (1942), à inexplicável eliminação do outro, e às amarras da melancolia.

Referências

Camus, A. (1942). *O estrangeiro*. Rio de Janeiro: Record, 1999.

Freud, S. (1912). Totem e tabu. In *Edição Standard Brasileira das Obras Psicológicas Completas de Sigmund Freud* (Vol. XIII). Rio de Janeiro: Imago,1980.

Freud, S. (1914). Sobre a transitoriedade. In *Edição Standard Brasileira das Obras Psicológicas Completas de Sigmund Freud* (Vol. XIV). Rio de Janeiro: Imago, 1980.

Freud, S. (1915). Os instintos e suas vicissitudes. In *Edição Standard Brasileira das Obras Psicológicas Completas de Sigmund Freud* (Vol. XIV). Rio de Janeiro: Imago, 1980.

Freud, S. (1919). O sobrenatural. In *Edição Standard Brasileira das Obras Psicológicas Completas de Sigmund Freud* (Vol. XVII). Rio de Janeiro: Imago, 1980.

Freud, S. (1930). O mal-estar na civilização. In *Edição Standard Brasileira das Obras Psicológicas Completas de Sigmund Freud* (Vol. XXI). Rio de Janeiro: Imago, 1980.

Koltai, C. (Org.). (1998). *O estrangeiro.* São Paulo: Escuta.

Koltai, C. (2000). *Política e psicanálise. O estrangeiro*. São Paulo: Escuta.

Da Távola, A. (1977). *Mevitevendo.* Rio de Janeiro: Salamandra.

6. Portos. Seguros?

Sobre *Política e psicanálise. O estrangeiro*[1]

O que esperáveis que acontecesse, quando tirastes a mordaça que tapava estas bocas negras? Que vos entoassem louvores? Estas cabeças que nossos pais haviam dobrado pela força até o chão, pensáveis, quando se reerguessem, que leríeis a adoração em seus olhos? Ei-los em pé, homens que nos olham e faço votos para que sintais como eu a comoção de ser visto. Pois o branco desfrutou durante três mil anos o privilégio de ver sem que o vissem; era puro olhar, a luz de seus olhos subtraía todas as coisas da sombra natal, a brancura de sua pele também era um olhar, de luz condensada. O homem branco, branco porque era homem, branco como o dia, branco como a virtude iluminava a criação qual uma tocha, desvelava a essência secreta e branca dos seres. Hoje, esses homens pretos nos miram e nosso olhar reentra em nossos olhos;

---

1 Resenha de *Política e psicanálise. O estrangeiro*, de Caterina Koltai, São Paulo, Escuta, 2000. Publicada em *Pulsional Revista de Psicanálise*, *XIV*(143), março de 2001, pp. 65-73, atualizada para esta coletânea.

> *tochas negras, ao seu redor, iluminam o mundo e nossas cabeças brancas não passam de pequenas luminárias balouçadas ao vento.*
>
> Jean-Paul Sartre, *Orfeu negro*

Em terras e tempos longínquos buscamos nossas origens. Ali, cercados de paisagens estranhas, exóticas, desconhecidas, pressentimos a todo instante o encontro palpitante que responderia a nossas questões. Longas viagens, exílios, sonhos misturam-se em busca de algo, de alguém, que, na verdade, não sabemos se queremos realmente encontrar.

A travessia, longa, sofrida, ansiada, não nos poupa. Ela exige, flagela, excita, confunde. Fluem os dias em oceanos desconhecidos que fingimos conhecer. Para onde? Travessia povoada de lendas, de monstros, de mitos, companhias solitárias, mesmo quando da presença de outros viajantes. O que buscamos?

Coletivo e solitário, o encontro com o outro. Desconhecido que nos espera na margem, pelo qual ansiamos e que, no momento mesmo que o avistamos, começamos a temer. De longe já nos interroga, ainda que não consigamos ouvi-lo, nem compreender sua língua. É ou não eu? Sou ou não ele? Achegar-se ou fugir, entregar-se ou acolher, submeter-se ou conquistar... Dilemas que impregnam o primeiro encontro, deixando para sempre suas marcas na travessia da existência humana. Marcas que forjam a vida de um e de outro, a experiência do amor e do ódio, da proximidade e da segregação, do Caim em Abel.

É a essa travessia que Caterina Koltai nos convida. Ela relata suas próprias rotas, marcada por línguas, terras e povos de imigração e exílio, ao longo das quais transformou-se Caterina em Caty. Apresenta-nos os resultados de uma *pesquisa*, certamente, porém, a única possível quando nos aventuramos em tais expedições:

aquela em que a paixão da investigação lança por caminhos que não podem ser reconhecidos enquanto percorridos. Pesquisa que lhe valeu um título de doutora, símbolo significativo para uma família imigrante, porém às custas de marcas dos encontros perdidos, da perseguição, da fuga, das feridas inevitáveis cicatrizadas no divã, e das não menos dolorosas acompanhadas da poltrona do analista.

Em seu livro, Caty nos fala de Política e de Psicanálise, sobretudo, da forma como o significante Estrangeiro permite articular esses dois campos. Ela convida o leitor a nele encontrar Freud, Marx, Lacan, Blanchot, Enriquez, Fédida, Zygouris, Todorov, entre muitos grandes pensadores e clínicos que se debruçaram sobre essas questões. Além deles, Caty tece também sua trama inspirada em encontros entre o rabino e a ateia, entre o surfista e o mar, entre a socióloga e a psicanalista, entre a terapeuta e a paciente, entre o oriente e o ocidente, entre a *Shoah* e a Intifada.

Já em 1994, em um colóquio internacional na PUC-SP, Caty havia reunido psicanalistas, sociólogos, filósofos e jornalistas, convidando-os a refletir sobre essas questões. Naquele encontro,[2] já se delineavam os principais vetores de sua pesquisa: os paradigmas e as condições do estrangeiro na História e na linguagem, as fontes da xenofobia e do racismo, o papel do estrangeiro na dinâmica da subjetividade, o duplo e os segredos de família, a dimensão do *Unheimlich* (estranho familiar) na clínica, na teorização e na escrita psicanalíticas.

Antigo, ele se mostra moderno. Estranho, revela-se familiar. Distante, ele é próximo. Experiências paradoxais e inevitáveis ao aproximar-se do estrangeiro que se constitui, como aponta Caty, como a própria essência de nossa subjetividade. Assim, o

---

2 Do qual resultou a coletânea *O estrangeiro* (Koltai, 1998), por ela organizada, comentada no artigo anterior desta coletânea.

estrangeiro apresenta-se como figura ideal para fixar o objeto-pulsão não identificado, encontrando sua origem na experiência da alteridade, constituindo também, ao mesmo tempo, o germe da xenofobia ordinária. Ao abordar o conceito de estrangeiro como conceito-limite entre psicanalítico e político, atendo-se ao lugar que ele ocupa em cada um desses discursos, assim como aos seus cruzamentos possíveis, inaugura-se uma via fértil para refletir sobre o mal-estar da civilização.

As atrocidades, as guerras e os genocídios ao longo da história permanecem inexplicados. Bem mais de meio século depois da *Shoah*, repetem-se ainda as ameaças de exclusão e de extermínio do outro. Como já apontava Freud (1930) em O *mal-estar na civilização*, ainda hoje a relação do indivíduo com o grupo continua a ser complexa e problemática, uma vez que a civilização muitas vezes se mostra incapaz de intermediar a hostilidade e o ódio da relação entre os indivíduos. Por sua vez, Jacques Lacan contribuiu para essa reflexão revelando que o discurso do sujeito se constitui no discurso do outro. As particularidades do Sujeito no mundo são significadas pelo sintoma, sendo que "o sintoma constitui traço daquilo que faz laço, separação e sutura entre a história individual e a história da cultura" (2003, p. 26).

Separadas por quase sessenta anos, O *mal-estar na civilização* (Freud, 1930) e a *Proposição de 9 de outubro de 1967*, de Lacan, são as bússolas que orientam Caty em suas investigações. Orientada por elas, ela transita do mais singular ao discurso universal, do estrangeiro a ela mesma, dela mesma ao clã, à cidade, à religião, à ideologia, investigando também como a ciência e o progresso transformaram o mal-estar da civilização e, concomitantemente, o sintoma.

Consciente dos riscos desses movimentos, Caty reconhece, sem se intimidar, os percalços para a articulação entre o pensamento social e político com o psicanalítico. Cuidadosa, ela admite os limites de suas andanças, de suas ações e das passagens entre esses campos. Caty é categórica ao afirmar ser impossível ao psicanalista não querer saber o que se passa ao seu redor, limitando-se ao campo clínico "como o artesão em seu ateliê": inevitavelmente, ele se verá interpelado do interior mesmo do dispositivo clínico por aquilo que, algumas vezes ingenuamente, busca deixar fora da sala de consultas.

As raízes do estrangeiro

Para compreender o estrangeiro, Caty convida-nos inicialmente a um percurso histórico que passa pela Grécia Antiga, pela tradição judaica, pelas origens do cristianismo e do islamismo, pela Renascença, chegando até a Idade Moderna, que gestou as concepções atuais de estrangeiro, marcadas pelos tons do nacionalismo.

Na antiga Grécia, o estrangeiro era antes de tudo o desconhecido, e, apesar de a democracia estar organizada em torno da exclusão (de estrangeiros, bárbaros e mulheres), o afastamento do outro não parecia ter o caráter de negação apaixonada e de ódio fanático que impedia o contato com ele ou com seu grupo. Por sua vez, o judaísmo nasceu de uma ruptura com a terra natal, ruptura que será repetida pelos fundadores das duas outras grandes religiões monoteístas, Jesus e Maomé, marcadas, assim, desde suas origens pela experiência do exílio. Segundo Freud, o monoteísmo surgiu acompanhado da intolerância, uma vez que a crença em um único Deus inevitavelmente conduzia à recusa do deus do outro, gerando uma intolerância religiosa desconhecida na Antiguidade.

A Renascença, os grandes descobrimentos dos séculos XV e XVI e a Idade Moderna conduziram ao encontro com o "Outro", com o diferente. Esse encontro caracterizou-se tanto pelo fascínio como pela rejeição das diferenças, resultando nos massacres observados durante a conquista e a colonização europeia não só das Américas, mas também da África e de certas regiões do Oriente. Durante muito tempo, as tentativas de aproximação e de aceitação desse outro restringiram-se aos esforços de assimilá-lo a si mesmo, por meio da evangelização e da aculturação. A colonização impôs aos nativos das novas terras sua própria imagem, oferecendo-lhes apenas duas alternativas: a assimilação ou o extermínio.

Ao mesmo tempo, essas terras e populações longínquas, exóticas, eram idealizadas originando o mito do bom selvagem. Nas descrições dos viajantes, como nas de Américo Vespúcio, é atribuído aos autóctones um gozo que a civilização europeia teria reprimido, fomentando o fantasma europeu que atribuía a tais populações a capacidade de um gozo impossível, um "mundo onde era possível projetar uma idade do ouro e escamotear o inevitável da castração". Essa figura do bom selvagem foi também utilizada pelos filósofos do Iluminismo para criticar a sociedade em que viviam. O estrangeiro surge então como representante do gozo, mas de um gozo ambivalente, que fascina mas também amedronta, chegando a ser intolerável.

Essas dinâmicas intensificaram-se com as trocas comerciais, com os fluxos migratórios e com o maior contato com diferentes populações e culturas, culminando, nos séculos XVIII e XIX, com a consolidação dos Estados nacionais. Nesse processo, a categoria sociopolítica do estrangeiro passou a designar aquele que pertencia a outra nação. Esse movimento, característico da Idade Moderna, teve como correlato o surgimento do racismo e, em particular, do antissemitismo, em formas que se perpetuam até os nossos dias. Se a definição de estrangeiro passa a ser considerada pela perspectiva nacional, ligada a um território, como lidar com os povos nômades, como ciganos e judeus que não possuíam terras ou país que lhes servissem de referência? O extermínio foi a solução extrema encontrada para evitar o risco de contaminação por eles representados.

Desde então, e até hoje, a solução totalitária apresentou-se como um recurso para lidar com o intolerável das diferenças. A segregação, a assimilação forçada e o extermínio passaram a ser instrumentos privilegiados para promover o desaparecimento das diferenças, negando ao estrangeiro seu direito de existência. Caty assinala que o cimento do fenômeno totalitário é o ódio do outro, mas também do próprio sujeito no homem. A ciência contribuiu para essa empreitada não apenas justificando o discurso totalitário (apresentando fundamentos biológicos e antropológicos para as hierarquias raciais, por exemplo), mas também desenvolvendo e aperfeiçoando instrumentos para que seus fins fossem atingidos (como os métodos de extermínio utilizados pelos nazistas).

Inspirada por Levinas, Elie Wiesel e J.-B. Pontalis, entre outros, Caty insurge-se contra essas visões defendendo a importância da *experiência do estrangeiro*. Essa experiência opõe-se ao processo de desubjetivação totalitária, constituindo-se por meio da importância de tornar seu próprio país estrangeiro para, em seguida, poder aos poucos torná-lo familiar, acedendo dessa forma à própria descoberta do desconhecido. Uma bela metáfora para ilustrar o processo psicanalítico.

O estrangeiro na psicanálise

Caty rastreia a presença do termo estrangeiro na obra de Freud, tanto em textos clínicos como nos ditos "culturais", articulando-os com as reflexões sobre o lugar do analista e sobre a questão do feminino. Para Freud, a palavra estrangeiro é sempre empregada no sentido de *estranho*, sem nunca assumir uma conotação legal ou nacional.

Ela analisa o lugar desse termo na obra freudiana, desde sua primeira menção em *Estudos sobre a histeria* (1895a), passando pelo *Projeto para uma psicologia científica* (1895b), *Os instintos e suas vicissitudes* (1915), *Introdução ao narcisismo* (1914), *Uma dificuldade da psicanálise* (1917), *A negação* (1925), *Inibição, sintoma e ansiedade* (1926), pela "conferência" *A decomposição da personalidade psíquica* (1916-1917), e, principalmente, por *O estranho* (*Unheimlich*) (1919), um texto clássico, fio condutor do pensamento freudiano sobre essa questão. É nesse texto que Caty encontra um dos principais fundamentos para sua tese: "na realidade, [o *Unheimlich* – estranho familiar] não é nada de novo nem de estrangeiro, é algo que muito tempo atrás foi familiar à vida psíquica e se tornou estrangeiro a ela pelo recalcamento". O *Unheimlich* revela também a ambivalência, a experiência do duplo, e a presença do fenômeno da compulsão à repetição e daquilo que se situa para além do princípio do prazer, e, por extensão, a relação com a morte, experiências presentes na relação com o estrangeiro.

Segundo Caty, o encontro com o duplo é sempre assustador, pois o *Unheimlich* representa tudo aquilo que deveria permanecer escondido nas sombras, no inconsciente, mas que se manifesta; o que deveria permanecer invisível, mas se torna visível. Ela ressalta a importância de perceber o momento de passagem entre

> *o eu-estrangeiro – que pode ter por concretização o duplo – e o estrangeiro-ao-eu como um momento psíquico que representa, de um lado, a indistinção dos objetos percebidos unicamente em função da qualidade de agradável ou desagradável e o estabelecimento de*

> *objetos diferenciados entre eles e, por outro lado, a diferenciação entre esses objetos e os humanos como figuras identificatórias. (p. 89)*

Por meio desse movimento, em sua obra, Freud associa o estrangeiro à essência e à origem do sintoma e da angústia, à relação do sujeito ao outro, à dialética estruturante do aparelho psíquico, à vivência pulsional e a seus destinos, à essência do inconsciente e suas manifestações.

Inspirada por Radmila Zygouris (1983; 1994), Caty debruça-se também sobre os avatares do estrangeiro na vertente dos textos "culturais" freudianos. Neles, a partir da primeira experiência do estrangeiro humano, o pai, são derivadas as relações do sujeito com os demais personagens familiares, com os estrangeiros ao clã, à nação, à raça, à ideologia. Analisando *Reflexões para os tempos de guerra e morte* (1915), *Psicologia das massas e análise do eu* (1921), *O tabu da virgindade* (1918) e *O mal-estar na civilização* (1930), ela aponta como a questão do estrangeiro encontra-se enlaçada às manifestações e consequências do narcisismo (em particular do narcisismo das pequenas diferenças), à relação do sujeito com a destruição e com a morte, ao fenômeno dos comportamentos de massa, aos mistérios do feminino e à estranheza diante do sexual.

A partir dessas veredas, revela-se, então, a função do estrangeiro nos mecanismos identificatórios: vinculando-se a um semelhante, o sujeito constrói sua própria imagem mesclada da experiência da alteridade estrangeira e hostil. É na encruzilhada da identificação que se reúnem Freud e Lacan. O primeiro por meio de suas reflexões sobre a psicologia das massas e o segundo com suas formulações sobre o estado do espelho. O estrangeiro é então observado da perspectiva da constituição da subjetividade, do outro e dos ideais. Tanto o ódio, desejo de destruição, como o amor, desejo de apropriação e satisfação pelo objeto, participam dessa dialética constituinte do sujeito.

Seguindo pela vertente lacaniana, Caty aponta o interesse manifestado por Lacan, desde seu primeiro grande trabalho, *Da psicose paranoica em suas relações com a personalidade*, pela questão das identificações, em particular pela crise que as caracterizam no século XX. É essa problemática que conduz Lacan (1949) a seu célebre artigo "O estádio do espelho como formador da função do eu", tal como nos é revelada no processo psicanalítico, no qual são articuladas as noções de eu, de sujeito, de corpo próprio, da imagem do corpo e a função do outro – estrangeiro – e de seu olhar na estruturação de tais experiências. Dessas articulações evidencia-se o paradoxo de que aquilo que constitui o sujeito é justamente o que o aliena, uma vez que a formação do eu e a estruturação de todas as funções a ele relacionadas passam pela imagem do outro.

O paradigma da criança diante de sua imagem no espelho coloca também em evidência, como aponta Caty, a fonte do racismo. Segundo Lacan, o racismo "provém do fascínio primordial de cada um por seu semelhante: visão captadora da *Gestalt* do corpo do outro como espelho. . . . Em contrapartida, essa visão exclui o estrangeiro, aquele com o qual é impossível identificar-se, pois racharia o espelho". Assim, a negação do estrangeiro constitui um fator de união dos semelhantes, fazendo com que a fraternidade seja fundada a partir da segregação. Essas questões são também discutidas em outros textos de Lacan, como em *O avesso da psicanálise* (1968) e em *L'agressivité en psychanalyse* (1948), onde a agressividade é relacionada ao narcisismo, e o papel constituinte da rivalidade revelado.

Em torno da agressividade na relação entre o eu e o outro articulam-se também os registros do imaginário, do real e do simbólico. Porém, é necessário que sejam estabelecidos limites ao ódio e à agressividade inerente da relação do sujeito com o outro. Essa função deverá ser exercida pela palavra. Inspirada por M. Safouan (1993), Caty aponta que a palavra dirigida ao estrangeiro, aquele que no contexto da análise ocupa o lugar do analista, permite a descoberta de que o outro, objeto de seu ódio, é na verdade um duplo de si mesmo, com estatuto do outro. Essa descoberta, dolorosa sem dúvida - como odiar a si mesmo? –, permite ao sujeito prescindir do bode expiatório, essência da experiência racista, resgatando a tolerância para as diferenças e para o desconhecido, em si mesmo e no outro.

O racismo, do inconsciente ao social

Revelar as raízes inconscientes do racismo não deve impedir de considerar sua dimensão social. O aforismo lacaniano que afirma que "*o inconsciente é social*" permite a Caty articular essa passagem. O racismo deve ser compreendido sobretudo como um sintoma, tanto no contexto da divisão do sujeito como no da relação dessa divisão com a civilização científica.

A lógica do racismo é construída, como vimos, a partir da vivência do ódio e da segregação, intrínsecos à relação fundante do sujeito a si mesmo, ao outro e à humanidade. Essas posições resgatam também as posições de K. Marx, que, segundo Lacan, teria inventado o sintoma, antes mesmo do nascimento da psicanálise, ao apontar o movimento pelo qual o proletário aliena sua força de trabalho submetendo-se ao desejo do capitalista. Assim, o sintoma, como o inconsciente, é social, como afirma Caty,

> *por ser histórico, localizado e específico, significado pelo Outro . . . podendo mudar com o tempo acompanhando as transformações do Outro – tanto no plano*

> *pessoal como coletivo [e ainda pela] maneira singular pela qual o sujeito enfrenta o discurso de seu tempo. (p. 111)*

O tempo em que vivemos preconiza a uniformização dos modos de vida, das formas de desejo e de gozo. Por essa razão, a ciência, em vez de reduzir ou eliminar certos sintomas, acaba reforçando-os e ainda criando novos. A intensificação do racismo no século XX e no século XXI foi, e continua sendo, fruto direto da ignorância e do desprezo sistemáticos pela ciência da divisão do sujeito, e da maneira como essa ciência coloca-se a serviço do discurso do mestre. O racismo é a resposta do sujeito moderno à universalização determinada pela ciência, inclusive por essa nova ciência fetiche de nossos tempos, a economia em suas modalidades globalizadas.

Para compreender esse movimento, Caty recorre à concepção lacaniana do gozo. O conceito de gozo unifica a libido com a pulsão de morte, abarcando tanto a experiência de satisfação quanto o mal-estar e mesmo a própria destruição. Lacan distingue dois tipos de gozo, o *fálico* – limitado e submetido à ameaça de castração – e *o gozo do outro* – ilimitado, um "gozo suplementar" representado pela mulher –, atribuído ao outro estrangeiro. O racismo configura então um ódio pelo gozo do outro-estrangeiro, que, no fundo, é um ódio pelo próprio gozo.

A vida contemporânea alimenta um verdadeiro círculo vicioso para lidar com o gozo, promovendo-o, ao mesmo tempo, como ideal e como ameaça, aumentando as dificuldades do sujeito em responder aos problemas que o gozo coloca ao humano. O resultado desse processo, segundo Caty, é a intensificação dos processos de segregação. O nazismo e os campos de extermínio alemães teriam sido apenas, segundo Lacan, a primeira amostra desse processo. Uma profecia que, infelizmente, até hoje, tem sistematicamente se confirmado ao longo de todo o tempo que nos separa daqueles acontecimentos.

Comparando o discurso da ciência e o da psicanálise com relação ao racismo, Caty aponta a vã tentativa das teorias que tentam derrubar o preconceito racista por meio da demonstração do caráter injustificável do conceito de raça. É a referência ao corpo sexuado que sustenta a discriminação que o cientista busca no corpo biológico. Enquanto a ciência busca mostrar a indivisibilidade do homem, a psicanálise revela que "*o sujeito é dividido entre saber e verdade, saber e gozo*". Assim, o Outro, o diferente, o que goza, encontra-se no interior do próprio sujeito, da própria cidade, incorporado desde as mais remotas experiências especulares com seu semelhante.

O fenômeno da segregação confronta o analista com o desejo do outro que o implica e ao mesmo tempo o aliena. A experiência da transferência permite ao sujeito a descoberta do estranho em si mesmo, do amor e do ódio dirigidos ao outro e vividos por ele mesmo, propiciando a ele viver a "experiência do estrangeiro". É essa a *condição ética* que funda a análise. Dessa forma, o espaço da análise caracteriza-se, segundo Pierre Fédida, como sendo, por excelência, o *sítio do estrangeiro.*[3] A manutenção desse lugar, condição de análise e de conhecimento, depende da percepção do analista e de sua desidentificação com o lugar de *sujeito suposto saber* no qual inevitavelmente é colocado pelo sujeito em sofrimento.

Ao longo de todo seu livro, Caty nos oferece sua *estrangereidade*. Uma condição que, aos poucos, constituiu, por meio de sua clínica, "uma verdadeira Torre de Babel" para onde sempre confluiu

---

3 Cf. o artigo "Tão longe, tão perto...: sobre *O sítio do estrangeiro*, de Pierre Fédida", nesta coletânea.

o sofrimento de sucessivas gerações de imigrantes de todas as partes do mundo. Condição que nos implica pois, afinal, somos em nossa maioria descendentes recentes ou remotos de outros povos que não tinham nestas terras suas raízes.

Até o final, Caty nos acompanha com suas cenas de migração, de viagens, de exílio. Da proa, ela nos aponta novas terras, convida-nos a descobrir seus mistérios. Da margem, ela nos indica os rostos daqueles que chegaram, chegam, chegarão. Ela nos descreve seus traços, "imigrantes vindos de todas as partes do mundo, que aqui apartaram fugindo de algo e procurando um futuro para sua descendência"; (p. 147).

Assim escreve Caty sua saga. Sensível com o que vibra dentro de si, ainda nas últimas linhas de seu texto ela nos oferece um lapso, prova maior de sua hipótese. Sim, ela os enxerga, imigrantes, estrangeiros, filhos, pacientes *aportando* em fuga do sofrimento, em busca de um futuro melhor, esperando a acolhida. Mas, longe ou perto, ela já os sente *apartando*, vivendo no próprio instante de chegada na nova terra a experiência daquele que segrega, rejeita e refuta o novo do qual eles esperam a acolhida...

Bons ventos, bons portos?

Referências

Freud, S. (1895a). Estudos sobre a histeria. In *Edição Standard Brasileira das Obras Psicológicas Completas de Sigmund Freud* (Vol. II). Rio de Janeiro: Imago, 1980.

Freud, S. (1895b). Projeto para uma psicologia científica. In *Edição Standard Brasileira das Obras Psicológicas Completas de Sigmund Freud* (Vol. I). Rio de Janeiro: Imago, 1980.

Freud, S. (1914). Introdução ao narcisismo. In *Edição Standard Brasileira das Obras Psicológicas Completas de Sigmund Freud* (Vol. XIV). Rio de Janeiro: Imago, 1980.

Freud, S. (1915). Os instintos e suas vicissitudes. In *Edição Standard Brasileira das Obras Psicológicas Completas de Sigmund Freud* (Vol. XIV). Rio de Janeiro: Imago, 1980.

Freud, S. (1915). Reflexões para os tempos de guerra e morte. In *Edição Standard Brasileira das Obras Psicológicas Completas de Sigmund Freud* (Vol. XIV). Rio de Janeiro: Imago, 1980.

Freud, S. (1917). Uma dificuldade da psicanálise. In *Edição Standard Brasileira das Obras Psicológicas Completas de Sigmund Freud* (Vol. XVII). Rio de Janeiro: Imago, 1980.

Freud, S. (1916-1917). A decomposição da personalidade psíquica. In *Edição Standard Brasileira das Obras Psicológicas Completas de Sigmund Freud* (Vol. XVII). Rio de Janeiro: Imago, 1980.

Freud, S. (1918). O tabu da virgindade. In *Edição Standard Brasileira das Obras Psicológicas Completas de Sigmund Freud* (Vol. XI). Rio de Janeiro: Imago, 1980.

Freud, S. (1919). O estranho (*Unheimlich*). In *Edição Standard Brasileira das Obras Psicológicas Completas de Sigmund Freud* (Vol. XVII). Rio de Janeiro: Imago, 1980.

Freud, S. (1921). Psicologia das massas e análise do eu. In *Edição Standard Brasileira das Obras Psicológicas Completas de Sigmund Freud* (Vol. XVIII). Rio de Janeiro: Imago, 1980.

Freud, S. (1925). A negação. In *Edição Standard Brasileira das Obras Psicológicas Completas de Sigmund Freud* (Vol. XIX). Rio de Janeiro: Imago, 1980.

Freud, S. (1926). Inibição, sintoma e ansiedade, *Edição Standard Brasileira das Obras Psicológicas Completas de Sigmund Freud* (Vol. XX). Rio de Janeiro:

Freud, S. (1930). O mal-estar na civilização. In *Edição Standard Brasileira das Obras Psicológicas Completas de Sigmund Freud* (Vol. XXI). Rio de Janeiro:

Koltai, C. (Org.). (1998). *O estrangeiro.* São Paulo: Escuta.

Koltai, C. (2000). *Política e psicanálise. O estrangeiro.* São Paulo: Escuta.

Lacan, J. (2003). Proposição de 9 de outubro de 1967 sobre o psicanalista da Escola. In J. Lacan, *Outros escritos* (pp. 249-264). Rio de Janeiro: Jorge Zahar, 2003.

Lacan, J. (1932). *Da psicose paranóica em suas relações com a personalidade.* Rio de Janeiro: Forense Universitária, 1987.

Lacan, J. (1949). O estádio do espelho como formador da função do eu. In *Escritos* (pp. 96-103). Rio de Janeiro: Zahar, 1998.

Lacan, J. (1968). *O seminário, livro 17: o avesso da psicanálise.* Rio de Janeiro: Jorge Zahar, 1992.

Lacan, J. (1948, julho-setembro). L'agressivité en psychanalyse. *Revue Française de Psychanalyse, XII*(2), 367-388.

Safouan, M. (1993). *La parole ou la mort.* Paris: Seuil.

Sartre J.-P. (1960). *Reflexões sobre o racismo.* São Paulo: Difusão Europeia do Livro.

Zygouris, R. (1983). L'amour de l'étranger. *Imparfait, 1*, 215-227.

Zygouris, R. (1994). De allhures ou de outrora ou o sorriso do xenófobo. In C. Koltai, *O Estrangeiro* (pp. 193-210). São Paulo: Escuta, 1998.

7. As instituições no divã[1]

É praticamente impossível pensarmos em nossa vida atual sem se deparar, a cada esquina, com uma instituição. A própria "esquina", inclusive, pode ser uma instituição, com normas, sinais e rotinas que lhe são próprias. Geralmente, o termo instituição evoca "coisas sérias", por exemplo, o Governo, a Universidade, a Família, a Igreja. Porém, também nos lúdicos blocos carnavalescos, nos times de futebol e mesmo em encontros frequentes de pessoas é possível reconhecer vários traços institucionais.

A instituição caracteriza-se primordialmente pela existência de um saber específico, que, exercido ou compartilhado de diferentes maneiras, engendra estruturas de poder. O poder que se origina desses processos pode oscilar das formas mais autoritárias às mais democráticas, independentemente da natureza desse saber. Basta considerar, por exemplo, que um mesmo campo de saber, como o futebol, deu origem a estruturas tão dispares como os cartolas e,

1 Resenha de *O Inconsciente Institucional*, organizado por Gregório Baremblitt (1985). Publicada no caderno Ilustrada da *Folha de S.Paulo* em 30 de dezembro de 1984, adaptada para esta coletânea.

em outras épocas, a democracia corintiana, com distribuição de poder totalmente diversas.

A análise e a compreensão das inter-relações entre saber e poder, e o desenvolvimento de formas específicas de intervenção nesses mecanismos são o objeto do chamado Movimento Institucionalista. Ele deu origem à Análise Institucional, que busca explicitar, analisar e compreender as estruturas de poder no âmbito de uma instituição e também as formas de distribuição do saber.

O Inconsciente Institucional, organizado por Gregório Baremblitt, aborda os rumos do Movimento Institucionalista, a partir dos trabalhos do II Simpósio Internacional de Psicanálise de Grupos e Instituições, que teve como tema "A instituição negada", em homenagem póstuma a Franco Basaglia.[2] Organizado em 1982 pelo Instituto Brasileiro de Psicanálise de Grupos e Instituições (Ibrapsi) do Rio de Janeiro, o Simpósio discutiu os caminhos da Análise Institucional a partir de quatro enfoques: 1. O estado da psicanálise individual e grupal naquela época; 2. O panorama do Movimento Institucionalista; 3. Articulações crítico-produtivas entre intervenção individual, grupal e institucional; e 4. Estado da instituição da psiquiatria e estabelecimentos psiquiátricos.[3]

---

2 Cf. a seguir o artigo sobre Basaglia, "O destruidor de muros e mitos".

3 Na época daquele II Simpósio e da publicação da coletânea, o "movimento institucionalista", criado e muito influenciado por analistas e autores franceses e argentinos, dava seus primeiros passos no Brasil, buscando organizar-se. Segundo Baremblitt (1992, citado por Pereira, 2007, p. 7), esse movimento caracteriza-se por uma "série de teorias, práticas e experiências que têm como premissa a autogestão e a auto-análise, objetivando impulsionar experiências coletivas criadoras de novos saberes (Baremblitt, 1992) [como a] análise institucional, pedagogia institucional, psiquiatria democrática, sociopsicanálise, psicosociologia, esquizoanálise, sociologia clínica, grupo operativo, educação popular e outros".

A coletânea apresenta depoimentos de alguns dos pioneiros da análise institucional no Brasil, Argentina, Uruguai e França, como Gregório Baremblitt, Armando Bauleo, José Augusto Guilhon de Albuquerque, René Loureau, Gérard Mendel, Osvaldo Saidon e Alejandro Scherzer, entre outros, em sua maioria com experiências no campo da saúde mental ou medicina, a partir de uma prática psicanalítica, psicodramática, ou mesmo sociológica. A passagem de uma intervenção individual para um acento cada vez maior nas práticas grupais e institucionais, realizada por esses profissionais, foi motivada pelo questionamento da relação paciente-terapeuta e da estrutura de poder que se estabelece nesta relação, como são tradicionalmente praticadas.

Eles constataram que a estrutura de poder própria das relações individuais assim como o marco institucional da intervenção terapêutica muitas vezes cristalizam o potencial de desenvolvimento da relação, tanto para o paciente como para o terapeuta. Nessas condições, surge a necessidade da análise da própria instituição da psicoterapia, ou de qualquer outra estrutura institucional para permitir o aproveitamento do potencial humano imobilizado em algumas estruturas, que buscam esgotar explicações do mundo.

O Inconsciente Institucional relata o desenvolvimento das ideias de diferentes trabalhos grupais desde as primeiras experiências institucionalistas até a abordagem de temas específicos como a discussão sobre a função revolucionária ou adaptativa da psicanálise, o significado da atuação do trabalhador de saúde mental nos países em desenvolvimento (na época, designados como do Terceiro Mundo) e ainda a apresentação de diferentes modalidades de trabalho com grupos como a Psicologia Social Psicanalítica de Pichon-Riviére, o Psicodrama Psicanalítico de Didier Anzieu, a Sócio-Psicanálise Institucional de Gérard Mendel, e a própria experiência do Ibrapsi.[4] A maioria dos exemplos relata experiências realizadas em instituições de saúde, porém as variedades de análise empregadas, bem como as concepções que as norteiam, podem ser facilmente extrapoladas para a compreensão de qualquer outro marco institucional.

Buscando caracterizar a essência do Inconsciente Institucional, J. A. Guíllon de Albuquerque evoca dois equívocos básicos, constitutivos das instituições. O primeiro diz respeito ao *objeto* institucional, sua realidade material e imaterial, seu caráter abstrato que impede a definição clara e distinta do objeto sobre o qual recai a primeira suposição de poder e de saber. Como consequência, instala-se o segundo equívoco quanto à *carência*, ou seja, a instituição sugere a aparente possibilidade de preencher as demandas sociais e individuais de maneira única e definitiva; única por ser na forma desta instituição e de nenhuma outra que elas seriam preenchidas, e definitiva porque espera-se que essa instituição possa acabar com a carência que ela mesma cria.

Mecanismos como esses, que mantêm o indivíduo e a própria instituição presos nas malhas de ilusões paralisantes, impedindo o progresso e o desenvolvimentos de um e de outro, são aspectos importantes do Inconsciente Institucional. A revelação e a eventual modificação dessas dinâmicas podem permitir novas formas

---

4 Fundado em 1978 por Gregório Baremblitt e por Luiz Fernando de Mello Campos, o Instituto Brasileiro de Psicanálise, Grupos e Instituições (Ibrapsi) organizou convênios com sindicatos e empresas para psicoterapias e manteve um contato estreito com profissionais argentinos. Introduziu a análise institucional em seu currículo de formação de psicanalistas e de socioanalistas. Em seu período mais próspero, entre 1978 e 1982, congregou cerca de 160 alunos e atendeu a uma média de quinhentos pacientes por ano. Em 1983, uma crise na instituição culminou com a saída de cerca de quarenta membros e com a criação, em 1984, de um novo grupo, o Núcleo Psicanálise e Análise Institucional (Figueiredo, 1984).

de produção de conhecimento e novas distribuições de saber social e individual, bem como de estruturas de poder distintas e mais adequadas a cada momento histórico, político e geográfico e específicas a cada contexto e intervenção.

Referências

Baremblitt, G. (Org.). (1985). *O Inconsciente Institucional.* Rio de Janeiro: Vozes.

Figueiredo, A. C. (1984). *Estratégias de difusão do movimento psicanalítico no Rio de Janeiro: 1970-1983* (Dissertação de Mestrado). Pontifícia Universidade Católica do Rio de Janeiro - PUC/RJ, Rio de Janeiro.

Pereira, W. C. C. (2007, 1º semestre). Movimento institucionalista: principais abordagens. *Estudos e Pesquisas em Psicologia*, *7*(1) 7-16.

8. O destruidor de muros e mitos[1]

> *... Amanhã, na hora da visita, quando, sem o auxílio de qualquer léxico, tentardes comunicar-vos com esses homens, possais vós lembrar, e o reconhecer, que sobre eles não tendes mais que uma única superioridade: a força.*
>
> Artaud, 1925

Esse breve trecho, dirigido a diretores de manicômios, foi extraído de um manifesto de 1925, elaborado por artistas franceses identificados com o surrealismo. Franco Basaglia dificilmente encontraria uma melhor descrição para expressar suas ideias sobre a realidade manicomial. Psiquiatra italiano, falecido precocemente aos 56 anos, em 1980, foi ele o iniciador de um dos mais polêmicos e revolucionários movimentos de questionamento e transformação dos hospitais psiquiátricos. Ele escolheu essa citação como síntese de sua crítica à realidade desses hospitais, e também às instituições

---

1 Publicado no caderno Ilustrada da *Folha de S.Paulo*, 1º de maio de 1985, modificado para esta coletânea.

sociais em geral, descritas em seu livro *A instituição negada: relato de um hospital psiquiátrico*.

Organizado por Basaglia e com contribuições de seus principais colaboradores do Hospital Provincial de Gorizia, *A instituição negada* teve sua primeira tradução brasileira publicada apenas em maio de 1985, com um significativo atraso de quase vinte anos em relação à edição original.[2] Na década de 1970, Basaglia veio quatro vezes ao Brasil para conhecer de perto algumas instituições psiquiátricas do país, falando a auditórios superlotados e causando polêmicas. Apesar de bastante conhecido, em 1985 ele tinha poucos títulos traduzidos no Brasil, entre eles *O que é a psiquiatria?* e *A psiquiatria alternativa: contra o pessimismo da razão, o otimismo da prática*.

Questionando o novo e camuflando o conflito

Tudo é lento e regressivo nas instituições. Assim como a denúncia dos surrealistas em 1925 produziu poucas mudanças na estrutura dos manicômios franceses, o trabalho e as ideias de Basaglia e de sua equipe, conhecidos desde a década de 1970, demoraram para gerar mudanças efetivas nas estruturas psiquiátricas além das fronteiras

2 Comentando o alcance e o significado das ideias de Basaglia na orelha do livro, Pedro Delgado, que viria a se tornar um dos principais expoentes da luta antimanicomial, descrevia na época de sua publicação, em 1985, que "no Brasil dos hospícios e do desemprego . . . o confinamento crudelíssimo nos manicômios seguramente não é terapêutico. Estamos na pré-história da instituição negada". Apesar dos grandes avanços do movimento antimanicomial no Brasil (ver nota seguinte), cabe reconhecer que ainda em 2020 muitas das críticas levantadas por Basaglia, bem como por Delgado, continuam não apenas bastante atuais, como também observamos, infelizmente, um claro retrocesso com relação à Reforma Psiquiátrica, em direção às práticas manicomiais e de contenção (Delgado, 2019).

italianas.[3] *A instituição negada* descreve a experiência pioneira de alguns dos protagonistas da transformação de um manicômio estatal, montado segundo os métodos tradicionais da psiquiatria – como pavilhões fechados, camisas de força, eletrochoques etc. –, em um hospital com setores abertos, onde os doentes passam a ter liberdade de se locomover, se comunicar e mesmo passear para além dos muros. O tratamento hospitalar e manicomial foi substituído por uma rede territorial de atendimento, da qual faziam parte serviços de atenção comunitários, emergências psiquiátricas em hospital geral, cooperativas de trabalho protegido, centros de convivência e moradias assistidas (os "grupos-apartamento") para os pacientes. Em 1973, a Organização Mundial de Saúde (OMS) credenciou o Serviço Psiquiátrico de Trieste como referência mundial para a reformulação da assistência em saúde mental. A partir de 1976, o hospital psiquiátrico da cidade foi fechado oficialmente e a assistência em saúde mental passou a ser exercida em sua totalidade na rede territorial montada por Basaglia (Amarante, 1996).[4]

---

3 Felizmente, nos anos que se seguiram à publicação do livro, esse quadro foi aos poucos se modificando. Como relata Pitta (2011), entre os anos de 1975 e 1980 o movimento antimanicomial recebeu em São Paulo, Rio de Janeiro, Salvador, Belo Horizonte e Barbacena impulsos significativos de diversos psiquiatras, psicanalistas, filósofos e autores que questionavam as políticas tradicionais de saúde mental, nas quais predominava a internação institucional. Além de Basaglia, Michel Foucault, Ronald Laing, Félix Guattari, Robert Castel ministraram inúmeras palestras e cursos, visitando instituições e questionando as práticas manicomiais. Esse movimento promoveu um pensamento crítico, individual e coletivo, que viabilizou a defesa dos direitos dos enfermos mentais e a abertura das instituições de saúde mental. Ele culminou com a Lei 10.216, de 6 de abril de 2001, que reformulou a Política Nacional de Saúde Mental, que dispõe sobre "a proteção e os direitos das pessoas portadoras de transtornos mentais e redireciona o modelo assistencial em saúde mental".

4 No Brasil, as reformas promovidas em Gorizia inspiraram a diminuição significativa de leitos psiquiátricos e o fechamento de alguns hospitais, reorganizando o atendimento por meio de redes alternativas de cuidados ligadas ao território, às famílias e aos territórios dos pacientes.

Os artigos da coletânea revelam a busca constante de analisar e compreender cada inovação conseguida, expor, questionar e reformular os elementos da teoria que orientavam as mudanças à luz das novas realidades que surgiam com a prática.

Basaglia revelou que a violência e a exclusão encontram-se na base de todas as relações em nossa sociedade, estruturada em bases capitalistas. As instituições (hospitais, escolas, presídios, família, fábrica etc.), representantes dessa sociedade, estruturam-se segundo uma nítida divisão de funções e de trabalho, que separam aqueles que têm poder daqueles não o têm. Dessa diferença resultam outros tipos de divisão mistificadoras, como "bom" e "mau", "são" e "doente", "respeitável" e "não respeitável", estabelecendo relações de opressão e de violência entre poder e não poder, e de exclusão do segundo pelo primeiro.

O doente mental é antes de tudo um excluído. Um homem sem direitos que, para lidar com a realidade angustiante de sua exclusão do meio social, com a impotência a que foi relegado, ou mesmo para negar as contradições de sua condição, pode recorrer, no extremo, ao delírio e à "loucura". Segundo Basaglia, o golpe final deste processo torturante é a materialização da exclusão pelo afastamento do indivíduo da sociedade, enviando-o para detrás dos muros de um hospício, de uma prisão ou, no limite, dos muros de um cemitério.

A sociedade moderna encontrou uma forma inteligente e sutil de camuflar o inevitável conflito entre os detentores de poder e os que dele carecem. Ao estender uma parcela de poder aos técnicos, que passam a exercer o poder com um mandato social, cria-se uma camada intermediária, amortecedora, que supostamente cuida dos carentes de poder. Mistifica-se a violência por meio do tecnicismo criando, por meio da violência técnica, os novos rejeitados. Os técnicos sociais, psiquiatras, médicos, psicólogos, pedagogos etc. são camuflados sob uma roupagem terapêutico-orientadora, levando os indivíduos à aceitação de sua condição de "objetos de violência".

Negar a instituição

Os próprios técnicos sociais se iludem quanto à posse do poder. Não se dão conta de sua condição de concessionários de um mandato que, a qualquer momento, pode lhes ser retirado nem de sua própria condição de excluídos. Basaglia denuncia a manutenção desse jogo de ilusões e da estrutura social segregatória no interior das instituições e do hospital psiquiátrico em particular.

"Negar a instituição" significa negar o mandato social que legitima a relação excludente/excluído. Somente ao conscientizar-se de sua condição de excluído pode o psiquiatra romper com o ciclo de opressão, violência e exclusão que é a razão de ser do manicômio e de toda e qualquer instituição social. A partir de então, podem também ser rompidas as barreiras, as coerções e a repressão no hospital psiquiátrico para, em igualdade de condições, médicos, assistentes e doentes, conscientes de sua condição de excluídos, poderem todos transformar essa condição. Constata-se então que, mesmo quando eliminadas as separações e diferenças internas do manicômio, este, como um todo, permanece ainda isolado do resto da sociedade.

Outro maio de 1968

A maior barreira que Basaglia encontrou em sua luta foi sua insistência no fato de que a transformação da realidade do doente mental não se limita ao que ocorre no interior do hospital. Ele defendia seu trabalho como eminentemente político-terapêutico.

Toda transformação conseguida com o doente mental, no manicômio, seria inócua se não transpusesse os limites do próprio hospital, para transformar as relações de poder na sociedade, causa originária e primeira da situação de alienação e exclusão dos doentes mentais e outros segregados como prisioneiros, grupos raciais e minorias.

A experiência de Gorizia alastrou-se por toda a Itália. Em grandes centros, como Veneza, Gênova, Trieste e outros, gradualmente os hospitais psiquiátricos foram sendo substituídos por Centros de Higiene Mental da comunidade, lugares onde os doentes recebiam tratamento sem necessidade de internação. Ao tornar-se diretor do Hospital Psiquiátrico de Trieste, no início dos anos 1970, Basaglia conseguiu fazer com que dos mil e cem pacientes então internados na instituição, novecentos fossem gradualmente encaminhados às suas famílias, por meio de um trabalho contínuo com elas e com os pacientes.

Segundo Basaglia, Gorizia foi para a psiquiatria o que o Maio de 1968 foi para os estudantes de Paris. A semente ali plantada atingiu sua maturidade dezoito anos depois, quando, em 1978, o Parlamento italiano aprovou a Lei nº 180, a "lei da loucura" –, que nega a periculosidade do doente mental, proíbe a construção de novos manicômios, regulamentando o atendimento psiquiátrico por meio dos Centros de Higiene Mental da comunidade.

No Brasil de 1985, uma geração após Gorizia, as autoridades governamentais buscavam verbas de milhões de dólares para a construção de dez "mínipresídíos" que aumentariam em 5 mil as vagas do sistema carcerário do estado de São Paulo. No âmbito da segurança pública, a mentalidade de punição e isolamento por meio de instituições carcerárias prevalece até os nossos dias. O Brasil é o terceiro país com maior número de pessoas presas, atrás de Estados Unidos e China. As construções de presídios não conseguem evitar o crescimento exponencial da população carcerária, a superlotação e a violência que delas decorrem.[5]

Na época da ditadura militar, a "indústria da loucura" construía manicômios cada vez maiores e mais lucrativos sustentados por recursos públicos (Pitta, 2011). Desde a década de 1980, o Movimento pela Reforma Psiquiátrica, o Movimento Antimanicomial, a reformulação da Política Nacional de Saúde Mental (Lei 10.216, de 2001) contribuíram para a humanização do atendimento dos pacientes, com a diminuição de leitos psiquiátricos e o fechamento de alguns hospitais como o de Barbacena, em Minas Gerais, e a Casa de Saúde Anchieta, em Santos, entre outros, marcados pela superlotação, abandono e maus-tratos dos pacientes. Ao mesmo tempo, o paradigma de atendimento progressivamente passou de serviços de *recolhimento de problemas* para os serviços de *acolhimento de pessoas* (Delgado, 2011). Buscou-se promover a

> *desinstitucionalização responsável . . . tratando o sujeito em sua existência e em relação com suas condições concretas de vida. O tratamento [deixou] de ser a exclusão em espaços de violência e morte social para tornar-se criação de possibilidades concretas de subjetivação e interação social na comunidade. (Pitta, 2011, p. 4588)*

Foram ampliados os espaços de cooperação e de ação entre os agentes comunitários, os pacientes e seus familiares e promovida a reorganização do atendimento por meio de diferentes recursos,

5 Segundo estatísticas do Ministério Público de agosto de 2019, o Brasil tem uma taxa média de superlotação carcerária de 166%, alcançando 200% na região Norte. São 729.949 presos para 437.912 vagas em presídios. Essas condições desumanas favorecem a violência, a disseminação das facções e as rebeliões que resultaram na morte de 1.424 presos em presídios em 2018 (CNMP, s.n.).

como Núcleos de Atenção Psicossocial (Naps), Centros de Atenção Psicossocial (Caps), Serviços Residenciais Terapêuticos (SRT), os Programas de Apoio à Desinstitucionalização, De Volta para Casa, o Consultório de Rua e os Centros de Convivência, Conferências Nacionais de Saúde Mental, contando com a participação não apenas dos profissionais, mas também dos usuários dos serviços, familiares dos pacientes e tantos outros (Pitta, 2011). Aos poucos consolidou-se um modelo de atenção psiquiátrica baseado na comunidade, e não centrado no hospital como a escolha da política pública de saúde mental no país, com evidências de efetividade individual e social maiores em comparação aos tratamentos em regime de privação de liberdade (Pitta, 2011).

Apesar de todos os progressos e benefícios desse movimento, visíveis do ponto de vista social, de saúde pública e mesmo econômicos, desde 2016 constatamos um crescente movimento de oposição e desmonte de todas essas conquistas. Como aponta Delgado (2019), desde então, observou-se o esvaziamento de programas e agentes de saúde da família; o reajuste de diárias e a ampliação de vagas de internação psiquiátrica; o descadastramento e congelamento de criação de novos Centros de Atenção Psicossocial; a abertura de vagas em comunidades terapêuticas; a reorientação dos serviços de saúde mental para o modelo centrado em instituições hospitalares; o ressurgimento do obsoleto hospital-dia, a reestruturação do modelo de ambulatórios especializados distantes das demandas territoriais; ênfase na internação de crianças e adolescentes; ênfase em métodos biológicos de tratamento, como a eletroconvulsoterapia; disjunção entre a saúde mental e a política de álcool e outras drogas preconizando internação compulsória e condenação das estratégias de redução de danos.

A análise de Basaglia continua atual, inclusive para compreender e estancar esse retrocesso, defendendo as conquistas alcançadas não apenas nas políticas de saúde mental, mas também sociais nas últimas décadas. Não por acaso, a reversão dessas políticas e o desmantelamento de redes, estruturas e dispositivos terapêuticos ocorre em meio às dramáticas e preocupantes mudanças de paradigma que acompanham a agenda neoliberal, atualmente em curso (Delgado, 2019). Elas são também observadas em todos as áreas, formais e informais, da sociedade brasileira: educação, saúde, meio ambiente, economia e costumes, ainda mais acentuadas após a eleição de 2018. O aumento da intolerância – a diferenças e a minorias –, da desigualdade socioeconômica, da polarização e a impossibilidade de diálogo promovem a fragmentação social, a exclusão e a mentalidade segregacionista e de extermínio que observamos em nossos tempos.

Cabe denunciar e resistir à investida do discurso tecnicista, que, como lembra Basaglia, se constitui como "uma camada intermediária, amortecedora, que supostamente cuida dos carentes de poder", mas "cria, por meio da violência técnica, novos rejeitados, passíveis de se alienarem e se acomodarem em sua condição de 'objetos de violência'" (1968, pp. 101-102).

Nesse sentido, fiel ao espírito de Basaglia, que inspirou a humanização dos tratamentos psiquiátricos em tantos países, Paulo Delgado (2011) lembra:

> *Em todas as decadências, seja social, econômica, política ou afetiva, o primeiro sintoma que aparece é a depravação do sentimento de amizade e do respeito ao outro. O ódio e a destrutividade mais fortes do que o amor e o afeto. Muitas vezes sofrer é amar quem não se tem mais como amigo. A reforma psiquiátrica necessária só será feita por profissionais e gestores que sejam relíquias e tenham dedicação integral ao semelhante*

> *vendo a dor do outro como se fosse a própria dor. Dispostos a se criticarem e reverem posições, já que não há batalha vencida nem vigor que não arrefeça entre pessoas informadas e livres. (p. 4706)*

Liberdade, respeito às diferenças e ao sofrimento do semelhante e cuidado foram alguns dos princípios que inspiraram Basaglia e que promoveram a Reforma Psiquiátrica Brasileira, a luta antimanicomial e tantos outros movimentos de defesa e respeito de minorias que emergiram em nosso país nas últimas décadas. Sem dúvida, são eles um antídoto e um elemento terapêutico importante contra os males que buscam degradar e destruir a essência do humano e da vida.

Referências

Amarante, P. (Org.). (1994). *Psiquiatria social e reforma psiquiátrica*. Rio de Janeiro: Fiocruz.

Amarante, P. (Org.). (1995). *Loucos pela vida: a trajetória da reforma psiquiátrica no Brasil*. Rio de Janeiro: Fiocruz.

Amarante, P. (1996). *O homem e a serpente: outras histórias para a loucura e a psiquiatria*. Rio de Janeiro: Fiocruz.

Artaud, A. (1925, 15 abr.). Lettre aux médecins chefs des asiles de fous. *Revue Surréaliste*, 3. Recuperado de http://folieetespoir-blog.eklablog.com/lettre-aux-medecins-chefs-des-asiles-de--fous-1935-antonin-artaud-a114392720

Baremblitt, G. (Org.). (1985). *O Inconsciente Institucional*. Rio de Janeiro: Vozes.

Basaglia, F. (Org.). (1968). *A instituição negada: relato de um hospital psiquiátrico*. Rio de Janeiro: Graal, 1985.

Basaglia, F. (Org.). (1967). *Che cos'è la psichiatria?* Torino: Einaudi, 1973.

Basaglia, F. (1979). *A psiquiatria alternativa: contra o pessimismo da razão, o otimismo da prática*. São Paulo: Debates.

Basaglia, F. (2005). *Escritos selecionados em saúde mental e reforma psiquiátrica*. Rio de Janeiro: Garamond.

Conselho Nacional Do Ministério Público (CNMP). (s.n.) *Sistema Prisional em números*. Recuperado de https://www.cnmp.mp.br/portal/relatoriosbi/sistema-prisional-em-numeros

Delgado, P. G. G. (2011). No litoral do vasto mundo: lei 10.216 e a amplitude da reforma psiquiátrica. In A. Venâncio, M. T. Cavalcanti (Orgs.), *Saúde mental: campo, saberes e discursos*. Rio de Janeiro: Edições Ipub-Cuca.

Delgado, P. G. G. Democracia e reforma psiquiátrica no Brasil. *Ciência & Saúde Coletiva*, *16*(12), 2011, 4701-4706.

Delgado, P. G. G. (1992). *As razões da tutela. Modelos de interação entre a psiquiatria e a justiça, na conjuntura da luta pela cidadania plena e reforma psiquiátrica no Brasil*. Rio de Janeiro: Te Corá Editora.

Delgado, P. G. G. (2019). Reforma psiquiátrica: estratégias para resistir ao desmonte. *Trab. educ. saúde*, *17*(2).

Pitta, A. M. F. (2011). Um balanço da Reforma Psiquiátrica Brasileira: instituições, atores e políticas. *Ciência & Saúde Coletiva*, *16*(12), 4579-4589.

Parte II

Escutar, escrever, encontrar

9. Psicanálise e o retorno a Freud[1]

A fama e a notoriedade têm seu preço. Nos primeiros anos do surgimento da psicanálise, Freud teve que arcar praticamente sozinho com o fardo de desenvolver uma nova ciência, lutar para que ela fosse reconhecida, esperar quase dez anos para que uma obra fundamental como *A interpretação dos sonhos* (1900) tivesse sua primeira edição esgotada.

Com o crescimento gradual do número de adeptos, a aceitação da psicanálise em alguns círculos intelectuais e científicos e o aumento da produção de trabalhos psicanalíticos, a principal preocupação de Freud passou a ser evitar as distorções de suas descobertas. Além de obras com suas novas hipóteses e teorias, ele passou a escrever, de tempos em tempos, artigos de divulgação dos principais conceitos psicanalíticos para o público leigo.

1 Resenha inédita de *O que é Psicanálise?*, de Fabio Herrmann, e de *O que é Psicanálise: 2ª visão*, de Oscar Cesarotto e Márcio Peter Souza Leite, originalmente escrita em 1984, quando do lançamento das duas obras.

Nessa linha encontramos *Cinco lições de psicanálise*, de 1910 – publicadas a partir das famosas conferências proferidas por ele na Universidade de Clark, nos Estados Unidos –, *Conferências introdutórias à psicanálise*, de 1916 – descrevendo o estágio de desenvolvimento da psicanálise à época da Primeira Guerra Mundial, após as dissidências de Adler e Jung –, *Um estudo autobiográfico*, de 1925 – no qual Freud relata sua participação pessoal no desenvolvimento da jovem ciência, colocando em perspectiva histórica os principais postulados de suas teorias –, e *Novas conferências introdutórias à psicanálise* (1933), em que aos temas tratados nas conferências anteriores ele acrescenta a perspectiva metapsicológica a sua teoria do aparelho psíquico, da angústia e das pulsões. Aos 82 anos, já próximo da morte, ele ainda se dedicou a escrever *Esboço de psicanálise* (1940), uma revisão inacabada de sua obra, voltada principalmente para conhecedores da teoria psicanalítica.

Um fôlego inesgotável, sem dúvida.

Freud e as gerações de psicanalistas que o sucederam passaram a ser acompanhados por um dilema permanente entre o desejo de uma divulgação e aceitação mais ampla da psicanálise e o risco de deturpação do legado freudiano que dela podia resultar. Muitos dos primeiros discípulos começaram a se dedicar à atividade didática, à escrita e ao desenvolvimento da teoria psicanalítica, motivando inevitáveis polêmicas em torno da pureza teórica e da fidelidade à letra do mestre, que decorriam de suas práticas. Muitas dessas polêmicas resultaram em rupturas, como as com Adler, Jung, Reich e outros, fortemente impregnadas por questões pessoais, institucionais e políticas, às quais, algumas vezes, as divergências teóricas serviam de pretexto (Mezan, 1985; Gay, 2012; Roudinesco, 2016).

Em meados dos anos 1980, *O que é psicanálise?*, de Fabio Herrmann, e *O que é Psicanálise: 2ª visão*, de Oscar Cesarotto e Márcio Peter Souza Leite, prenunciaram o interesse crescente pela psicanálise para além do meio psicanalítico, a maior participação de psicanalistas em debates sociais e culturais, o início do ensino e da pesquisa psicanalíticas em cursos de pós-graduação e a expansão significativa da produção editorial em psicanálise observadas nas décadas seguintes até os nossos dias. Editados como parte da coleção Primeiros Passos, da então influente Editora Brasiliense, voltada para a divulgação de temas da atualidade, da cultura e da ciência para o público leigo,[2] as duas obras mantiveram um rigor conceitual que respeita plenamente os pressupostos psicanalíticos. Cada uma, a sua maneira, transmite de forma clara e simples, bem ao estilo de uma boa interpretação, os fundamentos básicos da psicanálise, a partir de duas perspectivas, freudiana e lacaniana.[3]

---

2 Pautada por esses objetivos, a consagrada coleção Que Sais-Je?, da editora Presses Universitaires de France, inspirou a coleção. O sucesso desses dois títulos pioneiros, para além do meio psicanalítico, contribuiu para o interesse crescente das editoras tradicionais (Imago, Zahar, Artes Médicas, Martins Fontes e outras) pela publicação de títulos de psicanálise e, desde a década de 1980, o surgimento de novas editoras voltadas especificamente para publicações nesse campo e mesmo editoras bastante conhecidas em outros campos que inauguraram suas linhas editoriais de psicanálise (Casa do Psicólogo, Escuta, Blucher, Dublinense, Zagodoni, Annablume, Ágalma, Aller e outras). Que Sais-Je? também inspirou, no ano 2000, a criação, por Flávio Carvalho Ferraz, da Coleção Clínica Psicanalítica, coordenada por ele, que, até o momento, já publicou 84 títulos de autoria de psicanalistas brasileiros. Desde então, outras coleções de obras de psicanálise surgiram, como Biblioteca de Psicopatologia Fundamental e Pathos (Escuta), Escrita Psicanalítica (Blucher, coordenada por Marina Massi), O Que Fazer? (Blucher, coordenada por Luciana Saddi, Sonia Soicher Terepins, Susana Muszkat e Thais Blucher), Psicanálise Contemporânea (Blucher, coordenada por Flávio Carvalho Ferraz), Transmissão da Psicanálise (Zahar), Ato Psicanalítico (Annablume, coordenada por Christian Dunker), e outras.

3 Essas qualidades preservam, até hoje, o valor e a importância de ambos os livros, como referências tanto para uma leitura introdutória à história e a conceitos fundamentais da psicanálise como para um roteiro de estudos de aprofundamento sobre os temas abordados. Não por acaso, o livro de Herrmann continua sendo reeditado, hoje com um subtítulo: *O que é Psicanálise: para*

Fabio Herrmann estrutura seu discurso em torno de três alicerces da psicanálise: o método psicanalítico, o inconsciente e a sexualidade. Com um grande número de exemplos cotidianos, define e explicita, a partir desses eixos, aquilo que, ao seu ver, é a principal característica do humano e a matéria-prima da psicanálise: o absurdo de nossa existência e nossa própria estranheza. Segundo o autor, "o problema é que não desejamos o que queremos, nem ficamos satisfeitos de encontrar o que desejamos. Na verdade, não sabemos bem o que desejamos".

Ao mesmo tempo que esclarece conceitos clássicos da psicanálise, como libido, aparelho psíquico, inconsciente, transferência, mecanismos de defesa, narcisismo e outros, Fabio Herrmann acrescenta a eles novas leituras, frutos originais de sua produção em torno dos Campos do Real, ou seja, território onde se produz a experiência humana, no qual vivemos sem o enxergar.[4]

Por sua vez, Cesarotto e Márcio Leite elaboram sua *2ª visão* de *O que é psicanálise?* a partir da obra de Jacques Lacan. Preocupado

---

iniciantes ou não.... Quanto a *O que é Psicanálise: 2ª visão*, de Cesarotto e Souza Leite, apesar de esgotado, continua também sendo uma excelente porta de entrada para o universo da psicanálise lacaniana e seus principais conceitos.

4 Fabio Herrmann teve uma intensa participação na Sociedade Brasileira de Psicanálise (SBPSP), na Federação Psicanalítica da América Latina (Fepal) e na International Psychanalytical Association (IPA). Contribuiu também, em 1976, para a fundação do curso de Psicanálise do Instituto Sedes Sapientiae e para a criação, em 1984, do Programa de Estudos Pós-Graduados em Psicologia Clínica da PUC-SP. Em algumas passagens de *O que é Psicanálise?*, ele esboça algumas das ideias que vieram a se constituir como uma obra rica, original e consistente. Pelo que denominou *Teoria dos Campos* propôs a compreensão psicanalítica da construção da vida humana considerada como o real, em seu sentido próprio de estrato produtor do humano individual, social ou cultural (Herrmann, 2001a, 2001b, 2006). Ao propor a ideia da Clínica Extensa, trouxe contribuições significativas para a reflexão sobre o método psicanalítico e suas implicações para além do enquadre clássico (Herrmann, 2003).

com a diluição da força das descobertas de Freud, resultante da forma que alguns analistas encontraram para a maior aceitação da psicanálise, Lacan propôs o "retorno a Freud". É a história dessa (re)volta, desse retorno e da obra lacaniana que os autores relatam em seu livro.

Eles partem da constatação que "se . . . o inconsciente é universal, a psicanálise não o é, ou seja, ela é refeita em cada língua". Grande parte da obra se dedica a rever a história do movimento psicanalítico e à discussão de aspectos geográficos, históricos e ideológicos do desenvolvimento da psicanálise. Nela encontramos relatos dos primórdios da psicanálise, de sua institucionalização, do papel de Melanie Klein e da escola inglesa, e ainda, na França, do surgimento de Lacan e sua dissidência da Sociedade Psicanalítica oficial, como forma de recuperar o legado subversivo de Freud, que, segundo ele, fora deturpado.

Os autores também esboçam um breve histórico do movimento psicanalítico no Brasil, desde o praticamente autodidatismo de Durval Marcondes e Franco da Rocha até o êxodo de analistas argentinos que assolou o Brasil após o golpe militar de 1976 naquele país, recente naquela época.[5]

No âmbito teórico, Cesarotto e Márcio Leite retomam brevemente os postulados básicos da teoria freudiana, comentando mais extensamente, em seguida, as contribuições de Lacan à psicanálise, a partir dos eixos próprios à teoria lacaniana, os registros Imaginário, Simbólico e Real. Discutem também a importância do conceito de "estádio do espelho" como matriz constitutiva do eu,

5 O livro foi uma das primeiras obras voltadas para o público de não psicanalistas a colocar em perspectiva histórica tanto o movimento psicanalítico no mundo como as particularidades de suas manifestações no Brasil e na América do Sul.

o caráter ilusório do eu e a relação do conceito de imaginário com o de narcisismo.[6]

Cada um dos livros realiza uma discussão do método terapêutico da psicanálise, a partir de seu enfoque específico. Tanto Herrmann como Cesarotto e Márcio Leite se esforçam em desmistificar a Psicanálise ou o psicanalista como possuidores de uma Verdade eterna e imutável. Todos insistem na necessidade constante de revisão da teoria por meio da observação clínica, única forma de sustentar a função concebida por Freud para a psicanálise, a possibilidade de propiciar ao ser humano descobrir-se, revelar-se e enxergar a si mesmo, mesmo que se assuste com isso.

Fabio Herrmann afirma que os grandes psicanalistas estão quase sempre começando de novo. Todas as certezas que a Humanidade fez questão de sustentar a nosso próprio respeito não nos livraram de nossas angústias. Recomeçar e questionar a cada momento o significado de seus atos não são privilégios dos psicanalistas. Para cada um de nós, fazê-lo pode ser a contribuição legada por Freud para que, em alguns momentos de nossa vida, poucos talvez, possamos, para nós mesmos, nos sentirmos grandes Homens.

---

6 A parceria entre Cesarotto e Márcio Souza Leite é fruto de uma amizade construída desde 1975 em Buenos Aires, em torno do interesse comum pela obra de Lacan, pela transmissão e pela clínica psicanalítica e por diferentes experiências de associação com outros psicanalistas de orientação lacaniana, na Argentina e em São Paulo. *O que é Psicanálise: 2ª visão* surgiu como um contraponto à versão de F. Herrmann sobre esse tema. O sucesso dessa empreitada refletiu-se na venda de 25 mil exemplares, número significativo para uma obra dessa natureza, consolidando uma profícua aliança de trabalho entre eles, que resultou em pesquisas e publicações conjuntas e individuais (Cesarotto & Souza Leite, 2010; Cesarotto, 1987; Souza Leite, 1992) e na fundação, nos anos 1990, do Centro de Estudos em Semiótica e Psicanálise da PUC-SP, que busca articular clínica e cultura a partir de um espaço de interseção das disciplinas da linguagem com as incidências do inconsciente.

Referências

Cesarotto, O. (1987). *No olho do outro.* São Paulo: Iluminuras.

Cesarotto, O. (2013). Márcio Peter de Souza Leite: Vida, obra e amizade. *Leitura Flutuante*, *5*(2), 27-34.

Cesarotto, O., & Souza Leite, M. P. (1984). *O que é Psicanálise: 2ª visão.* São Paulo: Brasiliense.

Cesarotto, O., & Souza Leite, M. P. (2010). *Jacques Lacan, uma biografia intelectual*, São Paulo: Iluminuras.

Cesarotto, O., & Souza Leite, M. P. (2016). A escuta flutuante do Prozac: a Clínica dos transtornos mentais baseada em evidências. *Leitura Flutuante*, *8*(1).

Freud, S. (1900). A interpretação dos sonhos. In *Edição Standard Brasileira das Obras Psicológicas Completas de Sigmund Freud* (Vol. IV e V; p. 81). Rio de Janeiro: Imago, 1980.

Freud, S. (1910). Cinco lições de psicanálise. In *Edição Standard Brasileira das Obras Psicológicas Completas de Sigmund Freud* (Vol. XI). Rio de Janeiro: Imago, 1980.

Freud, S. (1916-1917). Conferências introdutórias à psicanálise. In *Edição Standard Brasileira das Obras Psicológicas Completas de Sigmund Freud* (Vol. XV e XVI). Rio de Janeiro: Imago, 1980.

Freud, S. (1925). Um estudo autobiográfico. In *Edição Standard Brasileira das Obras Psicológicas Completas de Sigmund Freud* (Vol. XX). Rio de Janeiro: Imago, 1980.

Freud, S. (1933). Novas conferências introdutórias à psicanálise. In *Edição Standard Brasileira das Obras Psicológicas Completas de Sigmund Freud* (Vol. XII). Rio de Janeiro: Imago, 1980.

Freud, S. (1940). Esboço de psicanálise. In *Edição Standard Brasileira das Obras Psicológicas Completas de Sigmund Freud* (Vol. XXIII). Rio de Janeiro: Imago, 1980.

Gay, P. (2012). *Freud, uma vida para nosso tempo*. São Paulo: Companhia das Letras.

Herrmann, F. (1983). *O que é Psicanálise?* São Paulo: Brasiliense, 1983 (Reedição: *O que é Psicanálise: para iniciantes ou não...* São Paulo: Blucher, 2015).

Herrmann, F. (2001a). *Andaimes do real: o método da psicanálise*. São Paulo: Casa do Psicólogo (Pearson).

Herrmann, F. (2001b). *Andaimes do real: psicanálise do quotidiano*. São Paulo: Casa do Psicólogo (Pearson).

Herrmann, F. (2003). *Clínica psicanalítica: a arte da interpretação*. São Paulo: Casa do Psicólogo (Pearson).

Herrmann, F. (2006). *Andaimes do real: psicanálise da crença*. São Paulo: Casa do Psicólogo (Pearson).

Mezan, R. (1985). *Freud, pensador da cultura*. São Paulo: Blucher, 2019.

Roudinesco, E. (2016). *Sigmund Freud na sua época e em nosso tempo*. Rio de Janeiro: Zahar.

Souza Leite, M. P. (1992). *A negação da falta: cinco lições para analistas kleinianos*. Rio de Janeiro: Relume-Dumará.

10. Os dilemas da tradução freudiana[1]

No início de 1988, a paisagem psicanalítica francesa sofria uma mudança significativa. As rupturas e as discussões explosivas entre as diversas escolas – frequentes nos anos 1960 e 1970 – vinham sendo gradualmente substituídas por uma maior convivência, com menos conflitos.

Porém, no final de abril, o lançamento do primeiro volume das *Obras Completas* de Freud em francês (OCF-P) veio demonstrar que o vulcão psicanalítico estava apenas adormecido, e não extinto, como muitos afirmavam. As primeiras críticas e ataques incisivos contra a obra e a equipe editorial revelaram que, decididamente, o magma que se movia desapercebido nas profundezas recomeçou a irromper de forma ameaçadora.

Além de questões editoriais, a fragmentação do universo psicanalítico francês era uma das razões pelas quais a França não contava, até aquele momento, com uma edição unificada e completa

1 Publicado no caderno Folhetim da *Folha de S.Paulo*, 30 de julho de 1988, pp. B2-B6, revisto e atualizado para esta coletânea.

dos escritos de Freud, apesar de toda a efervescência do pensamento psicanalítico naquele país.

Quase trinta anos de manobras diplomáticas e editoriais foram necessários para que o projeto das *Obras Completas* francesas começasse a se concretizar. Em 1989, o público e a psicanálise francesa passaram a contar com uma tradução de referência, unificada, em vez da dispersão e da multiplicidade de traduções até então existentes.

A equipe editorial das *Oeuvres Complètes*, coordenada por Jean Laplanche, propôs uma nova perspectiva e uma nova concepção do trabalho de tradução, buscando restituir a literalidade e o espírito da escrita freudiana, depurada das contaminações ideológicas das diferentes escolas psicanalíticas.[2] Uma metodologia difícil e ambiciosa, que provocou a maior parte das polêmicas ocorridas em torno da obra.

O lançamento despertou antigas paixões e querelas, revelando que, no universo psicanalítico francês, forças mais profundas continuavam latentes e prestes a explodir, quando está em jogo a palavra do mestre vienense, alimentadas por uma complexa – e pouco compreendida – rede transferencial que se desdobra sobre ela. Uma complexidade que também repercute no seio da psicanálise brasileira.

Traduções fragmentadas

A primeira tradução de Freud para o francês ocorreu apenas em 1913. Publicado na revista italiana *Scientia*, seu artigo "O interesse

2 Ver a seguir "Os postulados da razão tradutora", entrevista concedida na época por Jean Laplanche.

científico da psicanálise" passou praticamente desapercebido pelo público e até mesmo pelo mundo científico.

Por muito tempo, a França ignorou a teoria freudiana. A Sociedade Psicanalítica de Paris (SPP) foi fundada apenas em 1926,[3] e os primeiros psicanalistas franceses não consideravam a tradução uma parte importante de sua atividade.

As editoras foram as primeiras a perceber o interesse crescente pela psicanálise em todo o mundo. Payot, Gallimard, Alcan e Presses Universitaires de France (PUF) procuraram garantir para si, separadamente, a prioridade dos direitos de tradução de artigos individuais e livros de Freud, que, assim, ficaram repartidos entre elas. As primeiras traduções para o francês foram quase sempre realizadas por linguistas (não psicanalistas), de forma fragmentada e aleatória, independentemente de sua importância na teoria freudiana.

As polêmicas surgidas a partir das hipóteses e posições de Lacan defendendo o "retorno a Freud" fizeram com que sua obra adquirisse um caráter notarial, ideológico, probatório. Em meio a elas, as questões conceituais e as traduções ganharam importância, como argumentos de autoridade.

Em 1953, ocorreu uma cisão na SPP. Um grupo da Sociedade se reunia desde 1951 em torno de Lacan para discutir o texto freudiano. Esses seminários, realizados no Hospital Saint-Anne, foram abertos para o público em 1953. Nesse mesmo ano, Lacan, Daniel Lagache e Françoise Dolto participaram de um movimento que defendia a prática da psicanálise por não médicos, que resultou

---

3 A título de comparação, as sociedades de psicanálise de Viena e de Berlim foram fundadas em 1908, a dos Estados Unidos, em 1911 e a de Londres, em 1913. A Sociedade Brasileira de Psicanálise, a primeira da América Latina, foi fundada em São Paulo em 1927, enquanto a Sociedade Brasileira de Psicanálise do Rio de Janeiro foi criada em 1928.

na ruptura com a SPP e a criação, em torno dos três, da Sociedade Francesa de Psicanálise (SFP) (Roudinesco, 1988).

A partir dos anos 1960 as cisões se multiplicaram. A busca de reconhecimento da SFP pela Associação Psicanalítica Internacional (IPA) levou à exclusão, em 1964, de Lacan da SFP. Ele então criou a École Freudienne de Paris – não reconhecida pela IPA –, marcando o início "institucional" da dissidência lacaniana. A SFP passou a denominar-se Associação Psicanalítica da França (APF). Dela faziam parte Jean Laplanche, J.-B. Pontalis e Pierre Fédida, entre outros. Em 1969, Piera Aulagnier e outros membros da École Freudienne questionaram algumas posições de Lacan, sobretudo relativas ao "passe" e ao "tornar-se analista", rompendo com ele e fundando o "Quarto Grupo" (Organização Psicanalítica de Língua Francesa). Em 1980, foi o próprio Lacan quem tomou a polêmica iniciativa de dissolver sua própria Escola, criando em seguida a Fundação do Campo Freudiano, cujo comando foi assumido por Jacques-Alain Miller, após a morte de Lacan, em 1981 (Roudinesco, 1988).

Simultaneamente a essas grandes explosões da galáxia psicanalítica francesa, ocorreram ainda rupturas menores no seio dos grandes grupos. Assim, no final dos anos 1980 existiam na França mais de 2 mil psicanalistas, divididos em cerca de vinte associações (Roudinesco, 1988).[4]

---

4 Em 2019, estimava-se o número de psicanalistas franceses em 5.500, enquanto o de psiquiatras seria 13.500 e o de psicólogos, 27 mil, em uma população de 67 milhões de habitantes (Verdo, 2019). Em artigo de 2000, quando a população brasileira era de 175,3 milhões de pessoas, Wilson Amendoeira, então presidente da Associação Brasileira de Psicanálise (ABP), mencionava a existência de 980 analistas brasileiros filiados à IPA (em comparação com 442 nas Ilhas Britânicas e 641 na França, filiados à IPA), enquanto Renato Mezan estimava existirem 5 mil analistas fora das instituições oficiais da IPA (Singer, 2000). Em 2019, a Federação Brasileira de Psicanálise (Febrapsi) (sucessora da

A batalha das palavras

Assim, a partir dos anos 1960, na França, a "batalha psicanalítica" (Roudinesco, 1988) passou a ser travada, com a espada em uma mão e o texto freudiano na outra: germanistas contra analistas, escolas contra escolas, associações contra associações internacionais...

Nessa guerra, o combate específico pela edição das *Obras Completas* em francês acompanhou e refletiu os próprios conflitos institucionais da psicanálise. Desde 1953, a PUF possuía um projeto para a realização dessas Obras. Porém, apenas em 1962 ocorreram as primeiras negociações com as editoras Payot e Gallimard para a concretização do projeto, uma vez que as duas também eram detentoras de direitos de tradução de uma parte dos textos de Freud. Por intermédio da editora Seuil, Lacan tentou conseguir com cada uma delas os direitos de tradução de alguns dos textos, porém, após a ruptura com a IPA, em 1963, eles nunca lhe foram concedidos.

Desde aquela época, em vários momentos as *Obras Completas* de Freud estiveram prestes a ser lançadas. Para viabilizá-las, foram assinados dois contratos com a Fischer Verlag (editora alemã detentora dos direitos originais), além de um terceiro com a Hogarth Press, para a utilização do aparelho crítico elaborado por James Strachey, tradutor da *Standard Edition* inglesa de Freud. Porém, divergências entre as editoras, conflitos entre as sociedades psicanalíticas, intervenções da Associação Psicanalítica Internacional, e mesmo desavenças entre os diferentes tradutores impediram que o projeto se realizasse.

ABP), congregava dezoito Sociedades e Grupos Psicanalíticos em dez estados e no Distrito Federal, somando cerca de 2.200 membros das Sociedades e dos Institutos de Psicanálise (Febrapsi, 2019).

Em 1982, a editora Gallimard desistiu do projeto. No ano seguinte, PUF e Payot criaram uma sociedade especial para a publicação das OCF-P. Em 1987, quando Payot abandonou o projeto, Pierre Angoulvent, então presidente da PUF, decidiu continuar sozinho a empreitada. Um projeto arriscado que, além das dificuldades editoriais, apresentava-se carregado dos numerosos conflitos ideológicos, pessoais e institucionais da psicanálise francesa, acumulados ao longo de décadas.

Entretanto, é importante lembrar que essas dificuldades e os confrontos característicos do universo psicanalítico francês também resultaram em um profundo conhecimento da obra de Freud, e em uma significativa produção própria da parte dos psicanalistas, formando um corpo de conhecimentos que beneficiou os tradutores das OCF-P.

As Obras Completas *e o método de tradução*

Foi esse o contexto no qual André Bourguignon, Jean Laplanche e Pierre Cotet, diretores editoriais das *Obras Completas* francesas, desenvolveram um trabalho de tradução que buscou superar a mera questão linguística, propondo uma edição histórica e crítica, em um "francês freudiano", de forma que qualquer leitor, psicanalista ou leigo, pudesse se situar diante do texto francês da mesma forma que o leitor alemão podia fazê-lo com o texto original de Freud.

O objetivo da tradução era não apenas alcançar a precisão técnica, mas também induzir a uma metodologia que encontrasse ressonâncias na própria teoria psicanalítica. Laplanche considerava os dois movimentos indissociáveis. Ele desenvolveu suas concepções a partir de ambos, propondo novas bases para uma "teoria da tradução". Foi essa a teoria que se constituiu como o enquadre de trabalho das diversas equipes que participam do projeto das OCF-P.

O interesse de Laplanche pela tradução sempre foi, ao mesmo tempo, prático e teórico. Em 1988, por mais de 25 anos Laplanche já trabalhava os textos freudianos como tradutor, tendo participado de quase todos os projetos de elaboração das OCF-P. Seu interesse teórico era uma consequência natural de seu trabalho de tradução e dos dilemas por ele encontrados diante dos conceitos e do estilo peculiar da escrita freudiana.

Laplanche (1992) afirma existir uma teoria "tradutiva" imanente na obra freudiana, sob a forma de um modelo de "constituição e de demolição". Ele cita o exemplo dos modelos da constituição do recalcamento e do aparelho psíquico. Comentando uma carta de Freud a Fliess de 6 de dezembro de 1896, Laplanche aponta que Freud compara a evolução do aparelho psíquico a uma série de inscrições sucessivas, de forma que cada uma traduz a precedente em um idioma diferente, e assimila o processo do recalcamento a uma "recusa" de tradução.

Para Laplanche, a questão da pulsão (*Trieb*) é implícita à tradução, o que nos permite reconhecer uma pulsão a traduzir, um prazer de traduzir e um desejo de traduzir. Assim, podemos encontrar três vetores fundamentais do movimento tradutivo: A) aquilo que nos incita a traduzir; B) aquilo que, em nós, incita a se traduzir; e, finalmente, C) aquilo que na obra incita a ser traduzido. A pulsão é a força motriz desses movimentos.

No campo das teorias da tradução propriamente ditas, Laplanche encontrou em Antoine Berman e André Chouraqui duas concepções que se aproximam bastante de suas próprias elaborações.

Berman (1984) retraça uma retrospectiva interessante das abordagens alemãs quanto à tradução. Contrariamente à ideia – bastante difundida – de que o alemão sempre foi considerado como uma língua dominante, ele defende que, desde o século XVIII, e principalmente a partir do fim do século XIX, o alemão foi uma língua que procurava ser colonizada, a partir do contato com outras línguas.

O latim na época romana e, atualmente, o inglês são paradigmas de línguas colonizadoras, imperialistas, que buscam impor seus conceitos e sua cultura. Os árabes, durante sua Época de Ouro (séculos XIII a XV), traduziram praticamente todos os textos existentes nas regiões que dominaram, porém, literalmente, queimavam os textos originais.

As ideias de colonização e domínio contrastam com as posições de Berman (1984) quanto ao movimento interno de uma língua. Seu livro, *A prova do estrangeiro*, era considerado por Laplanche como um elemento decisivo para a compreensão de qualquer obra, e para a realização de qualquer projeto de tradução. Segundo Berman, é justamente por meio do contato com uma língua estrangeira, com um pensamento estrangeiro, apesar de todas as dificuldades que dele decorrem, que se produz o enriquecimento de uma língua e de suas opções culturais.

Por sua vez, Chouraqui (1984) propiciou a Laplanche um paradigma para o trabalho concreto de tradução. Sendo um especialista na tradução da Bíblia, ele utilizava em seu trabalho todas as versões e traduções conhecidas: o original hebraico, a tradução grega, as versões latinas, incluindo o Novo Testamento, e muitas outras. A Bíblia é por ele considerada um "Universo" do qual fazem parte todos esses elementos.

Segundo Chouraqui, as diferentes traduções da Bíblia em francês são, em sua maioria, etnocêntricas, buscam a "francisação" do texto e não levam em conta justamente aquele universo. De maneira geral, pode-se dizer que essa tendência é predominante, não apenas para a tradução da Bíblia, mas também encontrada na maior parte das obras traduzidas para o francês.

Chouraqui afirma que a maior dificuldade do trabalho de tradução consiste em se liberar dos hábitos adquiridos. Assim, num primeiro momento desse trabalho, é necessário realizar uma "raspagem" do texto para remover os estratos impostos pela História e tentar encontrar o original. Essa raspagem deve se realizar em três níveis: *sintático*, *semântico* e *intermediário*, não apenas no texto, mas também em todas as traduções existentes e, ainda, na própria língua do tradutor.

A raspagem sintática implica que, inclusive, a ordem das palavras, a simples construção das frases devem ser revistas em função do texto original, sem se contentar com equivalências que são normalmente utilizadas. A raspagem semântica obriga uma pesquisa etimológica minuciosa, uma compreensão da rede de conceitos e as articulações de seus diferentes significados. Entre as duas, a raspagem intermediária tenta viabilizar a transição entre as formas verbais das diversas línguas (os tempos e modos, por exemplo) que poucas vezes correspondem. Um aspecto frequentemente negligenciado, mas que implica grandes problemas de tradução.

Chouraqui defende ainda o total respeito às dificuldades e aspectos obscuros dos originais. Mesmo que sua manutenção na tradução conduza inevitavelmente a um texto mais difícil, essa característica acaba se transformando no principal atrativo da tradução, refletindo com precisão a cartografia, as luzes e as sombras criadas pelo autor.

Segundo Laplanche, são esses os principais procedimentos que podem propiciar uma tradução "não etnocêntrica", a mais característica da visão germânica.

Quanto à terminologia, Chouraqui (1984) é fiel ao princípio da homogeneidade do vocabulário. O sentido de uma palavra é um critério secundário. A tradução é realizada não apenas frase por frase, mas também palavra por palavra, de forma que seja criada uma espécie de "uso exclusivo" de um determinado termo.

Chouraqui surpreende com sua flexibilidade quanto aos neologismos. A riqueza de uma língua nem sempre pode ser traduzida por meio de um vocabulário estrito. Existem palavras que expressam ideias que não encontram correspondência em uma palavra de outra língua. É neste momento que o neologismo se faz necessário. O que define a qualidade de uma tradução é, frequentemente, a possibilidade de encontrar nela a palavra que possui as mesmas ressonâncias que a palavra original correspondente.

Laplanche considerava a metodologia de Chouraqui exemplar para conceber a tradução da obra freudiana. A tradução deveria ser realizada de forma construtiva e, ao mesmo tempo, regressiva, o que equivale, no nível do aparelho psíquico e do método psicanalítico, a uma desconstrução, seguida de uma reconstrução, por meio da interpretação. Essas concepções, originadas na operação de raspagem, fundam uma atitude de espírito fundamental para o trabalho de tradução: o movimento da "destradução".

Tempo, poesia e conflitos

Neste sentido, nas *Obras Completas* de Freud em francês, os textos foram traduzidos em sua integralidade, respeitando três etapas fundamentais: o *tempo sintático* – que restitui a estrutura das frases –, o *tempo lexical* – que exprime a autonomia do vocabulário – e o *tempo estilístico* – que garante a fidelidade ao temperamento do escritor.

A edição francesa procurou ainda estabelecer uma unidade da terminologia freudiana, por meio de um "Glossário de termos freudianos". O *Vocabulário da psicanálise*, editado juntamente com Pontalis em 1967, foi para Laplanche o passo inicial nesta direção (Laplanche & Pontalis, 1967).

Uma das principais orientações da coleção – a que provocou os maiores protestos – é apresentar uma versão não interpretativa do texto freudiano, recuperando rigorosamente os sentidos correspondentes aos termos alemães originais, e não aqueles que foram frutos de desenvolvimentos teóricos de outros psicanalistas em outras línguas. Por exemplo, *Seele*, normalmente traduzido em francês por *psychisme* (psiquismo), é traduzido por *âme* (alma); para *Phantasie*, normalmente vertido como *fantasme* (fantasma), é utilizado, nas OCF-P, *fantaisie* (fantasia).

Uma dificuldade significativa para a tradução do texto freudiano é o recurso frequentemente utilizado por Freud de atribuir ao vocabulário comum um caráter científico particular. Muitos dos conceitos por ele criados são expressos por verbos substantivados ou por palavras compostas, cuja relação nem sempre é possível ser estabelecida em outras línguas.

Segundo o espírito proposto por Chouraqui, nas OCF-P, os neologismos tentam dar conta dessa dificuldade, apresentando na tradução o movimento e as nuances implícitas em alguns termos utilizados por Freud. Essa orientação provocou alguns arrepios nos membros da Academia Francesa, por exemplo, *désaide* (*Hilflosigkeit*, literalmente "desajuda") para expressar o desamparo; *désirance* (*Sehnsucht*, "desejança"); *refusement* (*Versagung*, "recusamento") em vez de *frustration*, e muitos outros. Curiosamente, alguns desses termos são encontrados nas formas arcaicas do francês. Usado efetivamente como último recurso, o neologismo na tradução é também, segundo Laplanche, um modelo privilegiado para conceber o processo de sublimação.

Todos esses métodos e critérios podem criar a impressão de uma tradução rígida e praticamente automática, porém, para Laplanche, esses cuidados propiciam, ao contrário, uma tradução absolutamente poética.

Não se trata, porém, de uma poesia cosmética, do mero embelezamento de palavras, da transformação do estilo de um trecho árido em algo requintado e mais bonito. A poesia consiste na fidelidade ao espírito da obra e de seu autor, no momento de sua escrita, e também na possibilidade de confrontar e superar os sentimentos ambivalentes que surgem, naturalmente, em qualquer pessoa diante de uma criação do porte da obra freudiana. A meu ver, essa visão permite melhor compreender a natureza do trabalho de tradução e as reações polêmicas que as OCF-P sempre provocaram, desde seus primeiros títulos.

Se tentarmos penetrar na alma deste complexo personagem que é o tradutor, não podemos deixar de enxergar seus lados mais sombrios. Poderíamos tentar observar como se estruturam as forças pulsionais que o impelem à tradução e a natureza de seu desejo de traduzir. As motivações do tradutor e suas atitudes afetivas diante da obra são uma das questões menos discutidas do processo de tradução, apesar de serem um elemento determinante de seus resultados.

Essas questões são atravessadas pelo turbilhão narcísico provocado desde o primeiro olhar do tradutor sobre o texto a ser traduzido, vivido na opção por cada termo, sentido como feridas dolorosas, incrementadas diante dos desafios das passagens mais difíceis, às vezes intraduzíveis, que o colocam em posições difíceis de serem suportadas. Por melhor que seja seu trabalho, ele sempre aparecerá em segundo plano, será menos lembrado, forçosamente registrado em fontes menores que as do autor. Todas essas questões também fazem reverberar seus meandros edípicos: como ficar impassível diante da primazia e da originalidade do autor-pai?

Em meio a todos esses conflitos, são decididos os destinos de uma tradução: a destruição, a traição, a submissão à palavra, ao espírito, à figura do autor-pai, ou, ainda, o reconhecimento, a identificação, a gratidão para com sua escrita, com sua obra e seu legado, entre tantas possibilidades. Afinal, a relação autor/tradutor talvez seja aquela que melhor pode personificar a própria essência de conflitos tão "complexos". O pai pode ter a primazia, a inspiração inicial, o poder... mas não todo o poder. Porém se, justamente, o filho tem aquele poder que falta ao pai – o conhecimento de outra língua –, pode colocá-lo à disposição deste para retribuir ao pai uma parte daquilo que este lhe propiciou ou, ao contrário, recusá-lo ou subvertê-lo como retaliação pelo que, supostamente, ele deixou de lhe legar. Na obra traduzida, pai e filho podem, ou não, reconciliar-se sob um título comum.

Por outro lado, entre os tradutores-filhos, também emergem conflitos ligados à rivalidade, ao ciúme, à primazia, à fidelidade à palavra fundadora do pai, sobretudo quando proliferam diferentes traduções da obra, como há muito era o caso na França, e como passou a ocorrer ainda mais intensamente a partir da passagem dos escritos freudianos para o domínio público.[5]

A inveja é um combustível poderoso de todos esses processos que marcam a relação ambivalente entre o tradutor e o autor, mas sua força destrutiva, uma vez elaborada, pode se transformar em uma importante fonte de energia para o trabalho de reparação e de (re)construção.

---

5 Ver as implicações dessa questão a seguir, na seção "Trinta anos depois... pós-escrito".

Todas essas dinâmicas oferecem, também, elementos importantes para compreender muitas das reações explosivas até hoje provocadas pelas traduções das *Obras Completas* de Freud em francês, mas também em outras línguas.

Na França, as principais críticas provieram, como era de se esperar, dos diversos grupos psicanalíticos. Um projeto que, pela primeira vez depois de décadas, propunha-se a traduzir novamente praticamente toda a obra freudiana não poderia ter passado desapercebido. Sobretudo ao optar por uma tradução não interpretativa do texto e por uma total liberdade com relação a todas as correntes ideológicas da psicanálise. Ao longo dos quase trinta anos que foram necessários para a conclusão da tradução das OCF-P, as opções metodológicas e as posições da equipe de tradutores foram sempre duramente atacadas, com a principal alegação de que elas conduzem a uma tradução a-histórica.

Elisabeth Roudinesco (2010), uma das principais críticas, afirma que as OCF-P são "uma formidável empresa de deslacanisação". Desde o lançamento dos primeiros volumes, ela já acusava Laplanche e a equipe de tradução de evacuar todo o desenvolvimento das teorias do desejo e do fantasma destiladas por Lacan do próprio texto freudiano, ao optar por diferentes traduções para os termos correlatos de *Wunsch* (*souhait*, *désir*, *désirance* etc.) e preferir o termo "fantasia" em vez de "fantasma".

Na época do lançamento, Catherine David criticou o abuso da utilização dos neologismos e a reformulação das antigas traduções, que resultaram em um texto "artificial". Outros psicanalistas consideraram ainda que as mudanças introduzidas pelas novas traduções foram além do que seria necessário. Provocador e satisfeito, Laplanche descreveu as OCF-P como uma "bomba tranquila" no seio da psicanálise francesa. Porém, ainda assim, uma bomba...

Apesar de afinadas com o espírito cartesiano, criticas metodológicas e polêmicas teóricas e institucionais como essas encobrem, quase sempre, afetos e questões de poder, também presentes.

A tentativa de restabelecer o texto freudiano em francês da maneira mais próxima possível ao texto alemão representou, de certa forma, um verdadeiro "retorno do originário", que revelou, aparentemente, uma situação pouco suportada pela psicanálise francesa. Na multiplicidade ideológica, teórica e de associação do panorama psicanalítico naquele país, ela foi, e continua sendo, vítima dos vieses de sua rede institucional, muitas vezes incapaz de observação sem os aparatos óticos e auditivos de cada escola, de cada grupo, de cada transferência. Em meio a interesses conflitantes, lutas de poder, busca por espaços de influência, a "abstinência" e a "atenção livremente flutuante" preconizadas para a escuta psicanalítica tornam-se impossíveis.

Acostumadas às suas próprias exigências técnicas, modelos e palavras, as escolas e alguns de seus membros não conseguem, talvez, distinguir entre "retorno" e "ressurreição", nem compreender que o eclipsamento do Pai não é condição obrigatória para que a obra de seus filhos possa aparecer.

O ressurgimento da palavra original de Freud, sem as modulações e deslocamentos gradualmente impostos por seus sucessores, representou (e continua a representar), para muitos psicanalistas, uma ameaça de perda de privilégios, de primazias e de controle. Porém, em francês ou em qualquer língua, Freud "maquiado" muitas vezes deixa de ser Freud para tornar-se marionete, boneco de ventríloquos. Basta observar o que ocorreu de forma flagrante com a psicanálise nos Estados Unidos, mas que, apesar de toda a tradição da psicanálise francesa, de forma infinitamente mais sutil, também ocorreu na França.

A psicanálise brasileira poderia adotar a cômoda posição de mera observadora de tais querelas, alegando nada ter a ver com elas. Uma atitude até recentemente encontrada em certos grupos. Porém, tais conflitos sempre lhe disseram diretamente respeito. Basta lembrar que, até meados dos anos 1990, ela suportou, de forma exclusiva, uma tradução "colonizada" de Freud: a Edição Standard das *Obras Completas* em português foi traduzida do inglês, e não do alemão, uma tradução de uma tradução, portanto. Mesmo que vários projetos de tradução do alemão estejam em curso atualmente,[6] de nada adiantaria realizá-lo mantendo a ideologia tradutiva que inspirou a *Standard Edition* inglesa, ou sua correspondente tradução brasileira.

Um método de tradução como o empregado pela equipe de tradutores das OCF-P, que, de certa forma, tomou como paradigma o procedimento socrático da *docta ignorantia*, não deixa de ser ameaçador para todos aqueles – franceses, ingleses ou brasileiros – para quem as teorias servem mais como instrumento de proteção do que de descoberta. Diante dos dilemas da tradução, as OCF-P lançaram um desafio que, se aceito, pode nos propiciar conviver com a verdadeira "fantasia" de Freud em vez de nos sentirmos constantemente ameaçados por seus "fantasmas".

* * *

Trinta anos depois... pós-escrito

Exatos 31 anos se passaram entre os primeiros encontros da equipe de tradução, em 1984, e o lançamento do último volume das *Obras Completas* de Freud em francês. Ao longo desse período, o tempo de uma geração, Jean Laplanche (diretor científico), André

---

6 Ver a seguir a seção "Trinta anos depois... pós-escrito".

Bourguignon, Pierre Cotet (diretor editorial), François Robert (especialista da terminologia), Alain Rauzy (aparelho crítico e notas) e Janine Altounian (harmonização dos textos) coordenaram uma equipe de 48 tradutores, que se confrontou semanalmente com nuances, desafios e particularidades do texto freudiano, em especial com a dificuldade de transpor para outro idioma a "língua de Freud", a descrição e a escrita referida aos fenômenos e processos inconscientes.

Em novembro de 2015, no encontro comemorativo da publicação do volume I (*Primeiros textos 1886-1893*), que finalizava a tradução dos textos, Janine Altounian descreveu o clima de trabalho do grupo:

> *Nessa "família" . . ., com quem convivi por cerca de 30 anos, três vezes por semana, vivia-se o prazer muito raro de trabalhar juntos . . .: cada um de nós compartilhava com os colegas, que se tornaram amigos, um trabalho de pensamento em torno de um texto fundador que, apesar das particularidades do modo de investimento da língua alemã e do estilo de Freud, acabava produzindo uma elaboração conjunta consensual. Essa atividade compartilhada intensificava o prazer de acompanhar e compreender o pensamento do texto.*
>
> *. . . como em qualquer família, havia também, é claro, tempos difíceis, conflitantes e muitas vezes compreendi que a função de harmonização [da terminologia], que me havia sido atribuída, não era apenas exercida sobre as traduções. . . . Como em qualquer empreendimento familiar, . . . era natural que os trabalhos deveriam ser concluídos a qualquer custo, apesar [de] perdas dolorosas [J. Laplanche, entre elas]. Perdas que poderiam*

> *ter nos detido, porque cada um tinha um papel vital no funcionamento [desta] empreitada. (Altounian, 2015, p. 1, tradução minha)*

O intenso investimento de Laplanche no processo de tradução tornaram-no um elemento central de mediação, de emulação e de estímulo para a "comunidade de trabalho" (François Robert) em que se constituiu a equipe de tradução. Reunidos em torno dele, os manuscritos e as traduções eram lidos e discutidos, acompanhadas pelos comentários de Laplanche,

> *. . . que manifestava claramente seu prazer em se confrontar às palavras de um texto primordial. . . . Quando surgia alguma discordância . . . ele aguardava com firmeza a argumentação de seu contraditor pois as objeções, pertinentes ou não, eram para ele um estímulo, uma oportunidade de melhor apresentar todas as incidências especulativas da elaboração freudiana. Como investigador do verbo freudiano, apaixonadamente atento, ele avançava sob nossos olhares e conosco, de um passo lento, linha por linha, pelas pistas do texto, para explorar combativamente suas implicações. O viticultor que nele habitava ponderava cuidadosamente e com evidente alegria a pertinência de uma certa opção lexical ou inovação conceitual. Sua exigência meticulosa . . . inspirava . . . o sentimento de que todo pensamento e, principalmente, aquele dedicado ao pai fundador da psicanálise era um bem essencial altamente precioso para a vida. A transferência "paterna" que ele fazia nascer em mim, bem como em seus alunos, era na realidade uma transferência a Freud, do qual ele se tornava o mediador em uma triangulação*

> *particular. Seu trabalho com o texto instaurador do inconsciente dispensava, como toda hermenêutica, uma lição de vida conquanto que esta só faz sentido se ela visa a transcendência, a* Geistigkeit *[espírito] freudiana. (Altounian, 2015, p. 2, tradução minha)*

Apesar de aposentado de suas funções clínicas e didáticas, ainda aos 85 anos, Laplanche, um dos principais idealizadores do projeto, continuou a acompanhá-lo, por meio de reuniões de trabalho por videoconferência, de sua vinícola em Pommard (Borgonha). Falecido em 2012, não presenciou sua conclusão. Em 2009, para assegurar a continuidade de seu projeto de tradução e pesquisa em psicanálise, ele criou, em associação com o Institut de France, a Fundação Jean Laplanche – Novos Fundamentos para a Psicanálise, com o objetivo de "contribuir ao desenvolvimento da psicanálise na França e no exterior, segundo o espírito que inspirou a vida científica de seu fundador".

Em colaboração com a equipe de tradutores, a Fundação participou das etapas finais do projeto editorial das *Obras Completas* de Freud em francês. Complementando os vinte volumes com textos de Freud, o volume XXI apresenta um índice de toda a coleção, e o XXII, um glossário crítico da "língua freudiana" que amplia e aprofunda o primeiro glossário, *Traduire Freud*, publicado por ocasião do lançamento das OCF-P em 1989 (Bourguignon, Cotet, Laplanche & Robert, 1989). Esse glossário integra também a terminologia utilizada em outras traduções, anteriores à OCF-P, colocando em perspectiva histórica e conceitual as dificuldades e os desdobramentos das traduções no contexto do pensamento psicanalítico francês.

As críticas e a passagem para o domínio público

Apesar da magnitude e do ineditismo de reunir em uma única coleção todos os textos psicanalíticos de Freud em francês, ao longo de todo o projeto e mesmo após a sua conclusão, as orientações adotadas pelos tradutores foram e continuam sendo criticadas por historiadores, psicanalistas e filólogos. Como vimos, Roudinesco, desde o início, fustigou o espírito "germânico" da equipe de tradução francesa, marcado por um retorno a um arcaísmo do texto de Freud, que resultou em uma "versão patológica da obra freudiana" (Roudinesco, 2010). As opções editoriais da equipe – privilegiar o espírito e a "língua de Freud" – implicaram o retorno a um classicismo e a recusa de conceitos marcados por interpretações e desenvolvimentos teóricos de psicanalistas pós-freudianos. Segundo ela, ao buscar a proximidade com a escrita de Freud, os neologismos e as formulações de frase tornam muitas vezes o texto francês impossível de ser lido.

Por sua vez, Jacques Le Rider reconhece a enorme contribuição da tradução das OCF-P, o avanço que ela propiciou para a filologia freudiana, a unificação dos textos e "a genial invenção de um sentido" para a palavra freudiana. Porém, ele afirma que esse sentido não pode ser único e exclusivo, acusando Laplanche e a equipe de tradutores de "hipotecar a tradução [pois] uma tradução verdadeiramente bem-sucedida deveria permanecer aberta a todas as interpretações possíveis" (Le Rider, 2002, p. 12). Segundo Le Rider, as orientações e a disciplina "absurda" (*sic*) autoimposta por eles impedem que "essa edição seja considerada como definitiva. As traduções [francesas] anteriores . . . [permanecem] indispensáveis àqueles que não podem utilizar o texto original alemão" (p. 13). Ele espera que a discussão sobre diferentes traduções "sem estratégias de autoridade e limitações criadas pelos direitos autorais" possa colocá-las verdadeiramente a serviço da interpretação da teoria freudiana e do estabelecimento de uma "história das traduções... um dos grandes canteiros futuros da história da psicanálise" (p. 14).

Por razões como essas, muitos autores comemoraram quando, em 2010, setenta anos após a morte de Freud, sua obra tornou-se de "domínio público", um "bem não passível de apropriação particular". Essa condição passou a permitir novas traduções, não apenas na França, mas em todo o mundo. Roudinesco (2010), em especial, considerou esse acontecimento como um "momento de alegria e liberdade".

Laplanche nunca se perturbou, nem com as críticas, nem com a passagem para o domínio público. Ele considerava que mesmo antes de 2010, em virtude das diferentes traduções e edições existentes, a obra freudiana já era *de fato* de "domínio público". E respondia às críticas justificando as opções de tradução das OCF-P como uma tentativa de transmitir fielmente ao leitor a diversidade dos estilos que coabitam no texto de Freud, desde o dos grandes romancistas alemães, passando pela escrita jornalística, até formulações incompreensíveis, desconcertantes para o leitor. Unificar o estilo da tradução de forma a simplificá-la e aproximá-la da linguagem comum, apagando ambiguidades e elementos enigmáticos, presentes no original alemão, buscando poupar o leitor do incômodo e de aspectos intrigantes da própria obra resultaria, segundo Laplanche, em uma tradução artificial e inexata.

As traduções brasileiras

Na maior parte dos quase sessenta idiomas em que foram publicados, inclusive no Brasil, os textos de Freud não foram traduzidos do original alemão, e sim da tradução inglesa, principalmente da *Standard Edition*, coordenada por J. Strachey e publicada entre 1943 e 1974. Apesar de reconhecidamente bem cuidada e elogiada do ponto de vista editorial, especialmente em função das "notas do editor inglês" que contextualizam e comentam o texto freudiano, ela sempre foi motivo de controvérsias lexicais e até mesmo políticas, em função da influência de Ernest Jones em muitas escolhas terminológicas (id, ego, superego em vez de isso, eu e supereu, para nomear as instâncias psíquicas; catexia para traduzir investimento; instinto em vez de pulsão, para *Trieb* etc.).

Marilene Carone foi uma das primeiras a criticar abertamente a tradução do inglês das *Obras Completas* de Freud em português, qualificando-a como "selvagem" (Carone, 1985), promovendo um movimento com vistas à tradução direta do original alemão para o português.[7] A Sociedade Brasileira de Psicanálise de São Paulo promoveu ao longo de alguns anos um seminário mensal sobre a tradução de Freud do alemão, da qual participavam psicanalistas e profissionais ligados à tradução na área literária, germanistas, filósofos etc. Dele participaram Paulo César de Souza e Luiz Alberto Hanns, os primeiros a empreender projetos que ambicionavam a edição de toda a obra freudiana a partir dessa perspectiva (Souza, 1999; Hanns, 1996), e Osmyr Faria Gabbi Jr., que publicou uma tradução do *Projeto de psicologia* (Gabbi Jr., 2003). Quinze traduções de Souza foram publicadas no *Jornal de Psicanálise*, da SBPSP (Menezes, 2016).

A partir de uma pesquisa minuciosa, que resultou no *Dicionário comentado do alemão de Freud*, Hanns (1996) propõe uma tradução pautada pelas estreitas relações semântico-teóricas presentes na obra freudiana. Para ele, um "equívoco de tradução não é não apenas um problema terminológico ou semântico, mas

7 Como aponta Laplanche na entrevista a seguir ("Os postulados da razão tradutora"): "traduzir [Freud a partir de] Strachey é fonte de duas coisas: achatamento e dogmatismo. Pois o que resta de tradução da tradução é o dogma IPA, nada mais que o esqueleto dogmático, a carne desaparece".

também um equívoco teórico e, no limite, clínico" (Ianini, 2013, p. 23). Ele propõe

> *contemplar nexos entre semântica, conteúdo teórico e estilo, [buscando] um texto mais fluido e aclimatado que tivesse para o leitor brasileiro o mesmo grau de facilidade e inteligibilidade que Freud tem no alemão e que, ao mesmo tempo, restaurasse os nexos entre ideias e termos tal como há no alemão. (Hanns, 2013, p. 32)*

Para os interessados nos aspectos técnicos, terminológicos e conceituais, assim como na compreensão das opções adotadas na tradução brasileira, a apresentação do primeiro volume e o corpo de notas de final de capítulo permitem aprofundar essa compreensão. Até o momento da escrita deste trabalho, haviam sido editados pela Imago três volumes de traduções das *Obras Completas* realizados por Hanns.

Por sua vez, a partir de suas concepções, descritas em *As palavras de Freud* (Souza, 1999), Paulo César de Souza se propôs a uma nova tradução dos vinte volumes das *Obras Completas* em alemão, mais interessado em Freud como escritor. Segundo Ianini, a grande "capacidade de recriação literária" de Souza conferiu ao texto freudiano em português "fluidez e elegância antes imperceptíveis ao leitor brasileiro, [porém] acabou prolongando o tão mal afamado exercício de leitura substitutiva" (Ianini, 2013, p. 22).

Comparando a tradução de Hanns com a de Souza, Tavares (2013) destaca que o primeiro, próximo à clínica, se pauta pelo rigor quanto à terminologia metapsicológica e pela consideração das tradições de leitura, tomando uma certa liberdade quanto à "retextualização", visando permitir ao leitor evitar algumas das armadilhas encontradas nos textos freudianos. Por outro lado, Souza opta por uma tradução mais orientada para uma vertente literária, "sintaticamente mais próxima do texto-fonte", sem se ater, e às vezes mesmo ignorando, questões e debates em torno dos conceitos psicanalíticos. Ao optar pela proximidade com o "escritor" e não com o "psicanalista" Freud, a tradução de Souza resulta em uma edição de leitura mais agradável.

Com a passagem da obra de Freud para o domínio público, também no Brasil, vários autores e editoras se lançaram na produção de novas traduções, edições e coleções. Sem a intenção de editar a totalidade da obra freudiana, a L&PM convidou Renato Zwick – tradutor de Nietzsche, Rilke e Thomas Mann – para realizar novas traduções dos textos "sociológicos" de Freud, como *O futuro de uma ilusão* e *O mal-estar na cultura*, de forma independente e em formato de bolso. A editora Cosac Naify publicou a consagrada tradução Marilene Carone de *Luto e melancolia*, com o texto de Freud acompanhado de ensaios de Modesto Carone, Maria Rita Kehl e Urania Tourinho Peres comentando tanto o trabalho de Freud como as posições de Marilene quanto à tradução (Freud, 1917/2012).

Há anos dedicado à pesquisa sobre a obra freudiana e suas traduções brasileiras, Pedro Heliodoro Tavares (2011), psicanalista e germanista, destaca a complexidade da tradução de Freud, uma vez que "do texto de Freud, se traduz também o substrato teórico que sustenta uma prática clínica amparada nas capacidades representacionais e transformadoras da palavra" (Ianini, 2013). Juntamente com Gilson Iannini, psicanalista e filósofo, ele coordena uma equipe multidisciplinar de tradutores composta por profissionais de diversas áreas, como psicanálise, letras e filosofia, que empreende a tradução das *Obras incompletas de Sigmund Freud*, publicada pela editora Autêntica. Essa coleção propõe não apenas uma nova tradução, mas também uma nova maneira de organizar e de tratar os textos freudianos, como alguns volumes bilíngues, incluindo também textos considerados “pré-psicanalíticos”, como o *Estudo sobre as afasias*, de 1891.

Segundo Tavares, “é fundamental . . . proceder à ‘escuta do texto’ para que alguém possa desse autor se tornar ‘intérprete’”. Discutindo a perspectiva de novas traduções que se abriram quando da passagem para o domínio público, ele aponta que “as novas traduções poderão tanto lançar a paralisante maldição babélica entre os freudianos, como convidá-los a seguir adiante, refletindo seriamente sobre as diferenças nas repetições” (Tavares, 2013, p. 29).

Constatamos assim que, apesar de todas as tentativas de tradução, harmonização e superação, mesmo depois de trinta anos, na verdade bem mais do que isso, a palavra, o pensamento e as fantasias de Freud, em qualquer língua, continuam a desafiar, com seus dilemas, cada psicanalista a construir seu próprio idioma.

Referências

Altounian J. (2003). *L’écriture de Freud. Traversée traumatique et traduction.* Paris: PUF.

Altounian J. (2015). Discours - Achèvement OCF-P - Janine Altounian. Recuperado de https://www.puf.com/sites/default/files/kcfinder/files/Discours%20-%20Ach%C3%A9vement%20OCF-P%20%20Janine%20Altounian%281%29.pdf

Berman, A. (1984). *L’épreuve de l’étranger: culture et tradition dans l’Allemagne romantique*. Paris: Gallimard.

Bourguignon, A., Cotet, P., Laplanche, J., & Robert, F. A. (1989). *Traduire Freud.* Paris: PUF.

Carone, M. (1985, 21 de abril). Freud em português: uma tradução selvagem. *Folha de S.Paulo*, caderno Folhetim, 3-4.

Chouraqui, A. (1984). *L'univers de la Bible* (6 Vols.). Paris: Lidis.

Febrapsi. (2019). Porque a regulamentação ameaça a psicanálise. Recuperado de https://www.febrapsi.org/quem-somos/articulacao/

Freud, S. (1913). O interesse científico da psicanálise. In *Edição Standard Brasileira das Obras Psicológicas Completas de Sigmund Freud* (Vol. XIII). Rio de Janeiro: Imago, 1980.

Freud, S. (1917). *Luto e melancolia* (Marilene Carone, trad.). São Paulo: Cosac Naify, 2012.

Gabbi Jr., O. F. (2003). *Notas a projeto de uma psicologia: as origens utilitaristas da psicanálise.* Rio de Janeiro: Imago, 2003.

Hanns, L. (1996). *Dicionário comentado do alemão de Freud.* Rio de Janeiro: Imago.

Hanns, L. (2013, julho). Tradução frustrada. *Cult, 181*, 30-32.

Ianini, G. (2013, julho). A língua de Freud e a nossa. *Cult, 181*, 21-25.

Laplanche, J. (1987). *Novos fundamentos para a psicanálise.* São Paulo: Martins Fontes, 1992.

Laplanche J., & Pontalis, J.-B. (1967). *Vocabulário de psicanálise.* São Paulo: Martins Fontes, 2016.

Le Rider J. (2002). Les traducteurs de Freud à l'épreuve de l'étranger. *Essaim, 2002/1*(9), 5-14.

Menezes, L. C. (2016, junho). 1991: Menezes/Laplanche. *Jornal de Psicanálise, 49*(90), 79-95.

Roudinesco, E. (1988). *História da psicanálise na França. A batalha dos cem anos. Vol. 2: 1925-1985*. Rio de Janeiro: Jorge Zahar Editor.

Roudinesco, E. (2010, 7 de janeiro). Freud, une passion publique. *Le Monde*. Recuperado de https://www.lemonde.fr/livres/article/2010/01/07/freud-une-passion-publique_1288464_3260.html

Singer, A. (2000, 20 de setembro). Brasileiros chegam à maioridade do freudismo. *Folha de S.Paulo*. Recuperado de https://www1.folha.uol.com.br/fsp/ilustrad/fq2909200019.htm

Souza, P. C. (1999). *As palavras de Freud*. São Paulo: Ática.

Tavares, P. H. (2011). *Versões de Freud*. São Paulo: 7Letras.

Tavares, P. H. (2013, julho) "Esperando Freud" ou "Psicanalistas em busca de um autor". *Cult*, *181*, 26-29.

Telles, S. (2010, 13 de fevereiro). Sigmund Freud, autor em domínio público. *O Estado de S. Paulo*. Recuperado de http://www.estadao.com.br/noticias/geral,sigmund-freud-autor-em-dominio-publico,511008

Verdo, Y. (2019, 20 de setembro). Quelle place pour la psychanalyse en France? *Les Echos.fr*. Recuperado de https://weekend.lesechos.fr/business-story/enquetes/0601895506885-quelle-place-pour-la-psychanalyse-en-france-2293248.php

11. Os postulados da razão tradutora

Entrevista com Jean Laplanche[1]

Foi surpreendente o atraso com que a França recebeu, em 1988, o lançamento do primeiro volume das *Obras Completas* de Freud em francês. Mais de um século depois dos estudos de Freud em Paris com Charcot, cinquenta anos após sua morte em Londres, a publicação tardia reavivou antigas polêmicas nos meios psicanalíticos, enquanto suas concepções editoriais despertaram calorosas discussões nos meios literários.[2] Jean Laplanche foi, entre outros, um dos que mais se dedicaram à concretização desse projeto. Psicanalista, professor e tradutor de Freud, ele é conhecido sobretudo pela autoria, juntamente com J.-B. Pontalis, do *Vocabulário da psicanálise* (Laplanche & Pontalis, 1967). Suas reflexões clínicas e teóricas originaram diversas hipóteses originais, entre as quais se destaca a "Teoria da Sedução Generalizada" (Laplanche, 1988), expostas ao longo de várias obras, como nos sete volumes da série Problemáticas (Laplanche, 1980a; 1980b; 1980c; 1981; 1987a;

---

1 Publicado no caderno Folhetim da *Folha de S.Paulo*, 30 julho de 1988, pp. B6-B11. Entrevista realizada em Paris, em março de 1988.

2 Ver anteriormente o artigo "Os dilemas da tradução freudiana".

2006a; 2006b), *Vida e morte em psicanálise* (Laplanche, 1970), *Novos fundamentos para a psicanálise* (Laplanche, 1987b), *Sexual* (Laplanche, 2007), e outras.

Nascido em 1924, Laplanche faleceu em 6 de maio de 2012, mesmo dia do nascimento de Freud. Lutou na Resistência contra o nazismo e participou, após a Libertação, do grupo Socialismo ou Barbárie, fundado em 1948 por Claude Lefort e Cornelius Castoriadis. Discípulo de Jean Hyppolite, um expoente da filosofia francesa, obteve, sob sua orientação, a agregação em filosofia na École Normale Supérieure em 1950. Seu percurso voltou-se para a psicanálise no período em que estudava em Harvard, ao encontrar Rudolph Loewenstein, um dos fundadores da Sociedade Psicanalítica de Paris (SPP), que havia sido analista de Lacan e Daniel Lagache.

A análise com Lacan levou Laplanche a cursar a faculdade de Medicina. Foi interno em psiquiatria e defendeu sua tese *Hölderlin e a questão do pai* (Laplanche, 1961), um estudo consagrado sobre a psicose. Quando da ruptura com a Sociedade Psicanalítica de Paris, em 1953, acompanhou Lacan e Lagache na Sociedade Francesa de Psicanálise (SFP). Porém, no Colóquio de Bonneval, em 1960, Laplanche questiona hipóteses caras a Lacan sobre as relações entre o inconsciente e a linguagem, iniciando o afastamento entre os dois. Essa distância ganha uma expressão institucional na crise entre a IPA e a SFP, em 1964, quando, apesar de ter se oposto à expulsão de Lacan da SFP, Laplanche não o acompanha na criação da École Freudienne. Ele permanece na SFP, participando, em seguida, em sua reorganização como Associação Psicanalítica da França (APF), da qual se tornou um dos mais proeminentes analistas.

Com um pensamento original, voltado para a clínica, para formação e para a teoria, Laplanche construiu e passou a ocupar um lugar central tanto no movimento psicanalítico como na transmissão e na pesquisa universitária em psicanálise. Convidado por Lagache para dedicar-se à carreira universitária, ele foi um dos primeiros a se empenhar nessa atividade, na Universidade de Paris VII – René Diderot. Em 2008, com a participação do Institut de France, criou a Fundação Jean Laplanche – Novos Fundamentos para a Psicanálise, com o objetivo de continuar fomentando o debate aberto sobre a psicanálise, que ele sempre considerou fundamental promover, e também o trabalho de tradução e a organização de encontros em torno de sua obra.[3]

Profundo conhecedor da obra freudiana e, por décadas, dedicado à reflexão sobre as questões da tradução em geral, Laplanche vivia uma relação apaixonada com esses temas: revoltava-se contra a permissividade e os deslizes de algumas traduções, buscava o rigor conceitual, manifestava claramente seu prazer diante da compreensão de um conceito enigmático. Paixão e entusiasmos semelhantes que se manifestavam, igualmente, em sua dedicação

---

3 O interesse pelo pensamento de Laplanche é bastante presente na América Latina, e no Brasil em particular. Em 1993, em visita a São Paulo organizada pelo Departamento de Psicanálise do Instituto Sedes Sapientiae, suas conferências reuniram um público de quinhentas pessoas. Na mesma ocasião, realizou encontros com Haroldo de Campos, em torno do tema da tradução e discussões sobre a formação psicanalítica com professores desse departamento e com analistas da SBPSP. Seu pensamento continua frutificando entre nós por intermédio de inúmeros analistas orientados por ele em suas pesquisas de doutorado, como Silvia Bleichmar, cujas hipóteses sobre as origens do sujeito psíquico foram desenvolvidas a partir de sua tese de doutorado com ele (Bleichmar, 1993). No Brasil, periodicamente são realizadas as Jornadas Jean Laplanche, organizadas por ex-orientandos, pesquisadores e estudiosos de sua obra, como Paulo Carvalho Ribeiro, Maria Teresa Melo Carvalho, Marta Rezende Cardoso, Luiz Carlos Tarelho, José Carlos Calich, Kenia Ballvé Behr, entre outros. Desses encontros resultou a criação, em 2019, por alguns deles, do Grupo Jean Laplanche Brasil.

como viticultor, no cultivo das vinhas e na produção de vinhos de excelência em Pommard, na Borgonha.

Em suas aulas e conferências, assim como em conversas particulares, Laplanche sempre criava com seus interlocutores um clima intimista, com sua fala pausada, em voz baixa, passeando com segurança pelas paragens do texto freudiano, tantas vezes visitadas, entusiasmando-se ao perceber um canto inexplorado. Ao referir-se a Freud, utilizava o verbo no presente, significativo indício da presença assídua desse companheiro em suas viagens.

Nelas, a tradução extrapolava as meras questões linguísticas, constituindo-se inclusive como uma importante referência para o trabalho psicanalítico: uma dimensão de temporalidade que propicia um "paradigma para a reflexão do indivíduo sobre seu próprio passado".

Nesta entrevista, realizada em março de 1988, em sua residência, na Rue de Varenne, em Paris, Laplanche comenta sua aventura "teórico-tradutiva" e os dilemas, desafios e prazeres por ele encontrados ao longo dessa empreitada.[4]

RMV: Considerando o antigo interesse pela psicanálise na França e o volume da produção escrita dos psicanalistas franceses, como entender as razões pelas quais inexistia, até 1988, uma coleção com as Obras Completas *de Freud em francês?*

Jean Laplanche: O problema é bastante complexo, e as razões numerosas. Com frequência se fez referência a querelas pessoais, questões de prioridade etc. Eu não creio que seja isso. Antes de tudo é preciso notar que há muito tempo Freud era traduzido, obra

4 Optamos, aqui, por manter os tempos verbais utilizados ao longo da entrevista quando de sua publicação original. O leitor pode ter em mente que o tempo da entrevista é o ano de 1988.

por obra. A introdução de seus textos na França data até mesmo de antes da guerra de 1939. Porém, seus direitos autorais foram logo repartidos entre diversos editores. De imediato, essa situação criou um primeiro problema concreto: não se podia realizar as *Obras Completas* se inexistisse um acordo entre os editores. Isto se constituiu em um obstáculo material, que foi resolvido. Cada editor conservou seus direitos sobre as obras que já possuía, mas além disso cedeu os direitos para uma tradução que foi feita exclusivamente pela Presses Universitaires de France (PUF).

O segundo problema era o das traduções e da evolução destas. Ao final das contas, eu me regozijo que as *Obras Completas* não tenham sido publicadas mais cedo. Os franceses são pessoas querelentas, combativas e racionalistas. O tempo decorrido, de dezenas de anos, para fazer as traduções e para criticá-las foi extremamente fecundo. Por exemplo, um texto como "A negação" (Freud, 1925) foi traduzido quinze ou vinte vezes. Em textos como esse, tão importantes para o pensamento freudiano, os problemas foram tão debatidos que o tradutor contemporâneo se beneficia de todas essas discussões. Ele se beneficia não apenas das discussões sobre Freud e seus textos, mas também de uma reflexão que prossegue e que avança sobre problemas teóricos gerais da tradução. Especificamente, sobre questões relacionadas à tradução de uma "obra de pensamento" (*oeuvre de pensée*) e também à tradução da obra psicanalítica. Isso é bastante problemático. Penso que é bom que tenhamos chegado tarde. Como diz Hegel, "O Pássaro de Minerva [isto é, a sabedoria] só aparece ao cair da noite". Ao final do dia, talvez, tenhamos chegado a algo que seja mais sábio.

"Nossa edição compreende também textos inéditos de Freud"

RMV: De que forma foi planejada a edição das Obras Completas? *Quais os principais objetivos e previsões com relação à publicação?*

Laplanche: Houve um tempo de preparação considerável, que se estendeu por pelo menos cinco anos. O primeiro volume – isto é, o tomo XIII, pois não os publicaremos na ordem – será [foi] lançado, em abril de 1988. Ele contém "O Homem dos Lobos" (Freud, 1918), os textos metapsicológicos (Freud, 1915-1917), inclusive "Neuroses de transferência: uma síntese" (Freud, 1917), e textos gerais como "Considerações atuais sobre a guerra e a morte" (Freud, 1915) – um volume muito importante, pois se situa em pleno centro da obra freudiana. Em seguida deveremos provavelmente publicar o volume correspondente ao tomo III da edição inglesa.

Nossa coleção compreende também vários textos inéditos de Freud, que não constam da *Standard Edition*, que foram publicados em 1987 na Alemanha em um volume único, organizado por Ilse Grubrich-Smitis, assim como fizemos com *Résultats, idées, problèmes* (Freud, 1890-1920; 1921-1938). São fragmentos de textos, conferências ou mesmo artigos até então desconhecidos que aparecerão na tradução francesa em seu contexto cronológico. Eles compreendem o período de 1895 a 1935 e tratam desde a hipnose, as relações com Charcot, até a metapsicologia etc. A totalidade da coleção com cerca de vinte volumes – mais ou menos como a *Standard Edition* – deverá ser publicada a um ritmo de dois a três volumes por ano, o que nos leva a um prazo de uma década para completá-la.[5]

---

5 Na realidade, foram necessários mais de trinta anos para completar a tradução. Ver, anteriormente, a seção "Trinta anos depois... pós-escrito".

RMV: Quais foram os critérios para selecionar a ordem de lançamento?

Laplanche: Existe um duplo critério. O primeiro é a existência de traduções mais acabadas, sobre as quais trabalhamos mais, o outro foi imposto pelos demais editores que lançaram recentemente uma nova tradução de algum texto, de não o publicar antes de dois anos, como é o caso das *Novas traduções* lançadas [na época] pela editora Gallimard, que poderão assim divulgá-las de forma exclusiva neste prazo.

RMV: E quanto à distribuição dos textos em cada volume?

Laplanche: A distribuição é aproximadamente a mesma que a da *Gesammelte Werke* alemã, segundo uma ordem cronológica, considerando um pouco mais a ordem da escrita por Freud.

RMV: Além da questão central da tradução, que teremos oportunidade de aprofundar em seguida, quais são as especificidades das Obras Completas *em francês, que marcam sua diferença em relação às demais* "Obras Completas" *existentes em outras línguas?*

Laplanche: A *Gesammelte Werke* em alemão é uma edição absolutamente não crítica. Atualmente [em 1988] os alemães preparam uma nova edição, desta vez crítica, considerando as diferentes variantes dos textos de Freud, que deverá aparecer dentro de dez anos. Por enquanto eles publicaram uma edição chamada *Studienausgabe*, que é a cópia da *Standard Edition.*

Atualmente [1988, momento da entrevista], a grande edição crítica é a *Standard Edition.* É um trabalho indispensável, principalmente pela remissão de uma passagem a outra, pelas discussões quanto à origem de um conceito etc. Nós não retomamos essa orientação, pois quem se interessar por ela poderá encontrá-la na edição inglesa. O que nós oferecemos é um texto francês, com todas as variantes e também com todas as referências de autores citados por Freud, mesmo algumas passagens não encontradas pela SE, um aspecto quanto ao qual fomos particularmente cuidadosos. Estamos realizando, sobretudo, um trabalho de pesquisa de referências e citações de autores mencionados mais ou menos explicitamente por Freud. Porém não existe um trabalho de correlação, de notas explicativas. Da mesma forma nós quase não incluímos comentários [nos próprios textos] sobre nossa maneira de traduzir. Junto com as *Obras Completas*, será lançado um volume de acompanhamento, discutindo, entre outros, tais aspectos, e isso nos é suficiente. Não indicamos a cada momento nossos "estados de espírito" como tradutores de uma passagem determinada, como é possível encontrar em algumas traduções francesas existentes.

"A dificuldade de uma equipe é que cada um pode traduzir o texto a sua maneira"

RMV: Quanto a este ponto, de que maneira se desenvolve o trabalho de tradução?

Laplanche: Strachey, o tradutor inglês de Freud, era uma impulsão única, alguém que, mesmo com a ajuda de outras pessoas, dedicou-se e sacrificou vários anos de sua existência à tradução de Freud. Isso é notável, admirável, nem que seja por sua dedicação. Pode-se criticar o resultado [da tradução], mas existem também coisas muito boas. Um Strachey francês era impossível. Ninguém se dispunha a sacrificar-se por isso. Eu mesmo tenho uma obra pessoal, não seria o caso de ser eu "o" tradutor de Freud. Eu sou tradutor há bastante tempo, creio que fiz boas traduções, como "Para introduzir o narcisismo" (Freud, 1914) – texto por meio do qual me iniciei na tradução de Freud –, mas não seria o caso de que alguém fosse o Strachey francês. Portanto, era necessário substituir Strachey por uma equipe. Mas ao mesmo tempo era preciso conservar a vantagem de Strachey, ou seja, ter uma só inspiração. Pois o inconveniente de uma equipe é que cada um pode traduzir à sua maneira, e nós queríamos e queremos que as traduções sejam homogêneas do princípio ao fim, dando a impressão de um único tradutor. Assim, a liberdade do tradutor é bastante restrita.

Mais de cem pessoas estão envolvidas com o projeto de tradução das *Obras Completas* em francês. Para atingir nossos objetivos, a equipe de tradução é constituída na forma de uma pirâmide. Na base, se encontram pequenas equipes de tradutores, de duas a três pessoas, que devem possuir três competências: uma competência germânica, uma competência freudiana e uma competência francesa. No topo da pirâmide se encontra a equipe diretora, composta de três diretores, Bourguignon e Cotet, diretores da publicação, e eu mesmo, diretor científico. Há também os especialistas da terminologia, François Robert e eu. Em seguida temos os especialistas das notas, referências e variantes, que são Alain Rauzy e François Robert novamente, e, por fim, Janine Altounian, que é a responsável pela coordenação geral das traduções. François Robert é também o responsável pelos índices das *Obras Completas*. A equipe de direção comunica-se com as pequenas equipes (algumas vezes participando delas) indicando nossas opções, formando-as em nossa disciplina e revisando suas traduções em conjunto até que estas se tornem completamente unificadas, principalmente do ponto de vista da terminologia, mas também quanto à síntese.[6]

Um dos problemas que se colocam para a tradução de Freud no mundo inteiro é o da ortodoxia psicanalítica, de diferentes tipos.

6 Ver relato de Janine Altounian sobre o trabalho da equipe de tradução na seção "Trinta anos depois... pós-escrito".

Existe a ortodoxia da International Psycho-Analytical Association (IPA); podemos dizer que Strachey é a bíblia da IPA. Pode-se também dizer que existe uma ortodoxia lacaniana, e poderíamos imaginar uma tradução de obediência lacaniana. Não penso que exista uma tradução kleiniana, pois acho que os kleinianos não se interessam tanto pela questão da tradução.

As associações psicanalíticas oficiais [francesas], isto é, aquelas ligadas à IPA,[7] sempre se interessaram muito pela tradução de Freud e sempre desejaram colocar a mão sobre as *Obras Completas*. Isso desde há muito tempo, logo que surgiu um primeiro projeto de realizá-las, desde os anos 1960. Isto é compreensível. Pois, sendo Freud sua bíblia, é preciso que tenham – como a Bíblia dos católicos ou a dos judeus – sua própria bíblia. O que queremos com nossa tradução seria uma bíblia que não fosse nem de católicos, nem de judeus, nem de protestantes. Com relação a Freud é a mesma coisa. Nas equipes, há psicanalistas, é claro, há também não psicanalistas, mas de qualquer forma nós somos completamente independentes de todo imperativo de ortodoxia. Traduzimos Freud como um autor em si e por si, e, mesmo se o próprio Freud quis definir uma ortodoxia – pois ele quis impor sua própria ortodoxia nas suas traduções –, nós não seguimos obrigatoriamente suas instruções. Consequentemente, tampouco seguimos a de Ana Freud ou quem quer que seja. Buscamos uma tradução completamente independente de toda subordinação de escola.

RMV: Pensando a situação da psicanálise francesa [em 1988], não é nada simples superar as divergências e disputas entre as diferentes escolas...

7 Sociedade Psicanalítica de Paris (SPP) e Associação Psicanalítica da França (APF).

Laplanche: Sim, mas o que quero dizer é que nossa tradução será igualmente criticada pelos ortodoxos e pelos lacanianos. É isso que é importante para mim. Nós somos equidistantes de ambos. Recebemos golpes dos lacanianos assim como dos ortodoxos da Sociedade Psicanalítica de Paris (SPP), e também da Associação Psicanalítica da França (APF).

RMV: Existe uma série de problemas com relação às antigas traduções de Freud em francês. Quais seriam os exemplos mais marcantes de erros que conduziram às divergências entre as escolas? De que forma eles repercutiram na transmissão da psicanálise?

Laplanche: Temos o velho erro que consiste em confundir "pulsão" e "instinto", uma questão levantada há muito tempo por Pontalis e por mim, juntamente com Lacan. Nós mostramos que em Freud eles são empregados de maneira completamente diferente. Mas tomemos um exemplo mais recente. A noção de *Zwang* – que quer dizer *contrainte* (compulsão) – é encontrada em *Zwangsneurose*, classicamente traduzida por neurose obsessiva. Nós traduzimos por *névrose de contrainte* (neurose de compulsão) para mostrar que o termo *Zwang* estava presente em Freud em outras partes, além de na *neurose de compulsão*, e que, por outro lado, essa neurose não compreende necessariamente obsessões. A prova é que o próprio Freud emprega a expressão "neurose de compulsão com obsessões". Quer dizer, existem neuroses de compulsão sem obsessões. Isto tem implicações diretas na clínica e no diagnóstico. Esse parece ser um bom exemplo no qual a tradução pode produzir uma alteração da clínica. Mas é interessante que o próprio Freud não está de acordo com o que digo. Ele dizia: "traduzam isto por neurose obsessiva".

"Não buscamos uma unificação, mas fornecer uma referência de base"

RMV: As divergências entre as escolas não são apenas terminológicas, existem também diferenças quanto à técnica e à clínica psicanalíticas, e mesmo ideológicas. Mas consideremos as divergências conceituais e definições que geram posições antagônicas. A referência a uma tradução cuidadosa e padronizada conceitualmente não esclareceria, em parte, tais divergências, criando talvez uma tendência unificadora?

Laplanche: Este não é nosso objetivo. Não pretendemos unificar a psicanálise francesa. Eu mesmo, por exemplo, não sou 100% freudiano. Eu desenvolvo um pensamento que com frequência está em oposição a Freud. Eu tento restituir um Freud o mais freudiano possível, uma vez que ele tenha se expressado em suas nuances, por meio de coisas que as pessoas com frequência não perceberam.[8]

Tomemos um exemplo técnico. Tentamos fazer uma tradução de forma que, diante do texto francês, o leitor possa se situar da mesma maneira que o leitor do texto alemão se situa diante de Freud. Veja só nossa ambição: tentamos não interpretar. Existe uma frase ressaltada pelos lacanianos com relação à forclusão. A tradução francesa é fiel ao alemão. Trata-se do Homem dos Lobos, quando Freud diz: "*Il n'en veut rien savoir au sense du refoulement*" (ele não quer saber nada no (do) sentido do recalque). Esta frase,

8 Laplanche frequentemente descrevia essa sua atitude pela expressão "fazer trabalhar a obra freudiana". Ele a utilizava no sentido de esmiuçar, aguçar e evidenciar as contradições do texto e do autor, "não pelo prazer de apontá-las, mas, sim, para revelar sua alma" (Laplanche, 1987a). Como descreve Traversier (2000), para Laplanche, fazer "Freud e sua obra trabalharem seria a única forma de autenticamente se aproximar da psicanálise. . . . Refundar, remanejar, criticar, renomear é a melhor maneira de respeitar a obra freudiana, de reconhecê-la como uma obra viva" (p. 204).

tal como aparece, não tem vírgula. Os lacanianos afirmam que "ele não quer saber de nada" no sentido que "o recalque é saber". A interpretação clássica é "ele não quer saber de nada" no sentido de que ele o recalca. É a posição inversa, dependendo de que coloquemos recalque igual a não saber, ou recalque igual a saber. A frase é "indecidível" em Freud: nós deixamos ao leitor a decisão, não fazemos uma terceira interpretação. Tentamos manter todas as ambiguidades de Freud.

Com relação às palavras compostas, nós também mantivemos a ambiguidade. O exemplo acima é sintático, mas existem problemas terminológicos devidos às palavras compostas alemãs, que são também "indecidíveis". Em alemão, a posição em uma palavra composta não decide a ligação entre os dois termos, e as ligações podem ser diversas. Portanto, não podemos dizer que trazemos um terceiro freudismo com relação aos outros. Nós tentamos trazer um Freud em francês, sobre o qual qualquer freudismo possa trabalhar. Não buscamos propiciar uma unificação, mas fornecer uma referência de base tal como ela é no original.

RMV: De qualquer forma, considerando as principais orientações da edição destas Obras Completas, *parece evidente que estas influenciarão a psicanálise na França. Que tipo de mudanças elas devem produzir?*

Laplanche: O quadro [da psicanálise] não permanecerá inalterado, eu espero. Isto dependerá do que Freud denomina "plasticidade". Se as pessoas forem suficientemente flexíveis para compreenderem e utilizarem o que fazemos, tanto melhor. E, se forem capazes de mudar elas mesmas ao contato com as novas traduções, eu ficarei contente.

RMV: Mesmo considerando o trabalho da equipe de tradução e todas as pessoas envolvidas no projeto editorial das Obras Completas *de Freud em francês, é sabido que seus esforços e seu interesse pessoal foram determinantes para sua concretização. As reflexões em torno da questão da tradução constituem o centro de suas preocupações. Qual foi na realidade seu caminho pessoal desde o* Vocabulário de psicanálise, *passando pela sua "experiência como tradutor, clínico e teórico da psicanálise"?*

Laplanche: A questão da tradução em si poderia ser o objeto de toda uma outra entrevista. Teria muita coisa a dizer quanto à minha relação pessoal com a tradução e quanto ao modelo de tradução que eu generalizo para o pensamento psicanalítico. Termos como "pulsão de traduzir" ou "prazer de traduzir" necessitariam de longos desenvolvimentos. Eu não sou apenas tradutor de Freud, traduzo outros autores como Hölderlin, por exemplo, mas a partir de minha relação com a tradução de Freud ampliei minha relação geral com a tradução. Eu evoluí bastante desde minhas primeiras traduções. Evoluí no sentido de um rigor e de uma fidelidade, ao mesmo tempo sintáticos e terminológicos, cada vez maiores.

Cronologicamente, [alcancei isso por meio de] minhas primeiras traduções e, em seguida, pelo *Vocabulário*, que nos permitiu [juntamente com Pontalis] o estabelecimento de uma conceitualização freudiana. Essas etapas progressivamente constituíram os instrumentos para fazer as obras completas, e depois a experiência de realizar as *Obras Completas*.

Eu sempre defendi uma tradução mais rigorosa. Evoluí no sentido de maior rigor e proximidade ao texto freudiano. Eu gosto muito de um livro de A. Berman (1984) chamado *L'épreuve de l'etranger* (*A prova (experiência) do estrangeiro*). Para mim, a verdadeira tradução é uma tradução que se submete à "prova do estrangeiro". Isso tem dois significados: o tradutor se coloca à prova de um pensamento estrangeiro [de uma diferença], não apenas de uma língua; mas ele coloca também em prova a obra na sua tradução ao estrangeiro. Gosto muito da expressão de Berman, mas ele não chega a desenvolver seu conceito a este ponto. Eu chamaria com prazer minha concepção da tradução como uma tradução à prova do estrangeiro, com esta dupla significação.

Com relação ao *Vocabulário de psicanálise* [na tradução das OCF-P], nós modificamos muitas coisas. O *Vocabulário* já tem vinte anos [em 1988]. Nós retomamos algumas escolhas terminológicas e, sobretudo, completamos consideravelmente o acervo de palavras. No *Vocabulário* existem cerca de 250 termos, nós recenseamos cerca de 5 mil. Elas constarão de um "Glossário de termos freudianos", com entrada bilíngue, que será lançado anexo às *Obras Completas*. São 5 mil palavras específicas de uso de Freud, cuja tradução tentamos regularizar, sem deixar ao critério de cada tradutor a decisão por uma palavra ou por outra.

Isso não quer dizer que fazemos uma tradução automática. Percebemos que na utilização freudiana temos a escolha entre algumas expressões, algumas correntes. Tentamos colocá-las no texto da mesma maneira, de forma que o leitor encontre o estilo concreto segundo o qual Freud as repete ou as utiliza.

Gostaria de retomar a questão da terminologia. A "obra de pensamento" - isto é, Kant, Hegel, Descartes, e não apenas filósofos, mas Freud, Nietzsche - necessita, antes de mais nada, de um tratamento particularmente rigoroso. Não existe nenhum pensador que não tenha utilizado seu idioma à sua própria maneira para dizer coisas bem particulares, mesmo sem criar palavras.

Freud é um grande criador de palavras. Heidegger também. A língua alemã se presta especialmente a essa criação, nesse sentido, possuindo mais recursos que as demais línguas. Essa característica, que existe em vários pensadores e com a qual se confronta o tradutor, é ainda mais marcante em Freud. Mais do que ninguém, ele utiliza ao extremo a conceitualização do verbo, justamente para criar um conceito. Utiliza, ainda, com o mesmo fim, as palavras compostas. Nesse sentido, o interessante é que existe um movimento de Freud que o próprio leitor alemão nem sempre percebe.

"Vemos em Freud coisas que ele mesmo não vê e acho essencial revelá-las"

O leitor, mesmo psicanalista, bem como editores não percebem esse movimento de conceitualização, que poderíamos dizer que é latente em Freud, mas que é, ao mesmo tempo, explícito. Em obras como a dele, a tradução contribui para revelar uma conceitualização latente. Por exemplo, o conceito de *étayage* ("apoio", "anáclise"). O verbo alemão é *sich anlehnen*, "apoiar-se sobre". É um verbo muito comum, que Freud inicialmente emprega como qualquer um. Pouco a pouco (mas rapidamente a partir dos *Três ensaios sobre a teoria da sexualidade* [Freud, 1905]), ele vai utilizar o substantivo *Anlehnung*, que já é raro. E utiliza ainda a expressão *in Anlehnung an*, que se pode traduzir como "apoio sobre", e eu desafio um alemão a empregar esta expressão na linguagem cotidiana.

O final da conceitualização é quando Freud fala de *Anlehnungstypus der Objektwahl*, numa palavra composta, isto é, "tipo de escolha de objeto por apoio" (escolha anaclítica).

Porém, se nos referimos aos índices da edição alemã, não encontramos de forma alguma *Anlehnung* nem *Anlehnungstypus der Objektwahl*. Quer dizer, mesmo leitores atentos como os editores de Freud não detectaram o conceito a não ser na sua forma mais acabada, esclerosada e estranha, que é *Anlehnungstypus*. A atenção do leitor alemão não é atraída por este movimento interno de conceitualização no seio da obra. Existe então um movimento de complementaridade entre o tradutor e a obra. O tradutor continua o movimento próprio da obra e o conduz a um maior acabamento. Creio que isto é fundamental. O latente só aparece bem para aquele que está fora. Digamos, simplesmente, que numa sessão de análise o analista vê coisas que o analisando não vê. Da mesma formam nós vemos em Freud coisas que ele mesmo não vê. E me parece essencial revelá-las.

RMV: Pensando nessa formulação, a do tradutor como aquele que pode explicitar o latente da obra, qual é a relação entre a tradução e a interpretação psicanalítica, entre o trabalho do tradutor e o do analista?

Laplanche: Não penso que exista uma relação entre o trabalho dos dois. Pois a meu ver o essencial do trabalho do analista é de *destradução*. O trabalho de *retradução* é feito pelo analisando, talvez ajudado pelo analista. Pensando em um esquema A-B-C, se o conteúdo (latente) A é traduzido por B, o analista deve destraduzir B em A: é o analisando que deve retraduzir A em C (uma nova organização).

RMV: Mas o senhor mesmo define, a partir de Chouraqui, a tradução como antes de tudo um trabalho de destradução.

Laplanche: Sim, mas, nesse caso, o tradutor de uma obra faz os dois percursos, de B a A e de A a C.

RMV: Ele deve ser ao mesmo tempo o analista e o analisando...

Laplanche: Justamente.

RMV: [Em 1988] no Brasil, também se discute a possibilidade de uma nova tradução de Freud. As Obras Completas *[então] existentes em português foram traduzidas da* Standard Edition *inglesa, uma tradução de uma tradução, portanto. Qual sua opinião a respeito?*

Laplanche: Isto é simplesmente escandaloso. Na época "arcaica", anterior à guerra de 1939, isso também foi feito pelos franceses, alguns traduziam diretamente de Strachey. Isto é impossível. Não se pode traduzir uma tradução. Existe já uma certa perda na tradução em si, se perdemos de uma perda, temos uma deformação crescente, algo impensável. Podemos nos referir a Strachey para examinar como ele compreendeu um problema específico. Mas traduzir [Freud a partir de] Strachey é fonte de duas coisas: achatamento e dogmatismo. Pois o que resta de tradução da tradução é o dogma IPA, nada mais que o esqueleto dogmático, a carne desaparece.

RMV: Na sua opinião, é esta a razão pela qual até os anos 1970, no Brasil, conhecia-se quase que exclusivamente a psicanálise anglo-saxã, sendo que, praticamente, foram os psicanalistas argentinos que introduziram a psicanálise francesa?

Laplanche: Evidentemente, existe ao mesmo tempo um fenômeno cultural, um imperialismo da cultura inglesa e do modo de pensar anglo-saxão (sem falar no político) que é veiculado por meio de Strachey. Dessa maneira, é especialmente a compreensão anglo-saxã e americana de Freud que é veiculada. Quando se traduz Strachey, traduz-se a psicanálise americana, é impossível negá-lo. Essa não é apenas uma questão de um "diabo americano". É uma questão antiquíssima, que diz respeito a qualquer tipo de tradução. Os árabes, na Idade de Ouro, puseram-se a traduzir obras do mundo inteiro, chegando mesmo a queimar os originais: "não existe mais original, apenas o nosso texto". Moralmente, os americanos fazem a mesma coisa: eles não queimam Freud em alemão, mas não o consultam, nada existe além deles.

RMV: Existem aqueles que falam de uma "derrota do tradutor". Com relação à tradução de Freud, em que momentos poderíamos encontrá-la?

Laplanche: Eu não gosto do conceito de "derrota", pois eu não gosto da derrota. Oponho-me formalmente à ideia *traduttore, traditore* (tradutor, traidor). Eu penso que o tradutor não renuncia nunca. Ele procura sempre o melhor para transmitir o que existe no manifesto e no latente do que está escrito. Eu diria que este é um imperativo moral, ético, uma regra de conduta prática do tradutor. Ele não deve dizer "isto é intraduzível", fazendo uma nota para explicar seus "estados de ânimo". Por outro lado, existem os limites objetivos da tradução. O primeiro talvez resuma os demais: a partir do momento em que o texto toma a própria língua como objeto – o que chamo de texto metalinguístico –, exatamente por isso, ele não é traduzível. É o caso de um livro de gramática alemã. Ao traduzi-la para o francês, por exemplo, é possível traduzir os comentários, mas não os exemplos, por definição, pois eles não fariam mais sentido. Parece-me essencial compreender que, a partir do momento em que considerações sobre uma palavra ou um elemento da língua são discutidos, fala-se da palavra alemã, e não da francesa. Quando Freud discute o conceito de *Unheimlich* em *Uma inquietante estranheza* ("O sobrenatural", nas *Obras Completas* brasileiras [Freud, 1919]), é necessário colocar a palavra *Unheimlich* (estranho), pois é dela que fala. Portanto, este é um limite, mas não uma derrota. O inconsciente trabalha sobre o material da linguagem na psicanálise e nos *mots d'esprit* (chistes). Este é um outro limite, pois para um alemão seu inconsciente funciona a partir da língua alemã, e assim para cada língua. Para ilustrar a função do som nas associações, por exemplo, não se pode inventar um novo exemplo. Existem textos metalinguísticos em Freud, nos quais a psicanálise passa essencialmente pela forma da linguagem. Discutindo o *Witz* (chiste), ele define dois tipos: um de pensamento – que é traduzível para qualquer língua – e um de palavras - que é intraduzível.

"Ampliei minha concepção do inconsciente a partir da tradução"

RMV: Para concluir, de que forma são ampliadas suas concepções da tradução no âmbito de seus desenvolvimentos da teoria psicanalítica?

Laplanche: Para mim a reflexão sobre a análise e sobre a tradução se tornaram cada vez mais concomitantes. Foi um enriquecimento considerável de uma e de outra que me permitiu encontrar uma orientação igualmente freudiana na famosa *Carta 52 a Fliess*, em que Freud (1950[1892-1899]) assimila a evolução do psiquismo a uma sequência de traduções. Eu ampliei consideravelmente minhas concepções do inconsciente, do recalcamento e da sedução a partir das influências da tradução. Minhas reflexões sobre a linguagem e sobre a psicanálise enriqueceram meu pensamento sobre a tradução. Dizer o que faço da tradução no meu pensamento constituir-se-ia em um outro capítulo – algo que [estava] em curso de elaboração [na época da entrevista] – e que [foi] o tema de minhas obras. É algo latente, presente, por exemplo, a questão da temporalidade. Eu concebo que uma das melhores maneiras de abordar a temporalidade humana é pelo ângulo da tradução. A perspectiva que uma tradução propicia sobre o passado de uma obra me parece um paradigma muito interessante para se refletir sobre a maneira como um sujeito concebe seu próprio passado.

Referências

Berman, A. (1984). *L'épreuve de l'étranger: culture et tradition dans l'Allemagne romantique*. Paris: Gallimard.

Bleichmar, S. (1993). *Nas origens do sujeito psíquico: do mito à história*. Porto Alegre: Artmed.

Chouraqui, A. (1984). *L'univers de la Bible* (6 Vols.). Paris: Lidis.

Freud, S. (1905). Três ensaios sobre a teoria da sexualidade. In *Edição Standard Brasileira das Obras Psicológicas Completas de Sigmund Freud* (Vol. VII). Rio de Janeiro: Imago, 1980.

Freud, S. (1914). Sobre o narcisismo: uma introdução. In *Edição Standard Brasileira das Obras Psicológicas Completas de Sigmund Freud* (Vol. XIV). Rio de Janeiro: Imago, 1980.

Freud, S. (1915). Reflexões para os tempos de guerra e morte. In *Edição Standard Brasileira das Obras Psicológicas Completas de Sigmund Freud* (Vol. XIV). Rio de Janeiro: Imago, 1980.

Freud, S. (1915-1917). Artigos sobre metapsicologia. In *Edição Standard Brasileira das Obras Psicológicas Completas de Sigmund Freud* (Vol. XIV). Rio de Janeiro: Imago, 1980.

Freud, S. (1918). História de uma neurose infantil. In *Edição Standard Brasileira das Obras Psicológicas Completas de Sigmund Freud* (Vol. XVII). Rio de Janeiro: Imago, 1980.

Freud, S. (1919). "O estranho". In *Edição Standard Brasileira das Obras Psicológicas Completas de Sigmund Freud* (Vol. XVII). Rio de Janeiro: Imago, 1980.

Freud, S. (1925). A negação. In *Edição Standard Brasileira das Obras Psicológicas Completas de Sigmund Freud* (Vol. XIX, 1981). Rio de Janeiro: Imago, 1980.

Freud, S. (1950[1892-1899). Extratos dos documentos dirigidos a Fliess. In *Edição Standard Brasileira das Obras Psicológicas Completas de Sigmund Freud* (Vol. I). Rio de Janeiro: Imago, 1980.

Freud, S. (1917). *Neuroses de transferência: uma síntese*. Rio de Janeiro: Imago, 1987.

Freud, S. (1890-1920). *Résultats, idées, problèmes I*. Paris: PUF.

Freud, S. (1921-1938). *Résultats, idées, problèmes II*. Paris: PUF.

Laplanche, J. (1961). *Hölderlin e a questão do pai*. Rio de Janeiro: Zahar, 1991.

Laplanche, J. (1970). *Vida e morte em psicanálise*. Porto Alegre: Artes Médicas, 1985.

Laplanche, J. (1980a). *Problemáticas I: A angústia*. São Paulo: Martins Fontes, 1987.

Laplanche, J. (1980b). *Problemáticas II: Castração – Simbolizações*. São Paulo: Martins Fontes, 1988.

Laplanche, J. (1980c). *Problemáticas III: A sublimação*. São Paulo: Martins Fontes.1989.

Laplanche, J. (1981). *Problemáticas IV: O Inconsciente e o id*. São Paulo: Martins Fontes, 1992.

Laplanche, J. (1987a). *Problemáticas V: A tina – transcendência da transferência*. São Paulo: Martins Fontes, 1993.

Laplanche, J. (1987b). *Novos fundamentos para a psicanálise*. São Paulo: Martins Fontes, 1992.

Laplanche, J. (1988). *Teoria da sedução generalizada*. Porto Alegre: Artes Médicas.

Laplanche, J. (2006a). *Problématiques VI: L'après-coup*. Paris: PUF.

Laplanche, J. (2006b). *Problématiques VII: Le fourvoiement biologisant de la sexualité chez Freud*. Paris: PUF.

Laplanche, J. (2007). *Sexual. A sexualidade no sentido freudiano*. Porto Alegre: Dublinense, 2016.

Laplanche, J., & Pontalis, J.-B. (1967). *Vocabulário da psicanálise*. São Paulo: Martins Fontes, 2016.

Laplanche, J., Bourguignon, A., Cotet, P., & Robert, F. (1989). *Traduzir Freud*. São Paulo: Martins Fontes, 1992.

Traversier, T. (2000). La psychanalyse "hors-les-murs". In F. Martens, *Psychanalyse, que reste-t-il de nos amours?* Bruxelles: Editions Complexe.

12. A guerra dos mil anos

Sobre "A histérica, o sexo e o médico", de Lucien Israël[1]

Tudo começou com a ousadia de um rapto. Num gesto tão surpreendente quanto hesitante, Sigmund Freud arranca, no final do século XIX, a histeria dos braços da medicina, que, desde os tempos de Hipócrates, insistia em mantê-la cativa, sem compreender os seus mistérios. Desencadeando controvérsias entre a neurologia e a psiquiatria, de um lado, e a jovem ciência psicanalítica, de outro, esse ato revelou, ao mesmo tempo, a batalha mais que milenar travada entre a Histérica e seus médicos.

Em *A histérica, o sexo e o m*édico, Lucien Israël, psiquiatra e psicanalista de Estrasburgo, descreve numa linguagem clara e cativante os movimentos sutis desta guerra, mais do que nunca atual. Apesar dos cem anos que nos separam da publicação por Freud e Breuer dos *Estudos sobre a histeria* (Freud & Breuer, 1895) e da

1 Resenha de *A histérica, o sexo e o médico*, de Lucien Israël (1995), publicada em *Pulsional Revista de Psicanálise*, *75*, julho de 1995, pp. 80-83. Modificada para esta coletânea. Uma discussão ampliada de vários pontos levantados neste texto é realizada no artigo a seguir, "Novas paisagens da histeria", a partir do livro de Silvia L. Alonso e Mário P. Fuks.

crescente difusão da psicanálise demonstrando a importância da escuta e do olhar para além do sintoma, médicos e pacientes continuam ainda hoje entrincheirados em suas posições antagônicas.

Adaptando-se a todas as mudanças da medicina e da cultura, os adversários se confrontam, infatigáveis, nos consultórios, nos hospitais, nas famílias em uma guerra silenciosa, "limpa", bem-comportada (bem, nem sempre...), mas que não deixa de ser dramática e violenta. Apesar do silêncio, ou talvez justamente por causa dele, esse conflito, implacável e permanente, continua aumentando a cada dia legiões de mutilados, de desamparados, de mortos e feridos, de ambos os lados. Debatendo-se para preservar a qualquer preço seu orgulho e seus ideais narcísicos, os beligerantes não conseguem conversar. Como em toda guerra, enfim...

É necessário conhecer os protagonistas desse conflito para compreendê-lo. As "grandes histéricas", celebrizadas por Charcot, não oferecem mais o espetáculo que fascinou algumas gerações de médicos e estudantes da Salpêtrière, bem como grande parte da intelectualidade francesa da *Belle Époque*.[2] Abandonando os asilos,

2 O hospital da Salpêtrière, em Paris, abrigava desde 1849 cerca de 5 mil mulheres que sofriam de "doenças dos nervos". Ele foi celebrizado por Jean Martin Charcot, que destacou a particularidade das manifestações da histeria e dos sintomas conversivos de parte dessas pacientes. Chefe do serviço onde eram tratadas, ele consolidou o método anátomo-clínico e a técnica da hipnose na pesquisa e no tratamento dessas manifestações. Por meio do hipnotismo, Charcot conseguia reproduzir experimentalmente vários sintomas histérico-conversivos observados nas pacientes. Os sintomas das pacientes e essas experiências foram celebrizados em uma rica iconografia, principalmente fotográfica (Didi-Huberman, 1982). Desde 1882, quando criou uma cátedra específica dedicada ao estudo das doenças do sistema nervoso, ele realizou inúmeras aulas públicas para médicos e intelectuais da época. Entre 1885 e 1886, Freud trabalhou com Charcot na Salpêtrière, experiência determinante para sua hipótese sobre a etiologia inconsciente das perturbações motoras e sensoriais observadas na histeria.

"civilizando-se", elas passaram a circular normalmente nas ruas, misturando-se sem dificuldade aos habitantes de nossas cidades. As histéricas, e também *os histéricos* (sim, eles existem, mesmo que camuflados, nos lembra L. Israël), fazem parte de nossa paisagem cotidiana. Convivemos com eles nos espaços públicos, no trabalho, nos *shoppings*, e mesmo, cada vez mais precocemente, nas escolas, o que deveria nos preocupar particularmente. Muitas vezes, longe de incomodar-nos, são justamente eles que tornam nosso dia a dia um pouco mais vivo e estimulante. Pois, para além de seu sofrimento em surdina, a histeria é também uma criação, uma reivindicação permanente do desejo, mesmo que seja justamente a realização deste desejo que lhe é impossível. A histeria é revolucionária, como já reconheceram os surrealistas, exaltando-a como "um meio supremo de expressão" (Breton & Aragon, 1928). Ela luta contra o conluio entre a sociedade e a mentira parental referente ao desejo, contra a redução da sexualidade às funções reprodutivas, contra a confusão entre desejo feminino e função materna.

O médico pode tanto ser o clínico geral como qualquer especialista, ginecologista, gastroenterologista, psiquiatra, ou mesmo psicanalista. Todos eles, cedo ou tarde, de maneira inelutável e independente de sua vontade ou de sua especialidade, têm um encontro marcado com a histeria. Um encontro para o qual, em geral, não são preparados por suas formações na Universidade, e no qual a prática cartesiana, da medicina, da psicoterapia ou qualquer outra profissão da saúde é de pouca serventia, ou pior, ao contrário, torna-se em muitos casos o estopim de conflitos entre eles e o paciente. Ignorando ou negando a função erógena do sintoma, bem como a sexualidade do paciente, o médico corta as pontes de comunicação que lhe permitiriam aceder à verdadeira demanda formulada pela histeria. Pois, acima de tudo, a histeria é um modo de relação.

Convidando-nos a conhecer este universo, Lucien Israël nos conduz por vários roteiros. Ele apresenta o desenvolvimento histórico do conceito, das atitudes, e dos tratamentos médicos, bem como mostra em detalhes a geografia deste mundo, seus sintomas, seu caráter, seus recônditos mais misteriosos. Para além dos quadros clássicos das paralisias, das anestesias e das conversões, ele também nos leva a conhecer a anorexia, os distúrbios sexuais, a marginalidade, a depressão, os assassinatos e as tentativas de suicídio pautados pela histeria. Nesses roteiros, o autor nos ajuda a nos despojarmos da caricatura e do preconceito, medidas de proteção por excelência, para vislumbrarmos paulatinamente uma imagem mais humana de um ser que, impregnado por seu sofrimento, pede, apesar das aparências, desesperadamente para ser ouvido. Neste sentido, ele nos convida a percorrer as trilhas desbravadas inicialmente por Freud, cujo maior mérito foi justamente ter tirado a histérica do pedestal que a aprisionava como objeto permanente do olhar e da observação médica, para escutá-la. Tentando compreender sua mensagem, Freud pode descobrir o inconsciente, a sexualidade, e a psicanálise.

A descrição da histeria foi marcada desde a antiguidade pela fantasia e pelo julgamento masculino: a teoria das "migrações uterinas", as "vaginas dentadas", o caráter satânico das "feiticeiras" medievais, ou ainda as teorias médicas do século XIX expressam o fascínio e o temor inspirado nos homens pela histeria. A desconfiança e o desprezo aparecem com frequência nos escritos médicos, não apenas sobre a histeria, mas sobre todas as afecções e manifestações ginecológicas. As descrições a respeito parecem sobretudo ser um acerto de contas entre o médico e a histérica, em particular, e com a mulher, em geral. Uma tentativa de vingança do homem contra a mulher, pelo medo que ela lhe inspira, e contra as decepções, mesmo que imaginárias, que ela lhe inflige.

Porém, a mulher, sobretudo a histérica, também tem contas a acertar com o homem. A disputa entre o médico e a histérica ocorre em pleno território do desejo, terreno onde se decidem igualmente os encontros e os desencontros, satisfações e insatisfações, entre o homem e a mulher. Como nos lembra L. Israël, a história de toda histeria, masculina ou feminina, se inicia a partir de uma falha no desejo e de uma simulação, marcas registradas dessa manifestação.

No cenário primordial da histérica frequentemente encontramos um pai considerado insuficiente e uma mãe que, ressentida e enraivecida por sua sensação de abandono, acaba por desvalorizá-lo. É neste contexto que se instala a "mentira fundamental" da histeria. Silenciando suas queixas, sua hostilidade e sua desilusão com seu parceiro, a mãe cria e sustenta a fantasia de uma vida de casal idílica, incentivando sua filha a seguir o quanto antes por este caminho. Prisioneira da mentira parental, identificada com a fala materna, a histérica passa a buscar não um substituto do pai, mas um *complemento* deste, um pai idealizado, alguém que seja mais que o pai, um mestre. Uma busca inevitavelmente fadada ao fracasso.

A filha se torna então o instrumento de vingança da mãe contra os homens. Sentindo-se abandonada por eles, ela lhes oferece sua filha, uma mulher frígida, incapaz de encontrar um companheiro que a satisfaça, pois nenhum homem é capaz de corresponder ao homem idealizado, construído nessa fantasia compartilhada pelas duas, o que predestina a filha a uma história de abandonos. Compreendemos então um pouco melhor a figura daquelas sogras que, tecendo mil louvores ao futuro genro, se empenham em promover o casamento da filha para depois tentar destruí-lo.

Independentemente de sua vontade, o médico é colocado pela histérica no centro desta dinâmica imaginária. Ao encontrá-lo, ela lhe apresenta ao mesmo tempo o pedido de aliviá-la de seu sofrimento, e o desafio de quem acredita ser ele incapaz de fazê-lo. Ele ocupa a posição do mestre, do complemento do pai idealizado, capaz de satisfazer todos os desejos. Impossibilitada de expressar seu desejo, seu pedido de amor, ela lhe apresenta seu sintoma.

O médico deve estar atento à mensagem que se esconde por detrás do sintoma histérico, mesmo que não saiba exatamente o que fazer com ela. Ao negligenciá-la, resguardando-se junto com o saber médico e considerando unicamente a sintomatologia orgânica que lhe é familiar, ele deflagra as hostilidades entre ele e a histérica. Não se sentindo escutada nem compreendida, a histérica sente confirmado seu temor de abandono. Para se fazer ouvir, ela se lança em uma verdadeira escalada sintomatológica: o médico silencia o sintoma com um tratamento e, surpreso, encontra na consulta seguinte a paciente "curada" do primeiro sintoma, mas com uma nova sintomatologia, muitas vezes ainda mais grave. Uma escalada que pode em alguns casos culminar com a tentativa de suicídio, último recurso diante da demanda não reconhecida e de um sintoma não suficientemente escutado.

Neste mesmo contexto, podemos compreender as frequentes reações paradoxais da histérica aos tratamentos medicamentosos: agitação ao tomar sedativos, apatia ao utilizar anfetaminas, insônias após a ingestão de barbitúricos. A histeria, como sempre, não deixa de surpreender.

Além dos enganos diagnósticos que provoca, a negligência da demanda da histérica é a principal fonte dos tratamentos iatrogênicos, das cirurgias intempestivas, da legião de pacientes crônicos e polioperados, tratados por médicos que cedem às exigência dos pacientes por intervenções desnecessárias. Mais do que a mutilação corporal, tal negligência produz uma verdadeira mutilação do desejo, uma *neurose ultrapassada*, segundo Lucien Israël:

> *O ato marcado sobre o corpo torna-se fala imutável. . . . A lacuna produzida pela fala é substituída pala lacuna real, sobre a qual não existe mais nada a dizer. Esta lacuna não pode mais ser aplicada a qualquer outro objeto do desejo. . . . o desejo está irremediavelmente perdido, o sujeito da neurose ultrapassada condenado a uma reivindicação perpétua dirigida àquele que acreditou que uma pergunta podia ser satisfeita por um ato médico. (p. 249)*

A dificuldade maior consiste em fazer os médicos compreenderem seu papel na gênese dessas dinâmicas e, sobretudo, o desastre que representa a morte do discurso.

Estariam então médico e histérica condenados a perpetuar até o fim dos tempos seu conflito milenar?

Não tentemos nos iludir. A escuta da histérica se encontra na contramão da sociedade em que vivemos, empenhada justamente em interditar o gozo para oferecer em troca objetos de desejo inatingíveis, quinquilharias promovidas a objetos de culto e de consumo. A escolha existe, e cabe a cada um decidir: aceitar a limitação coletiva do desejo e do conhecimento para usufruir da ilusão de segurança e de bem-estar material, ou a busca, muitas vezes solitária, de seus desejos interditados, das maneiras de realizá-lo, para um encontro fugaz, mas intenso com o outro.

A histérica coloca o médico diante desse dilema. Ela lhe pede que seja o companheiro de percurso que a sustentará na procura além de seus limites. Se o médico não recuar assustado, poderá propiciar a ela a passagem da histeria à feminilidade, podendo descobrir, ao mesmo tempo, horizontes insuspeitáveis para seu próprio conhecimento. Para que o tratamento da histeria seja possível, é necessário que o médico, o psicoterapeuta ou qualquer outro profissional da saúde abandonem a convicção de que conhecem os caminhos da vida, do corpo, da felicidade e do prazer, tentando conduzir o paciente através deles. É necessário que pague o preço do contato com o desconhecido, do outro e de si mesmo, e do contato com suas angústias.

Referências

Breton, A., & Aragon, L. (1928). Le cinquentenaire de l'hystérie 1878-1928. In A. Breton, *Oeuvres complètes V. I.* Paris : Gallimard, 1988.

Didi-Huberman, G. (1982). *Invenção da histeria: Charcot e a iconografia fotográfica da Salpetrière.* São Paulo: Contraponto, 2015.

Freud, S., & Breuer, J. (1895). Estudos sobre a histeria. In *Edição Standard Brasileira das Obras Psicológicas Completas de Sigmund Freud* (Vol. II). Rio de Janeiro: Imago, 1980.

Israël, L. (1995). *A histérica, o sexo e o médico.* São Paulo: Escuta.

13. Novas paisagens da histeria[1]

Por que voltar a essas terras?

Talvez seja essa a primeira questão que surge ao novamente encontrarmos a Histeria no catálogo de viagens da psicopatologia contemporânea, cada vez mais diversificado, colorido e atualizado. Por que visitar novamente o Hospital da Salpêtrière, em Paris, com suas tão conhecidas galerias de fotos e esculturas vivas de mulheres retorcidas? Interessa assistir mais uma vez, à noite, aos embates entre Charcot e Janet, em torno daqueles sintomas incompreensíveis? Importa uma rápida passagem por Nancy, para matar as saudades do bom vinho da Alsácia e do velho Bernheim com suas experiências sobre o hipnotismo e a sugestão? De novo rumar apressados para Viena a tempo de presenciar Breuer, experiente mas intimidado, e Freud, jovem e ainda tímido, engendrarem a psicanálise por meio de seu polêmico e, em sua época, escandaloso *Estudos sobre a histeria*? Ainda nos interessam Elisabeth von N.,

1 Resenha de *Histeria*, de Silvia Leonor Alonso e Mário Pablo Fuks (2004), publicada na *Revista Latinoamericana de Psicopatologia Fundamental*, 2005, *VIII*(4), pp. 828-838, modificada para esta coletânea.

Dora, "a Bela Açougueira", Anna O., com suas paralisias, mutismos, anestesias e tosses, tão pueris comparados à moderna exuberância das *top models*, ao espetáculo da *body art* e a tantos outros fenômenos da cultura do corpo da atualidade? Por que novamente retirar das prateleiras manuscritos de mais de cem anos, referidos a uma neurologia quase extinta, que tratam de temas como a masturbação, o coito e outros hábitos sexuais na época escandalosos, mas que, atualmente, adentram todos os dias nossas salas de visita sem enrubescer nem mesmo os mais jovens frequentadores de jardins de infância?

Por que não escolher destinos mais "atuais", "da moda", como os TOCs (transtornos obsessivo-compulsivos), transtornos de pânico e alimentares, as hiperatividades e as depressões? Por que não preferir "pacotes" mais modernos, muito procurados e generosamente financiados pela indústria farmacêutica, que promete condições de visita especialmente confortáveis e sem inconvenientes? Por que insistir nos aparentemente bem conhecidos roteiros da Histeria já tão visitados, descritos, dissecados, mas que teimam em permanecer inóspitos e incômodos?

Em *Histeria*, Silvia L. Alonso e Mário P. Fuks mostram que a viagem ainda vale a pena. Mais do que isso, que ela ainda é urgentemente necessária, sobretudo na época em que vivemos. Desmontando os preconceitos da moderna nosografia psiquiátrica, superando as resistências dos que consideram a histeria uma manifestação de outros séculos, enfrentando de forma elegante os desafios mais insidiosos das transformações da cultura e das novas formas de subjetivação, eles demonstram em seu livro que o território da histeria, mesmo que já bastante desbravado, ainda tem muitos segredos para revelar.

Para os que insistem em considerar a histeria como uma mera curiosidade arqueológica da psiquiatria contemporânea, Silvia e Mário apontam a riqueza e a vivacidade de suas formas atuais, sempre mutantes. Mesmo que bastantes distintas das formas clássicas descritas por Babinsky, Charcot, Kraepelin, Breuer e Freud, suas manifestações modernas ainda se pautam pelas funções econômicas do aparelho psíquico há mais de cem anos reveladas por esses autores.

Para os que contestam as diferenças entre os tempos vitorianos – quando o recato, o pudor e a vergonha, ao invés de eliminar o sexual, fomentavam-no por meio da histeria – e nossos tempos – quando o sexual se exibe e se vende quase sem restrições e mesmo em excesso, o que tornaria anacrônica e desnecessária a organização histérica –, eles mostram a atualidade do comentário de Charcot diante dos impasses do sofrimento histérico: "*C'est toujours, toujours la chose génitale*".[2]

Para os que preconizam tratamentos mais modernos, sobretudo medicamentosos, para lidar de forma supostamente mais rápida e eficiente com algumas manifestações aparentadas à organização histérica, os autores demonstram a importância de ainda considerar o papel do outro humano e do universo relacional da família, da cultura e da sociedade como articuladores dessa organização.

2 Numa recepção na casa de Charcot, Freud ouviu um comentário feito pelo mestre sobre um caso do sofrimento de uma mulher cujo marido era "impotente ou desajeitado": "*dans des cas pareils, c'est toujours la chose génitale... toujours... toujours*" ("Nesses casos, é sempre, sempre, a coisa genital"). Assombrado com essa observação do mestre, Freud se perguntou: "Mas se ele sabe disso, por que não diz nunca?" (Freud, 1914). No mesmo artigo, Freud alega que, assim como Charcot, Breuer e também Chrobak, eminente ginecologista vienense, intuíam a importância da etiologia sexual da histeria sem admiti-lo abertamente.

Da dissimulação à escuta do corpo

Os autores revelam a íntima relação entre o mimetismo histérico e o espírito de cada época, desde a Antiguidade, passando pelas feiticeiras da Idade Média, pela Renascença até chegar ao século XIX. Dessa perspectiva, acompanhamos as mudanças ocorridas na medicina do século XIX, marcadas inicialmente pelo reconhecimento seguido do ensurdecimento com relação à constelação histérica, e o resgate pela leitura freudiana da capacidade de escutar a queixa histérica, transformando-a em recurso terapêutico. Uma escuta que, para além da histeria, propiciou a Freud a descoberta dos principais elementos que até hoje permitem o mergulho na alma humana, o contato com suas dores e a possibilidade de sua elaboração e transformação.

Partindo dessa escuta, Silvia e Mário analisam o fenômeno histérico segundo diferentes perspectivas: a metapsicológica, das pulsões e do recalcamento, da erogeneidade e do desenvolvimento sexual, do conflito e do trauma, do inconsciente e de sua intrigante organização tempo-espacial, do complexo de Édipo e das dinâmicas identificatórias, da castração e do narcisismo. Dessa forma, eles propiciam ao leitor não apenas uma minuciosa análise das fontes e dos mecanismos organizadores da histeria, mas também de uma ampla gama de possibilidades da experiência psicopatológica.

A dissimulação é um desses principais mecanismos. Porém, ao buscar esconder-se, a histérica se revela. Cindida pela ação do recalque, ela organiza dois discursos, o da defesa e o do desejo. Como apontam os autores,

> *a defesa não elimina o desejo: pelo contrário, este está presente no próprio exercício da sedução, na gestualidade erotizada e no sintoma conversivo. . . . O desejo*

> *está presente na mensagem que a histérica envia, por intermédio de seu corpo, no seu sintoma portador de uma intencionalidade possível de ser decodificada, mesmo que ela não saiba o que está expressando. . . . Esses dois discursos se fazem presentes também na divisão do corpo pulsante, hipererotizado na sua totalidade e, ao mesmo tempo, deserotizado na zona genital, o que se mostra na frigidez, no vaginismo, na impotência ou na ejaculação precoce; os obstáculos da mulher para ser penetrada ou dos homens para penetrar são expressão de como o recalque na histeria age sobre o material edípico e sobre a fantasmática fálica. (pp. 81-82)*

O corpo sempre foi o palco privilegiado das organizações histéricas. A partir dele, foram gradativamente compreendidas outras dimensões como a erógena, a expressiva, a simbólica e a desejante, presentes não apenas na histeria, mas em toda experiência humana. Graças a elas evidenciou-se, como apontam os autores, que o corpo pode se constituir como o ponto mais íntimo do conflito (psíquico), sua essência, sua alma; que uma anatomia imaginária delineia-se sempre na relação que o sujeito estabelece com seu semelhante, marcada pelas experiências recíprocas de necessidades, desejos, satisfações e frustrações; que um gozo, não apenas prazer, mas também sofrimento, organiza-se nessa relação. Todos esses ingredientes participam das tramas identificatórias que podem resultar na organização histérica, mas também em todas as demais organizações psicopatológicas.

Assim, a escuta da histeria inaugurou a possibilidade de tornar visíveis formas específicas de implicação do corpo em toda e qualquer organização subjetiva. Na clínica, ela revelou a necessidade de ampliação da escuta para além do discurso, para a escuta do sensorial, da motricidade, do gozo real e imaginário do corpo.

Retratos da histeria

As implicações das diferenças dos sexos, a relação com a castração e com a falta, as identificações maternas e paternas são os principais eixos que organizam a identidade sexual e também a histeria. Marcada por uma fixação na fase fálica, a histeria tem no recalcamento a principal forma de defesa para lidar com as fantasias predominantemente relacionadas à diferença sexual e com as dificuldades de realizar a passagem edípica. As dinâmicas identificatórias são operadores centrais desses processos.

A persistência de uma relação pré-edípica com a mãe e o não reconhecimento da castração contribuem para que a histérica se coloque no lugar do objeto fálico. Como apontam os autores, "A incompletude presente na lógica fálica, igualada ao não valorizado, ao indigno, conduz ao modo de ver histérico" (p. 145). Referindo-se a Dio Bleichmar, eles acrescentam que a identidade feminina da histérica organiza-se em torno de seu corpo falicizado, sem aceitar "a carência de órgão, de significante, nem o famoso lugar de objeto-causa do desejo e rivaliza o tempo todo pelo falo com aquele que supõe que o tem" (p. 135).

A histérica busca sempre compreender o enigma da relação entre homens e mulheres. O que um homem deseja em uma mulher? Porém, diante da impossibilidade de reconhecer e compreender a diferença de sexos e a castração, é comum que ela necessite apropriar-se do sintoma de outra mulher, ao mesmo tempo que delega e se faz representar por outra mulher no papel de mulher, para alcançar o homem. É essa uma das principais razões pelas quais a histérica frequentemente se vê envolvida em relações amorosas triangulares, atraída por homens ou mulheres casados, objetos proibidos. Porém, é suficiente que o casal se desfaça para que a situação deixe de ser interessante. Razões semelhantes contribuem também para que a histérica escolha homens substitutos de figuras paternas, ou ainda para sua dificuldade de ir além dos gestos preliminares do encontro sexual, para sua busca permanente de ser desejada para superar o sentimento de menos valia.

Essas dinâmicas se forjam no âmbito das relações parentais. A mãe da histérica é uma mulher que não aceita sua própria condição feminina nem o papel que lhe é dado na sociedade e no casal. Identificada com o discurso fálico, transmite à filha uma visão desvalorizada da figura feminina. Quanto ao pai, é visível sua dificuldade em interceder nessa dinâmica e de instaurar a castração simbólica, organizadora da sexualidade exogâmica e do acesso à Lei. Como apontam Silvia e Mário:

> *A histérica é filha de uma outra histérica que não conseguiu valorizar sua própria feminilidade e, em conseqüência disso, teria transmitido uma visão de menos valia com relação ao corpo. Filha de um pai que, assustado com a possibilidade de que o reconhecimento da sexualidade de sua filha o conduza ao incesto, não consegue acompanhá-la no processo de sexuação incluindo uma dimensão lúdica necessária. Assim não abre espaço para os jogos de fantasia, nos quais a filha poderia ir modelando a figura feminina ideal a ser assumida no futuro. Ao mesmo tempo esse pai é seduzido pela possibilidade de ver sua filha numa posição de filho, o que viria reparar seu falicismo falido. (p. 167)*

Em face do dilema fálico-castrado, da totalidade e da falta, origina-se a multiplicidade de identificações encontradas nas fantasias histéricas, frequentemente reproduzidas em suas tramas relacionais.

> *No caso da histérica, nem o discurso da mãe nem o suporte real do pai ajudam a menina a fazer essa passagem: a castração simbólica, de alguma forma, fracassa, e a menina fica atrelada ao vínculo de idealização e, ao mesmo tempo, de ressentimento com a mãe. (p. 142)*

Diante de sua dificuldade em realizar a castração simbólica, o pai não chega a ser um representante da lei, sendo permanentemente solicitado a ser aquele que sempre venha preencher e obturar o buraco narcísico aberto pelo complexo de castração. A idealização do pai sustenta a ilusão de que receberá dele o falo. Mesmo um pai fragilizado pode colocar a filha em condição de investir-se de um valor fálico que a coloca num lugar de restabelecer o valor familiar que implique o sacrifício de um projeto pessoal.

Os autores lembram ainda a importância da dimensão homossexual, bem como da natureza bissexual da organização histérica, feminina e masculina. Por obra do recalcamento, essa organização é sempre composta por fantasias que condensam o amado e o rival, a atividade e a passividade, o homem e a mulher. Eles apontam a frequência cada vez maior de relações homossexuais femininas subsequentes a rupturas de vínculos heterossexuais como uma busca de uma "segunda sexuação possível na identificação com uma mulher na posição materna". Muitas vezes, essa busca se faz sob o signo da histeria. Retomando a análise de Dio Bleichmar, os autores lembram que algumas posições homossexuais femininas se organizam centradas "no corpo (que pode despertar o desejo de um homem) e não na subjetividade (da outra), e é isso que facilita, no cenário erótico, que seja o corpo de outra mulher que venha a dar figuração ao próprio desejo" (p. 134).

Disfarces masculinos

Porém, a histeria não é um apanágio da mulher. Essa afirmação de Charcot, retomada por Freud no início de sua carreira, custou-lhe o ostracismo por parte de numerosos de seus colegas vienenses. Também nos homens ela se manifesta sob o manto do disfarce, não tanto de sintomas espetaculares, mas sob o signo de "traumatismos honrosos", sequelas de acidentes, de ações violentas em que o homem pode ter sido vítima ou herói, covarde ou corajoso. Nessas tramas, está menos em jogo o corpo do que a imagem perante o outro. A histeria masculina se revela em manifestações clássicas, como no alcoolismo, na impotência e na ejaculação precoce, mas também em expressões mais modernas, como nas queixas corporais, no culto da beleza, da forma física e do desempenho esportivo, que recolocam em evidência o corpo e o incremento das manifestações conversivas nos homens. A histeria masculina se manifesta também nas formas relacionais, nas modalidades fálicas de relação com o corpo, com o trabalho, com o dinheiro, escamoteando a feminilidade latente dessas manifestações. Ela aparece nas compulsões para o jogo, nas neuroses de fracasso, nas crises de cólera, nas brigas e violências contra a mulher, o que leva os autores a lembrar que, geralmente, enquanto as histéricas são encontradas nos consultórios médicos, os homens histéricos são frequentemente achados nas delegacias.

A histeria masculina ganha relevância no contexto cada vez mais competitivo da vida moderna. O histérico é prisioneiro de uma demanda da mãe que solicita ao filho fidelidade eterna e incondicional. Congelado nessa posição de fetiche fálico da mãe, ele vive o terror permanente do fracasso diante da dimensão dessa demanda. A impotência e o "donjuanismo", o alcoolismo e a drogadicção, o acúmulo de fracassos profissionais, amorosos e existenciais e a exibição de repetidos sucessos nesses campos são apenas duas faces da mesma montagem diante do imperativo da demanda fálica materna. Como descrevem os autores:

> *Inseguro, o histérico quer ser amado por todos; em relação às mulheres, ama todas, e não quer comprometer-se com uma, porque isso implica aceitar a limitação, renunciando às outras; muitas vezes se vê envolvido em várias relações amorosas ao mesmo tempo, por não poder escolher. As escolhas são sempre difíceis; no âmbito profissional, acumula atividades por não poder renunciar a nada. Quando escolhe, não fica satisfeito; sempre é melhor o que os outros possuem: o trabalho do colega, a mulher do amigo, o sapato que ficou na loja. Em uma posição de vítima, queixa-se do que não possui, mais do que aproveita aquilo que tem. O histérico masculino comparte com a histeria feminina a insatisfação, assim como a sugestionabilidade; é alvo de todas as publicidades, está sempre em busca daquilo que o fará "o melhor", o mais querido, o triunfador; no entanto, quando chega o momento de apropriar-se do conquistado, não o consegue e repetidamente fracassa (neurose de fracasso). São sujeitos que, sem sabê-lo, constroem o seu infortúnio; parece que o triunfo mobiliza neles um mecanismo de autocastigo. À medida que eles não reconhecem a sua própria construção, atribuem sua desgraça ao destino. (p. 181)*

A clínica e as armadilhas da histeria

Como sempre, a histeria não está ali onde esperamos encontrá-la. Camuflada, escondida, surpreendente, mesmo quando exuberante, em suas novas roupagens, ela engana. Respondendo àqueles que, talvez saudosos, decretaram sua extinção, Silvia e Mário apontam que, mais do que nunca, ela nos espreita e nos solicita,

> *. . . presente na demanda clínica, nas produções estéticas, nos relatos médicos e nos modos de construir as categorias de gênero. Algumas manifestações peculiares em que ela insiste em se apresentar na atualidade – desde as formas anoréxicas até as modalidades quase assintomáticas cuja única queixa é o cansaço, o* taedium vitae, *ou nas epidemias contemporâneas que podem ser lidas em clave histérica – abrem espaço para pensar problemáticas sobre o lugar do corpo na contemporaneidade ou nas formas de subjetivação na cultura atual. (p. 13)*

Nesse terreno encontramos as maiores contribuições desse livro. Revelando a habilidade da histeria em transfigurar-se nas imagens apresentadas pelo outro e pela cultura, os autores oferecem importantes elementos para escapar das armadilhas que se apresentam ao clínico, principalmente no que concerne ao diagnóstico diferencial, responsáveis pelas dificuldades de acompanhamento de muitos pacientes, pelos excessos de medicação e pelos fracassos terapêuticos. Compreendemos, assim, a especificidade da histeria não apenas em suas formas conversivas e neuróticas mais clássicas, mas também em sua proximidade com as roupagens mais modernas das psicopatologias corporais, das manipulações estéticas do corpo, dos transtornos alimentares, bipolares, de pânico, e ainda com seus disfarces mais inesperados, como nas depressões e nas psicoses.

Desmascarada, podemos então reconhecê-la por meio de suas múltiplas faces, minuciosamente descritas pelos autores, isolada ou combinada com outras manifestações. Numa multiplicidade de matizes, associa-se a histeria aos mais diversos quadros da psicopatologia: aos quadros mistos das neuroses obsessivas e fobias, ao limite dos transtornos de pânico, às bordas dos quadros aditivos, ao fermento de alucinações e delírios facilmente confundíveis com episódios psicóticos. Em sua ação vertiginosa, cada vez mais deixa de ser "privilégio" ou exclusividade das mulheres para colocar-se a serviço de masculinidades, categóricas ou hesitantes, de adultos, púberes e mesmo crianças, cada vez mais cedo confrontadas com o fascínio (evidente) e com o terror (pouco considerado) de sexualidades exuberantes que por todos os lados, na rua, em casa, na mídia, a solicitam.

O território histérico estende-se, portanto, bem além das clássicas formas conversivas. Silvia e Mário apontam a importância ética e clínica de compreender as loucuras histéricas, caracterizadas pela perda de controle, atuações impulsivas, alucinações e delírios histéricos, fenomenologicamente próximas dos quadros psicóticos, dos estados psicóticos dissociativos, dos quadros *borderline*, para o estabelecimento do diagnóstico diferencial e para a adequação da conduta terapêutica. Essa distinção, operada a partir da consideração do caráter onírico das apresentações histéricas e da presença da projeção, foi também o principal fator que permitiu a Freud a compreensão metapsicológica da histeria para além dos sintomas de conversão. Essa mesma linha de investigação conduziu, por meio da escola inglesa de psicanálise, à conceituação dos quadros *borderline*, dos estados-limite, proposta por O. Kernberg, que incorpora nesse quadro, sem diferenciá-las, as loucuras histéricas.

Preocupados com a precisão diagnóstica e suas implicações, nossos autores lembram a plasticidade da histeria, capaz de moldar-se a novas épocas, formas e construções nosográficas, podendo sempre

> *apresentar-se para o outro no lugar que o outro deseja encontrá-la, conseguindo imitar com sucesso os* border-lines, *os perversos e esquizofrênicos. . . . Assim a presença de alucinações e transtornos de pensamento não é suficiente para pensar que se está na presença de um esquizofrênico, a constatação de um excesso de impulsividade, de irritabilidade ou de atuações não caracteriza necessariamente um transtorno* borderline. *(p. 192)*

Os autores dedicam-se ainda a esclarecer as articulações entre a histeria, a depressão, a melancolia, o masoquismo e, especialmente, a dor. Questionando a tendência de considerar a depressão como a principal manifestação psicopatológica contemporânea e o concomitante esvaziamento da perspectiva metapsicológica para a compreensão das neuroses, eles apontam que os próprios psicanalistas muitas vezes incorporam essa visão resultante de uma leitura psiquiátrica referida a recortes sintomáticos atrelados a medicações para tratá-los. Silvia e Mário lembram que é frequente a presença de estados depressivos em todos os quadros neuróticos, inclusive na histeria, subsequente a situações de perda, por exemplo. Lembram também que a dimensão do gozo presente na histeria implica uma relação não apenas ao prazer, mas também à dor, muitas vezes física, colocando em jogo os circuitos pulsionais do masoquismo, segundo suas três expressões, feminina, moral e erógena. Eles ressaltam ainda que essas dimensões depressivas e masoquistas da experiência histérica encontram-se fortemente vinculadas ao contexto cultural. Sugerem que

> *[nas culturas] em que a rejeição da sexualidade é maior, o caminho do erotismo é mais difícil e a histeria fica condenada a existir em suas formas mais melancólicas e masoquistas; nas culturas nas quais a presença*

> *do erotismo é maior, a histeria pode recuperar mais sua positividade [marcada por Freud] [que], à diferença da neurose obsessiva e da fobia, mantém uma relação maior com o corpo erógeno e portanto uma via de acesso mais aberta. (p. 218)*

Além da análise minuciosa das transformações do conceito de histeria na obra freudiana, Silvia e Mário oferecem também ao leitor a oportunidade de ampliar a compreensão dessa manifestação segundo as perspectivas de outros psicanalistas, clássicos e atuais. Assim, as concepções de Lacan sobre o estágio do espelho, sobre a função paterna e sobre o falo e a falta ampliam a compreensão das dinâmicas identificatórias da histeria e sua posição com relação à castração. M. Klein ajuda a compreender a organização dos primeiros estágios do complexo de Édipo e suas implicações na organização da feminilidade e da organização histérica. No contexto das escolas inglesas, R. Fairbairn aprofunda o entendimento das dissociações histéricas, enquanto M. Khan analisa a dinâmica da hostilidade e do rancor histéricos e C. Bollas as interfaces entre os estados *borderline* e a histeria. Por sua vez, Lucien Israël e Joel Dor contribuem com importantes instrumentos clínicos e conceituais para a compreensão das manifestações histéricas na contemporaneidade. J. D. Nasio introduz a noção do eu-tristeza, aparentemente paradoxal na histeria, e J. Birman, o caráter "antierótico" do ser da histeria, um movimento do desejo que "esteriliza-se e congela pelo terror que o histérico sente diante da excitação" (p. 224). Todas essas configurações são resultantes das transformações históricas que forjam as figurações do feminino em nossos tempos.

Os autores analisam também o contraste entre a grande produção teórico-clínica psicanalítica sobre a histeria até os nossos dias e o esvaziamento conceitual, clínico e nosográfico desse quadro na psiquiatria nas sucessivas edições do DSM e da CID. Nesse campo, a exemplo da desconstrução do conceito de neurose, fragmentado em conjuntos sintomáticos descritos como transtornos, eles apontam que também a histeria padece dessa dispersão e do esvaziamento da compreensão de sua etiologia sexual, do conflito psíquico e da escuta necessária para seu tratamento.

A histeria é "fashion"

Talvez bastasse observar os *outdoors* em uma rápida volta no quarteirão, contemplar os passantes no shopping, apreciar as modas e visualizar as produções culturais, nos jornais, revistas e TVs, para perceber, mais do que nunca, a atualidade da histeria. A profusão de produtos, corpos, imagens e sonhos permanentemente oferecidos ao consumo revela como são amplamente exploradas as insatisfações da alma humana. Insatisfações alimentadas e promovidas pela combinação explosiva de condições de vida materiais e/ou anímicas precárias e a incessante produção de ideais, fantasias e promessas que se oferecem como miragens de ansiadas satisfações plenas e definitivas, da perfeição fálica e da completude narcísica.

"Gozo para todos", parece ser o lema, quase o imperativo, de uma ideologia que hoje oferece em negativo o mesmo terreno fértil que gestou e colocou em evidência a histeria a partir da segunda metade do século XIX. Desde aquela época, em íntima consonância com as mudanças cada vez mais intensas da organização econômica e social, transformaram-se também as manifestações histéricas repercutindo sobre as formas de subjetivação e de manifestação social. Nesse contexto, mudou também a função do sintoma, o apelo que ele lança como instrumento inconsciente de poder e de intermediação de uma solidão sem continência para estímulos e excitações cada vez mais intensos, fascinantes, mas também insuportáveis e desorganizadores.

Nada mais característico da organização histérica do que o circuito infernal de promessas e frustrações, de ilusão e desencanto que, apesar de todo sofrimento que provoca e de toda repetição que o desmascara, mantém o sujeito escravo do desejo do Outro, seja ele personificado por seu semelhante, por uma instituição, por um Estado. Tentar aliar-se ou moldar-se aos supostamente "vitoriosos", identificar-se e reproduzir essa dinâmica é, muitas vezes, uma forma extrema de tentar evitar o contato insuportável, ou mesmo o reconhecimento da experiência da falta.

Porém, também nesse lugar revela-se o engodo. Cada conquista, cada vitória, rapidamente deixa de ser satisfatória. Na impossibilidade de satisfação do desejo e de reconhecimento da satisfação, mesmo quando ela acontece, encontramos uma das marcas registradas da histeria. Insatisfação que tem a mãe como destinatária, considerada na fantasia a responsável pela falta e pela castração, suspeita de possuir, prometer e sonegar objetos e relações idealizados que poderiam propiciar a plena satisfação do sujeito.

Dessa forma, em nossos dias, somos permanentemente confrontados com uma verdadeira clínica do ressentimento. O sofrimento, a frustração, as dificuldades presentes nas queixas dos pacientes são permeadas e intensificadas pelas sucessivas decepções com promessas amorosas, profissionais, políticas, reais ou imaginadas, impossíveis de serem cumpridas. Desencantos que não tardam a respingar sobre o próprio processo terapêutico, frequentemente atacado quando não entra em conluio com as expectativas de curas mirabolantes, rápidas, idealizadas. Cedo ou tarde, também o médico, o psicoterapeuta, o profissional e a instituição de saúde são confrontados com promessas que jamais fizeram e com expectativas que não podem cumprir. Cedo ou tarde, se desvanecem mesmo as intensas esperanças inicialmente depositadas no processo terapêutico pelo paciente, inaugurando muitas vezes o circuito de violentos embates que leva à ruptura desse processo e à busca de um novo tratamento em que novamente possam ser depositadas aquelas esperanças não correspondidas.

Compreendemos então que os desafios, dificuldades e riscos dessa clínica se estendem para muito além da organização histérica. Na diversidade de suas expressões sintomáticas e combinações com diferentes organizações psicopatológicas, é fundamental compreender que é no espaço da relação com o outro, familiar, colega, terapeuta que se desenvolve a trama histérica, que sempre demanda um coadjuvante para sua *mise-en-scène*. A compreensão e a elaboração dessas relações é um dos principais recursos para desarmar as constantes artimanhas e rupturas que ocorrem na convivência e no tratamento dessas pessoas.

Silvia Alonso e Mário Fuks exploram de forma particularmente reveladora esse espaço intersubjetivo. Eles nos presenteiam com um livro que se orienta pela escuta do fenômeno histérico, convidando-nos a essa escuta para evitar as frequentes armadilhas que buscam nos ensurdecer por meio da captura pelo visual que ofusca e confunde. Eles nos revelam instrumentos preciosos para a descoberta de novas paisagens, não apenas do fenômeno histérico, mas também de todas as manifestações psicopatológicas de nossos tempos.

Referências

Alonso, S. L., & Fuks, M. P. (2004). *Histeria* (Coleção Clínica Psicanalítica). São Paulo: Casa do Psicólogo.

Freud, S. (1914). A história do movimento psicanalítico. In *Edição Standard Brasileira das Obras Psicológicas Completas de Sigmund Freud* (Vol. XIV). Rio de Janeiro: Imago, 1980.

14. Nas teias da perversão[1]

"Decifra-me ou te devoro!" A cada encontro humano reatualiza-se o secular enigma da esfinge tebana.

Diante do outro, somos convocados a desvendar o lugar para o qual seu desejo nos convoca, assim como o desafiamos a descobrir aquele que lhe atribuímos no nosso. Nesse jogo de adivinhações recíprocas, amorosas ou mortíferas, sutis ou explícitas, é tecida a trama da subjetividade humana. No encontro ou na ausência, na intimidade ou na exibição, entremeia-se uma infinita diversidade de desejos, formando desde as composições mais harmônicas, atraentes e encantadoras até as mais bizarras e repugnantes figuras, que nem por isso deixam de nos fascinar.

Há muito Flávio C. Ferraz se interessa por essas tessituras. Como um etologista, ele observa, coleta e cataloga as espécies que encontra, sem perder a curiosidade e a imaginação da criança que

---

1 Resenha de *Tempo e ato na perversão*, de Flávio C. Ferraz (2005). Publicada em *Percurso - Revista de Psicanálise*, *37*, 2006, pp. 110-114, modificada para esta edição.

segue por horas uma formiga até o formigueiro, transportando-se também aos fantásticos cenários subterrâneos pelos quais ela adentra. Por meio desse método, ele revela a organização e a poesia escondidas por detrás das formas esgarçadas do desejo, da mesma forma que investigou o universo dos loucos de rua em *Andarilhos da imaginação* (Ferraz, 2000a), e também o caos e a destrutividade que se dissimulam nos comportamentos aparentemente mais harmônicos da modernidade em *Normopatia* (Ferraz, 2002).

Difícil a tarefa para a qual fui convidado. Não tanto pelo desafio de acompanhar o autor por todas essas peripécias, que, ao contrário, me encantam. Mas pelo delicado lugar de compartilhar com ele, como colega e amigo, uma longa história de aventuras, inquietações e criações clínicas, teóricas, didáticas e editoriais. Aceitei, movido pelo contato gratificante com a obra cujo tema, complexo, carregado de preconceitos e de armadilhas para a clínica, é tratado por Flávio de forma clara, viva e conceitualmente rigorosa, revelando uma escuta sensível, cuidadosa e, sobretudo, livre. Prevenidos de minha parcialidade, ainda assim, considerem ser esta uma leitura importante.

Tempo e ato na perversão dá continuidade e aprofunda alguns dos temas desenvolvidos por Flávio em *Perversão* (Ferraz, 2000b), livro inaugural da Coleção Clínica Psicanalítica, da qual também faz parte. Já ali ele sugeria transformar as complexidades e as reconhecidas dificuldades do manejo clínico das manifestações perversas em uma reflexão sobre a dimensão ética dessa clínica. Um olhar incauto poderia considerar esse convite uma provocação, um desvario. Caracterizada pelo desvio, pela afronta, pela transgressão, por uma visão utilitária da alteridade (quando não pela negação desta), como poderia a perversão ser pensada em uma dimensão ética?

O desconcerto diante de tal proposta revela que o preconceito e o moralismo ainda impregnam nossas representações da perversão, apesar de todas as mudanças ideológicas, culturais e dos costumes do último século. Esses aspectos permitem também compreender as controvérsias apaixonadas em torno da clínica da perversão, apesar da evolução da nosografia e dos recursos clínicos para lidar com suas manifestações.

Sintomatologia e transferência perversas

Para sustentar sua proposta, Flávio inspira-se no veio freudiano. Foi este que contribuiu para resgatá-la do terreno do juízo moral, ao revelar a continuidade existente entre a perversão e o funcionamento "normal", fruto da natureza e desenvolvimento pulsionais da experiência humana, cujas manifestações perversas polimorfas na infância são estruturantes tanto da sexualidade como da subjetividade. Mais que uma organização psicopatológica, um sintoma, um comportamento, a perversão é um modo de organização subjetiva e de relação com o outro que, naturalmente, manifesta-se também na transferência, em qualquer enquadre terapêutico.

Flávio convida-nos a vislumbrar dois importantes fios dessa trama, o da sintomatologia e o da transferência perversa. Já evocados em seu primeiro livro, eles se tornam mais visíveis no segundo, revelando as minúcias e os ardis da teia perversa em seus diferentes enlaces e matizes, na clínica, na organização e na vivência do tempo, nos nós e impasses dos atos e das palavras.

No primeiro capítulo do livro, acompanhamos a evolução histórica e conceitual dos eixos sintomatológico e transferencial da perversão na psicanálise. Lembrando a importância e o caráter inovador das posições de Freud sobre as perversões, o autor ressalta que nelas prevalecia uma visão sintomática que contribuiu para o estabelecimento de uma referência clínica clássica: a revelação explícita nas manifestações perversas daquilo que, devido ao recalcamento, é impossível de se manifestar nas neuroses. As neuroses seriam, portanto, o negativo da perversão. Essa distinção refinou-se simultaneamente ao aprofundamento da teorização metapsicológica, culminando com a descrição de dois outros importantes processos estruturantes das perversões, a *recusa* e a *dissociação*. Assim, enquanto as dinâmicas do recalcamento são reconhecidas como a marca registrada das neuroses, a recusa (da castração e, em certa medida, da realidade) é a marca característica das perversões.

As dificuldades encontradas na clínica das perversões provocaram durante muitos anos um intenso debate sobre a possibilidade do tratamento psicanalítico dessas manifestações. A superação dessas controvérsias tornou-se possível a partir da ampliação dos recursos da análise da transferência, promovida principalmente pelas correntes kleinianas e lacanianas da psicanálise. A exemplo do observado na clínica das psicoses, o fio da transferência permitiu não apenas viabilizar a clínica das manifestações perversas, mas também melhor compreender as tramas dessas manifestações, cada vez mais multiformes, disseminadas e exacerbadas no mundo contemporâneo.

Lembrando o caráter "estranho" e "ambíguo" da demanda, e o "desafio" e a "rebelião" inerentes à transferência perversa, Flávio explicita as ciladas que espreitam o analista. Entre "moralista" (que se vê incitado à supressão das práticas perversas) e "*voyeur*" (atribuindo importância secundária ao sintoma, privilegiando a análise), ele corre o risco de se ver ele mesmo complementarmente capturado pela trama perversa, reduzido ora a uma posição moralizante, ora a um insidioso gozo com a escuta das práticas do paciente.

Os psicanalistas lacanianos ressaltam que, contrapondo-se claramente ao lugar de "suposto saber" peculiar à transferência neurótica, a transferência perversa desafia o saber do analista e, no limite, o recusa enquanto outro, revelando a tentativa do perverso de renegar a lei do pai para substituí-la pela lei de seu próprio desejo (Rosolato, 1967). D. Meltzer (1973), da escola inglesa, descreve essa mesma tentativa do perverso de não reconhecer o analista em sua função ou mesmo, às vezes, em sua pessoa, sugerindo o termo "perversão de transferência". Ele ressalta, porém, que esse tipo de transferência também ocorre em diferentes momentos da análise de outros pacientes, não necessariamente perversos. Na transferência perversa, o paciente não tenta utilizar os recursos da análise para transformar-se ou buscar a cura, e sim, em claro movimento de sabotagem da proposta analítica, para aprender a modular seu comportamento com vistas a manter o hábito ou o vício sem risco de ser importunado. Por sua vez, Otto Kernberg (1998) aponta que um dos maiores riscos dessa modalidade de transferência é de o analista se ver capturado e enredado pelas fantasias perversas do paciente. Da mesma forma, Betty Joseph (1971) explicita a sutileza que muitas vezes reveste essas armadilhas, representando um risco de que as interpretações (ou pseudointerpretações) do analista se constituam sobretudo como atuações diante das projeções e ataques insuportáveis do paciente à análise e ao analista.

À luz dessas revelações, é possível compreender as reticências quanto às possibilidades de análise das perversões, os frequentes impasses e momentos de paralisia do processo analítico e, principalmente, as angústias vividas pelo analista que se dispõe a alcançá-las, mobilizadas pela atitude de desprezo e de desafio do paciente ao processo e ao analista. É nesse contexto que se evidencia a utilidade clínica do termo "perversão de transferência", criado por D. Meltzer e consagrado por Horácio Etchegoyen (2002) em seu tratado de técnica psicanalítica. Assim como a descrição da "psicose de transferência" viabilizou a clínica psicanalítica das psicoses, ao ampliar a ideia de "neurose de transferência", a revelação da dimensão perversa da transferência avançou no caminho para o reconhecimento das modificações necessárias ao dispositivo psicanalítico para o tratamento de manifestações não neuróticas do sofrimento humano.

Seguindo os fios da transferência e do sintoma perversos, Flávio lembra a utilidade do diagnóstico transferencial desenvolvido na perspectiva lacaniana, que associa a estrutura clínica ao mecanismo defensivo: a perversão à recusa, o recalcamento à neurose e a rejeição à psicose. Porém, ele alerta para o risco de essa visão "desmaterializar" a perversão, esvaziando a importância de sua dimensão sintomática e das repercussões desses modos de funcionamento na vida do sujeito. Ele lembra que essa leitura tende a priorizar um recorte da obra freudiana que privilegia o modelo mais tardio da perversão, encontrado no artigo sobre o fetichismo (Freud, 1927) e centrado na recusa, em detrimento das contribuições dos *Três ensaios sobre uma teoria da sexualidade* (1905), que revelaram a dimensão pulsional e a função estruturante da perversão para a subjetividade.

Flávio considera que o risco de dicotomia é menor na visão de D. Meltzer, que sustenta a "coincidência do fenômeno sintomatológico da perversão com sua manifestação transferencial", uma vez que o analista é um objeto entre outros da vida do paciente. Ele lembra, porém, que essa questão suscita controvérsias mesmo no campo kleiniano. O. Kernberg (1998) critica essa leitura de Meltzer (mas também de Rosenfeld (1952) e de Bion), que "confunde perversão sexual com perversão de transferência" (p. 35). Kernberg (1998) ressalta a importância de uma discriminação mais fina do fenômeno transferencial, ao descrever o fenômeno da "perversidade da transferência", uma reação terapêutica negativa severa na qual o erotismo e o amor são recrutados a serviço da destruição. Essa manifestação pode ocorrer, segundo ele, em pacientes que não apresentem nenhuma perversão sexual específica, mas que apresentam distúrbios narcísicos de personalidade, por ele caracterizados como "síndrome do narcisismo maligno" (p. 36). Assim, a perversidade de transferência pode ser observada tanto em pacientes com formas severas de sadismo, masoquismo, pedofilia, coprofilia etc., mas também em pacientes psicopatas, em alguns neuróticos e também nas organizações *borderline*. Aparentemente próxima da perspectiva lacaniana, a leitura de Kernberg se distingue dela ao valorizar as manifestações sintomáticas e, sobretudo, a qualidade das relações objetais do paciente.

Confrontando todas essas visões, Flávio conclui que o eixo sintomatológico considera um "sujeito que fala de seu sintoma em transferência", mas que permite ainda vislumbrar "um sujeito-no--mundo por detrás de sua sintomatologia" . Esse eixo comporta o risco de o analista ficar "excessivamente preso à sintomatologia", abandonando o recorte clínico para cair numa visão psiquiátrica do sintoma, esvaziando a análise de sua "eficácia como método para o encontro da verdade peculiar ao sujeito", transformando-a em uma psicoterapia de apoio ou método adaptativo ou educativo. Por outro lado, se o mérito do eixo transferencial consiste na manutenção da especificidade da perspectiva psicanalítica, protegendo-a das simplificações clínicas de moldagem consciente do ego, o risco deste eixo reside no perigo epistemológico que, no limite, conduz a psicanálise à perda de "contato com toda a psicopatologia possível" (pp. 37-38). Ele alerta que, em última instância, a rigidez da perspectiva transferencial pode levar à recusa do sintoma do paciente, que, diante dessa limitação por parte do analista, pode se ver confrontado com enquadres e interpretações inócuas e mesmo nocivas.

Naturalmente, esses dilemas e paradoxos não são exclusivos da clínica da perversão. A partir de sua análise das dificuldades e dos desafios da perversão ao processo psicanalítico, Flávio convida a uma reflexão mais geral sobre a função do diagnóstico na análise, sugerindo que o diagnóstico psicanalítico não se restringe à identificação de uma entidade nosográfica, mas que deve ser considerado como "uma consideração dinâmica e relacional cuja função é constituir-se como operador clínico. . . . o diagnóstico transferencial refere-se mais à qualidade da relação objetal do que à fenomenologia sintomatológica do sujeito" (p. 40). Como sabemos, a importância dessa posição revela-se particularmente útil na clínica contemporânea, cada vez mais confrontada com uma multiplicidade de organizações subjetivas e psicopatológicas de manejo particularmente difícil e, às vezes, impossível no enquadre psicanalítico clássico.[2]

Sugerindo uma visão da transferência mais ampla que a clássica visão de repetição de relações objetais, o autor ressalta que, associado à repetição, existe também na transferência "um gesto que aponta para o novo num impulso de restauração por meio de uma compreensão diferente de si, que se pede ao analista e dele se espera obter" (p. 41). As dinâmicas perversas são um obstáculo tanto à escuta do novo pelo analista como ao próprio pedido do novo pelo paciente, uma vez que a posição deste último dificulta a disponibilidade do analista para o *holding*, condição necessária para a constituição do inédito.

---

2 A partir dessa mesma perspectiva destaco a importância de reconhecer e acompanhar as oscilações da transferência e da contratransferência correspondentes a diferentes modos de organização da economia psicossomática do paciente, para além dos quadros neuróticos. A modulação do enquadre terapêutico a partir dessa ampliação é uma forma de viabilizar a clínica individual e institucional dos pacientes ditos "difíceis", superar impasses terapêuticos e evitar iatrogenias. Ver "O campo transferencial como recurso terapêutico..." (Volich, 2016) e "A clínica das desorganizações" (Volich, 2000).

Por meio da análise de "Júlio", Flávio convida-nos a acompanhar a materialização da trama na qual se organizam e se manifestam as armadilhas da perversão de transferência. Em um recorte do caso, observamos passo a passo como o tom levemente depressivo, a angústia e o sentimento de inferioridade com relação a seu analista, presentes no início da sessão e relacionados a suas vivências da sessão anterior, cedem, após um momento de silêncio, a uma mudança de tônus, à aceleração do discurso que se intensifica e se transforma em ironia, arrogância intelectual, desprezo e esforço de cooptação do analista, tudo isso como reação a uma interpretação transferencial. Nessa situação evidenciam-se claramente diferentes mecanismos da perversão de transferência: inicialmente, Júlio se apresenta numa condição supostamente submissa, sofredora, penalizada, mas, sutilmente, tece a trama de sedução, atraindo o analista para a armadilha onde ele pode ser capturado e imobilizado. O analista é convidado à intimidade de uma troca, à revelação exclusiva ao paciente de um segredo de sua profissão, acumpliciando-se com ele na posse de um suposto segredo que promete um gozo imaginário, mas que, ao mesmo tempo, explicitaria a fragilidade do analista, o diminuindo e desautorizando.

Flávio evidencia na discussão do caso diferentes desdobramentos possíveis para as leituras segundo os eixos sintomatológico e transferencial. A sedução e o convite à intimidade são dispositivos característicos da transferência perversa que buscam capturar o analista numa relação dual para eliminar qualquer possibilidade de terceiridade, uma característica da estruturação antiedípica, também encontrada em pacientes *borderline*, como aponta Luís Claudio Figueiredo (2004). A tentativa de manutenção da dualidade ocorre, portanto, sob o signo da fantasia incestuosa, buscando eliminar o pai como terceiro, como representante da lei, tentando assim evitar o crivo da castração.

Ao se considerar acima de qualquer lei, ao desautorizar toda ordem que não emane de seu desejo, o perverso recusa qualquer restrição que possa sugerir-lhe os limites de seu desígnio. Revelando a importância do mecanismo da recusa na perversão, Freud evidenciou essa que se constitui com uma das marcas positivas e registradas da perversão.

A recusa do tempo

Esse mecanismo é analisado de forma específica no segundo capítulo do livro no contexto da relação à temporalidade, em particular sua recusa. Flávio relembra a evolução do conceito de recusa em Freud, inicialmente tomada com relação à castração e posteriormente relacionada à realidade.

Apoiando-se em um comentário de Laplanche e de Pontalis (1967), Flávio sugere que o elemento sobre o qual incide a recusa é constituído pelas "condições primárias do pensamento, ligadas, de algum modo, às categoria básicas de espaço e tempo – as categorias a priori do conhecimento na filosofia kantiana" (p. 54). Por participarem da estruturação das experiências de ausência/presença, movimento, separação e processualidade, também essas experiências acabam sendo afetadas pelo mecanismo da recusa, como observamos nas adições (recusa da falta), nos pacientes *borderline* (recusa da separação), bem como em algumas formas de transtornos corporais (recusa do corpo) delineando todo um campo de manifestações subjetivas que, para além da perversão, podem ser definidas como *patologias da recusa*.

O fio da onipotência perpassa todas essas manifestações da recusa, resultando em figuras que revelam a impossibilidade de reconhecer faltas, limites e falhas da existência ou de diferentes dimensões da própria experiência. Em um outro recorte clínico, Flávio mostra como para seu paciente, "André", a recusa do tempo articulava-se intimamente à recusa de aspectos de sua vivência corporal, tornando impossível para ele admitir qualquer falha ou marca que pudessem evidenciar a passagem do tempo, o envelhecimento e, no limite, a morte. Lembrando as evidentes semelhanças entre os modos de funcionamento de seu paciente e a clássica história de Dorian Gray, de O. Wilde (1890), nosso autor discute a função de diferentes estratégias que visam a burlar as implacáveis marcas do tempo que passa, como as constantes modelagens corporais, a constituição de fetiches, que substituem o verdadeiro pelo falso, e também a substituição frequente dos parceiros que envelhecem, estratégias bastante disseminadas e respaldadas na ideologia e nos comportamentos contemporâneos.

A partir das formulações de Lanteri-Laura (1979), Flávio lembra que a recusa do tempo na perversão é mais que uma fixação nas fases pré-genitais do desenvolvimento libidinal, constituindo-se como um verdadeiro desprezo pela hierarquia dos estágios libidinais. Ao ignorar essa hierarquia, o sujeito tenta preservar, de forma onipotente, a crença de ser ele o mestre da temporalidade, regendo o ritmo da vivência e da passagem do tempo exclusivamente segundo a lei de seu próprio desejo, uma fantasia que busca, no limite, negar a realidade inexorável da morte. De forma semelhante, Chasseguet-Smirgel (1979) também chama a atenção para essa característica da atividade sexual perversa como "fora do tempo", pela recusa do tempo de maturação e desenvolvimento biológico do organismo (nas fantasias e práticas pré-genitais e na pedofilia), e também pela recusa das diferenças geracionais (nos componentes incestuosos de muitas práticas perversas).

Flávio ressalta que a perturbação da vivência do tempo, mesmo que evidente na perversão, transcende essa manifestação, sendo também encontrada, com articulações diferentes, nos quadros de autismo, em certos quadros de ansiedade, nas organizações *borderline*, em algumas manifestações neuróticas, como em algumas formações obsessivas e mesmo, em certa medida, em uma certa organização e vivência da "normalidade" contemporânea. É possível observar, por exemplo, o pânico diante da processualidade, decorrente da necessidade de se sujeitar à inelutável passagem do tempo, uma manifestação frequente da "psicopatologia cotidiana". Nesse caso, não se trata propriamente de uma recusa do tempo, "mas de uma espécie de luta compulsiva contra ele. . . . o fracasso da recusa conduz a uma ansiedade desesperada que pode ter como último fulcro o terror da morte" (p. 66).

Assim, é possível considerar os diferentes modos de relação ao tempo como critérios diferenciais da organização subjetiva e das manifestações psicopatológicas em particular. Flávio sugere que as perturbações da temporalidade na neurose caracterizam-se por uma luta contra o tempo, manifesta na formação de sintomas. Nos quadros *borderline*, essas perturbações se expressam por meio dos comportamentos de descarga, de *acting outs*. Na perversão encontramos a recusa do tempo propriamente dita. No autismo, é a própria estruturação da realidade, e da temporalidade em particular, que se encontra comprometida num processo mais próximo da rejeição do que da recusa, expressando-se por meio de falhas dos processos de integração da personalidade. Finalmente, na existência humana, a relação ao tempo encontra-se no âmago da experiência da angústia.

Ato, crença e limites

Buscando afinar o delineamento das tramas perversas, o terceiro capítulo do livro se dedica a uma elucidativa comparação da função do ato e dos comportamentos na perversão com as atuações e manifestações da neurose obsessiva e em outros quadros, em uma nova perspectiva da relação com a Lei e com os limites.

Para essa comparação, Flávio se inspira nas hipóteses freudianas que relacionam as perversões a certas características de cultos gnósticos primitivos, marcados pela presença explícita do sexual e da agressividade, enquanto a neurose obsessiva poderia ser compreendida como um correlato patológico de uma espécie de religião particular, onde, à semelhança daqueles da religião coletiva, os rituais, cerimoniais, crenças, proibições, culpas e expiações, carregados de significado simbólico, correspondem a reações do sujeito diante de leis e prescrições.

Acompanhando as leituras de Guy Rosolato (1967) e J. Chasseguet-Smirgel (1979), Flávio destaca que, enquanto a neurose obsessiva pode ser compreendida como uma religião privada ritualizada, orientada para Deus, a perversão o seria como uma "religião do Diabo", uma manifestação da gnose, formas rituais primitivas, anteriores ao cristianismo, ligadas à natureza, ao corpo, à sexualidade e às livres expressões instintivas. Lembrando o mecanismo da recusa na perversão, a gnose apresentava uma contestação livre e permanente da Lei com vistas a alcançar o conhecimento e o acesso pleno à divindade e mesmo "roubar o lugar de Deus". Por sua vez, a religião tradicional ritualizada estruturou-se a partir de proibições de expressões e impulsos primitivos, com função semelhante à do recalcamento na neurose obsessiva.

É íntima a semelhança entre a crença dos gnósticos – a de serem escolhidos, especiais e detentores dos segredo de acesso à divindade e à criação – e as fantasias dos perversos de serem os privilegiados detentores do segredos do desejo sexual e do gozo, ou ainda de serem autoengendrados subjetiva e sexualmente. Flávio aponta que, enquanto o perverso "julga conhecer o segredo do prazer sexual, o neurótico obsessivo duvida e deve se furtar ao contato e ao prazer" (p. 79). Na clínica, as manifestações transferenciais dessas duas atitudes permitem distinguir entre essas duas organizações. Por outro caminho, chegamos assim à compreensão do desafio e desdém perverso pelo saber do analista, considerando seu saber superior ao dele, e da reverência e devoção do neurótico obsessivo pelo suposto saber do analista, na esperança de um dia alcançá-lo, obtendo sua redenção.

Essas atitudes diante do *saber* manifestam-se também em formas distintas do *fazer*. Como aponta Rosolato, o fazer obsessivo obedece ao detalhe, ao respeito dos procedimentos da Lei, à obediência ritual, enquanto o fazer perverso é mais propício a questionamentos e reformas, inversões e revoluções que podem fazem progredir a cultura. Traçando um paralelo com a tipologia desenvolvida por Freud em *Os tipos libidinais* (1931) - o erótico, o obsessivo e o narcísico e suas diferentes combinações -, Flávio pondera que o tipo obsessivo funciona segundo uma obediência ritual, resistindo a mudanças, enquanto o tipo narcísico, protótipo do sujeito da recusa, próximo ao perverso, pode, sim, em princípio, promover mudanças e revoluções, mas pode também provocar a desorganização e a destruição pelo não reconhecimento da Lei e pela não consideração do outro e da própria instância superegoica. Evocando a filosofia moral de Bergson (1932), ele sugere compreender a ética individual do obsessivo como próxima da moral estática, comum, cotidiana, conformista quanto às exigências sociais, enquanto que a do tipo obsessivo narcísico poderia se aproximar da moral dinâmica, inovadora, transcendente das obrigações, capaz de romper com as normas do grupo, subverter e trazer a mudança, porém respeitando algumas exigências do superego.

Esses elementos elucidam a natureza antissocial de muitos comportamentos perversos. Na relação do perverso com o mundo não é possível encontrar o gradiente intermediário, representado pelo componente obsessivo, marcado pela mediação superegoica. Nosso autor aponta que as mudanças que ele promove prescindem de valores e negligenciam necessidades coletivas, transformando-se em uma espécie de ideologia da "aceitação de qualquer coisa como moralmente válida [que se traduz] em uma ideologia do vale tudo" (p. 86), anulando os fundamentos éticos do sujeito, parte de sua personalidade. Como resultado da perda da capacidade de se indignar, de constituir uma dúvida moral, ficam solapadas as identidades subjetiva e cultural, soterradas sob a pressão cada vez maior em nossos dias de valores efêmeros e como fenômenos de moda, cultura de massa e interesses econômicos.

O fio da transferência revela ainda uma outra característica diferencial entre o funcionamento perverso e o neurótico obsessivo. O primeiro busca insistentemente manter ou promover a mistura, a indiferenciação, a fusão, o contato corporal ou com o objeto de desejo, em função do não reconhecimento da Lei e dos limites. Por sua vez, como fruto do recalcamento e da impossibilidade de percepção do desejo, o neurótico obsessivo desenvolve estratégias para manter distinções e impedir o contato, pelo comportamento, como na interdição e no tabu de tocar, e pelo pensamento, nas dinâmicas do isolamento que evitam o contato com (e entre) as ideias, contaminadas na fantasia pela sexualidade e pela agressividade.

Inspirado por P. Fédida (1991), Flávio lembra que a proibição de tocar faz parte do instituído civilizatório primordial. No desenvolvimento da espécie e também no do sujeito individual, o pensamento substitui parte da relação com o mundo inicialmente ocupada pela ação. O pensar denota a constituição de uma representação interna do mundo, a passagem do princípio de prazer (marcado pelo imperativo da ação para a satisfação imediata do desejo) para o princípio de realidade (que permite imaginar e adiar a satisfação do desejo). Na neurose obsessiva o pensamento pode se tornar um substituto completo da ação limitando e, no limite, impedindo a ação e o contato com o mundo e com a realidade. Na perversão o ato resulta da precariedade dos processos de pensamento, instaurando o regime da impulsividade e da busca da descarga e da satisfação imediata.

É importante lembrar que mesmo quando se manifesta em comportamentos (nos rituais, por exemplo) o ato obsessivo ainda é dominado pelo pensamento. Como sugere O. Fenichel (1945), as dinâmicas obsessivas se caracterizam pela *compulsão* e as perversas pela *impulsão*. Na compulsão, "o neurótico obsessivo sente-se compelido a fazer uma coisa que não gosta de fazer", enquanto o perverso "sente-se obrigado a gostar de uma coisa mesmo contra sua vontade" (p. 95). O ato obsessivo comporta uma dimensão sintomática, simbólica, de formação de compromisso entre instâncias psíquicas que evidencia o desprazer. O ato perverso é fruto da precariedade da organização daquelas instâncias, constituindo-se quase que como um impulso de descarga imediata com vistas à obtenção do prazer, sem formação sintomática e carente de dimensão simbólica.

Aproximando-se da conclusão, Flávio alerta-nos ainda para mais uma emboscada. Aparentemente, o ato perverso busca o prazer imediato, permanente e a qualquer custo do perverso, enquanto o sintoma neurótico seria caracterizado pelo desprazer. Ele lembra, porém, que, na neurose obsessiva, o gozo é experimentado na própria organização e na manutenção da defesa sexualizada e dos sintomas, como satisfações substitutivas. Assim, enquanto o perverso desafia e transgride aberta e declaradamente os limites e as regras, a desobediência e o desafio obsessivos insinuam-se ardilosa e silenciosamente sob o manto do sintoma, constituindo-se como uma verdadeira armadilha para o clínico.

Mais um enigma que nos espreita. Seguramente, não o último.

Referências

Bergson, H. (1932). *As duas fontes da moral e da religião*. (Coleção Os Pensadores). São Paulo: Abril Cultural, 1979.

Chasseguet-Smirgel J. (1979). *Ética e estética da psicanálise*. São Paulo: Artes Médicas, 1991.

Etchegoyen, R. H. (2002). Perversión de transferencia. Aspectos teóricos y técnicos. In R. J. Marguillansky (Org.), *Escritos clínicos sobre perversiones y adicciones*. Buenos Aires: Lúmen.

Fédida, P. (1991). A doença sexual: a intolerável invasão. In *Nome, figura e memória:a linguagem na situação analítica* (pp. 93-111). São Paulo: Escuta.

Fenichel, O. (1945). *Teoria psicanalítica das neuroses*. Rio de Janeiro: Atheneu, 1981.

Ferraz, F. C. (2000a). *Andarilhos da imaginação*. São Paulo: Casa do Psicólogo.

Ferraz, F. C. (2000b). *Perversão* (Coleção Clínica Psicanalítica). São Paulo: Casa do Psicólogo.

Ferraz, F. C. (2002). *Normopatia* (Coleção Clínica Psicanalítica). São Paulo: Casa do Psicólogo.

Ferraz, F. C. (2005). *Tempo e ato na perversão* (Coleção Clínica Psicanalítica). São Paulo: Casa do Psicólogo.

Figueiredo, L. C. (2004). Os casos-limite: senso, teste e processamento de realidade. *Revista Brasileira de Psicanálise, 38*(3): 503-509.

Freud, S. (1905). Três ensaios sobre a teoria da sexualidade. In *Edição Standard Brasileira das Obras Psicológicas Completas de Sigmund Freud* (Vol. VII). Rio de Janeiro: Imago, 1980.

Freud, S. (1927). Fetichismo. In *Edição Standard Brasileira das Obras Psicológicas Completas de Sigmund Freud* (Vol. XXI). Rio de Janeiro: Imago, 1980.

Freud, S. (1931). Os tipos libidinais. In *Edição Standard Brasileira das Obras Psicológicas Completas de Sigmund Freud* (Vol. XXI). Rio de Janeiro: Imago, 1980.

Joseph, B. (1971). Uma contribuição clínica para a análise da perversão. In M. Feldman & E. B. Spillius (Orgs.), *Equilíbrio psíquico e mudança psíquica: artigos selecionados de Betty Joseph*. Rio de Janeiro: Imago, 1992.

Kernberg, O. (1998). Perversão, perversidade e normalidade: diagnóstico e considerações terapêuticas. *Revista Brasileira de Psicanálise, 32*(1), 67-82.

Lanteri-Laura, G. (1979). *Leitura das perversões*. Rio de Janeiro: Zahar, 1994

Laplanche, J., & Pontalis, J.-B. (1967). *Vocabulário da psicanálise*. São Paulo: Martins Fontes, 2016.

Meltzer, D. (1973). *Estados sexuais da mente*. Rio de Janeiro: Imago, 1979.

Rosenfeld, H. A. (1952). Fenômenos transferenciales y analisis de la transferência em um caso de esquizofrenia catatônica aguda. In *Estados psicóticos*. Buenos Aires: Horme, 1978

Rosolato, G. (1967). Estudo das perversões sexuais a partir do fetichismo. In J. Clavreul et al., *O desejo e a perversão*. Campinas, Papirus, 1990.

Volich, R. M. (2000). A clínica das desorganizações. In *Psicossomática: de Hipócrates à psicanálise* (7a ed., Coleção Clínica Psicanalítica). São Paulo: Casa do Psicólogo, 2010.

Volich, R. M. (2016). O campo transferencial como recurso terapêutico: uma perspectiva psicossomática psicanalítica. In M. Kamers, H. Marcon & M. L. Tourinho Moretto, *Desafios atuais das práticas em hospitais e nas instituições de saúde.* São Paulo: Escuta.

Wilde, O. (1890). *O retrato de Dorian Gray.* Rio de Janeiro: Ediouro, 1998.

15. Da melancolia ao suicídio[1]

Quem morre quando alguém se mata?

Se, à primeira vista, a resposta parece óbvia, a pergunta convoca um sentido. Verdadeira armadilha à razão, chamada em urgência pelo desamparo dos que ficam, essa e outras perguntas, como os "porquês" e o "como" de um suicídio apenas buscam, em meio ao desespero, à dor e à sensação de abandono dos sobreviventes, escamotear uma verdade que, no fundo, todos conhecem, mas obstinadamente lutam para ignorar.

Cercado por tabus e condenações sociais e religiosas, no Ocidente, o suicídio sempre se colocou como um desafio, como um enigma a respeito da vida e da morte, da servidão e da liberdade, da coragem e da covardia. Enigma perigoso, insuportável, sobretudo diante dos que tentam (e conseguem...) evitar a dor, o sofrimento, a perda, marcas da existência humana, subtraindo-se a essa existência, renunciando à vida. Em outras culturas, como no

---

1 Apresentação inédita à 2ª edição de *Da melancolia ao suicídio: a concepção de Freud*, de Maria Cristina da Silva Ferreira (no prelo).

Oriente, busca-se, talvez, reconfortar a dor da perda de quem se mata enaltecendo o valor social e espiritual da expiação da culpa e da vergonha, reconhecendo o sacrifício a um ideal maior. Mas mesmo ali algo falha, fica sem resposta.

Em 1897, quando Freud dedicava-se à construção de sua teoria das neuroses rompendo com tabus que envolviam a sexualidade, Émile Durkheim (1897) confrontava-se com outros preconceitos, com ditos e não ditos, religiosos e culturais, investigando e relacionando o suicídio ao nível de integração social do indivíduo com seu grupo. Esse estudo inaugurou uma nova era na sociologia, introduzindo, entre muitas contribuições, o conceito de *anomia*, porém deixou em aberto a questão essencial do sujeito que renuncia à vida: a do desejo de morrer.

Coube a Freud enfrentar essa questão (Freud, 1910). Desafiado pela histeria, desde cedo ele aprendera a desconfiar das aparências do sintoma e a necessidade de respeitar os aspectos mais sombrios do inconsciente para compreender e cuidar das feridas da alma humana (Freud & Breuer, 1895). Por esse caminho, desenvolveu a psicanálise como tratamento para as neuroses e outras manifestações psicopatológicas. Ao longo dele, revelou-se aos poucos um universo desconhecido de dores e prazeres, de embates entre poderosas forças, de vida e de morte (Freud, 1920). Descobriu-se também a importância das marcas da infância, as fontes do desejo de viver, de amar, de perpetuar-se em uma descendência, mas também os lugares insuspeitados do desamparo, da destrutividade e do ódio, os momentos de ambivalência (Freud, 1905; 1920).

Freud permitiu ainda a descoberta do difícil trajeto de cada um para constituir-se como sujeito, inevitavelmente dependente e tributário de um semelhante, de um outro, para existir. No âmbito da relação com o outro, em meio a vivências de satisfação e de frustração, são forjadas as experiências de amor e de ódio, que permeiam todas as experiências e relações desse sujeito consigo mesmo, com os outros, com o mundo. A partir dessa relação definem-se ainda as possibilidades de vida e de morte, de si mesmo e do outro.

É a essa etapa do percurso freudiano que Cristina Ferreira nos convida. Ao se debruçar sobre o fenômeno do suicídio, ela nos confronta com alguns dos acidentes e impossibilidades daquela relação, que inviabilizam a continuidade da vida. Ela se propõe a enfrentar a questão desconcertante da ausência do desejo de viver, quando, muitas vezes, a última réstia de vontade de vida é colocada a serviço do morrer. O suicídio constrange, inibe, revolta. Ofende. É forte o impulso de, diante dele, recusar o encontro, a escuta.

Porém, ainda assim, Cristina persiste. Percorre com Freud os caminhos tortuosos da constituição do sujeito, do narcisismo, do objeto, os momentos em que os encontros com a pulsão de vida não são possíveis, ou quando os desencontros e as perdas exercem sua atração irresistível para a desorganização, a indiferenciação e a desvitalização da pulsão de morte (Freud, 1914; 1920). Ela nos conduz pelo texto freudiano, não esmorece diante do inevitável encontro com a melancolia (Freud, 1917), mestre de cerimônias contumaz do cenário suicida. Discute com ela, conversa com Freud, com Fenichel (1945), com Laplanche (1970; 1980), com H. Bleichmar (1989), tentando assim, quem sabe, conjurar o fantasma da recusa, o espectro da dor, de ainda investir pela palavra o impensável. Tentativas de manter viva, pelo menos, a escuta, última chance para muitos que ainda hesitam diante do último gesto autodestrutivo, única chance para a sobrevivência do analista, nessa clínica tão limite.

Ao compartilharmos com Cristina esse percurso, descobrimos as cenas sombrias e degradadas do universo melancólico, as perdas sem possibilidade de luto, as decepções sem esperança, o abandono sem qualquer expectativa de resgate, por quem quer que seja.

Nem por um familiar, por um amigo, tampouco por um médico ou por um analista. Descobrimos a insuportável dor por essas perdas, a humilhação pelo abandono, o sentimento de vazio, as autorrecriminações, o ódio por aquele que se foi. Ódio que transforma o ser amado em um inimigo imperdoável. Descobrimos ainda o desespero, que leva o sujeito a confundir-se com o objeto perdido, para tentar reverter a perda, para manter-se unido a ele, tentativa extrema para evitar tais agonias. Manobra perigosa, muitas vezes vã, pois, na ânsia de assim tentar recuperar o amor desse objeto, é o ódio a ele dirigido que o sujeito encontra.

Para muitos, é essa a última cena. O último encontro. O último sacrifício. Sucumbir para não abandonar a ilusão de um amor eterno, sacrificando-se ao ódio dirigido a esse amor.

Diante dessa cena, resta apenas a nós, que a contemplamos, entre o horror e a revolta, inevitavelmente descobrir o lugar para o qual o suicida nos convoca. O lugar de testemunhas dos amores impossíveis e das impossibilidades de nosso amor. O lugar dos cúmplices dos que o abandonaram, por não termos conseguido evitar o abandono. O lugar da culpa, por não termos conseguido oferecer um amor à altura do que foi perdido, mas que, de qualquer forma, ele não tinha como receber. Lugares do ódio, do qual, de repente, sentimo-nos também objeto.

Nesses lugares, paralisados pelo ódio que também a nós era dirigido, sem poder se manifestar, descobrimos consternados que, ao se matar, o suicida também buscava nos assassinar.

Para nos libertar de tais horrores e dessa paralisia, Cristina Ferreira, com seu livro e seus parceiros, convida-nos a pensar.

Referências

Bleichmar, H. (1989). *Depressão: um estudo psicanalítico*. Porto Alegre: Artmed.

Durkheim, É. (1897). *O suicídio, estudo de sociologia*. São Paulo: Martins Fontes, 2000.

Fenichel, O. (1945). *Teoria psicanalítica das neuroses*. Rio de Janeiro: Atheneu, 1981.

Freud, S. (1894). As neuropsiconeuroses de defesa. In *Edição Standard Brasileira das Obras Psicológicas Completas de Sigmund Freud* (Vol. III). Rio de Janeiro: Imago, 1980.

Freud, S. (1905). Três ensaios sobre a teoria da sexualidade. In *Edição Standard Brasileira das Obras Psicológicas Completas de Sigmund Freud* (Vol. VII). Rio de Janeiro: Imago, 1980.

Freud, S. (1910). Contribuições para uma discussão acerca do suicídio. In *Edição Standard Brasileira das Obras Psicológicas Completas de Sigmund Freud* (Vol. XIV). Rio de Janeiro: Imago, 1980.

Freud, S. (1914). Sobre o narcisismo: uma introdução. In *Edição Standard Brasileira das Obras Psicológicas Completas de Sigmund Freud* (Vol. XIV). Rio de Janeiro: Imago, 1980.

Freud, S. (1917). Luto e melancolia. In *Edição Standard Brasileira das Obras Psicológicas Completas de Sigmund Freud* (Vol. XIV). Rio de Janeiro: Imago, 1980.

Freud, S. (1920). Além do princípio do prazer. In *Edição Standard Brasileira das Obras Psicológicas Completas de Sigmund Freud* (Vol. XVIII). Rio de Janeiro: Imago, 1980.

Freud, S., & Breuer, J. (1895). Estudos sobre a histeria. In *Edição Standard Brasileira das Obras Psicológicas Completas de Sigmund Freud* (Vol. II). Rio de Janeiro: Imago, 1980.

Laplanche, J. (1970). *Vida e morte em psicanálise*. Porto Alegre: Artes Médicas, 1985.

Laplanche, J. (1980). *Problemáticas I: a angústia*. São Paulo: Martins Fontes, 1987.

Silva Ferreira, M. C. (2006). *Da melancolia ao suicídio: a concepção de Freud*. Manaus: Unama.

16. Palavras possíveis[1]

Reza a lenda que Anfortas, rei do Graal, sofria de uma dolorosa e incurável ferida provocada pela lança envenenada de um inimigo. O veneno era tão poderoso que nenhuma substância conhecida era capaz de aliviar o sofrimento do rei, que só sobrevivia por estar na presença permanente do Cálice Sagrado. Apesar de mantê-lo vivo, essa proximidade só aumentava seu sofrimento.

Certa feita, uma inscrição na borda do Graal anunciou a vinda de um cavaleiro que, movido por compaixão, perguntaria ao rei o motivo de seu sofrimento e, com isso, provocaria sua cura. Porém, a pergunta só surtiria esse efeito se fosse formulada de forma espontânea, na primeira noite em que se encontrassem. Se fosse curado, Anfortas não voltaria a reinar e o cavaleiro herdaria seu reino.

Algum tempo depois, o jovem Parsifal, sobrinho de Anfortas, chegou ao castelo do Graal. Foi recebido na corte e, no banquete noturno, convidado a sentar-se ao lado do rei. Apesar da

---

1 Apresentação de *Peter e o adoecer silencioso: psicanálise e câncer*, de Andréa Chiarella (2018), modificada para esta coletânea.

suntuosidade, da fartura e da miraculosa beleza do ambiente, faziam-se também ouvir intensos lamentos e choros. Era perceptível a tristeza provocada pela angustiante condição do rei. Intrigado, porém deslumbrado com tudo que o cercava, Parsifal constrangeu-se e se absteve de formular qualquer pergunta. "Devo eu ... provocar uma situação de constrangimento, fazendo perguntas inconvenientes?", pensou. O rei o presenteou com a espada utilizada no combate que resultou em sua ferida, mencionando explicitamente que esta resistia a qualquer tratamento. Ainda assim, Parsifal evitou questioná-lo a esse respeito. Desse modo passou-se a noite e ele partiu do castelo do Graal sem nada ter perguntado, perturbado e coberto de culpa.[2]

Parsifal seguiu vivendo suas aventuras, atormentado e em extrema penúria, sem compreender os motivos dessa sua condição. Até o momento em que encontrou Trevrizent, o eremita, com quem descobriu que sua aparente indiferença e sua contenção diante do sofrimento de Anfortas impediram o alívio das dores do rei e, ao mesmo tempo, passaram a provocar seus próprios tormentos. Apesar dos remorsos e da consternação do jovem cavaleiro, Trevrizent o aconselhou, encorajando-o a enfrentar seu futuro.

Parsifal empreendeu uma nova jornada, dirigindo-se uma vez mais para o castelo do Graal. Ao chegar, foi recebido por Anfortas, que, apesar de ainda tomado por seu sofrimento intenso, o recebeu com cordialidade, lembrando-o de sua omissão:

> *Imerso em dores aguardei vossa volta, na esperança de recuperar a felicidade com vossa ajuda. Quando daqui partistes ... me deixastes num estado que deveria ter despertado vossa solidariedade, caso fosseis*

---

2 A saga original dos cavaleiros do Graal e de Parsifal é relatada por Wolfram von Eschenbach (1995) e comentada por Sonia Setzer (2008).

> *efetivamente um homem solícito e compassivo. Se vossa fama e prestígio forem capazes de conferir autoridade a vossas palavras, então empenhai-vos junto aos cavaleiros e damas para que consintam que a morte ponha fim às minhas penas. Se fordes Parsifal, então privai-me simplesmente durante sete noites e oito dias da visão direta do Graal. Disso resultará o fim de minhas penas. Outra coisa não me atrevo a esperar de vós. Isso resultará para vós em prestígio, pois por esta intervenção serás exaltado como homem providencial. (Von Eschenbach, 1995, p. 477)*

Parsifal dirigiu-se ao Graal e inclinou-se três vezes diante dele. A seguir, ergueu-se e, dirigindo-se a Anfortas, perguntou em tom solene: "*Tio, o que te aflige?*" Anfortas recuperou a plena saúde e seu rosto voltou a se iluminar. Cumprindo a profecia, Parsifal tornou-se o novo soberano do Graal, a quem toda a comunidade passou a demonstrar solicitude e dedicação.

* * *

Em meio à conhecida e rica lenda do Graal, plena de muitos outros significados, *Parsifal* nos convida a uma reflexão sobre nossa relação ao sofrimento. Uma reflexão sobre as palavras não ditas, sobre as intenções contidas, sobre os efeitos dos gestos paralisados, das realidades negadas.

A proximidade com o sofrimento constrange. Vivendo nossas próprias dores, muitas vezes, nos isolamos, calando-as, evitando pessoas e gestos que poderiam serená-las. Diante da dor, da doença, da perda, não encontramos palavras, penamos desconfortáveis para encontrar um lugar, entabular uma conversa, conviver. Diante do sofrimento do outro, é frequente buscarmos sem pensar olhar para o "lado bom" das coisas, da vida, encorajar, "pensar positivo".

Reações compreensíveis diante de uma condição que, inevitavelmente, nos remete aos nossos próprios sofrimentos. Reações muitas vezes inevitáveis diante da dúvida sobre nossa capacidade para fazer algo que alivie tais sofrimentos, ou ainda diante de nossa real impotência para fazê-lo.

Como bem ilustra a lenda, muitas vezes, uma simples pergunta – às vezes uma pergunta simples –, um olhar presente, a compaixão, a solidariedade, a empatia, ingredientes de uma escuta presente e transformadora, podem abrir o caminho para o alívio. Se nem sempre a cura é possível, essas atitudes, esses gestos e essas palavras podem dar sentido e ressignificar os tempos de espera, de dúvida, dos tratamentos e ainda de outros, anteriores, que se reatualizam nessas histórias. Atitudes que tornam menos solitários todos esses tempos e até mesmo, no limite, o momento da última despedida.

Partindo de suas próprias dores, Andréa Chiarella foi ao encontro das dores de seus semelhantes, próximas daquelas que ela mesma viveu. Intrigada por suas vivências, dedicou-se a elaborá-las e, por meio da clínica e da pesquisa, buscou compreender aquelas vividas por pessoas acometidas de doenças oncológicas e hematológicas, bem como de outras desorganizações psicossomáticas.

Peter e o adoecer silencioso: psicanálise e câncer relata parte dessa jornada. Mobilizada pela doença, pela dor e pela morte, vividas junto a seus pacientes, inspirada pela psicanálise, Andréa elaborou essas experiências, em análise, em trocas com colegas, no trabalho institucional com equipes multidisciplinares.

Compartilhando conosco as histórias de Peter, Rosa, João e outros pacientes por ela acompanhados em processos terapêuticos, Andréa revela a importância de também considerar a singularidade da história de cada um, repetições, dinâmicas familiares, vivências traumáticas e de desamparo juntamente com toda a atenção e tratamento necessários das manifestações somáticas das doenças.

Ela aponta os efeitos benéficos da sensibilização das equipes terapêuticas e da constituição de enquadres psicoterapêuticos específicos em instituições hospitalares para o cuidado e tratamento de tais questões com pacientes que apresentam manifestações somáticas graves.

Paradoxal e significativamente, os grandes progressos diagnósticos e terapêuticos da medicina para o acompanhamento desses pacientes acabam por impedir, se não pelo constrangimento, muitas vezes pelo excesso, que a pergunta fundamental seja formulada: "O que (mais) os aflige?" Do que (também) eles sofrem (para além da doença)?

A escuta diferenciada dessas pessoas e de seus familiares pode transcender a dimensão sintomática e material dos sinais clínicos e dos marcadores fisiológicos para contextualizá-las em uma história de vida que possa ser simbolizada, elaborada, transformada, capaz inclusive de transformar o próprio processo da doença.

Nesse sentido, Andréa destaca a importância do vínculo terapêutico, da escuta diferenciada, do clínico e da equipe, e da atenção permanente aos movimentos transferenciais e contratransferenciais para o acompanhamento de dinâmicas primitivas, não representativas, marcadas pelo vazio, pela violência, pelo ódio, pela destrutividade, pela presença marcante do ego ideal, das agonias impensáveis e do *falso self*, frequentemente observados em pacientes que desenvolvem desorganizações psicossomáticas e doenças graves.

Para lidar com os desafios, dificuldades, angústias e, muitas vezes, com a solidão resultantes do trabalho com esses pacientes, ela recorre a conceitos e instrumentos teórico-clínicos desenvolvidos desde Freud (1915), revelando a dimensão pulsional que articula as relações corpo-mente, amparando-se também nas preciosas contribuições de Ferenczi (1928; 1933), Joyce McDougall (1989), Nicolas Abraham e Maria Torok (1995), Winnicott (1971a; 1971b; 1990), Christopher Bollas (2013), Pierre Marty (1990) e psicanalistas da chamada Escola de Psicossomática de Paris, como Marilia Aisenstein (2014), que, entre outros, enriquecem a compreensão e o trabalho clínico com as expressões dos estados mais primitivos e desorganizados da economia psicossomática.

Em seu livro, Andréa oferece um roteiro consistente de conceitos e reflexões clínicas para aqueles que se deparam com essas manifestações, em diferentes contextos profissionais, médicos, psicoterapêuticos e nos de outros profissionais de saúde. Ela convida a orientarmos a escuta terapêutica e a observação clínica para os fenômenos que se situam aquém das manifestações discursivas e representativas, ao lado da materialidade de sinais, sintomas e exames complementares, para sintonizarmos com outras dinâmicas que também participam dos processos de adoecimento e que igualmente acompanham os processos terapêuticos.

Ela chama também a atenção para dinâmicas sistêmicas e vivências transgeneracionais que permeiam a existência individual, muitas vezes, determinantes naqueles processos. Experiências e episódios traumáticos, violências, perdas e lutos vividos pelos pais ou outros familiares, silenciados e não elaborados, podem atravessar gerações, chegando aos descendentes em estado bruto, de alta intensidade afetiva, impossíveis de serem metabolizados e representados em pensamento pelos descendentes, promovendo desorganizações da economia psicossomática. É comum considerarmos o desamparo do paciente diante da doença, mas cabe também reconhecer que, frequentemente, toda a estrutura familiar pode ser posta em risco diante da doença, e que também os familiares precisam ser acolhidos em seu desamparo. Em todos esses casos, a possibilidade de enquadres terapêuticos específicos para a família pode também ser particularmente benéfica para o paciente, e para a própria família.

Diante da gravidade de quadros onco-hematológicos e de outras doenças graves, Andréa insiste na importância de apostar na força e no potencial organizador do ambiente (Winnicott, 1990), especialmente do ambiente terapêutico. Em muitas desorganizações psicossomáticas é possível reconhecer falhas ambientais que não permitiram a integração suficiente do psicossoma. Os processos psicoterapêuticos e manejos institucionais, atentos a esses sinais, podem contribuir para recuperá-los e reintegrá-los, e, muitas vezes, nos casos de doenças orgânicas, aliados aos procedimentos médicos, curá-las.

Para isso, é necessário considerar a natureza mais primitiva das dinâmicas vividas pelo paciente, remanejar os enquadres de atendimento e a postura do terapeuta (Volich, 2000). Mobilizado e atento a experiências sensoriais, comportamentos e afetos vividos pela dupla terapêutica, é necessário, antes de tudo, buscar promover um ambiente suficientemente bom que permita ao paciente superar dificuldades resultantes de falhas ambientais e constituir experiências verdadeiras de si mesmo. A função materna, o *holding*, a nomeação de vivências não representadas, a construção de instâncias e de um dinamismo mental minimamente organizados são muitas vezes condições necessárias ao trabalho terapêutico, que precedem o trabalho interpretativo. O cuidado e a qualidade do vínculo terapêutico são elementos fundamentais para o estabelecimento de uma sintonia fina com os modos de funcionamento do paciente, tornando possível a reorganização ou mesmo a constituição de uma trama psicossomática mais consistente e integrada.

Peter e o adoecer silencioso nos convida, portanto, à reflexão sobre os efeitos paradoxalmente anestésicos da dor, que pode paralisar o sentir, o pensar e o agir. Uma reflexão sobre os silêncios que emudecem, sobre as perguntas e as palavras que não conseguimos formular ao contato com as dores de nossos pacientes, de nossos próximos, com nossas próprias dores. Anfortas conhecia a história de sua ferida. Porém, para o alívio de seu sofrimento, era necessário que um outro o convidasse a pensar sobre sua aflição.

Andréa Chiarella convida-nos a ocupar esse lugar desconfortável, algumas vezes impossível. Convida-nos a colocar palavras nos silêncios que nos constrangem, mesmo quando, às vezes, imaginamos ser tarde demais para fazê-lo.

Referências

Abraham, N., & Torok, M. (1995). *A casca e o núcleo*. São Paulo: Escuta.

Aisenstein, M. (2014). Pulsão, somatização e linguagem. Palestra proferida no Congresso da FEPAL 2014. Buenos Aires.

Bollas, C. (2013). *Catch them before they fall: the psychoanalysis of breakdown*. Abigton: Routledge.

Chiarella, A. (2018). *Peter e o adoecer silencioso. Psicanálise e câncer*. São Paulo: Escuta.

Ferenczi, S. (1928). Elasticidade da técnica psicanalítica. In *Psicanálise 4: Obras Completas* (Vol. 4). São Paulo: Martins Fontes, 1992.

Ferenczi, S. (1933). Confusão de línguas entre os adultos e a criança. In *Psicanálise 4: Obras Completas* (Vol. 4). São Paulo: Martins Fontes, 1992.

Freud, S. (1950 [1892-1899]) Extratos dos documentos dirigidos a Fliess. In *Edição Standard Brasileira das Obras Psicológicas*

Completas de Sigmund Freud (Vol. I). Rio de Janeiro: Imago, 1980.

Freud, S. (1914). Sobre o narcisismo: uma introdução. In *Edição Standard Brasileira das Obras Psicológicas Completas de Sigmund Freud* (Vol. XIV). Rio de Janeiro: Imago, 1980.

Freud, S. (1915). Os instintos e suas vicissitudes. In *Edição Standard Brasileira das Obras Psicológicas Completas de Sigmund Freud* (Vol. XIV). Rio de Janeiro: Imago, 1980.

Freud, S. (1920). Além do princípio do prazer. In *Edição Standard Brasileira das Obras Psicológicas Completas de Sigmund Freud* (Vol. XVIII). Rio de Janeiro: Imago, 1980.

Marty, P. (1990). *A psicossomática do adulto.* Porto Alegre: Artes Médicas, 1990,

McDougall, J. (1989). *Teatros do corpo: o psicossoma e psicanálise.* São Paulo: Martins Fontes, 1991.

Setzer, S. (2008). *Parsifal: um precursor do ser humano moderno.* São Paulo: Antroposófica.

Volich, R. M. (2000). *Psicossomática: de Hipócrates à psicanálise* (7a ed., Coleção Clínica Psicanalítica). São Paulo: Casa do Psicólogo, 2010.

Von Eschenbach, W. (1995). *Parsifal.* São Paulo: Antroposófica.

Winnicott, D. (1971a). *O brincar e a realidade.* Rio de Janeiro: Imago, 1975.

Winnicott, D. (1971b). *Textos selecionados: da pediatria à psicanálise.* Rio de Janeiro: Francisco Alves, 1982.

Winnicott, D. (1990). *O ambiente e os processos de maturação: estudos sobre a teoria do desenvolvimento emocional.* Porto Alegre: Artes Médicas.

17. Novos matizes do feminino[1]

A cena é bucólica. Tentando esconder, sem sucesso, sua nudez, uma mulher linda, escultural, se ergue no centro de uma concha, emergindo de águas tranquilas. A sua direita, um casal alado a impulsiona com seu sopro para a margem, onde uma outra mulher a espera com um manto bordado de flores.

Reconhecemos facilmente nessas imagens a cena de *O nascimento de Vênus*, pintura de Botticelli que representa o mito da deusa do amor, do erotismo, da beleza e da feminilidade. Nesse quadro de 1483, os *Ventos do Oeste*, símbolo das paixões espirituais, impelem suavemente Vênus em direção a *Hora*, deusa das estações, que se prepara para recebê-la. Desde a Grécia Antiga, esse mito condensa crenças, valores e imagens que marcam até os nossos dias representações, fantasias e o imaginário cultural relacionado à mulher.

---

1 Resenha de *Interlocuções sobre o feminino*, organizado por Silvia Leonor Alonso, Danielle Melanie Breyton e Helena M. F. M. Albuquerque (2008), publicada em *Percurso, 43*, 2º semestre de 2009, pp. 172-180. Modificada para esta coletânea.

Como muitas obras do Renascimento, época em que a maioria da produção artística se atinha a temas religiosos, a nudez de Vênus afrontava com suas "influências pagãs" a representação da mulher daquela época. Como tantas outras obras (e mulheres...) acusadas de ousadia, heresia e transgressão, a Vênus de Botticelli parecia condenada às fogueiras de Savanarola... mas sobreviveu.

Nascida das águas, salva do fogo da intolerância, a imagem dessa Vênus atravessou os séculos sustentando o mito e os desafios do feminino. Porém, contemporâneas à harmonia de seus traços, ao equilíbrio das personagens, à delicadeza dos movimentos daquela deusa-mulher, vicejavam também as representações diabólicas, as fantasias lúbricas, a tentação e o terror das misteriosas figuras das feiticeiras, e mesmo o desejo irresistível e ambivalente de conhecê-las e queimá-las.

Ainda hoje, a imagem terna, luminosa e delicada da Vênus convive com outra, a de uma mulher envolta por uma névoa sombria, misteriosa, sulfurosa, que intriga, seduz e provoca aqueles que dela se aproximam. A arte, a literatura, a filosofia sempre se viram provocadas e inspiradas pela surpreendente versatilidade da figura feminina, oscilante entre a fragilidade e o poder, a ingenuidade e a argúcia, o angelical e o demoníaco. Certamente, não seria a psicanálise que resistiria ao desafio de decifrar tais mistérios, carregados de ambivalência.

Ao tentar fazê-lo, Freud muitas vezes foi hesitante e, algumas vezes, esquivo. Confessava-se "pouco à vontade" para abordar a questão do feminino, considerava o psiquismo da mulher um "continente negro" e, visivelmente, preferia observá-las a partir do olhar masculino, convidando as analistas mulheres a contribuírem para a revelação dos enigmas femininos (Freud, 1931; 1933).

Apesar de seu constrangimento, Freud tentou teorizar sobre a experiência do feminino, assim como tentaram fazê-lo as primeiras psicanalistas mulheres que aceitaram seu convite. Porém, nos tempos dessas tentativas, todos, mesmo as mulheres, estavam por demais impregnados das forças narcísicas e transferenciais exercidas pela jovem teoria freudiana. Uma teoria do pai. Um olhar de homem. Uma escuta masculina.

Melanie Klein (Klein & Riviere, 1937) foi a primeira a tentar se libertar dessas forças, ao contrapor o seio à referência absoluta do falo postulada por Freud em sua teoria psicossexual (Freud, 1925; 1931; 1933).[2] Porém, como discuto em outros trabalhos (Volich, 1992; 1995), ela não conseguiu evitar a lógica da presença/ausência de um órgão real ou simbólico como organizador das identificações e experiências masculinas e femininas. Uma nova geração de psicanalistas e a revolução promovida pela teorias de Lacan foram necessárias para permitir que, por mais que simbólica, a história identificatória dos gêneros não mais permanecesse prisioneira dos "destinos anatômicos", revelando a potência organizadora e desorganizadora dos laços do desejo, a força dos ideais e do imaginário sociocultural.

É nessa linhagem, fértil e clinicamente importante, que se inscreve *Interlocuções sobre o feminino*, coletânea organizada por Silvia L. Alonso, Danielle M. Breyton e Helena M. F. M. Albuquerque. Ela reúne trabalhos de psicanalistas do Departamento de Psicanálise do Instituto Sedes Sapientiae de São Paulo, elaborados a partir do grupo de estudo, clínica e pesquisa "O feminino no imaginário cultural contemporâneo", coordenado por Silvia desde 1997. Debruçando-se sobre diferentes manifestações do feminino na atualidade, esse grupo busca articular a metapsicologia e a clínica

2 "M. Klein sublinha que o seio 'amante e generoso' da mãe constitui, ao lado do pênis 'criador' do pai, um dos dois grandes princípios de afirmação da vida. Ambos exercem uma função estruturante do inconsciente e da experiência de plenitude, júbilo e enriquecimento" (Klein & Riviere, 1937).

psicanalíticas com manifestações da vida cotidiana, fatos culturais, laços sociais e expressões sintomáticas que incidem sobre o corpo e nas relações intersubjetivas.

Numa feliz reincidência na fórmula que marcou a qualidade da primeira coletânea do grupo (Alonso, Gurfinkel & Breyton, 2002), os trabalhos deste segundo volume foram inicialmente preparados para a II Jornada Temática sobre o Feminino, do Departamento de Psicanálise. Ao dirigir-se à escuta, à crítica e, posteriormente, à leitura de colegas afetivamente próximos, os textos ganharam densidade, potência e uma qualidade de escrita que merece ser destacada.

Fruto dessas trocas, debates e reflexões clínicas, os autores delineiam em textos consistentes e muito bem elaborados as imagens da Vênus contemporânea. Sem se afastar da delicadeza dos traços de Boticelli, cada capítulo revela diferentes texturas, novos matizes e formas latentes àquela figura harmoniosa do feminino, que, em nossos dias, cada vez mais permite vislumbrar sua complexidade, suas fissuras, sombras e distorções.

Nesse grande painel coletivo, é difícil escolher para onde dirigir o olhar. O leitor se encontra como diante de telas de Chagall ou de surrealistas, nas quais, em cada canto, diferentes cenas ou objetos podem ser admirados isoladamente ou no contexto global da obra. Cada observador é livre para fazer sua escolha, percorrendo segundo seus desejos, seus interesses, suas necessidades os múltiplos temas do livro: as manifestações estéticas e poéticas do feminino; os equilíbrios algumas vezes frágeis e deslocados entre o feminino e o masculino; as novas estéticas do corpo da mulher; as relações de atração, servidão e encontro nas modalidades amorosas; as novas configurações, emergências e enigmas da sexualidade; os dilemas, paixões e conflitos entre mães e filhas; configurações clínicas da pulsão oral e agressiva na mulher; os diferentes tempos do feminino; a relação da mulher com os discursos do saber.

Fundo de tela, primeiras imagens

Para os que preferem um roteiro para essa observação, é possível atentar inicialmente para o pano de fundo da obra. No prefácio, Silvia Alonso esboça de forma sucinta e precisa as principais mudanças nas representações, no lugar e nas funções social, familiar e profissional da mulher desde o século XII até os nossos dias. Ela lembra como o surgimento da psicanálise foi revelador do potencial de transformação do lugar social da mulher, a partir do reconhecimento da repressão sexual. Porém, ela aponta igualmente como a visão freudiana, marcada pela cultura do século XIX, também se constituiu como obstáculo para as transformações desse lugar, na medida em que via na maternidade um dos principais atributos do feminino. A autora comenta a importância da tecnologia nas mudanças das experiências das mulheres no século XX, quando novos métodos anticoncepcionais permitiram separar sexualidade e procriação e novas tecnologias criaram possibilidades inéditas para o desejo de ter um filho. A ampliação do reconhecimento social e a maior liberdade alcançadas pelas mulheres foram acompanhadas por transformações importantes no imaginário sobre o feminino, cada vez mais marcado pela sensualidade e pelo prazer. Entretanto, paradoxalmente, essas representações frequentemente acabam por se constituir como uma servidão a um imperativo do gozo e a experiências de violência que imprimem às vivências das mulheres as marcas de excessos e de fetiches, tentando dar forma a corpos esvaziados de subjetividade.

Os autores de *Interlocuções sobre o feminino* diversificam e aprofundam as discussões desses temas.

Acompanhamos, inicialmente, as representações dessas dinâmicas em diferentes modos de expressão artística. A partir da obra da fotógrafa Cindy Sherman, Alessandra Ribeiro aponta como a ironia, o grotesco e o estranho na figuração da mulher podem se tornar uma crítica e uma denúncia às leituras clássicas sobre a construção dos papéis masculino e feminino, sugerindo que o mais superficial, associado ao feminino, poderia se constituir como uma possibilidade de subjetivação. Paula Francisquetti nos faz reencontrar a imagem da Vênus, não mais sob a luz renascentista de Botticelli, mas por meio do olhar contemporâneo da artista cubana Ana Mendieta, em sua obra *Vênus Negra*, apontando que a figura dessa Vênus não é apenas um convite à pura fruição estética, mas também um ato intencional de provocação e de ativação de elementos vitais, em que vida, amor e morte são inseparáveis e o conflito onipresente. Contrapondo-se à tranquilidade da Vênus clássica, a Vênus moderna emerge perturbadora em sua dimensão política, em uma arte articulada à cultura-revolta.

Ana Cecília Mesquita inspira-se na filmografia de Pedro Almodóvar para discutir diferentes dimensões da relação das mulheres ao desejo. Lembrando a grande capacidade de Almodóvar de figurar a complexidade e as possibilidades que o ser humano tem de viver sua sexualidade, ela aponta que essas mulheres "não abrem mão de seus desejos, por mais estranhos que possam parecer ou por mais alto que seja o preço a pagar" (p. 39), quase sempre elevado. É também através das lentes de três outros cineastas, reunidos no filme *Eros* (2004), que Miriam Chnaiderman analisa diferentes figurações do feminino. Segundo ela, Soderbergh apresenta uma mulher inteiramente fabricada pela fantasia masculina, enigmática, como descreveu Freud. Kar-Wai representa a relação homem-mulher como um pacto triste e óbvio que leva à morte da relação e, concretamente, da mulher, lembrando a visão lacaniana. Antonioni afirma de forma contundente a força de Eros, fazendo acontecer em ato/imagem o feminino como "outridade diabólica", uma "mulher mulher", limite do não figurativo.

Desafios teóricos e marcas corporais

O caráter contestador, crítico e mesmo revolucionário de tais representações do feminino é revelador das profundas transformações sociais e nos modos de subjetivação ocorridas ao longo do século XX até os nossos dias, questionando frontalmente os papéis e representações não apenas da mulher, mas também do homem. Nesse sentido, a teoria psicanalítica também necessita ser questionada e confrontada com seus limites conceituais. Novas construções metapsicológicas se fazem necessárias para sustentar a escuta clínica e a compreensão das configurações sociais contemporâneas das questões de gênero.

Assim, Flávio Carvalho Ferraz efetua uma crítica meticulosa das posições de Freud e de Lacan a respeito do feminino, colocando em xeque o primado do masculino e contrapondo a elas a construção de Robert Stoller sobre os gêneros, não mais organizada em torno de uma falta ou do negativo atribuídos à mulher. Flávio aponta a urgência de "uma revisão dos conceitos e da linguagem psicanalítica, a fim de que nossa prática não se perca diante dos imperativos que nos fazem as mudanças culturais" (p. 69). Uma revisão que deveria levar em conta outras configurações da sexualidade, da psicopatologia, da família e da vida conjugal.

Alguns dos efeitos perversos da surdez psicanalítica a essas novas configurações são analisados por Lia Pitliuk. Em seu trabalho sensível, ela constata que muitas falas de seus supervisionandos tem um tom "moralista, e mesmo salvacionista, em relação ao tema do fálico e do não-fálico" (p. 73), apresentando as mudanças ocorridas no processo de uma paciente a partir de ter sido possível na análise fazer eco a manifestações do feminino encobertas pela fala "não quero me analisar", em vez de interpretá-la como resistência. Uma frase como a da sua paciente pode conduzir ao oposto do que suporíamos literalmente, uma resistência não à análise, *mas ao que faz obstáculo* à análise.

Para Renata Cromberg, a denegação do feminino pode ter efeitos devastadores tanto na teoria psicanalítica como no plano social. Ela aponta para a continuidade histórica entre o soterramento da obra de duas pioneiras da psicanálise, Margarete Hilferding e Sabina Spielrein, a misoginia do final do século XIX, o percurso tortuoso de inclusão da bissexualidade na teoria psicanalítica e o exercício atual de fantasias perverso-polimorfas e bissexuais pela internet, na proximidade da família. Renata defende uma nova ética social, que transcende a experiência individual para se manifestar no cuidado da vida em geral, que se sustente no reconhecimento ao mesmo tempo das marcas do corpo da mãe como dádiva altruísta, e do corpo materno perecível, castrado, mas renovável por meio da troca, do contato corporal com o outro.

Nas vivências relacionadas aos ideais e nas perturbações da relação com o olhar materno encontram-se também algumas das raízes da prática cada vez mais frequente das inscrições corporais, tatuagens e condutas de automutilação. Alessandra Sapoznik analisa a experiência de mulheres com uma percepção instável do próprio corpo e de sua imagem, que muitas vezes resultam em perturbações no campo alimentar, na marcação de certas partes de seu corpo ou no recurso a práticas de automutilação. Segundo ela, há algo da subjetividade dessas pessoas que solicita do analista um olhar fresco e um interesse genuíno, livre com relação à compreensão das vertentes patológicas de tais expressões.

Analisando uma outra vertente dessas manifestações, a "estética da magreza" contemporânea, Elaine Armênio sugere que a busca da magreza para (muito) além do saudável, caracterizada pela subtração das marcas históricas e pelo mínimo de expressão, possui traços comuns com os encontrados no minimalismo, na figuração das estátuas de Giacometti, no traumático e na literatura do testemunho de sobreviventes do Holocausto. A relação das anoréxicas e das bulímicas a este padrão de beleza revela as marcas do traumático, do sublime, da histeria, do ascetismo, do heroísmo e da melancolia.

Amor e sexualidade em tempos modernos

A experiência amorosa inspira alguns dos autores para a reflexão sobre o feminino. Decio Gurfinkel discute a mítica do encontro amoroso na perspectiva de Freud, Lacan e Winnicott. Para esse último, a ideia de encontro ocupa um lugar privilegiado, situando-se no contexto da transicionalidade, da experiência da ilusão. Decio analisa a natureza do trabalho de Eros e seus desdobramentos questionando se ele não corresponderia à instauração de um espaço de ilusão e de encontro amoroso entre eu e outro, ou entre feminino e masculino, se a teoria sobre a transicionalidade não seria um modelo frutífero para compreender o conceito psicanalítico de genitalidade.

Gisela Haddad discute o amor romântico e a fidelidade, dois mitos da vida amorosa ainda arraigados em homens e mulheres, apesar da maior liberdade sexual, relacional e da diversidade de organizações familiares e conjugais na atualidade. Ela aponta que o adjetivo "romântico" encerra o paradoxo do ideal amoroso, ao comportar a reflexão e a utopia, a consciência da perda e a esperança em resgatá-la, a experiência do limite e a luta para superá-lo, espaço importante para sonhos e ilusões. Em nome desse ideal, a ideia de fidelidade se constitui como elemento privilegiado de controle das relações amorosas.

Também Susan Markuszower reflete sobre o amor nos tempos modernos. Ela analisa os conflitos entre o ritmo das mudanças no âmbito social vividos por uma paciente e as articulações intrapsíquicas que ela efetuava com relação a essas mudanças, levando a um descompasso entre o ideal da mulher contemporânea, independente e autônoma, e suas amarras com a mulher do passado, desidealizada pela sua passividade, dependência e submissão. Como muitas outras mulheres, a paciente ficava impedida de desfrutar plenamente das conquistas femininas da modernidade por encontrar-se tolhida por conflitos remanescentes da sua trajetória edípica.

Descompassos semelhantes podem ser encontrados em muitos outros aspectos da vivência do feminino. Como aponta Ana Lúcia Panachão, mudam os tempos, mas a histeria continua sendo uma dinâmica privilegiada que organiza a relação das mulheres ao desejo e à cultura. A clínica com jovens histéricas revela frequentemente o sintoma de frigidez. Essas jovens têm necessidade de corresponder aos ideais culturais de perfeição e a um imaginário social que acena com a falsa ideia de que há um modelo de mulher que se define pela beleza, magreza, adornos, atividade sexual, exigindo delas ao mesmo tempo um posicionamento fálico que, muitas vezes, as faz prescindir da potência fálica masculina. A frigidez denunciaria assim as dificuldades de acesso a um gozo propriamente feminino, impedido pelos imperativos fálicos que regem a sociedade.

Silvia Sinisgalli relata ainda as dificuldades até hoje existentes para lidar com a histeria, especialmente no contexto de um hospital geral, onde essa manifestação recebe os mais diversos diagnósticos, como depressão, transtorno bipolar, tentativas de manipulação, epilepsia, distimia ou fibromialgia... Considerada "doença do passado", ainda hoje ela incomoda, levando à incompreensão ou ao abafamento dos sintomas e a inúmeros problemas diagnósticos e terapêuticos no meio médico. Silvia supõe que o recalcamento cultural da histeria estaria relacionado ao narcisismo do mundo contemporâneo, que não admite falhas ou fracassos, o que torna a medicina e as ciências em geral particularmente vulneráveis às armadilhas do funcionamento histérico.[3]

Os primórdios da construção da identidade sexual são discutidos por Paulo Jeronymo de Carvalho e Pedro Monteiro, pela análise de dois meninos pequenos que apresentavam comportamentos "extravagantes", "homossexuais" e "transformistas". Em ambos os casos, os autores identificam vivências precoces de "fraturas da experiência psíquica da continuidade mãe-bebê". Reagindo ao vazio dessa experiência de intensa angústia em um contexto edípico de mães fálicas e pais enfraquecidos, a criança responderia defensivamente "grudando" a imagem da mulher-mãe em si. Eles descrevem como a continência transferencial permitiu aos pacientes a restauração do sentido de continência psíquica.

Tiago C. Matheus examina o enigma do feminino no contexto da adolescência. Freud preferia o termo "puberdade" para caracterizar esse segundo momento da sexualidade humana, que não se restringe a um período cronológico, no qual se reatualizam vivências, conflitos e sintomas infantis resultantes da experiência da sexualidade do sujeito e sua constelação edípica. Dessa forma, questões adolescentes e o enigma do feminino podem ser vividos em qualquer idade e independentemente da constituição anatômica, como mostra Tiago em seu caso clínico "de um homem heteroerótico que já dispunha de cabelos brancos".

---

3 Cf. as discussões sobre essas questões nos capítulos "A guerra dos mil anos" e "Novas paisagens da histeria".

Ser filha, tornar-se mãe

A identidade feminina é pensada por Marli Vianna a partir da constatação do número crescente de mulheres com sintomatologia obsessiva. Questionando as clássicas relações estabelecidas entre, de um lado, mulher e histeria e, de outro, homem e neurose obsessiva, ela sugere que o sintoma obsessivo pode ser uma melhor resposta a certas injunções socioculturais do que o sintoma histérico. A exigência de se fazer reconhecer no universo masculino resulta em tentativas das mulheres de evitarem a exteriorização de sinais identificados ao sexo feminino. Fazem-se obsessivas, ainda que continuem histéricas, buscando ocupar a qualquer preço a posição fálica, impedindo com isso que a metáfora paterna venha a incidir sobre elas para nomeá-las enquanto filhas e mulheres.

O acesso ao feminino também pode ser perturbado pela relação da filha com a mãe. Como aponta Mirian Rejani, algumas pacientes expressam seu ressentimento por não terem encontrado na mãe o suporte necessário para se tornarem mulheres, misturando seu desejo de se transformarem no objeto de satisfação de suas mães com o rancor por elas só terem olhos para as imperfeições delas, filhas. Essas experiências são intensificadas na adolescência. Alguns sintomas podem revelar aspectos da sexualidade materna recalcada, mas também apontar o caminho para a construção de uma feminilidade própria, criativa e mais independente dos desejos e da sexualidade da mãe.

Outras dificuldades dessa relação são analisadas por Silvia Alonso. Ela descreve diferentes impasses na constituição do narcisismo e no desenvolvimento dos movimentos pulsionais que colocam a filha no lugar de "insuficiente" para a mãe. Ao considerar as filhas em total continuidade com elas próprias, as mães as convertem "em bengalas narcísicas" que favorecem relações especulares, fusionais e de projeção narcisista (pp. 238-239). A possibilidade do estabelecimento de uma relação de cumplicidade confortável com sua filha pode tornar a superioridade materna estruturante e não excludente. A condição oposta, quando a mãe coloca a filha no lugar daquela a quem cabe responder sobre sua própria feminilidade – tarefa impossível –, é propícia para a vivência da filha como "não suficientemente boa".

Maria Elisa Pessoa Labaki concentra seu olhar na questão da maternidade, destacando a importância de perceber a diferença entre as experiências da gestação, do parto e da maternidade. Durante muito tempo, a psicanálise dificultou a percepção dessa distinção, ao sustentar a posição central e ideal da maternidade na vivência do feminino. Maria Elisa sugere que a maternidade pouco comporta de desejos narcísicos e falocêntricos de engravidar, ou de ter filhos, e que o desejo que anima uma mulher a engravidar nem sempre é da mesma natureza daquele que a manterá interessada e dedicada a seu bebê. Segundo um outro registro, não narcísico, a maternidade supõe a possibilidade do reconhecimento da perda pela mulher. Dessa forma, ela se revela não apenas como um privilégio da mulher, mas também uma condição que pode ser vivida pelo homem, no contexto das homoparentalidades, e também "em outros espaços de reverberação do pulsional, como a clínica psicanalítica" (p. 283).

As repercussões clínicas das hipóteses de Maria Elisa podem ser pensadas a partir das consultas terapêuticas de um menino de 4 anos que não falava, diagnosticado como autista, relatadas por Tales Ab'Sáber. Ele revela como a "distorção na sensibilidade originária de uma mãe frente ao seu bebê" pode se configurar como uma "relação de objeto, que rouba o espaço potencial e simbólico daquela nova origem" (p. 333). A relação da mãe do paciente com a sua própria mãe e seu próprio irmão morto impediu que ela suportasse as qualidades "próprias ao universo da preocupação materna primária, e sua devoção altamente potencial". O olhar do analista propiciou a integração da experiência da criança e a consciência da mãe de sua alienação com relação às vivências de seu filho, levando Tales a considerar que o menino não era um autista, embora, "de certa forma, sua mãe fosse uma autista para ele".

Danielle Breyton, Helena M. F. M. Albuquerque e Verônica Mendes de Melo refletem sobre o tempo de espera de casais para a realização de procedimentos de reprodução assistida. Frequentemente longa, essa espera "em silêncio" gera nos pais sentimentos de abandono e angústias relacionadas à vivência da infertilidade com sentimentos de culpa e inferioridade. Por meio de grupos operativos, as autoras buscam promover nesses casais "a passagem de uma posição passiva – de objeto, submetido a procedimentos médicos – para uma posição ativa – de sujeito, que historiciza" (p. 257) –, tanto a vivência da infertilidade como a organização de um outro tempo de gestação, que permita a invenção e o sonho do filho a ser concebido, de forma a preparar seja o cuidado dele, se ele chegar, ou a possibilidade do luto, caso ele se revele realmente impossível.

Maria da Graça Baraldi, Maria das Graças da Hora e Therezinha Prado Gomes discutem as relações entre essas novas formas de procriação e as fantasias incestuosas e suas interdições. O anonimato do doador pode intensificar fantasias sobre os laços de parentesco e sobre a possibilidade de relações incestuosas com meio-irmãos, ou mesmo com o pai biológico. A reprodução assistida pode ampliar a rede de parentesco, criar novas posições quanto à paternidade, diferentes das dos processos de filiação clássicos, ou mesmo de adoção. As autoras destacam a importância das condições psíquicas dos pais para acolherem o filho gerado pela reprodução assistida, reconhecendo-o como um outro, de forma a permitir não apenas sua inserção na família, mas também a representação de sua condição de filiação.

Violência, oralidade, agressividade

No desenvolvimento individual e na vida social, o desamparo, a dependência, a violência e a submissão são experiências com as quais se confrontam tanto homens como mulheres, porém, para estas, essas vivências se manifestam de forma mais frequente e específica. Segundo Lucía Fuks, a subordinação social das mulheres cria condições para que elas sejam amiúde destinatárias preferenciais de violências estruturais e conjunturais, articuladas ao poder e aos papéis de gênero. Ela denuncia o acobertamento e as tentativas ideológicas de naturalização dessa violência, revelando suas consequências traumáticas, como a desestruturação psíquica, perceptiva, psicomotora, do raciocínio e emocional, que impedem reações adequadas aos ataques sofridos. As dimensões ética e terapêutica da psicanálise podem contribuir para romper o silenciamento dessas questões, possibilitando a reestruturação subjetiva das vítimas da violência, revelando também os processos de dominação no campo da construção e da instituição social do gênero.

Encantada pela inspiração premonitória de La Boétie, que há quatro séculos já apontava a possibilidade de fragilização dos modos de subjetivação que tornam todos presas fáceis da servidão, Laurinda Ribeiro de Souza revela como o desamparo e a cumplicidade com o agressor vividos por vítimas de violência se constituem como ingredientes importantes dessa servidão. Relacionando as experiências de servidão, do masoquismo e do desamparo com a vivência do feminino, ela sugere que a possibilidade de travessia pelo trágico dessas condições e a "aceitação da feminilidade" se constituem como formas possíveis de ultrapassagem do "encanto sedutor" promovido pela servidão.

Fátima Milnitzky destaca a dimensão da humilhação na vivência da violência e do masoquismo, discutindo em dois casos clínicos uma variante feminina do masoquismo em homens. A humilhação comporta uma relação específica entre uma instância que humilha e outra que é humilhada. Aquele que sofre a humilhação é tomado não como pessoa, mas como instância. Lembrando que na psicanálise a noção de humilhação não tem estatuto de conceito, Fátima sugere o conceito de fantasia como um elemento articulador entre masoquismo e humilhação.

As manifestações transferenciais desses processos primitivos muitas vezes não são acessíveis às leituras psicanalíticas clássicas, como revela Aline Camargo Gurfinkel a partir do trabalho com pacientes que substituem a fala pelo silêncio, apresentando somatizações, adições, transtornos alimentares ou outras expressões de quadros narcísicos ou fronteiriços. Em mulheres que apresentam perturbações das funções alimentares, Aline constata que o exagero nos cuidados maternos muitas vezes encobre a falta de cuidados básicos necessários, revelando a ausência de objeto que ampare o sujeito do excesso de excitação. A transferência deve poder distinguir entre fala-da-mãe/fala-da-filha e o que é silenciado por ambas e acompanhar a passagem "da fusão mais primitiva, dos primeiros momentos do alimentar-se, à relação de alteridade na qual se pode comer junto e viver uma relação de comensalidade/reciprocidade" (p. 347).

Por sua vez, Liliane Guimarães Mendonça percebe a indistinção de lugares de pai, de mãe, de filha, e, principalmente, a fusão e a mistura das duas últimas, nas famílias em que emerge a anorexia. Nelas, inexistem os ritmos ausência-presença, falta-saciedade, não se constituem relevos nem nuances. A mãe parece surda aos pedidos da filha oscilando entre a ausência e a intrusão. Os pais de anoréxicas são frequentemente desvalorizados pelas mães na função de pai e marido, descritos como ausentes, frágeis ou inexistentes. Liliane sustenta que a possibilidade de escuta analítica, individual ou familiar pode contribuir para a ressignificação dos mitos familiares e para a constituição e reconhecimento dos lugares na família, favorecendo funcionamentos menos patológicos.

Vera B. Zimmermann chama a atenção para o fato de que, há alguns anos, a busca de tratamento para crianças entre cinco e dez anos era constituída predominantemente por meninos com problemas de agressividade e agitação. Hoje mais meninas chegam com essas queixas, ansiosas, agressivas e temerosas. Na sessão, falam, discutem e brigam, não apenas desenham e brincam, trazendo conflitos com o corpo e com a beleza, vivendo intensas rivalidades e competições. Muitas das mães dessas pacientes falham na contenção, justamente quando as filhas atravessam momentos psíquicos que lhes demandam muita segurança identificatória, o que favorece a irrupção da hostilidade própria à sociedade contemporânea, e ataques nas relações entre as mães e filhas. Vera sugere compreender essas manifestações para além da questão da diferença sexual, considerando-as no contexto das dificuldades da menina para alcançar o reconhecimento do outro.

Maturidade

Buscando compreender um outro momento da experiência feminina, Mabel Casakin analisa as experiências de mulheres na menopausa, marcadas por uma alta dose de angústia e uma sensação de "depressão", numa adesão quase incondicional à visão médica que considera esse sintoma como "típico" dessa fase. Ela examina as principais queixas apresentadas por essas mulheres: perda da beleza, da capacidade de seduzir, da feminilidade, da maternidade, da ascendência sobre filhos já grandes, a sensação de proximidade da velhice e da morte. Mabel aponta a importância de elaborar o luto da percepção de que alguns sonhos dessas mulheres jamais serão realizados, para que "um novo começo" seja possível, para continuar suas vidas sobre bases reais.

Fátima Vicente amplia essas reflexões ao analisar as implicações ideológicas e subjetivas da abordagem da menopausa pela "medicina de gênero", que a define priorizando procedimentos de extinção da produção hormonal. Ela lembra que a ideia de climatério, hoje pouco utilizada, é mais abrangente, incluindo alterações físicas e psíquicas num tempo indeterminado, o que torna necessário ao médico ouvir as queixas das mulheres para saber o que se passa com elas. A expressão "menopausa", apenas referida à idade e à produção hormonal, opera um deslizamento semântico que anula o reconhecimento da subjetividade submetida a uma experiência de crise, retirando da mulher a possibilidade de articular essa crise em uma narrativa significativa, e de lidar com ela de forma ativa para se constituir como sujeito das saídas possíveis ao desejo feminino nessa época da vida.

(R)Evoluções da Vênus

Após contemplar essa tela imensa e diversificada, talvez precisemos de um tempo de repouso e de reflexão.

Interlocuções sobre o feminino provoca, instiga e renova nosso olhar, nossa escuta. De repente, estranhamos a Vênus de Botticelli, sentimos desconhecê-la. Sem que tenha perdido sua beleza, sua candura, sua paz, ela agora incomoda, perturba, desafia. Talvez por passarmos a enxergar o quanto aquela imagem tranquila e serena já anunciava em seus traços os riscos que espreitavam a mulher que ali nascia: os Ventos do Oeste se transformando em tormentas, as águas calmas em mar revolto, o manto protetor em véu que acoberta, em "*burkas*", mortalhas e ideologias que sufocam e oprimem.

Tormentas ainda hoje presentes, apesar de todas as conquistas sociais das mulheres. Violências muitas vezes acobertadas, em lugares ainda distantes e primitivos, onde a lapidação, as mutilações genitais e os castigos corporais continuam inscritos na lei social, mas também nas mais modernas cidades, onde a tecnologia, o consumo e imagens cada vez mais plásticas, belas do feminino apenas maquiam a violência física e moral, a humilhação e os abusos (não só sexuais) de mulheres, que culminam, entre muitas outras degradações, com o feminicídio crescente de algumas paragens.

Turbulências que convocam o movimento, a resistência e a transformação do potencial destrutivo que sempre se esconde por detrás dos narcisismos das pequenas diferenças.

Nesse sentido, cabe aqui nossa gratidão às organizadoras, autoras e autores da coletânea. Inspirados por uma visão aberta da psicanálise, com seus trabalhos, eles nos ajudam a tecer o manto do pensamento, da crítica e da liberdade, como forma de proteger não apenas a Vênus, as mulheres, mas também todos os homens, da violência, da intolerância e do preconceito.

Referências

Alonso, S. L., Gurfinkel, A. C., & Breyton, D. (Orgs.). (2002). *Figuras clínicas do feminino no mal-estar contemporâneo.* São Paulo: Escuta.

Alonso, S. L., Breyton, D. M., & Albuquerque, H. M. F. M. (Orgs.). (2008). *Interlocuções sobre o feminino*. São Paulo: Escuta.

Freud, S. (1905). Três ensaios sobre a teoria da sexualidade. In *Edição Standard Brasileira das Obras Psicológicas Completas de Sigmund Freud* (Vol. VII). Rio de Janeiro: Imago, 1980.

Freud, S. (1925). Algumas consequências psíquicas das diferenças anatômicas entre os sexos. In *Edição Standard Brasileira das Obras Psicológicas Completas de Sigmund Freud* (Vol. XIX). Rio de Janeiro: Imago.

Freud, S. (1931). A sexualidade feminina. In *Edição Standard Brasileira das Obras Psicológicas Completas de Sigmund Freud* (Vol. XXI). Rio de Janeiro: Imago, 1980.

Freud, S. (1933). Conferência XXXIII – A feminilidade. In *Edição Standard Brasileira das Obras Psicológicas Completas de Sigmund Freud* (Vol. XXII). Rio de Janeiro: Imago, 1980.

Klein, M., & Riviere, J. (1937), Amor, culpa e reparação. In *Amor, culpa e reparação e outros trabalhos, (1921-1945)* (pp. 346-384). Rio de Janeiro: Imago, 1996.

Volich, R. M. (1992). *Sein réel et sein imaginaire: une approche psychosomatique des pathologies mammaires et des risques oncologiques* (Tese de doutorado de Psicanálise e Psicossomática). Universidade de Paris VII – Denis Diderot, Paris.

Volich, R. M. (1995, 1º semestre). O eclipse do seio na teoria freudiana. A recusa do feminino. *Percurso, 14*, 55-64.

18. Psicanálise e neurociências

Do pensamento único ao resgate do sonhar

Em 1997, constatando que a clínica, as instituições e as relações da psicanálise com a sociedade, com a cultura e com outros campos de saber vinham sendo profundamente questionadas, o psicanalista René Major propôs a mobilização dos psicanalistas de todo o mundo, independentemente de sua filiação institucional ou teórica, para criar espaços de produção de pensamento e debate sobre o estado da psicanálise e constituir os Estados Gerais da Psicanálise (Major, 1997).

Propunha-se a reunião livre e independente dos psicanalistas em uma instância sem hierarquias. Manifestando-se em nome próprio, cada participante seria responsável pela organização e destino desse movimento coletivo, com direito de debater sua própria legitimidade. Nem mesmo aqueles que tiveram a iniciativa e assumiram a realização dos Estados Gerais detinham sua propriedade. Essas posições se inspiravam no dispositivo psicanalítico, em que a liberdade de associação e a transferência não podem ser apropriadas por quem quer que seja.

Foram propostos cinco eixos de reflexão e discussão: 1. A clínica psicanalítica; 2. Transmissão em psicanálise; 3. As instituições psicanalíticas; 4. A relação da psicanálise com o social e com o político; 5. A relação da psicanálise com a arte, literatura e filosofia; 5. A relação da psicanálise com o direito, com as neurociências e com a genética.

O I Encontro Mundial dos Estados Gerais da Psicanálise ocorreu em Paris no ano 2000, e um II Encontro Mundial no Rio de Janeiro em 2003. Desde a convocação de 1997, grupos de discussão, de reflexão e de produção escrita reuniram-se regularmente em diferentes países. Três Encontros Latinoamericanos, preparatórios aos Mundiais, ocorreram em São Paulo (1999 e 2001) e em Buenos Aires (2002). Um IV Encontro Latinoamericano foi ainda realizado em 2005 em São Paulo, segundo os mesmos princípios da convocação inicial.

O texto a seguir foi apresentado no II Encontro Mundial dos Estados Gerais da Psicanálise, realizado em 2003 no Rio de Janeiro. Adaptado para a presente publicação, é fruto da leitura individual e das discussões dos trabalhos reunidos em torno do tema "Psicanálise e neurociências".[1]

Membranas, bordas, vibrações, pensamento único, paradigmas emergentes, matrizes vivas, corpomente, pontes... São essas algumas das palavras sugeridas pelos autores dos trabalhos reunidos em

1 A plenária foi coordenada por Gilou García Reinoso (Argentina) e, além do presente trabalho, contou também com as leituras e comentários de Benilton Bezerra (Brasil-RJ), Osvaldo Saidón (Argentina) e Antonio Ricardo da Silva (Brasil-PE). Agradeço a inspiração propiciada pelos autores e pelos colegas do coletivo preparatório de leitura de São Paulo, Maria Antonieta Fischer, Gisela Resnik, Kátia Teixeira, Cristina Magalhães, Felipe Lessa da Fonseca e Susan Markuschower.

torno do tema "Psicanálise e neurociências", para tentar romper silêncios ou fazer calar as cacofonias que emergem assim que nos deparamos com a complexidade dos fenômenos implicados nas relações corpo-mente, psicanálise e neurociências.

Palavras que inspiram representações, modelos que tentam superar impasses entre visões nem sempre antagônicas, mas muitas vezes concorrentes, buscando dar conta da dificuldade de apreensão do humano que sofre, que vive, que goza, que morre. Dificuldade que conduz frequentemente à resignação diante daquilo que Chaim Katz (2003) denomina, inspirado no modelo econômico, *pensamento único*.

Nos trabalhos apresentados e em comentários de outros colegas, vários já apontaram que o pensamento único – um modo de conceber o mundo como se houvesse uma hegemonia de ideias ou de modelos de vida – pode também ser observado no pensamento das neurociências. Dessa forma, é possível conceber e propor a primazia ou exclusividade de fatores genéticos ou biológicos na determinação do comportamento humano, de sentimentos, reações e afetos, e que esses elementos poderiam ser exclusivamente manipulados ou controlados, por exemplo, pelas ações dos psicofármacos. Entretanto, a clínica revela que esse modelo frequentemente não consegue dar conta de angústias, rupturas, injunções e falhas que encontramos ao longo da vida, o que nos convoca, como psicanalistas, a investigar as passagens e relações entre os fenômenos e experiências da mente e do corpo.[2]

---

2 Essas questões são discutidas de forma mais ampla nos artigos "Do poder da cura à cura do poder" e "Os dilemas da formação do médico", e também no capítulo "Horizontes médicos" de meu livro *Hipocondria, impasses da alma, desafios do corpo* (Volich, 2002).

O pensamento único e o diálogo com as neurociências

Katz (2003) lembra que o questionamento de uma espécie de "pensamento único" pode ser encontrado nos primórdios da psicanálise, quando a investigação freudiana propunha uma diferença radical com relação ao pensamento médico, predominante e positivo, e à neurologia, que obrigavam a normalização do conhecimento, desprezando os fenômenos encontrados à margem dos campos de investigação e da clínica.

Nesse contexto, surge um primeiro desafio. Por um lado, é importante questionar o lugar supostamente exterior, a partir do qual a psicanálise ou, mais precisamente, os psicanalistas questionam tanto o pensamento único quanto sua manifestação nas neurociências. Porém, devemos também perguntar se na própria psicanálise não existiria, em grande medida, "pensamentos únicos". Como discuti no trabalho apresentado no Encontro Sul-Americano dos Estados Gerais da Psicanálise (São Paulo, 1999) e no I Encontro dos Estados Gerais da Psicanálise (Paris, 2000), sem dar-se conta, ou algumas vezes até intencionalmente, é possível que a própria psicanálise tenha, em muitos aspectos, se amoldado a princípios caros ao pensamento único, como quando da busca de uma leitura homogênea da clínica e da teoria, nas querelas entre escolas, quando da pouca tolerância a diferenças e ao debate contraditório.[3]

Cabe, assim, refletir sobre alguns tipos de formação, sobre os critérios de indicação para uma análise, ou ainda, principalmente, sobre como se operam as trocas entre a psicanálise e outras disciplinas, ponto sobre o qual os comentários de Benilton Bezerra (2003) foram bastante precisos.

3 Cf. o artigo "O psicanalista em busca de sua alma" desta coletânea.

Existe, portanto, um forte risco de deslizes da psicanálise em direção ao pensamento único, na tentativa de escamotear conflitos diante das incertezas e da viabilidade de nossa sobrevivência, seja ela econômica, psíquica e mesmo institucional. Daí a enorme tentação de agarrar-se a ele em nossas instituições, teorias e clínicas.

Por sua vez, Osvaldo Saidón (2003a) discute os empecilhos para a psicanálise lidar com abordagens das neurociências e da psiquiatria que limitam a problemática da subjetividade e da doença mental a um simples ato médico protocolar de indicação terapêutica. O discurso e a prática psicanalíticos geralmente têm muita dificuldade para transcender a simples denúncia dessa visão, muitas vezes refugiando-se na defesa de seus próprios postulados instituídos. Seria possível, no espaço dos II Estados Gerais da Psicanálise, superar essa sideração, essa paralisia?

Saidón (2003a) defende a necessidade de incluir em nossas reflexões as dimensões neurofisiológicas de investigação do inconsciente, para que possamos nos abrir a um outro paradigma de pensamento que guie o ato clínico como uma atividade experimentadora e inventora de novos mundos. Ele convoca, portanto, ao diálogo entre a psicanálise e as neurociências, insistindo tanto no caráter criativo necessário a esse diálogo quanto na aplicação dos elementos das neurociências que podem contribuir para essa conversa.

Política(s) na psicanálise

Os textos preparatórios, trabalhos e discussões dos Estados Gerais foram todos atravessados, em diferentes medidas, pela dimensão política. No presente tema, dois trabalhos conclamam, em particular, à reflexão sobre essa dimensão.

Em "Por uma política do sintoma", Angela Bezerra Villela (2003) sugere considerar a potencialidade criativa do sintoma um espaço de emergência do novo e, no âmbito das perspectivas pouco expansivas da modernidade, o reconhecimento do caráter revolucionário (e, portanto, político) do sintoma. Ela denuncia como uma das dificuldades de nossos tempos de totalitarismo disfarçado de modernismo um fechamento que sufoca e estrangula a palavra por meio de um enquadramento de categorias que não permite criatividade de ideias. Ao questionar esse estado de coisas, o sintoma se constitui como elemento revolucionário.

Por sua vez, a partir de uma perspectiva histórica, Maria Anita Carneiro Ribeiro (2003) denuncia particularmente, no âmbito da neurose obsessiva, o esvaziamento da conquista de Freud, que a resgatou do campo das psicoses, e a atual redução promovida dessa categoria nosográfica ao transtorno obsessivo-compulsivo, sua compreensão e suas terapêuticas. Segundo ela, essa operação evidencia a estratégia do discurso capitalista de abolir o sujeito do inconsciente e reduzi-lo a mero consumidor passivo e compulsivo de drogas lícitas. No extremo, essa operação produz, por meio de uma suposta objetividade do discurso da ciência, uma drogadição generalizada. A autora sublinha ainda o interesse social e capitalista nas formações obsessivas, uma vez que ela promove, justamente, aquilo que o capitalismo mais espera: o consumo e uma submissão permanente à palavra do outro.

Porém, por mais que no espírito e na letra dos Estados Gerais houvesse uma certa convergência quanto à dimensão política das questões levantadas nesses e em vários outros trabalhos, cabe ainda compreender melhor o sentido do termo "político" neles utilizado. O sintoma pode ser, ou é, realmente, político?

Sabemos que a ação política é geralmente determinada por ideias individuais ou coletivas referidas ao ideal do eu, pela luta por ideais de construção de dispositivos sociais para alcançar esses e outros ideais. Freud (1924) revelou as capacidades de modificação autoplásticas e aloplásticas do organismo e do psiquismo em suas relações com a realidade. O sujeito se modifica ou é capaz de uma ação que modifique seu entorno, a realidade. Seria a política unicamente voltada para a modificação da realidade? Essas modificações seriam conformes às ideias e utopias de cada um, ou mesmo de uma classe social? Em que medida ações inconscientes podem ser políticas, ou ainda: em que medida o inconsciente é ele mesmo forjado pela cultura e pela realidade?

Se a prática da psicanálise é política, e tem consequências políticas, isso ocorre porque ela pode modificar a posição do sujeito com relação a seus semelhantes e com relação à realidade. Da mesma forma que é política a posição das neurociências, da psiquiatria, ao propor modelos que priorizam o aspecto descritivo e manifesto dos fenômenos humanos, esvaziado de subjetividade. Assim, ainda permanece a questão: o sintoma seria capaz de *fazer* política? Ou o termo político, inclusive no sentido que as autoras propõem, diria respeito à posição de cada um, de cada terapeuta, de cada teórico, de cada clínico diante do sintoma ou da manifestação do psicopatológico, diante das formas de o ser existir no mundo?

Nesse mesmo sentido, é importante também interrogar as formações de caráter, assintomáticas, cada vez mais frequentes em nossos dias. Formações silenciosas, pouco espetaculares e também muito conservadoras, mas que se constituem, ao mesmo tempo, em tentativas de organização e formas de produção de sofrimentos invisíveis. A vida morna, medíocre, sem prazer, a serviço da produção e da calma social, indivíduos calmos, adaptados, tristes e solitários, sem desejo que, geralmente, não protestam.

A linguagem é sintoma, produção que visa a manifestação do sujeito. A fantasia é política por excelência. O sintoma pode se caracterizar por seu caráter conservador ou revolucionário, como sugerido por Angela Villela (2003), a fantasia é marcada por seu poder de transformação.

Assim, cabe considerar a importância do qualificativo "político" como forma de compreender o sintoma e a forma de lidar com ele. Isolar, acalmar, eliminar o sintoma, em vez de situá-lo no contexto da história do sujeito para que ele seja significado pelo sujeito e se preste à transformação, de si mesmo, do outro ou da realidade, eis aí uma perspectiva política.

Novas dimensões para a metapsicologia

Os trabalhos de Monah Winograd (2003) e de Maria Lúcia Pilla (2003) propõem, respectivamente, as noções de *conceitos-membrana* e de *matriz viva vibratória* como formas de resgatar a dimensão metapsicológica, pela criação de pontes para o diálogo, inclusive com as neurociências.

Monah Winograd (2003) sugere que as neurociências se constituem como um projeto de naturalização do psiquismo, que vem sendo implementado desde meados do século XX, supondo uma concepção de ser humano como uma máquina que pode ser projetada, construída e programada. Refletindo sobre as atitudes possíveis da psicanálise diante de tal projeto, ela lembra a riqueza do aparato clínico e conceitual da metapsicologia como recurso para instrumentalizar o diálogo com as neurociências, e com a biologia em particular, no que tange às relações entre corpo e psiquismo.

Lembrando que a preocupação com essas relações está presente em toda a obra freudiana, ela sugere resgatar a potência dos conceitos de afeto, de pulsão e do Isso (Id), como operadores clínicos, metapsicológicos e epistêmicos para a compreensão dessas relações. Os conceitos-membrana não apenas especificam os limites mas evocam a própria experiência do limite: 1. *Metapsicologicamente*, referem-se às fronteiras da alma e às bordas do aparato anímico. O afeto é definido como variação quantitativa e consciência parcial dessa variação; 2. *Epistemicamente*, são conceitos situados nas bordas da metapsicologia freudiana, mediando as interlocuções com campos de saber vizinhos, como a biologia ou a filosofia.

Nessa discussão, Maria Lúcia Pilla (2003) considera preconcebida e, algumas vezes, preconceituosa a oposição ou mesmo a alegada incompatibilidade entre neurociência e psicanálise, defendida por alguns psicanalistas. Ela defende que a possível colaboração entre psicanálise e neurociência é enriquecedora para ambas, convidando três autores - dois neurocientistas e uma psicanalista e também física - para dialogar em torno de novas concepções sobre o corpo e sobre a transferência. Para lidar com as dificuldades resultantes do dualismo freudiano, Maria Lúcia convoca as noções de *paradigmas emergentes* (Khun, 2001) e da *transdisciplinaridade*. Os primeiros surgem da necessidade de superar os impasses encontrados pela ciência quando os paradigmas vigentes não são mais capazes de dar conta de novas realidades que se evidenciam ao observador. Por sua vez, a transdisciplinaridade busca dar conta da interlocução e da interação entre várias disciplinas, buscando evidenciar não apenas o que as une, mas também o que as atravessa. Ela evoca três desses paradigmas: 1. o da multidimensionalidade (existência de diferentes dimensões de uma mesma realidade); 2. o pensamento holográfico (não só o todo contém as partes, mas cada parte contém o todo); 3. o paradigma da não separação entre observador e realidade (o objeto observado é modificado pela observação daquele que o observa).

A partir dessas referências, Maria Lúcia propõe a noção de *corpomente*, como forma de descrever, segundo uma perspectiva monista, o caráter indissociável do funcionamento psíquico e somático: uma rede psicossomática de informações é responsável pela comunicação entre os diferentes níveis do sistema nervoso, memórias, sensações e percepções. Lembrando o conceito de *matriz viva*, sugerido por Oschman (2000), a autora propõe considerar o organismo como uma rede vibratória na qual um acontecimento que ocorre em qualquer parte ou nível de funcionamento do corpo repercute sobre todos os demais. Nesse sentido, muito mais do que as palavras do paciente, a transferência capta também sinais e mensagens que emanam de seu corpo e da relação que se estabelece entre analista e paciente. A mente seria, portanto, constituída por um fluxo de informações que se move entre células, órgãos e sistemas do corpo, assim como a memória seria armazenada em uma rede psicossomática que se estende por todo o corpo. O *corpomente* é, por excelência, o lugar de inscrição de toda experiência humana. O cérebro é apenas um ponto nodal da rede psicossomática.

Todas essas considerações conduzem Maria Lúcia a sustentar, em uma trilha inaugurada por Ferenczi e por Reich, a importância do trabalho corporal no processo psicanalítico. Por essa via, torna-se possível lidar com fenômenos da ordem do primitivo, do traumático e do silencioso, que frequentemente escapam ao manejo clássico da interpretação verbal. Segundo a autora, chegou a hora de romper o tabu, incluindo no dispositivo clínico o toque no corpo do paciente, considerando a possibilidade de incluir o corpo a ser simbolizado na situação transferencial-contratransferencial. Maria Lúcia não está sozinha nessa proposta: Ivanise Fontes (1999) e Maria Helena Fernandes (1999), entre outros, também discutem essa questão que merece ser mais bem compreendida e elaborada em função das características da clínica contemporânea, cada vez mais marcada por atuações comportamentais e descargas somáticas por conta da precariedade do circuito representativo.

Por fim, o trabalho de Maria do Carmo Vieira da Cunha (2003) discute a infertilidade e a reprodução assistida. Segundo ela, esta última vem cada vez mais se constituindo como uma ruptura radical com a diferença apontada por Freud entre sexualidade e reprodução biológica. A reprodução assistida se constitui como mais um sintoma das formas de subjetivação contemporâneas, segundo as quais, diante da dificuldade de engravidar, a mulher, o homem ou o casal procura recorrer ao médico, em vez de interrogar seu desejo. As ilustrações clínicas apresentadas pela autora revelam, nos que vivem tais questões, dificuldades significativas com a feminilidade, maternidade, paternidade e com a relação com os profissionais envolvidos. A dimensão simbólica que permeia o processo da reprodução assistida é evidenciada pela clínica psicanalítica, porém frequentemente não é considerada pelos médicos. A clínica revela também as repercussões das fantasias inconscientes de uma gravidez concebida pelos médicos, vivida pelos futuros pais. Gestam-se filhos de médicos e da tecnologia que muitas vezes não podem ser inscritos em uma filiação simbólica na família.

As questões levantadas pelos autores e os comentários dos colegas que os discutiram sugerem ainda algumas reflexões.

Sonhos e ilusões

Existiria um antídoto contra o pensamento único? A partir das discussões preliminares aos Estados Gerais, realizadas em nosso coletivo de leitura, podemos considerar uma certa perspectiva da clínica como um antídoto possível. A atenção à teoria que é questionada e renovada a cada sessão, o quadro psicopatológico que pode se transformar a cada encontro, e, justamente, em função desse encontro, e a possibilidade da escuta da singularidade são possibilidades de abertura e de tolerância às diferenças clínicas, teóricas e institucionais.

Destacando um ponto mencionado por Benilton Bezerra (2003), se, por um lado, a terapêutica medicamentosa age sobre o sintoma, aliviando, transformando e eliminando, sabemos que o processo psicanalítico produz, além do efeito sobre o sintoma, um efeito sobre si mesmo. As pessoas, mesmo aquelas que buscam uma análise, estão cada vez mais medicadas. Muitas vezes o analista desconhece que o paciente utiliza medicamentos. Refletimos muito pouco sobre a influência dos efeitos desses medicamentos na transferência. Cabe considerar e compreender melhor esse fator na relação transferencial.

Vários trabalhos apontaram o empobrecimento do raciocínio clínico na medicina. A propedêutica e a semiologia médicas cada vez mais vêm se pautando por algoritmos de decisão que reduzem a muito pouco ou quase a zero a compreensão da subjetividade do paciente. Cabe também refletir se, na formação e na clínica psicanalíticas, uma tendência semelhante não poderia também se infiltrar.

Alguns autores buscam resgatar e identificar uma certa "clarividência" freudiana com relação às neurociências, essencialmente, a partir de duas referências. Uma é o "Projeto de psicologia científica" (Freud, 1895) e outra a famosa ideia de Freud, já enunciada no artigo sobre o narcisismo[4] e na famosa frase, citada por Saidón,

---

4 ". . . nossas concepções psicológicas provisórias deverão um dia se apoiar sobre o solo de suportes orgânicos. Torna-se então provável que sejam substâncias e processos químicos particulares que realizem as operações da sexualidade. . . . Levamos em conta essa verossimilhança ao substituirmos as substâncias químicas particulares por forças psíquicas particulares" (Freud, 1914).

de que "O futuro pode ensinar-nos a exercer influência direta, através de substâncias químicas específicas, nas quantidades de energia e na sua distribuição no aparelho mental" (Freud, 1938). Seria, realmente, necessário mostrar que Freud "tinha razão"?

O que se esconde por trás desse paradigma que busca equiparar as descobertas da neurologia moderna às hipóteses freudianas? Na realidade, consideramos muito pouco que o projeto de psicologia científica (para "neurologistas", no original alemão) era um *sonho* de Freud. Um sonho que permitiu que transcendesse sua experiência como neurologista para fundar a psicanálise. Como psicanalistas, corremos o risco de nos ater à letra manifesta do *Projeto*, abandonando sua função onírica, a de um sonho que precisamos construir e elaborar a cada sessão.

Talvez nesse ponto, na relação que estabelecemos entre o sonho do Projeto (da teoria) e do sonho do analista (na clínica), possamos encontrar uma pista para as dificuldades do diálogo entre psicanálise e neurociências.

A ciência acena com descobertas significativas e maravilhosas nos mais diversos e distantes universos. A medicina, em particular, além das importantes conquistas na luta contra doenças antes incuráveis e nos reconhecidos avanços terapêuticos em todas as áreas, observados ao longo do século XX e no atual, permite vislumbrar a possibilidade de gerar crianças perfeitas, de escolher o sexo dos filhos, de prolongar a vida, de eliminar dela a dor, a angústia, a tristeza. Conhecemos o caráter ilusório de muitas dessas promessas, porém essas ilusões fazem sonhar.

E a psicanálise, o que oferece? Ela convida ao conhecimento do mundo interior de cada um como condição, incerta, para lidar e, quem sabe, superar o sofrimento individual, familiar, coletivo. Porém, esse convite inevitavelmente pressupõe o reconhecimento e a tolerância desse sofrimento. Um processo que desvela que quase sempre não somos quem imaginávamos ou gostaríamos de ser, que revela terrores, violências, fantasias e mesmo prazeres que muitas vezes amedrontam e angustiam. As Terras Prometidas pela medicina e pela psicanálise não são as mesmas. Sinceramente, qual dos sonhos é mais atraente? Qual o esforço e a mobilização que cada um deles exige? A "concorrência" certamente não é fácil e, algumas vezes, sequer é "leal".

Nos diálogos e embates com outras disciplinas e mesmo entre psicanalistas, talvez tenhamos perdido a capacidade de sonhar... e de fazer sonhar. Talvez nunca na história da psicanálise se tenha escrito tanto, realizado tantos congressos, discutido tantos casos. Porém, talvez nunca tenhamos, cada um, sonhado tão pouco nossos próprios sonhos.

Sem perceber, passamos a sonhar os sonhos de nossos autores preferidos, de nossos analistas, de nossos supervisores, de nossos institutos de formação. Algumas vezes sonhamos os mesmos sonhos, únicos, como os "pensamentos únicos", porém únicos e de outros.

Antes da queda do Muro de Berlim, aqueles que viajavam para o Leste Europeu impressionavam-se com a carência de produtos nas lojas, nos supermercados, com as tonalidades sombrias das roupas e das cidades. O mundo capitalista expandiu-se, alcançando não apenas os pontos mais distantes do planeta, mas convertendo populações inteiras a seu credo e a seus valores. A globalização encheu as prateleiras com produtos que podem ser encontrados em qualquer parte do mundo. É triste constatar que, à medida que foram aumentando a quantidade de produtos, a variedade de cores, carros, roupas, celulares e etiquetas nos supermercados, mesmo nos países do Terceiro Mundo, os pensamentos foram se tornando mais cinzas e sombrios. Multiplicaram-se os objetos e os apelos de consumo, unificaram-se e se empobreceram os modos de pensar.

Sabemos que muitas espécies de animais são incapazes de se reproduzir em cativeiro; que em tempos de guerra os pais perguntam sobre o sentido de colocar os filhos no mundo; para pobres e desempregados, a ameaça do aumento da penúria, que pode representar uma gravidez, muitas vezes supera a felicidade que um filho pode vir a propiciar. No mundo em que vivemos, em muitas circunstâncias, a crueza da realidade se impõe sombria sobre qualquer luz que o desejo possa fazer surgir. De certa forma, o trabalho de Maria do Carmo sobre infertilidade convida-nos também a considerar o risco de infertilidade e de esterilização de nossas ideias.

Denunciando o empobrecimento galopante da qualidade de ensino, da criatividade e da capacidade de pensar de nossas escolas e de nossas crianças, o psicanalista e poeta Rubem Alves sugeria que, antes de mais nada, as escolas não deveriam ser lugares onde se ensinam matérias e disciplinas, e sim "sonhatórios" onde se propiciasse e se estimulasse o sonhar (Alves, 2003).

Apostemos no encontro, no diálogo e nas trocas possíveis entre as neurociências e a psicanálise. Porém, esse encontro só poderá ocorrer, verdadeiramente, na medida em que cada um abandone as trincheiras, explícitas ou dissimuladas, de laboratórios e consultórios, para conversar em um possível *sonhatório* que, espero, sejamos capazes de juntamente construir.

Referências

Alves, R. (2003, 28 de outubro). A utopia do fim do vestibular. *Folha de S.Paulo*.

Bezerra, B. (2003). Neurociências e psicanálise. Comentários sobre os trabalhos de Adriano Aguiar, Osvaldo Saidón, Sara Hassan,

Orlando Coser e Jean Szpirko. In *II Encontro Mundial dos Estados Gerais da Psicanálise*. Rio de Janeiro. Recuperado de http://egp.dreamhosters.com/encontros/mundial_rj/download/FLeitor_BBezerra.pdf

Cunha, M. C. V. (2003). Infertilidade, reprodução assistida e filiação simbólica: uma escuta psicanalítica. In *II Encontro Mundial dos Estados Gerais da Psicanálise*. Rio de Janeiro. Recuperado de http://egp.dreamhosters.com/encontros/mundial_rj/download/2b_Vieira_114151003_port.pdf

Fernandes, M. H. (1999, 2º semestre). A hipocondria do sonho e o silêncio dos órgãos: o corpo na clínica psicanalítica. *Percurso*, *23*.

Fontes, I. (1999). Psicanálise do sensível. A dimensão corporal da transferência. *Revista Latinoamericana de Psicopatologia Fundamental*, *II*(1), 137-152.

Freud, S. (1895[1950]). Projeto de uma psicologia científica. In *Edição Standard Brasileira das Obras Psicológicas Completas de Sigmund Freud* (Vol. I). Rio de Janeiro: Imago, 1980.

Freud, S. (1914). Narcisismo: uma introdução. In *Edição Standard Brasileira das Obras Psicológicas Completas de Sigmund Freud* (Vol. XIV). Rio de Janeiro: Imago, 1980.

Freud, S. (1924). A perda da realidade na neurose e na psicose. In *Edição Standard Brasileira das Obras Psicológicas Completas de Sigmund Freud* (Vol. XIX). Rio de Janeiro: Imago, 1980.

Freud, S. (1938). Esboço de psicanálise. In *Edição Standard Brasileira das Obras Psicológicas Completas de Sigmund Freud* (Vol. XXIII). Rio de Janeiro: Imago, 1980.

Katz, C. S. (2003). O pensamento único. A psicanálise como resistência ao fazer verdadeiro e ao pensamento único contemporâneos. In *II Encontro Mundial dos Estados Gerais da Psicanálise.* Rio de Janeiro. Recuperado de http://egp.dreamhosters.com/encontros/mundial_rj/download/2c_Katz_14220703_port.pdf

Kuhn, T. (2001). *A estrutura das revoluções científicas.* São Paulo: Perspectiva.

Major, R. (1997). Convocação aos Estados Gerais da Psicanálise. Recuperado de http://egp.dreamhosters.com/EGP/convocacao-portugues.shtml

Oschman, J. *Energy Medicine.* Londres: Churchill Livingstone, 2000.

Pilla, M. L. (2003). Um novo corpo para a psicanálise. In *II Encontro Mundial dos Estados Gerais da Psicanálise.* Rio de Janeiro. Recuperado de http://egp.dreamhosters.com/encontros/mundial_rj/download/2c_Pilla_31310803_port.pdf

Ribeiro, M. A. C. A política da neurose obsessiva. In *II Encontro Mundial dos Estados Gerais da Psicanálise.* Rio de Janeiro. Recuperado de http://egp.dreamhosters.com/encontros/mundial_rj/download/2d_Ribeiro_37020903_port.pdf

Saidón, O. (2003a). A psicanálise e a neurociência em nossa clínica. In *II Encontro Mundial dos Estados Gerais da Psicanálise.* Rio de Janeiro. Recuperado de http://egp.dreamhosters.com/encontros/mundial_rj/download/2a_Saidon_102141003_port.pdf

Saidón, O. (2003b). Neurociências e psicanálise. Comentários sobre os trabalhos de Sonia Alberti, Ângela Vilela, Priscila Magalhães, Monah Winograd e Chaim Katz. In *II Encontro Mundial dos Estados Gerais da Psicanálise.* Rio de Janeiro. Recuperado de http://egp.dreamhosters.com/encontros/mundial_rj/download/FLeitor_OSaidon.pdf

Villela, A. B. (2003). Por uma política do sintoma. In *II Encontro Mundial dos Estados Gerais da Psicanálise*. Rio de Janeiro. Recuperado de http://egp.dreamhosters.com/encontros/mundial_rj/download/2a_Villela_54190903_port.pdf

Volich, R. M. (1999, 1° semestre). O psicanalista em busca de sua alma. *Percurso*, *22*, 23-34.

Volich, R. M. (2002). *Hipocondria, impasses da alma, desafios do corpo* (3a ed. ampliada; Coleção Clínica Psicanalítica). São Paulo: Casa do Psicólogo, 2015.

Winograd, M. (2003). Freud e os conceitos-membrana. In *II Encontro Mundial dos Estados Gerais da Psicanálise*. Rio de Janeiro. Recuperado de http://egp.dreamhosters.com/encontros/mundial_rj/download/2_Winograd_43050903_port.pdf

19. Sutis violências[1]

Percorrendo as estantes de lançamentos das livrarias, entre os inúmeros livros que tratam do tema da violência, algo nos intriga naquela capa. Tons encarnados se mesclam com o primitivo ocre da terra. Formas abstratas de um rosto são marcadas por curiosos sinais (de vida? De morte?). Porém, as cores, as formas ainda não explicam completamente nossa vontade de o acolhermos em nossas mãos. A palavra nos captura: Violência*s*.

O signo percute: a violência é plural.

Pelo detalhe revela-se, como sempre, uma dimensão negligenciada do fenômeno. Pelo plural, singulariza-se a análise da violência. Pela sensibilidade, destaca-se o sentido da obra. É assim que Isabel Kahn Marin nos conquista, convidando-nos a uma outra compreensão, mais profunda, das violências. Graças a ela, descobrimos que a violência, como uma boneca russa, aparentemente

---

1 Resenha de *Violências*, de Isabel da Silva Kahn Marin (2002), publicada em *Psi – Jornal de Psicologia CRP-SP*, maio-agosto de 2003, p. 16, modificada para esta coletânea.

única, sempre abriga uma outra em seu interior, podendo também abarcar muitas outras fora de si.

A cultura, a ciência e a mídia nos oferecem constantemente relatos e análises que tentam explicar a intensificação da violência no mundo em que vivemos. Porém, pretendendo denunciar cenas atrozes de crimes, guerras, atentados e transgressões, muitas abordagens, as da mídia em particular, acabam por banalizar a violência, entorpecendo-nos e nos anestesiando pela repetição e pelo excesso. Vítimas da violência, buscamos nos filmes, nos noticiários, nos jogos eletrônicos de destruição o exutório para a impotência e a angústia que sentimos diante das ameaças a que estamos todos submetidos. Muitas vezes, os bandidos transformam-se em heróis que nos fascinam, e pelos quais torcemos. Outras, somos invadidos por um prazer insidioso ao escutarmos relatos de catástrofes e de atrocidades. Quem é o violento?

Tentamos viver de forma "segura". Protegemos nossas propriedades, circulamos apenas por lugares conhecidos, iluminados e vigiados, selecionamos os grupos sociais que frequentamos. Construímos rotinas e vidas para sustentarmos a crença na imunidade e na possibilidade de mantermos a violência a distância. Nos bairros centrais, acreditamos que ela se localiza nas periferias. Paulistas, consideramos escandalosa a violência no Rio, enquanto cariocas se regozijam quando as estatísticas mostram o contrário. Os americanos acreditam que o "eixo do mal" e os estrangeiros encarnam a ameaça de destruição do mundo, julgando natural (e moral...) a guerra para erradicar tal ameaça. Onde estão as violências?

Reconhecemos serem pueris tais manobras, porém sabemos o quanto é confortável, e, às vezes, necessário, apegar-se a elas. Muitas vezes, para tolerarmos a dor de existir, precisamos atribuir ao outro o insuportável que nos habita. Outras, para sobrevivermos, precisamos imaginar que algo pode proteger-nos do que, de dentro, nos ameaça.

Diante das violências, Isabel Kahn Marin convida-nos a difíceis tarefas: a observação de nós mesmos, o encontro com o insuportável em nós colocado no outro, o questionamento de nossas ilusões. Ela revela que não é apenas nas favelas, nas prisões, nos campos de batalha, nos conflitos explícitos entre ricos e pobres, entre opressores e oprimidos que encontramos a violência. Podemos também descobri-la observando melhor as construções reluzentes de aço e vidro de nossas cidades, a assepsia e a brancura imaculada de alguns serviços e profissionais da saúde, a elegância perfumada de executivos poliglotas e bem-educados, as palavras caridosas dos que declaram só desejar o bem para o próximo. Se tivermos coragem, podemos também tentar, ainda, nos olhar no espelho...

As violências, sempre plurais, são ardilosas. Se elas frustram quase todas as tentativas de erradicá-las ou de preveni-las é porque se escondem ali onde menos se espera encontrá-las: no policial que combate o crime, no professor que tenta educar o aluno rebelde, no pai que tenta conduzir o filho pelo bom caminho, em muitas de nossas melhores intenções. Podemos fingir que não as enxergamos, por mais gritantes que sejam suas expressões. Nossas ilusões têm um preço. Segundo Isabel, a negação da violência e a recusa em assumirmos a violência que nos habita pode estar contribuindo para a formação de práticas aniquiladoras, tentativa extrema de afirmação da singularidade do sujeito. Revolvendo ainda mais nossas cambaleantes certezas, ela desfere o golpe certeiro que nos lembra ser a violência condição constituinte de nossa subjetividade, de nossa existência.

Violência necessária, territórios das violências

Isabel é psicanalista, professora da Faculdade de Psicologia da PUC-SP. Suas hipóteses, sua escrita inspiram-se em sua experiência em Varas da Infância e da Juventude, na Febem,[2] no trabalho com vítimas de violência doméstica, mas também na observação do mundo contemporâneo, no contato com famílias e escolas dos melhores bairros de São Paulo, na reação de seus alunos ao contato com as realidades sociais das quais sempre foram protegidos. Em sua leitura dos fenômenos encontrados em todos esses contextos, transparece a sensibilidade de sua escuta e de seu olhar clínico.

A partir do mito da horda primitiva e da experiência edípica, Isabel resgata de forma minuciosa a leitura freudiana da função fundadora, para o sujeito e para a sociedade, da violência e do conflito (Freud, 1905; 1913; 1920; 1921; 1930; entre outros). Ela convida como interlocutores para sua análise M. Klein (1982; 1996), Lacan (1985; 1995; 1998; 1999) e Winnicott (1965; 1977; 1987), destacando a preciosa contribuição de Piera Aulagnier (1975) para a compreensão da *violência fundamental*, sem a qual a existência do sujeito não é possível.[3]

Descortina-se, então, diante de nós, a cena inaugural, na qual se decide o drama de nossa existência. Desde os primeiros momentos

---

2 Fundação Estadual do Bem-Estar do Menor, denominada desde 2006 "Fundação Casa" (Fundação Centro de Atendimento Socioeducativo ao Adolescente).

3 Para dialogar com esses pioneiros e consigo mesma, a autora também convida um grande número de filósofos, sociólogos e psicanalistas que se dedicaram à pesquisa e à clínica do fenômeno da violência, como Arendt (1983), Bergeret (1996), Birman (1999), Castoriadis (1999), Derrida (2001), Enriquez (1999), Foucault (1977), Green (1988), Kehl (2000), McDougall (1983), Rosenberg (1995), Zaltzman (1994) entre muitos outros. As referências bibliográficas de seu livro permanecem sendo um roteiro precioso para a reflexão sobre o tema da violência, em qualquer época.

de vida, cada ser humano se confronta com a terrível descoberta de que seu semelhante, capaz de lhe doar a vida, é também capaz de causar sua destruição. A violência fundamental se configura como a experiência necessária do encontro com o outro, encontro que revela a impossibilidade da manutenção da fusão primitiva, da onipotência, e do ideal narcísico, encontro que se constitui como condição da coexistência, do laço social e da própria existência do sujeito. Apesar de necessário, é insuportável esse encontro com aquele que marca os limites do movimento pulsional e de nossos desejos mais primitivos. É inevitável o ímpeto de tentar destruir as fontes de tamanhas frustrações. Para alcançar o outro, para amá-lo, para conviver e ser com ele solidário, devemos, portanto, poder superar a violência que deseja eliminá-lo, por ser ele um obstáculo ao nosso narcisismo e aos nossos desejos fusionais.

Estabelece-se assim, ao longo de toda a vida, o delicado exercício da busca do equilíbrio entre a violência necessária, estruturante, e o risco de seu transbordamento quando, pelo gozo e pelo excesso, são inviabilizados o desenvolvimento e a realização do sujeito. Explicita-se, igualmente, a diferença entre a violência que propicia a experiência da liberdade, no complexo convívio de cada um com seu semelhante, e a violência que subjuga, escraviza e destrói o sujeito e a sociedade.

Isabel não nos propõe fórmulas fáceis. Ela revela que é inevitável o encontro com as violências, qualquer que seja o âmbito de nossa existência.[4] Tentemos suportar um pouco essa revelação. Aceitemos nos confrontar com as imagens que dela se originam: a

---

4 Entre os muitos autores que apontaram esse "encontro inevitável", Pierre Fédida, em particular, sinaliza os efeitos deletérios da "negligência" da "violência fundamental", que tem como consequência o empobrecimento da memória, da dimensão do infantil, e mesmo de novas possibilidades de relação ao outro (Fédida, 1996). Essas questões são desenvolvidas no artigo "Tão longe, tão perto...", a seguir, nesta coletânea.

de não sermos tão bons quanto desejaríamos, tão belos, honestos e nobres quanto sempre imaginamos ser. Apesar de difícil e muitas vezes intolerável, é esse outro olhar sobre nós mesmos e sobre a relação com nosso semelhante que pode revelar uma forma inusitada de compreendermos as violências. Poderemos então, com outros olhos, olhos do outro, visitar os corredores institucionais, observar as relações sociais, compreender os jogos de poder nos quais estamos inseridos, debruçar-nos sobre as difíceis relações entre pais e filhos, professores e alunos, médicos e pacientes. Poderemos também observar de forma diversa as manifestações coletivas e individuais da violência e melhor nos instrumentarmos para a clínica, para a profilaxia e para lidarmos com esses fenômenos.

Compreender e lidar com a violência implica, portanto, suportar a decepção inevitável quanto à imagem que temos de nós mesmos, do outro e do mundo em que vivemos. Se tolerarmos esse desconforto, podemos descobrir aquilo que, nas confidências compartilhadas, pode esse livro nos ensinar. Na carne, sentimos o imperativo de enfrentarmos a violência, a dor, para criar e resgatar a ternura que pode nos unir, a liberdade que precisamos para existir.

Referências

Arendt, H. (1983). *A condição humana.* Rio de Janeiro: Forense.

Aulagnier, P. (1975). *A violência da interpretação. Do pictograma ao enunciado.* Rio de Janeiro: Imago, 1978.

Bergeret, J. (1996). *La violence fondamentale.* Paris: Dunod.

Birman, J. (1999). *Mal-estar da atualidade.* Rio de Janeiro: Civilização Brasileira.

Castoriadis, C. (1999). Figures du pensable. In *Les carrefours du labyrinthe*. Paris: Seuil.

Derrida, J. (2001). *Estados-da-alma da psicanálise. O impossível além de uma soberana crueldade*. São Paulo: Escuta.

Enriquez, E. (1999). *Da horda ao Estado*. Rio de Janeiro: Zahar.

Fédida, P. (1996). *O sítio do estrangeiro: a situação psicanalítica*. São Paulo: Escuta.

Foucault, M. (1977). *Vigiar e punir*. Petrópolis: Vozes.

Freud, S. (1905). Três ensaios sobre a teoria da sexualidade. In *Edição Standard Brasileira das Obras Psicológicas Completas de Sigmund Freud* (Vol. VII). Rio de Janeiro: Imago.

Freud, S. (1913). Totem e tabu. In *Edição Standard Brasileira das Obras Psicológicas Completas de Sigmund Freud* (Vol. XIII). Rio de Janeiro: Imago, 1980.

Freud, S. (1920). Além do princípio do prazer. In *Edição Standard Brasileira das Obras Psicológicas Completas de Sigmund Freud* (Vol. XVIII). Rio de Janeiro: Imago, 1980.

Freud, S. (1921). Psicologia de grupo e análise do eu. In *Edição Standard Brasileira das Obras Psicológicas Completas de Sigmund Freud* (Vol. XVIII). Rio de Janeiro: Imago, 1980.

Freud, S. (1930). O mal-estar na civilização. In *Edição Standard Brasileira das Obras Psicológicas Completas de Sigmund Freud* (Vol. XXI). Rio de Janeiro: Imago, 1980.

Green, A. (1988). *Narcisismo de vida, narcisismo de morte*. São Paulo: Escuta.

Kehl, M. R. (2000). *A função fraterna*. Rio de Janeiro: Relume-Dumará.

Klein, M. (1982). *Contribuições à psicanálise*. São Paulo: Mestre Jou.

Klein, M. (1996). *Amor, culpa e reparação. Obras Completas* (Vol. I). Rio de Janeiro: Imago.

Lacan, J. (1985). *O seminário, livro 2: O Eu na teoria de Freud e a técnica da psicanálise*. Rio de Janeiro: Zahar.

Lacan, J. (1995). *O seminário, livro 4: A relação de objeto*. Rio de Janeiro: Zahar.

Lacan, J. (1998). *Escritos*. Rio de Janeiro: Zahar.

Lacan, J. (1999). *O seminário, livro 5: As formações do inconsciente*. Rio de Janeiro: Zahar.

Marin, I. K. *Violências*. São Paulo: Escuta/Fapesp, 2002.

McDougall, J. (1983). *Em defesa de uma certa anormalidade*. Porto Alegre: Artes Médicas.

Rosenberg, B. (1995). *Masochisme mortifère, masochisme gardien de la vie*. Paris: PUF.

Winnicott, D. (1965). *O brincar e a realidade*. Rio de Janeiro: Imago.

Winnicott, D. (1977). *A criança e seu mundo*. Rio de Janeiro: Zahar.

Winnicott, D. (1987). *Privação e deliquência*. São Paulo: Martins Fontes.

Zaltzman, N. (1994). *A pulsão anarquista*. São Paulo: Escuta.

20. Tão longe, tão perto...

Sobre *O sítio do estrangeiro*, de Pierre Fédida[1]

O olhar do leitor estanca. Um detalhe de "O grito", de Edvard Munch, tenta, sem sucesso, escamotear-se em uma capa sóbria em tons pastéis. Um prenúncio. A partir desse instante, capturado, tudo se precipita. Ouve-se uma primeira frase: "Antes de sua vinda, o homem era desconhecido para mim". Definitivamente, a partir daquele encontro, assim como "o homem", o leitor não foi mais o mesmo.

Ele já ouvira falar de Pierre Fédida: psicanalista, membro da Associação Psicanalítica da França (APF), diretor do Laboratório de Psicopatologia Fundamental e Psicanálise da Universidade de Paris VII - Denis Diderot...[2] Ficara tentado a conhecê-lo por oca-

---

1 Resenha de *O sítio do estrangeiro: a situação psicanalítica*, de Pierre Fédida (1996), publicada em *Cadernos de Subjetividade* (PUC-SP), 5, dez. 1997, pp. 205-214, modificada para esta coletânea.

2 Filósofo de formação, aluno de Gilles Deleuze, Fédida foi bastante influenciado pela fenomenologia, em particular por Binswanger, Husserl, Heidegger e Merleau-Ponty. Profundo conhecedor de Freud, Lacan, Klein e Winnicott, também se inspirava em Ferenczi, Nicolas Abraham, Maria Torok e pelo menos conhecido Kimura Bin. Referência na psicanálise francesa, tinha laços

são de um de seus diversos ciclos de conferências brasileiros, nos anos 1980-1990, mas, um pouco indolente, sempre abandonara esse seu devaneio. Desta vez, porém, não pode resistir à familiaridade daquele estrangeiro.

Como o "homem" diante do autor, apresentado na primeira linha do livro, o leitor "chega". Toma seu assento. Respira fundo, e mergulha. Percebe-se visceralmente ligado aos destinos daquele "homem", que veio ao encontro de Fédida. Como ele, cruzando a "penumbra da entrada", hesita entre a aproximação e o evitamento. Cenas de rostos que se desvendam e se escondem, de silêncios e falas, de imagens e lembranças, de olhos cerrados e perdidos em horizontes longínquos buscando "relembrar o que se passou". O outro que escuta, percebe que, para esta ação, "é necessário que se renuncie ao olhar . . . que se aceite o distanciamento que o rosto [do homem] exige". O leitor testemunha a origem, a fundação do sítio, o nascimento do estrangeiro:

> *Este distanciamento trazido e regulado pela fala que fala aqui já é o movimento da descoberta de um* sítio – *a ação desta fala que o reconstrói. A renúncia não apenas priva ao olhar a menor pretensão de se dirigir ao rosto, mas impõe a linguagem reservada ao silêncio.* Tornar-se estrangeiro *é isto. A presença estaria pronta*

estreitos com o Brasil. Em diversas visitas ao país, que atraíram um número crescente de psicanalistas, aprofundou as relações com Luis Carlos Menezes, Alan Vitor Meyer, Ana Maria Amaral, Sandra Schaffa, Manoel Berlink e Cristina Magalhães, entre outros. Orientou várias teses de colegas brasileiros, como Maria Helena Fernandes, Nelson da Silva Júnior, Mário Pereira, Edson Luiz de Souza, Fábio Landa, Eva Landa, Ivanise Fontes, Cristina Lindenmeyer e outros. Pierre Fédida faleceu aos 68 anos, em novembro de 2002, interrompendo muito precocemente sua presença e contribuições rigorosas, criativas e inspiradoras para a psicanálise.

> *para se fazer familiar, por simples simpatia ou empatia. E não basta nunca ter conhecido o homem para ser estrangeiro. Tornar-se o estrangeiro* – neutro – *pela reserva do silêncio da linguagem que esta fala exige. Deste silêncio que escuta, a linguagem recebe a impressão das aparências. (p. 10, grifos do original)*

Virtualidade e recantos do sítio

O leitor descobre que, paradoxalmente, o sítio é virtual. Define-se pela ausência, em particular pela ausência do pai, que "designa o sítio da linguagem como sítio do estrangeiro. . . . *o sítio é um ponto de fuga*. . . . Este *ponto de fuga da origem*, irrepresentável como o define o mito do assassinato do pai" (p. 21, grifos do original), bem como a preocupação constante em preservar as condições de existência do sítio são as linhas mestras de todo o texto.

O leitor pressente já ter frequentado aquele sítio. Imagens vagas, distantes e mesmo distanciadas, surgindo em *flashes* que, efêmeros, permitem reconhecer algumas paragens. A angústia pela familiaridade do sítio, do estrangeiro. Aos poucos ele começa a lembrar, num imenso esforço para fugir do desconhecido. Porém, encontrando companhia naquele "homem", ele se rende e decide tentar, uma vez mais, aproximar-se.

Penetram juntos, então, pela penumbra. Por meio da fala do "homem" desvelam-se os rostos de ausentes: a mãe, o pai, uma mulher amada, sonhada sem rosto. Imagens de trágicas desaparições que o conduzem à descoberta do esforço despendido para mantê-los em vida, muitas vezes em detrimento da possibilidade de viver sua própria vida. Diante desse cenário, engendrado graças ao sítio que instaura a situação psicanalítica – a transferência –, anunciam-se as personagens: a patologia, a linguagem, a imagem, a memória, a angústia, as origens, o mito, o parricídio, a violência, a regressão. Revelam-se a melancolia, a paranoia, embaixatrizes de presenças inevitáveis, a morte e a imortalidade.

Personagens que evoluem pelos recantos do sítio, envoltas em mantos misteriosos, transportadas pela poesia que, do título à última frase de cada capítulo, instiga o leitor a prosseguir: "A melancolia do imortal", "O esquecimento do assassinato na psicanálise", "A grade", "O *epos*-sítio", "A morte assassinada por seu próprio silêncio", "O sopro indistinto da imagem", "A regressão"... Como decifrar os enigmas que se escondem por detrás de tais enunciados?

É quando o autor estende sua mão. Cuidadoso, ele conduz o leitor através dos terrenos movediços dos conceitos psicanalíticos, apontando o apoio que a filosofia e a fenomenologia podem trazer à iniciação a este sítio. Desenvolto, ele se esgueira pelas sendas da metapsicologia e da psicopatologia, cuja fundamentalidade, sua preocupação permanente desde os anos 1980, permeia todo o texto. Por esses caminhos, Fédida chega aos meandros da clínica, revelando o caráter frágil e efêmero da situação analítica: nenhum *a priori* que possa garantir sua existência, nenhum aparato que assegure sua perenidade, nenhuma técnica, formação ou instituição que possam por si só avalizar seus resultados. Trabalho de Sísifo que se reinicia a cada encontro, que tem na instauração do inusitado do sítio a condição necessária de sua existência. A cada encontro, para que algo se transforme, tudo deve ser criado.

O leitor vacila. Onde encontrar alguma certeza? O autor persiste. Tudo é enigma. Poesia. Mito. Jogo. Sonho.

Ausência, linguagem e memória e a violência fundamental

Debatendo-se desde os anos 1970 com o discurso, com a escrita, com a melancolia, com a depressão, com o luto, com a tópica, Fédida (1978) encontra no estrangeiro, no silêncio, no vazio, na ausência, as fontes de sua criação:

> *A ausência dá conteúdo ao objeto, e ela assegura ao distanciamento um pensamento. . . . O pensamento tem, algumas vezes, a dor como espaço. O ausente é então objeto de ódio e de amor. O pensamento pode assim se encontrar vazio de pensá-lo em demasia. . . . O ausente é sempre o destinatário da escrita. Sua causa. . . . A ausência é o tempo implícito da análise. . . . o problema é saber se a ausência e a negatividade que ela refere podem receber do pensamento e suas construções teóricas um conteúdo de representação. Esta questão se reflete – no próprio centro da teoria – sobre a existência do analista, sobre aquilo que é, em seu ato de presença, garantir um tempo da ausência. (pp. 7 e 10)*

Morte e imortalidade. Assassinatos e silêncios. Encontros frequentes nesse sítio marcado pela violência que não pode ser enunciada. Presenças evitadas ao longo do percurso, que fazem o leitor atravessar a rua, cancelar compromissos, mudar de planos, interromper projetos, adiar desejos, resistir. Ações vãs, pueris, ilusórias, pois tais personagens, inevitáveis, são pastores que conduzem despreocupados o rebanho humano. Conta a lenda magrebina: previra o feiticeiro que o mercador encontraria a Morte em seu próximo destino, Casablanca. Abandonando seu projeto para escapar desse destino, o mercador decide vender suas mercadorias na feira de Fez. Ali chegando, instalou sua barraca e esperou sua clientela. Minutos mais tarde, perfila-se diante dele um vulto sombrio. Surpreso, o mercador pergunta : "Mas você não deveria estar hoje em Casablanca?" Ao que a Morte retruca: "Com efeito, eu tinha um encontro marcado em Casablanca, mas eu decidi não comparecer"...

Linguagem e memória, portadoras da voz do sonho, que transformam o herói em poeta por meio do sopro do mito. Componentes essenciais sem os quais o sítio não tem como existir.

> *A melancolia da memória arrasta os homens a uma rememoração impotente, ao passo que o esquecimento negligente os faz agir distanciados da memória. . . . A linguagem é – naquilo que está na sua origem e em sua existência de* língua – memória anacrônica do ato. *(p. 15, grifo do original)*

O sítio da linguagem/memória e o sítio do inconsciente se constroem segundo uma arquitetura que pode apenas imaginar um dispositivo ótico como o da sessão. Porém, existem também os riscos de transbordamento, quando a imaginação se torna impossível:

> *Sabe-se que é preciso muito pouco para que a situação deixe, de repente, de ser analítica e perca o encantamento que está destinada a produzir. A clínica analítica nos ensina espontaneamente que o excesso de manifesto leva o analista a não mais ser instaurador do sítio, tornando-se assim uma pessoa que* responde. *(p. 21, grifo do original)*

O leitor desanima: como encontrar a justa medida? Como encontrar a justa palavra? Como encontrar a memória, a linguagem, as origens? O autor se faz preciso:

> *[na análise] trata-se para o jovem filho-poeta-herói, não de tomar o lugar do pai, mas de fazer com que o assassinato do pai seja este* tornar-se pai *do homem. A* seu tempo, *o homem retira da* adolescência *a virtude da coragem de matar. . . . A morte do pai significa primeiro isso – o irrepresentável. O ponto de fuga da origem não deve ser mais apontado tanto quanto a origem não deveria ser imaginada. Este ponto de fuga é esta origem que captura a fala ao falar e que a interpretação aproxima do centro. (pp. 18 e 24, grifos do original)*

Coloca-se assim, desde as origens, a questão da violência. É pela mediação das configurações psicopatológicas da paranoia e da melancolia que a psicanálise acede a uma compreensão dessa problemática. De maneira geral, é forte a tendência a negligenciar a dimensão da violência na dinâmica psíquica.[3] Uma negligência que tem como consequência o empobrecimento da memória, da dimensão do infantil, e mesmo de novas possibilidades de relação ao outro.

> *Não nos causa surpresa que o assassinato do pai possa aparecer como não violento. A violência pertenceria aos comportamentos ou fenômenos que testemunham um* esquecimento (de)negador *do pai e da morte. E o assassinato seria, talvez, esta tentativa de*

3 Isabel Kahn Marin aprofunda e discute particularmente as consequências dessa negligência. Ver o artigo "Sutis violências" desta coletânea.

> *re-simbolização do nome do pai. Mas o esquecimento denegador não seria a subversão do luto? (p. 51, grifo do original)*

Apesar de seus riscos, a relação analítica oferece a possibilidade do encontro, da elaboração até, às vezes, da superação da violência fundamental. "Se há uma violência selvagem – não domesticável pela técnica nem pelos conceitos da teoria – ela é muito precocemente e, por assim dizer, constantemente reconhecida por Freud, é exatamente a da transferência e de sua inquietante estranheza" (p. 54).

A transferência, o estranhamento e a função do enquadre

Para percorrer um sítio, o viajante necessita de um guia que o oriente, indicando seus limites, seus obstáculos, seus meios de acesso, as maneiras de se conduzir em seus domínios... Seria o enquadre do tratamento psicanalítico esse guia, o elemento que garantiria a circulação no sítio da análise?

São inegáveis a importância e a necessidade de algumas referências de procedimento (horários, frequência, honorários, disposição espacial na sala do analista e do analisando etc.) para o estabelecimento da situação analítica, porém Fédida alerta para o imenso risco de essas referências tornarem-se elas mesmas obstáculos ao conhecimento do sítio. As orientações de procedimentos e condutas para os analistas em formação podem acabar por se cristalizar, transformando-se nas próprias convenções que definiriam o que pode ou não ser considerado um tratamento psicanalítico. Neste momento, configura-se o perigo: o risco de os andaimes, que auxiliam a construção tanto da identidade do analista como do processo analítico do paciente, nunca serem retirados, impedindo para sempre que venha a revelar-se o edifício cuja construção eles simplesmente tinham como função auxiliar.

Quando o deslize do enquadre se transforma em comportamento normativo, esvazia-se a análise de sua essência. Nessas circunstâncias constatamos a perversão das referências técnicas que podem "induzir, tanto no paciente como no analista, funções patogênicas que reforçam ou amplificam, sem resolver, formações sintomáticas que, no caso, muitas vezes se conjugam" (p. 66). Não é raro observarmos, então, o enquadre sendo utilizado por anos como um refúgio seguro, sem que exista, no entanto, qualquer processo analítico ativo. Eis por que resta ainda a se fazer, segundo Fédida, a clínica psicopatológica das práticas do enquadre.[4]

Para tentar desvencilhar-se da armadilha de tomar o enquadre como padrão de referência para caracterizar um tratamento como psicanalítico, o autor propõe a distinção entre *enquadre* e *situação analítica*. É em torno da situação analítica que recai, segundo ele,

> *a determinação do que se entende como processo, e do que permite pensar que há ou não análise. . . . É à* problemática da situação e de seu sítio *que confiamos o*

4 Para além da transferência e da contratransferência, o reconhecimento da importância de diferentes dimensões do enquadre e de seu manejo para viabilizar a clínica dos casos ditos "difíceis", "limites", "não neuróticos", e outras qualificações dessa natureza, não acessíveis ao dispositivo clássico preconizado por Freud, vem sendo cada vez mais destacado por inúmeros psicanalistas, como Searles (1979), Etchegoyen (1989), Braunschweig (1993), Aisenstein (1998), Guignard (1997) e os mencionados a seguir. Além de Fédida, neste artigo, esse tema também é evocado em outros desta coletânea sob a ótica de A. Green ("Dos limites à poesia dos conceitos"), Joyce McDougall ("Remotas paisagens"), L. Israël ("A guerra dos mil anos"), F. Ferraz ("Nas teias da perversão" e "Viagens...").

> *cuidado de reinterrogar o* valor do enquadre *para que os "critérios" da análise não sejam diretamente formalizados a partir dele. (p. 67, grifo do original)*

Nesse sentido, "o *enquadre analítico* – engendrado pela regra *fundamental* – corresponde a um *valor* de ordem semiótico-jurídica de amplo alcance axiomático, que não exige mais do que poucas palavras para ser significado no começo de um tratamento analítico" (p. 67, grifos do original). Não se trata, portanto, de estabelecer na análise um "contrato" preciso e exaustivo, mas, justamente, de permitir de certa forma a "surrealização" de sua materialidade psíquica, condição essencial para permitir o acesso e a relação ao outro-estrangeiro, e de significância da estranheza.

Privilegiando a situação analítica com relação ao enquadre, torna-se possível também, segundo Fédida, uma visão metapsicológica da atividade da análise. Esta implica uma

> theoria *como lugares/processos de uma atividade da análise no tratamento, tanto quanto falar sobre uma atividade de linguagem, não estando esta reduzida, o que é duvidoso, à existência da fala. Uma tal situação é dita analítica no sentido em que o emprego da linguagem repousa sobre condições ideais (as que são evocadas na relação de reciprocidade entre associações livres e atenção flutuante) que são constantemente desreguladas e cujo restabelecimento equivale a esta reinstauração, por assim dizer, da análise. . . . Quando a linguagem – mais ou menos temporariamente – chegar a ser atacada ou sufocada durante o tratamento, a situação analítica tende a ser recoberta, ao passo que subsiste e, às vezes, reforça-se o enquadre. (pp. 72-73)*

Fédida também denuncia a "relativa inércia da teoria metapsicológica da transferência" assim como seu fraco potencial especulativo, apesar de sua frequente invocação em seus escritos clínicos. Ele acusa a domesticação do fenômeno da transferência por meio de categorias formais como sendo a responsável pela banalização relacional da análise. Tal efeito se repercute ainda nos institutos de formação que, com o intuito de reforçar o controle da contratransferência, acabam reforçando o controle das aprendizagens em detrimento de sua transmissão (pp. 99-100).[5]

O empobrecimento da experiência da transferência e da contratransferência por meio da prática do controle resulta na perda da curiosidade dos jovens analistas diante desse fenômeno, no que ele tem de incompreensível e imprevisível, reforçando a inibição de sua imaginação e linguagem nos tratamentos. Por detrás desse panorama, desvela-se a análise pessoal dos analistas, "marcada por uma formação idealógica da contra-transferência, em seu próprio tratamento pela identificação com as atitudes defensivas e mesmo resistências à psicanálise". Fédida considera que "esta formação *idealógica* (parte do eu-ideal), de natureza mimética constitui um *enclave da pessoa*", perenizando uma posição obsessiva, banalizando a transferência, inibindo a especulação imaginária, equivalentes de uma autoesterilização do analista.

Memória, transmissão e sonho nas transferências

O autor envereda pela história e pelos desdobramentos do fenômeno da transferência – a tradução, a transmissão, a transcrição, a reinscrição – invocando Monique Schneider (1988), Laplanche

5 Essas questões são também discutidas nos artigos "Psicanálise e neurociências" e "O psicanalista em busca de sua alma" desta coletânea.

(1987), W. Benjamim, e Antoine Berman (1984),[6] entre outros, para demonstrar "o fracasso, inerente à própria palavra, de uma discursividade de explicitação, caso se queira conservar sua relação com uma memória anacrônica, assim como seu aspecto a-comunicacional e não relacional. Isto significa que não há metalinguagem da transferência" (p. 108).

A única possibilidade que resta ao analista é resgatar as figuras de linguagem que ressoam em eco às palavras pronunciadas. Não é a exaustividade de um relato sobre o tratamento que poderá dar conta do processo analítico. Desvanecem-se os ideais de objetividade e de cientificidade da psicanálise, esmigalham-se os espelhos das salas da clínica-escola, destroem-se em segundos as sessões gravadas para as supervisões. Missão impossível? A fagulha do sobressalto inconsciente não deixa traços. Assim,

> *qualquer discurso da comunicação e da relação (qualquer meta-discurso) é radicalmente inadequado para a expressão de uma transferência. . . . Em uma análise, deve ser preservada para a transferência esta inquietante potência de memória da alma que age através das cópias de imago para as quais a pessoas do analista é, nos dois sentido do termo, a tela. . . . Em vez de perguntar sobre a "transferência sobre a pessoa" seria melhor perguntar por que tal pessoa, nas condições conhecidas, aumenta a intensidade regressiva da memória da alma ancestral. (p. 113)*

6 O paradigma da "prova do estrangeiro", proposto por A. Berman, que articula transmissão, tradução e transferência, é também destacado por Laplanche em suas concepções sobre a tradução. Ver o artigo "Os dilemas da tradução freudiana" desta coletânea.

Na tentativa de compreender "O interlocutor", que não é outro senão aquele que se presta a esta função de transferência, Fédida analisa as diferentes dimensões desta função, como a imago transferencial, a pessoa (da transferência, do médico), o totemismo da transferência. Nessa análise, revela-se a pluralidade de dinâmicas desse processo, frequentemente descrita por Freud: as transferências. Evidencia-se também seu caráter projetivo, de figuração, de personificação, de duplo, de inquietante estranheza, de estrangeiro. Relação consigo mesmo? Com o outro?

Retomando a comparação freudiana entre o chiste, que pressupõe para sua existência o outro, e o sonho, marcado pelo seu caráter solipsista, associal, egoísta, incompreensível, incomunicável, ele aponta que, no tratamento, é justamente o sonho que constitui o paradigma da transferência.

> *Toda interpretação da transferência deveria proceder unicamente do sonho, pois é este que forma a linguagem desta interpretação. Em outras palavras: qualquer interpretação da transferência que pretenda explicitar a representação da pessoa do analista esquecendo que ela é apenas o figurante presente da própria pessoa[,] da pessoa do sonho, tornaria sua linguagem inadequada à interpretação. (p. 125)*

Apesar disso, existe ainda uma diferença do mecanismo projetivo do sonho e da transferência do tratamento, uma vez que, neste último, a presença da pessoa do analista obriga de alguma maneira que a projeção se dirija às palavras "enquanto lugares especulares da pessoa própria". Entende-se assim o sonho tanto no seu sentido próprio de sonho da noite, de seu relato e as associações que dele emanam na sessão, mas sobretudo do sonho "como paradigma formador da escuta do analista e da fala interpretante" (p. 149).

Sonho, sintoma e imagem

Assim, o autor é levado, em "O sopro indistinto da imagem", a mergulhar nas profundezas do sonho, que, como lembra Freud (1900), pensa, trabalha, alucina, se manifesta em imagens visuais e auditivas e em conceitos. Para explorar esse território, Fédida evoca a experiência de Dora diante da Madona Sistina – segundo Freud (1905), "ponto nodal na trama dos pensamentos do sonho" –, mas também a concepção de imagem de Paul Klee – "sendo-nada e nada-sendo, conceito inconcebível de ausência de contrários" (p. 181) –, a leitura de Pierre Boulez da pictórica de P. Klee, o debate entre Sócrates e o sofista Hípias a respeito da "imagem da beleza", o "Timeu" de Platão, os textos do poeta André du Bouchet sobre os desenhos de Alberto Giacometti e sobre a pintura de Cézanne, ou ainda Kant, Mallarmé e P. Valéry buscando, como Freud (1900), a referência da metáfora de um aparelho ótico. Respeitável assembleia que visa ampliar a compreensão do sonho como teoria do sintoma, da memória, da imagem.

Fédida lembra ainda que é impossível compreender o sonho e a transferência, e, consequentemente, a construção na análise, se a "memória do infantil", nomeada por Freud, não for diretamente referida a esta filogênese do assassinato do pai e dos avatares de sua morte que participam da "glaciação" da "vida psíquica" (p. 153). Ele aponta o interesse dessa dimensão filogenética, ponto de fuga que permite a elaboração da hipótese do pai da transferência, e sua referência ao totemismo, o assassinato constitutivo da amnésia referente ao pai ancestral (Freud, 1913; 1917). A negligência dessa dimensão leva ao esquecimento gradativo e negligente da estranheza da ausência e à banalização da transferência, que observamos à nossa volta conduzindo à perda de sua potência. Em tom profético, mas realista, Fédida conclui: "aquele que não consegue mais se espantar com a estranheza da transferência, já esqueceu ou negligenciou, há muito tempo, o sítio do estrangeiro e, com certeza, a virtude da linguagem, interlocutor da transferência" (p. 174).

Fédida reflete ainda sobre a função do sintoma, apontando que ele tem como referência uma personagem mítica não identificável que se coloca como um obstáculo à rememoração. Na transferência, essa genealogização do sintoma remete à hereditariedade que impede essa transferência de libertar-se de seu objeto intrapsíquico. Constata-se então que o

> *sintoma impede o acesso regressivo à figura paterna do ancestral, . . . enquanto o pai "morto" fica de alguma forma conservado na intensa expressão da perseguição ou da censura obcecante. . . . Este objeto é persecutório por exigir que o eu se identifique com a pessoa do filho sacrificado que detém o poder de guardar a vida conservando a doença da qual sofre. (pp. 133-134)*

A transferência, o sintoma, a interpretação, a situação analítica, o sonho, a violência, a metapsicologia compõem a miríade de paisagens deste Sítio do Estrangeiro, amplo e desconhecido, cujas dimensões nunca podem ser antecipadas. Percorrê-lo exige coragem, destreza, paixão e, sobretudo, fôlego.

Nesse sentido, cabe ressaltar a habilidade das tradutoras, Eliana Borges Pereira Leite, Martha Gambini e Monica Seincman. Sem se intimidar diante das passagens algumas vezes capciosas e ambíguas, ou diante das diatribes do autor quando ele se lança em embates etimológicos com as línguas alemã, árabe e mesmo japonesa, elas restituem ao leitor um texto fiel inclusive ao espírito, à poesia, às imagens que quase se fundem com suas fontes inconscientes, características do estilo complexo de Fédida: "a não-resposta preserva a ambigüidade essencial da pessoa-ninguém (*personne*, em francês)" (p. 23). Evitando soluções fáceis, resistindo à tentação de escorregar para a interpretação do texto, elas não roubam ao leitor de língua portuguesa a experiência de estranhamento no encontro com o pensamento do autor, experiência essencial para o conhecimento do sítio que ele nos convida a visitar.

Ao longo de algumas horas, outras vezes de meses ou anos, em algum momento terminará o leitor seu périplo pelo sítio do estrangeiro. Fascinado, angustiado, apaixonado ou triste, ele tentará ainda compreender o mutismo do primeiro grito daquela jornada. Na penumbra, no silêncio da sala, os efeitos desse percurso gradativamente tomam conta de seu ser, de seu corpo. O livro escorrega, a cabeça pende, os olhos se cerram. Ele retorna à origem do sítio. No sonho.

Referências

Aisenstein, M. (1998). On est prié de ne pas tourner le dos. In J. Schaeffer & G. Diatkine (Ed.), *Psychothérapies psychanalytiques*. Paris: PUF.

Berman, A. (1984). *L'épreuve de l'étranger: culture et tradition dans l'Allemagne romantique*. Paris: Gallimard.

Braunschweig, D. (1993). Implications techniques de la théorie psychosomatique. *Revue Française de Psychosomatique, 3*.

Etchegoyen, R. H. (1989). *Fundamentos da técnica psicanalítica*. Porto Alegre: Artes Médicas.

Fédida, P. (1977). *Corps du vide et espace de séance*. Paris: J.-P. Delarge.

Fédida, P. (1978). *L'absence*. Paris: Gallimard.

Fédida, P. (1988). *A clínica psicanalítica: estudos*. São Paulo: Escuta.

Fédida, P. (1992a). *Crise et contre-transfert*. Paris: PUF.

Fédida, P. (1992b). *Nome, figura e memória. A linguagem na situação psicanalítica*. São Paulo: Escuta.

Fédida, P. (1996). *O sítio do estrangeiro: a situação psicanalítica* (Eliana Borges Pereira Leite, Martha Gambini e Monica Snecman, trad.). São Paulo: Escuta.

Fédida, P. (2002). *Dos benefícios da depressão. Elogio da psicoterapia*. São Paulo: Escuta.

Freud, S. (1900). A interpretação dos sonhos. In *Edição Standard Brasileira das Obras Psicológicas Completas de Sigmund Freud* (Vols. IV e V). Rio de Janeiro: Imago, 1980.

Freud, S. (1905). Fragmento da análise de um caso de histeria. In *Edição Standard Brasileira das Obras Psicológicas Completas de Sigmund Freud* (Vol. VII). Rio de Janeiro: Imago, 1980.

Freud, S. (1913). Totem e tabu. In *Edição Standard Brasileira das Obras Psicológicas Completas de Sigmund Freud* (Vol. XIII). Rio de Janeiro: Imago, 1980.

Freud, S. (1917). *Neuroses de transferência: uma síntese*. Rio de Janeiro: Imago, 1980.

Guignard, F. (1997). *O infantil ao vivo: reflexões sobre a situação analítica*. Rio de Janeiro: Imago.

Laplanche, J. (1987). *Le baquet. Transcendence du transfert*. Paris: PUF.

Schneider, M. (1988). *Le trauma et la filiation paradoxale*. Paris: Ramsay.

Searles, H. (1979). *Countertransference and related subjects*. New York: International Universities Press.

Zimerman, D. E. (2004). *Manual de técnica psicanalítica*. Porto Alegre: Artmed.

21. Dos limites à poesia dos conceitos

Talya Candi e a obra de André Green[1]

A obra de um autor é a história de suas transferências. Formam-se as imagens, as ideias, as palavras, brotam os conceitos, as controvérsias, os enredos e, por detrás das páginas, muitas vezes já amarelecidas, vislumbramos vultos, amores, violências, cenas de paixões já distantes, esquecidas, outras vezes vivas, intensas. Por entre as linhas, somos tomados por conversas silenciosas, que, algumas vezes, nos acolhem, nos reconfortam, outras, nos revoltam, nos exaltam, convocando-nos ao embate, ao confronto. Triste a obra que nos deixa indiferentes...

Os meandros de nossa própria história se enlaçam à narrativa do autor, a seu percurso, a seu texto e, de repente, nos vemos

---

1 Resenha de *O duplo limite: o aparelho psíquico de André Green*, de Talya Saadia Candi (2010), publicada em *Percurso*, *49/50*, junho de 2013, pp. 202-207, modificada para esta coletânea.
Talya nos deixou precocemente em janeiro de 2021. Que esta resenha seja uma homenagem a sua sensibilidade, grandeza e humildade para compreender e tentar lidar com os meandros tortuosos do sofrimento humano, que, algumas vezes, nos priva do que é mais precioso, a vida.

mergulhados em seu universo, familiares e estranhos a suas ideias, entre o perigo de nos fundirmos a ele e o cuidado para permanecermos sendo nós mesmos. Um risco que ronda, especialmente, o pesquisador, o exegeta, o biógrafo e, é claro, também o analista. Atraídos pelas transferências do autor, da obra, dos pacientes, de repente, percebemo-nos arrastados pelas invisíveis mas turbulentas correntezas de suas paixões, seduzidos pela intensidade de seu discurso, de sua história, de seu estilo... e nos perdemos.

Nada mais fácil do que tentar utilizar a razão, o discurso acadêmico ou o método científico para tentar proteger-se de tais riscos. Vestir as luvas da assepsia, buscar uma leitura neutra, uma análise técnica, interpor entre si mesmo e a obra uma multidão de especialistas, evitando os riscos da proximidade e da intimidade com o autor. Leituras corretas, análises bem-comportadas, obras acauteladas, sem risco. Insípidas, porém.

Talya Candi decidiu arriscar-se. Mergulhou nas complexas e revoltas correntes do universo de André Green, convidando-nos a acompanhá-la com o deleite, o prazer e o entusiasmo que acompanham as descobertas da alma e da natureza humanas. Talvez, a bem dizer, não tenha sido propriamente uma "decisão"... Quem sabe não tenha tido escolha a não ser deixar-se levar pelas forças irresistíveis da história, das ideias e do percurso excepcionais de um psicanalista como ele. Porém, mesmo capturada, seduzida e envolvida por tais forças, mesmo tendo alcançado uma extrema intimidade com as ideias de Green, Talya conseguiu, ao longo de seu livro, fiel a seu desejo, não se confundir com ele.

Desse lugar, íntimo, próximo, mas protegido, ela compartilha com o leitor seu percurso apaixonado em *O duplo limite: o aparelho psíquico de André Green* (Candi, 2010). Um livro extremamente bem escrito e claro, apesar da complexidade dos temas e conceitos que apresenta. Uma obra respeitosa, a um só tempo, da imensa produção e das ideias de Green e do leitor, familiarizado ou não com elas.

Inspirações

É inevitável nos perguntarmos de onde surgiu tal intimidade, evidente desde as primeiras páginas do livro. Mais do que um simples tema de pesquisa de seu doutorado, percebemos ao longo da leitura que a elaboração fina e profunda de Talya tem provavelmente outras fontes.

Talvez possamos encontrá-la na própria história errante e cosmopolita da autora, psicanalista, nascida em Beirute, no Líbano, mas que também morou no México, na França, em Israel e vive já há algum tempo no Brasil. Assim, como não se sensibilizar com a história de Green, nascido no Cairo, em 1927, numa família judaico-sefardita, apátrida, crescido em meio a grupos étnicos diversos, imerso na cultura francesa? Como não compreender sua busca, aos 19 anos emigrando para a França, para ali alcançar, além dos estudos de medicina, uma nacionalidade que lhe era negada assim como era à maioria da comunidade judaica egípcia da época? Como não se sentir próxima do percurso de um psicanalista francês que ao longo de toda a sua vida manteve relações importantes, significativas e fecundas com colegas de todo o mundo, em particular com os ingleses, interlocutores e inspiradores privilegiados de muitas de suas teorias?

Naturalmente, muitos outros fatores contribuíram e inspiraram o belo trabalho de Talya. Como ela mesma nos revela, encantou-se com a ousadia de Green, desde sempre convidando os psicanalistas a explorarem "novas vias da terapia psicanalítica" (Green, 2007) para lidar com os impasses, complexidades e desafios da clínica contemporânea; com a riqueza de sua produção escrita (25 livros e cerca de cinquenta artigos publicados em revistas psicanalíticas); com sua erudição; com sua capacidade de brincar com a teoria e transformar impasses clínicos em conceitos; com a originalidade de suas construções metapsicológicas; com sua liberdade de pensamento, que lhe permitiu, em plena era do militantismo secessionista da psicanálise francesa dos anos 1960 e 1970,[2] manter relações e diálogo com interlocutores tão diferentes e algumas vezes visceralmente opostos, como colegas da Sociedade Francesa de Psicanálise (Lacan, Laplanche, Lagache e outros), da Faculdade de Psiquiatria de Sainte Anne (Henri Ey e Delay) ou ainda da Sociedade Psicanalítica de Paris (filiada à IPA), da qual era membro desde 1956.

O duplo limite: o aparelho psíquico de André Green é um relato de transferências telescópicas, originadas em algum ponto inatingível da natureza e do inconsciente humanos, mas mais facilmente detectáveis desde que Freud revelou a potência desse fenômeno criador e transformador de nossos desejos, de nossas identidades. Transferências de Talya, de Green, de psicanalistas famosos

---

2 Desde a cisão na Sociedade Psicanalítica de Paris (SPP) em 1953, protagonizada por Lacan, Lagache e Dolto, que deu origem à Sociedade Francesa de Psicanálise (SFP), várias outras divisões ocorreram nos anos 1960. Em 1964, foi criada a École Freudienne de Paris, liderada por Lacan, e a SFP mudou seu nome para Associação Psicanalítica da França (APF), com Laplanche, Pontalis e Fédida, entre outros. Em 1969, questionando algumas posições de Lacan, Piera Aulagnier e outros membros da École Freudienne criaram o "Quarto Grupo" (Organização Psicanalítica de Língua Francesa). Em 1980, o próprio Lacan dissolveu sua Escola, criando a Fundação do Campo Freudiano, assumida após 1981 por Jacques-Alain Miller. Novos grupos ainda foram criados a partir de rupturas menores nos anos 1980 e 1990 (Roudinesco, 1988). Alguns detalhes dessas rupturas e suas implicações no contexto das traduções das obras de Freud para o francês são descritos no artigo "Os dilemas da tradução freudiana" desta coletânea.

ou menos conhecidos, aquelas que convocam cada um de nós, em nossa própria história, à leitura dessa obra.

Decifrando o pensamento clínico

Ao adentrar no universo de Green, Talya se propôs a um duplo objetivo, "por um lado fazer trabalhar as suas questões clínicas/teóricas e por outro decifrar e apresentar ao leitor interessado o pensamento de um autor que permanece pouco traduzido no Brasil" (p. 17). Afinada com as construções desse autor sobre o "pensamento clínico", percebeu-se também inevitavelmente implicada em seu próprio percurso psicanalítico, no qual as inquietações sobre sua identidade enquanto psicanalista e a sua escuta, comportando uma importante carga de sofrimento, tornaram-se também matéria-prima para a elaboração de seu texto:

> *minhas construções teóricas surgiram como resposta a este sofrimento, resposta possível, mas sempre temporária, resposta pela qual as minhas experiências e angústias se expressavam e se articulavam com as do autor com o qual estava envolvida tanto intelectualmente como afetivamente. . . . ao longo do trabalho de escrita, minhas inquietações puderam em alguns momentos abrir espaço para o prazer de ver o meu texto tomar forma e vida. (p. 300)*

Desse processo, emerge um texto que analisa, desenvolve e descreve os elementos fundamentais do projeto teórico-clínico proposto por Green, o modelo do aparelho psíquico por ele apresentado, as vantagens e implicações técnicas desse modelo.

Um texto inspirado e elaborado a partir de dois paradigmas epistemológicos utilizados por ele para construir suas ideias, o *Pensar com a história* e o *Pensamento clínico* (p. 23).

Assim, em um primeiro capítulo, Talya Candi analisa a maneira como ele pensa com a história da psicanálise, apresentando as principais interlocuções greenianas. Ela focaliza as mais importantes, Melanie Klein, Wilfred Bion, Donald Winnicott e Jacques Lacan, que alimentaram o pensamento de Green dando contorno ao seu próprio desenvolvimento conceitual. Cada um desses autores permitiu a ele revisitar e ampliar os conceitos freudianos a partir de um movimento dialético iniciado na reflexão e nas implicações clínicas das propostas de cada um. A partir de Klein, Green se debruça sobre o enigma da pulsão de morte, desenvolvendo-o a ponto de destacar o papel da destrutividade como elemento central da gênese do aparelho psíquico e da clínica dos casos-limite (p. 42). Bion permitiu a ele aprofundar a compreensão dos processos de pensamento, a função da ausência, da *revêrie* implicados em tais dinâmicas (p. 54), enquanto Winnicott contribuiu com o paradigma do brincar para superar os impasses da clínica psicanalítica dos casos difíceis, com as noções de *ilusão*, de *espaço potencial* e de *espaço transicional* que vieram a se constituir como pontos-chave para a sua teorização (p. 104). Por fim, é no embate com Lacan em torno da noção de Sujeito, da falta e da ideia do inconsciente estruturado como linguagem (p. 152) que Green desenvolveu suas concepções sobre o afeto e, ampliando o que já elaborara a partir dos outros três, sobre a função da ausência na estruturação do psiquismo e do dispositivo psicanalítico.

No segundo capítulo, a autora revela como ele vive, pensa e constrói sua teoria a partir da experiência clínica. Nele são discutidas mais especificamente questões relativas à clínica psicanalítica e a seu método, aos impasses e desafios encontrados diante das configurações subjetivas da não neurose, as funções do enquadre, do silêncio, do ato, da transferência e da contratransferência, destacando o conceito do *duplo limite* como paradigma constituinte do aparelho psíquico e operador clínico precioso para a superação de tais impasses (p. 256).

Pela análise cuidadosa dos principais textos de Green, Talya aponta a busca permanente do autor por um "pensamento clínico" capaz de ultrapassar os impasses provocados pela fragmentação produzida pelas diferentes correntes pós-freudianas. "Pensamento clínico" que se constitui como uma modalidade específica de elaboração, surgida a partir da experiência com o inconsciente, capaz de superar a dicotomia teoria-clínica. Nesse processo, destaca-se a importância do outro, do terceiro, do leitor, do ouvinte e mesmo do paciente, a um só tempo destinatários, avalistas e agentes de reconhecimento de tal pensamento. Nascido na relação transferência-contratransferência, esse pensamento associativo configura a experiência clínica do autor. Passando pelo caminho da escrita, este se vê confrontado com um terceiro, o leitor; ecoando na experiência clínica deste, promovendo associações e desenvolvendo a imaginação clínica. É a esse lugar de terceiros que Talya nos convoca para a leitura de Green, mas certamente, também, para a de seu próprio livro:

> *Assim nós, enquanto leitores de sua obra, podemos também, ao nos reconhecer na sua escrita, nos apropriar dos conceitos e das ideias e dialogar com ele, promovendo assim o processo de transformação que faz com que a prática se mantenha viva. (p. 32)*

Conceitos e limites

Dessa posição, podemos contemplar com Talya Candi a gênese e o desenvolvimento de conceitos criados por Green, muitos consagrados pela psicanálise contemporânea: a função da destrutividade, do "mal" e o papel do objeto; a função do negativo e o trabalho por ele engendrado, os processos terciários, a terceira tópica; os narcisismos de vida e de morte, as contribuições originais de Green sobre as relações entre o afeto, a representação e a linguagem; o complexo da mãe morta, a psicose branca, a "morte em vida" e a "desertificação psíquica"; o duplo, a alucinação negativa e a matriz dos processos de pensamento; as funções objetalizantes e desobjetalizantes, os processos terciários e o pensamento clínico, a posição fóbica central, a articulação entre a função materna e a função do enquandre analítico, a cobertura psíquica e outros.

Como psicanalista, Green era um poeta dos conceitos.

Foi principalmente a partir da clínica com psicóticos e pacientes-limite que Green se viu convocado para conceber a maior parte deles. Nela revelou-se o lugar central da pulsão de morte e da destrutividade nas organizações-limite. Uma destrutividade oriunda do excesso, da urgência pulsional não atendida, do embate entre as forças de vida e de morte, do desligamento, do desinvestimento, da dessubjetivação, da desobjetalização. Um excesso impossível de ser organizado devido a falhas na constituição das experiências de ausência, de continência, de separação e de abandono que resultam na dificuldade no estabelecimento e preservação de relações. O contato clínico com essas experiências permitiu a ele compreender o excesso como uma dinâmica fundante do psiquismo. O trabalho psíquico, o pensamento, a simbolização organizam-se, desde os primeiros tempos de vida, como tentativas de lidar, conter e organizar esses excessos.

Da mesma forma, a partir das dificuldades clínicas do analista diante dessas patologias-limite, Green percebeu a necessidade de ampliar a metapsicologia freudiana transformando a noção de *limite* em conceito (p. 205). Um limite inicialmente vivido em sua dimensão corporal, que pode ser compreendido como uma metáfora do envelope cutâneo que separa o interior e o exterior do corpo. Um conceito, uma experiência, que remete às noções de Bion de espaço psíquico e de continente. Na intersecção desse limite que revelou-se duplo, no cruzamento entre um eixo interno de trabalho intrapsíquico e outro de trabalho intersubjetivo, surge a atividade de pensamento. Segundo Green, o campo psíquico possui dois limites de natureza diferente, o *ato* e o *soma*. Além e aquém do psíquico, encontram-se os domínios do irrepresentável, que se concentram em dois polos opostos, um externo e outro interno (soma e Real), reino da experiência do vazio.

Talya revela ainda como, graças a Winnicott, Green compreendeu e ampliou a importância das dinâmicas da transicionalidade no estabelecimento e organização dos limites, dinâmicas capazes de criar objetos, espaços, limites metafóricos, lugares potenciais da "reunião do que estava separado e de separação do que estava reunido" (p. 111). Nas patologias *borderline*, observa-se um não estabelecimento das fronteiras que teriam como tarefa fundamental conter os excessos, permitir a passagem entre o dentro e o fora, entre o consciente e o inconsciente, organizar a experiência da destrutividade. Nessas condições, características do colapso da transicionalidade, instala-se a lógica da desesperança (quando não existe espaço interno para alucinar o prazer e organizar os excessos pulsionais), a ausência prolongada demais é vivida pelos pacientes-limite como angústia de abandono, a presença próxima demais é sentida como angústia de intrusividade (ou de claustrofobia). A carência representativa se manifesta por meio de sensações de vazio, marasmo, passividade, destrutividade, masoquismo, narcisismo primitivo, depressão sem afeto, falta de fantasias. A elaboração psíquica fica comprometida e as vias mais curtas de descarga (a passagem ao ato ou às somatizações) acabam por se manifestar como os únicos recursos de comunicação.

Essas condições caracterizam os limites do analisável. Os estados-limite, encontrando-se na fronteira entre a neurose e a psicose, e mesmo aquém dessas organizações, marcados pelo vazio, pelo irrepresentável e pela desorganização pulsional, não conseguem utilizar a técnica associativa e não encontram no enquadre psicanalítico clássico as condições para sua organização e transformação (p. 208).

Função do enquadre

Talya destaca que os pacientes-limite desafiam o analista, exacerbando a angústia na contratransferência. No corpo a corpo transferencial com esses pacientes, o analista constata a predominância de uma relação de persecutoriedade intensa do paciente que, quando dissipada, dá lugar a um vazio que desperta intensas angústias de abandono. Dinâmicas primitivas e desorganizadas que solicitam uma outra posição do analista:

> *Nestes casos, em que a terceiridade não conseguiu implantar-se, trata-se mais de encontrar o objeto do que de reencontrá-lo, mais de estabelecer um primeiro vínculo satisfatório do que de ter que renunciar a ele. O fundamento da compulsão à repetição estaria na espera de um primeiro objeto, que permaneceu em suspenso; o circuito pulsional estaria girando em falso à espera de uma presença/ausência que possa de alguma*

> *maneira interromper um círculo vicioso onde o vazio se reproduz indefinidamente. (p. 148)*

Dessa outra posição, a resposta do analista ao funcionamento mental não neurótico, marcado pela lógica da desesperança, não consiste em reassegurar o paciente, apresentando-lhe a perspectiva de uma esperança possível, nem em se deixar levar pelo desespero do paciente. A função do analista é sobreviver ao ódio e à destrutividade do paciente e colocar à disposição dele representações e pensamentos do que se passa no universo mental do paciente, o que, para Green, "é a maior prova de amor que pode ser dada ao paciente" (p. 60).

Cabe ao enquadre sustentar a possibilidade desse amor. "É o enquadre que representa o holding e os cuidados maternos, mas por ser delimitado no tempo e no espaço, ele sempre inclui um terceiro ou o outro do outro" (p. 228). Cabe à palavra viabilizar e promover aquele amor. É ela que, por meio do enquadre, reproduz o jogo entre as relações de afeto sensoriais e as representações entre o aparelho pulsional e o aparelho de linguagem, de forma semelhante àquelas geralmente vividas nos primeiros tempos de vida, condição de fundação do psiquismo. Cabe ao duplo limite ser o avalista do amor. É ele que se constitui como o envelope psíquico que permite o jogo elaborativo ligado aos processos terciários, desenvolvimento de Green a partir da área intermediária concebida por Winnicott, onde ocorrem os processos de criação e se configura a área de ilusão. A partir da ilusão, um dos fundamentos da função objetalizante, se consolida e se amplia o mundo psíquico e o mundo objetal e as condições da economia (investimento significativo) do processo de simbolização (p. 126).

Todo processo psicanalítico clássico de uma neurose pode, em algum momento, desorganizar-se e desafiar o trabalho do analista, tornando-se limite. A necessidade de ampliação das concepções clínicas para o trabalho no campo das não neuroses, uma outra organização do enquadre, das interpretações, do silêncio, uma outra compreensão das atuações somáticas, comportamentais e sobre o Real, permitiram também a Green redefinir o trabalho da transferência e, em especial, a noção de contratransferência. O analista é convocado a um grande esforço para preencher o vazio, para "desenhar imagens que correspondem à vida mental do paciente" (p. 227). Nesse trabalho, a contratransferência passa a ser compreendida por ele como uma vivência que inclui todo o funcionamento mental do analista, sendo "influenciada, não apenas pelo material do paciente, mas também por suas leituras ou suas discussões com seus colegas" (Green, 1974, p. 68).

O duplo limite... fascina e surpreende o leitor até suas últimas páginas. Nelas Talya nos oferece ainda, generosamente, a oportunidade de mergulhar ainda mais profundamente no espírito e na obra de André Green, ao nos apresentar uma biografia resumida do psicanalista e referências bibliográficas de sua obra. Por meio de cenas da infância, da formação, da história e da participação de Green no movimento psicanalítico francês e mundial, podemos vislumbrar o pano de fundo pessoal, social e institucional no qual a obra de Green foi concebida, gestada e cultivada. Ali, encontramos os traços da depressão materna, da doença, do encontro precoce com a morte, do desamparo, da insegurança, de questões de identidade e de pertinência, ausências, separações, germes de muitos dos conceitos por ele criados.

Talya Candi conclui com uma questão crucial: "por que e quando uma obra, um autor, exige [um] trabalho perlaborativo junto a seus leitores?" (p. 302). Segundo ela, a densidade ontológica de algumas obras pode ser considerada um excesso de pensamento com relação ao que está explicitamente sendo trabalhado pelo autor. É nessa condição de excesso, potencialmente traumático para o leitor, que uma obra convoca a perlaboração (elaboração) e suscita novos discursos. Ela destaca na obra de Green essa qualidade traumática-perlaborativa que a consagra como uma grande obra de pensamento. No contato com essa obra, Talya deixou-se seduzir, capturar, sofreu, confundiu-se e conseguiu transformar-se a partir de tais excessos. Criou sua própria obra. Cativante.

Transferências...

Referências

Bion, W. (1967). Uma teoria sobre o pensar. In *Estudos psicanalíticos revisados*. Rio de Janeiro: Imago.

Candi, T. S. (2010). *O duplo limite: o aparelho psíquico de André Green*. São Paulo: Escuta.

Green, A. (1974). L'analyste, la symbolisation et l'absence. In *La folie privée: psychanalyse des cas-limites* (p. 68). Paris: Gallimard, 1990.

Green, A. (1980). *Narcisismo de vida, narcisismo de morte*. São Paulo: Escuta, 1988.

Green, A. (1982). La double limite. *Nouvelle Revue de Psychanalyse*, *25*, 267-283.

Green, A. (2000). Le cadre psychanalytique: son interiorisation chez l'analyste et son application dans la pratique. In *L'avenir d'une désillusion*. Paris: PUF.

Green, A. (2002). *La pensée clinique*. Paris: Odile Jacob.

Green, A. (2007). *Les voies nouvelles de la thérapeutique psychanalytique: le dedans et le dehors*. Paris: PUF.

Green, A. (2008). *Orientações para uma psicanálise contemporânea*. Rio de Janeiro: Imago.

Klein, M. (1935). Uma contribuição à psicogênese dos estados maníacos-depressivos. In *Amor, culpa e reparação e outros trabalhos (1921-1945)*. Rio de Janeiro: Imago, 1996.

Lacan, J. (1949). O estádio do espelho como formador da função do eu. In *Escritos*. Rio de Janeiro: Jorge Zahar, 1998.

Lacan, J. (1953). Função e campo da fala e linguagem em psicanálise. In *Escritos*. Rio de Janeiro: Jorge Zahar, 1998.

Roudinesco, E. (1988). *História da psicanálise na França. A batalha dos cem anos. Vol. 2: 1925-1985*. Rio de Janeiro: Jorge Zahar Editor.

Winnicott, D. W. (1951). Objetos transicionais e fenômenos transicionais. In *Textos selecionados: da pediatria à psicanálise*. Rio de Janeiro: Francisco Alves, 1982. p. 389-408

Winnicott, D. W. (1968). O uso de um objeto e relacionamento através de identificações. In *O brincar e a realidade* (pp. 120-131). Rio de Janeiro: Imago 1975.

22. Remotas paisagens

Joyce McDougall e os destinos do psicossoma[1]

> *... em toda análise ocorrem "tempos mortos", durante os quais o processo é refreado. ... cada vez que eu me encontrava em dificuldades, não compreendia mais nada ou não conseguia comunicar minha compreensão ... [quando] o processo analítico, com todas as modificações profundas de que é capaz de induzir, não desencadeava nada – nesses momentos, punha-me a escrever.*
>
> McDougall, *Em defesa de uma certa anormalidade*, pp. 9-10

Talvez seja esse o destino dos insulares... Espreitar o horizonte, tentar alcançá-lo, sonhar com outras terras. Aguardar navios, procurando, no relato dos viajantes, notícias de além-mar, histórias das travessias, dos perigos, das descobertas, das emoções das viagens.

---

1 Homenagem a Joyce McDougall por ocasião de seu falecimento, em agosto de 2011, escrita a convite do Comitê Editorial da *Revista Brasileira de Psicanálise*. Publicada nessa revista (*47*(3), pp. 89-102, 2013) e modificada para esta coletânea.

Suportar as noites insones, sorvendo, excitados, as histórias dos que chegaram, e as maldormidas, pela tristeza das despedidas. Esperar por notícias, por reencontros, imaginar a partida, até soltar as amarras, lançando a si mesmo na aventura da travessia, ao encontro do desconhecido.

Joyce McDougall mergulhou nesse destino. Apaixonadamente, transformou sua sina em arte, em escuta. Afável, calorosa, sensível, entregou-se a essa aventura, em sua vida, em sua clínica, em sua escrita. Enfrentando silêncios e vazios do sofrimento humano, as tormentas dos conflitos institucionais, a violência da doença, da sexualidade e das convenções sociais, o tédio e a impotência diante dos excessos da normalidade, Joyce resistiu pensando, analisando, escrevendo.

Nascida na Nova Zelândia, em 1920, na família Carrington, de origem inglesa, Joyce McDougall impregnou-se das marcas de sua geografia natal. Um país sem fronteiras terrestres, distante cerca de 2 mil quilômetros de seu vizinho mais próximo, dividido ao meio pelo mar, pode ser um convite ao isolamento, à solidão, à desconfiança. Ou ao sonho, à fantasia, à busca do outro. Foi essa a escolha de Joyce.

Naquelas terras, marcadas por paisagens exuberantes e animais exóticos e divididas entre as raízes polinesianas maoris e a cultura bem mais recente de imigrantes europeus, principalmente ingleses, Joyce viveu sua infância e adolescência. Daquela época, trouxe consigo o interesse pela literatura, pela pintura e pelo teatro, praticado em família desde os tempos de criança e que lhe permitiu conhecer seu primeiro marido, Jimmy McDougall, ao encenarem juntos uma peça de Dylan Thomas.

Formou-se em psicologia, encantando-se pela obra de Freud, e teve seus primeiros contatos com Winnicott por meio de suas conferências radiofônicas na BBC. Casou-se, teve dois filhos e, no início dos anos 1950, partiu com sua família para a Inglaterra, para tornar-se psicanalista.

Desembarcou em Londres em meio ao intenso conflito existente na Sociedade Britânica de Psicanálise entre os seguidores de Anna Freud e os de Melanie Klein. Foi aceita por Anna Freud na formação em psicanálise de crianças, frequentou seus cursos por quatro anos e iniciou sua clínica como analista de crianças na Clínica Hampstead, mais tarde renomeada Centro Anna Freud. Porém, sempre admirou a genialidade de Melanie Klein: "a primeira analista que reconheceu a profunda importância simbólica do jogo da criança". Joyce a homenageia especialmente em *Teatros do eu*, agradecendo a ela por lhe ter revelado "a riqueza da noção de teatro interno dos dramas perdidos" (McDougall, 1982, pp. 20-21). Em Londres, também acompanhou os seminários de D. W. Winnicott e trabalhou ao seu lado no Hospital Infantil de Paddington Green. Nessas inserções, ainda como uma jovem analista em formação, ela já revelava um dom que se tornaria uma de suas principais marcas: a capacidade de transitar entre diferentes visões da psicanálise, de conviver e dialogar com diferentes grupos, mesmo em meio a conflitos.

Em pouco tempo, essa característica seria novamente colocada à prova. Precisando mudar-se para Paris em 1953,[2] encontrou-se em meio ao fogo cruzado de outra "guerra civil" (*sic*), no âmbito da Sociedade de Psicanálise de Paris (SPP), entre Sacha Nacht e Jacques Lacan (Moro, 2001). Joyce McDougall procurou cada um deles para compreender a situação, mas não se convenceu com os argumentos nem de um nem de outro.[3] Segundo Ceccarelli (1997), saiu

---

2 Em razão de uma proposta de trabalho na Unesco recebida por seu marido.

3 Segundo a própria Joyce, "no momento da cisão, eu pedi uma entrevista a Jacques Lacan e a Nacht. Queria compreender suas divergências teóricas e

> *... decepcionada ao constatar o pouco de coerência dos argumentos apresentados por ambas as partes (fora as questões puramente narcísicas), e a falta de interesse pelas verdadeiras questões psicanalíticas. Tal constatação só veio a reforçar sua aversão a todo dogmatismo em psicanálise. (p. 105)*

Joyce decidiu continuar sua formação na SPP, pois seu analista, Marc Schlumberger,[4] permanecera no Instituto de Psicanálise. Participou dos seminários de M. Benassi e de Maurice Bouvet, também seu supervisor, e de grupos de supervisão de adolescentes com René Diatkine. Porém, reconhecendo o carisma, a criatividade e a originalidade de Lacan, "como Winnicott em Londres" (*sic*), continuou a se interessar por seus trabalhos, inclusive participando de seus seminários na Sociedade Francesa de Psicanálise. Mais tarde, frequentou também seminários da École Freudienne e do Quatrième Groupe.[5] Tornou-se membro titular da SPP em

---

clínicas. . . . Nem um nem outro falou da psicanálise! Os dois tinham razão: Lacan tornou-se mundialmente conhecido por suas ideias e Sacha Nacht desenvolveu a clínica e conseguiu que [a psicanálise] fosse reembolsada pela Seguridade Social. Lacan era intelectualmente mais brilhante, mas a personalidade de Nacht era talvez mais estável" (Moro, 2001).

4 Marc Schlumberger, analisado por Laforgue e Nacht, foi também analista de Wladimir Granoff e de Moustapha Safouan. É interessante refletir sobre prováveis experiências transferenciais e contratransferenciais de Joyce com ele, à luz da descrição de E. Roudinesco: "Órfão de mãe inglesa, [Schlumberger] não suportava a homossexualidade de seu pai e afirmava tranquilamente que o futuro da psicanálise pertencia às mulheres não médicas. Esse esteta sedutor admira a feminilidade, mas sofre de uma certa inibição para escrever, que não consegue superar" (Roudinesco, 1986, p. 168). Da perspectiva da história de Joyce McDougall, como veremos, essas características de seu analista ganham um colorido especial.

5 "Gosto de trabalhar com pessoas de diferentes grupos. Sou contra as igrejas que impedem as pessoas de pensar. Creio que podemos aprender com todos" (Moro, 2001).

1961, e foi secretária científica em 1971. Questionando a formação "concentrada e rígida" do Instituto, juntamente com André Green, René Major e Robert Barande, propôs uma formação mais livre, com a possibilidade de os candidatos escolherem os seminários que lhes interessassem (Moro, 2001).[6]

Os insulares sonham em construir pontes, estabelecer laços, criar comunicações... Às vésperas de mudar-se para a França, Joyce McDougall conjecturou com Anna Freud a possibilidade de iniciar em Paris um núcleo de formação de psicanalistas de crianças, ainda inexistente na época, dispondo-se a transmitir a experiência que adquirira na Inglaterra e convidando analistas ingleses para ministrarem essa formação.

Com efeito, nos anos seguintes, junto com um pequeno número de jovens analistas, ela promoveu atividades em Paris com Margaret Mahler, Anna Freud, Donald Winnicott, Hannah Segal, entre outros. Ao lado de André Green, também bastante ligado à psicanálise inglesa, e a Winnicott e Bion em especial, Joyce McDougall foi uma das principais responsáveis pela circulação de

---

6 Na França, André Green foi um interlocutor constante de Joyce McDougall tanto nas questões referentes à formação como com relação à clínica psicanalítica dos estados não neuróticos. Suas principais concepções são apresentadas no artigo "Dos limites à poesia dos conceitos" desta coletânea.
O questionamento da formação por René Major foi mais longe que o de Joyce e de Green. Ainda diretor do Instituto de Psicanálise da SPP (1973-1974), ele criou o seminário Confrontation, aberto para o encontro com psicanalistas de outras escolas e sociedades. Em 1976 ele se desligou da SPP e da Associação Psicanalítica Internacional (IPA), criando em 1977 a associação Confrontation, que ampliava a abertura do seminário da SPP. O espírito pluralista de Major e suas críticas às instituições psicanalíticas foram os principais inspiradores de sua convocação, em 1997, para os Estados Gerais da Psicanálise, propondo a "mobilização dos psicanalistas de todo mundo, independentemente de sua filiação institucional ou teórica, para criar espaços de produção de pensamento e debate sobre o estado da Psicanálise". Ver o artigo "Psicanálise e neurociências" desta coletânea.

ideias e de trocas de experiências entre a psicanálise anglo-saxã e a psicanálise francesa.

Em 1990, foi convidada pelos norte-americanos para tornar-se membro da *New York Freudian Society*. Com esse mesmo espírito, também estabeleceu trocas produtivas com psicanalistas do mundo todo, inclusive com os de língua espanhola, em especial argentinos, e também com muitos brasileiros, em particular Paulo Roberto Ceccarelli, de quem se tornou bastante próxima, e que a acompanhou em muitas das visitas a nosso país.[7]

Encontros

Essa abertura à alteridade e ao convívio com as diferenças, o gosto pela controvérsia criativa com colegas, psicanalistas e de outras áreas de conhecimento, são marcas de sua obra. Generosa em suas conferências e textos, Joyce sempre os construiu como um agradável diálogo com mestres, colegas e pacientes, com revelações de sua própria história pessoal e de situações clínicas vivas e impactantes, tornando esses encontros uma fértil experiência de confrontação, partilha e descobertas.

Assim, ao longo de sua produção, podemos acompanhá-la em suas conversas com Donald Winnicott, Melanie Klein e Margareth Mahler, a partir das quais, por meio dos conceitos de *objeto transicional*, *identificação projetiva* e *simbiose mãe bebê*, ela constrói uma de suas mais conhecidas ideias: a de "um corpo para dois" (McDougall, 1986). Em companhia de Janine Chasseguet-Smirgel

---

7 Joyce McDougall veio pela primeira vez ao Brasil em 1987 e, em seguida, em 1996, 1999 e 2004, ministrando conferências e trabalhando com grupos de supervisão na Sociedade Brasileira de Psicanálise, em instituições universitárias e outros grupos de pesquisa e de formação psicanalítica.

(1964), Béla Grunberger, Christian David, Maria Torok e outros, ela questiona em uma coletânea as posições freudianas sobre a feminilidade, discutindo a homossexualidade feminina e já sugerindo a dimensão criativa da perversão como forma de lidar com a essência eminentemente traumática da sexualidade humana, um tema que a levou mais tarde, a partir das ideias de Robert Stoller (1984) sobre *identidade de gênero* e *identidade sexual*, a revelar as manifestações das *neossexualidades* (McDougall, 1996).

Dos encontros com Serge Lebovici em torno de seu paciente Sammy, ela cria uma visão original da psicose (McDougall & Lebovici, 1960), dialoga com Gisela Pankow e H. Rosenfeld e aos poucos conhece Piera Aulagnier, de quem se tornou amiga próxima e a quem dedica *As múltiplas faces de Eros*. Mediando o diálogo entre J. C. Nemiah (1978) e P. E. Sifneos (1973), com seu conceito de *alexitimia*, e Pierre Marty e Michel de M'Uzan (1963), com suas descrições do *pensamento operatório* e da *depressão essencial*, ela articula suas próprias concepções sobre as *normopatias*, e sobre os estados de *desafetação* (McDougall, 1984). Inúmeros outros psicanalistas inspiram o pensamento de Joyce McDougall. S. Ferenczi e suas concepções sobre o traumatismo; Denise Braunschweig e Michel Fain (1975), descrevendo os primórdios da relação mãe-bebê e a censura da amante; Massud Khan (1981) e suas contribuições sobre a perversão; Jean-Baptiste Pontalis (1977) e suas reflexões sobre a dor; Donald Meltzer (1967) e suas construções sobre o processo psicanalítico; André Green (1980) e suas teorizações sobre os narcisismos de vida e de morte; Jacques Lacan (1958), com suas concepções sobre o significante e a forclusão; Otto Kernberg (1975) e suas teorizações sobre a economia do afeto e os estados-limite, e muitos outros.

Com a participação de todos eles, ao longo de sua vida, Joyce McDougall construiu seus cenários, seus enredos, seus teatros.

Porém, inegavelmente, os protagonistas principais de suas peças foram seus pacientes e suas próprias lembranças. São eles figuras incontornáveis das tramas de Joyce, sistematicamente convidados a testemunhar suas dores, seus prazeres, sua solidão, sua busca pela libertação do sofrimento, pela transformação, por algum sentido em suas vidas. É a escuta de Joyce, conosco compartilhada, que se presta à difícil tarefa de acompanhá-los nessa busca, algumas vezes sem sucesso. É a escrita de Joyce, dessa escuta, que nos cativa, tornando a leitura de cada artigo uma vivência quase onírica e a escuta de cada palestra uma experiência de encantamento – agora, infelizmente, não mais possível.

Primeiras cenas

Não há dúvida de que ao texto erudito, que ela conhecia, ao discurso acadêmico, com quem convivia, à discussão conceitual, que ela praticava, Joyce preferia dar voz à clínica.

> *Quando cheguei a Paris, ouvia as conferências de meus colegas e as considerava brilhantes. Porém, às vezes, era como o fruto do coqueiro. No interior, havia algo de precioso, mas, com uma quantidade imensa de palavras em volta. Os longos* speeches *teóricos são impressionantes, mas por meio da clínica pode-se transmitir quase a totalidade da teoria. (Moro, 2001)*

Em torno dessa voz, ela construiu seus teatros. De sua experiência infantil, das pequenas encenações em família, Joyce concebeu uma metáfora para ilustrar dois aspectos da atividade psíquica: o enquadre, lugar onde contracenam o eu e os outros, e os personagens que os representam. Ela descreve as cenas construídas pelo eu, pelo corpo, pelo mundo, desvendando a pluralidade de montagens possíveis para cada humano. Um *teatro do interdito*, marcado pelo recalcamento, no qual faltam palavras e objetos, na neurose e na perversão; um *teatro do impossível*, marcado pelo narcisismo, pela psicose e pela ausência do sonho; um *teatro transicional*, onde se desenrola a trama das relações aditivas e dos estados-limite; um *teatro psicossomático*, mudo, sem representações, isolado do psiquismo, marcado pela explosão do corpo (McDougall, 1982).

A psicose infantil ofereceu-lhe a possibilidade de imaginar suas primeiras cenas. Em 1954, Margaret Mahler encaminhou para tratamento com Serge Lebovici um menino americano de 9 anos, psicótico, que vivia em Paris. Este, por sua vez, o encaminhou para Joyce, em razão de seu conhecimento do inglês. Hesitante, questionando se sua experiência seria suficiente diante da gravidade do caso, ela passou a atendê-lo cinco vezes por semana, como aprendera em Londres. Assustada com os primeiros encontros, ela pensou em desistir. Desanimada, procurou Lebovici, dizendo: "Veja, Dr. Lebovici, eu não sou capaz de compreender essa criança", considerando encaminhá-lo para outro colega mais experiente. Porém, Lebovici reiterou sua aposta: "Mas você será uma grande psicanalista!" Sem compreender de onde vinha tal vaticínio, Joyce continuou a análise de Sammy por oito meses. Anotava minuciosamente o que cada um dizia nas sessões, não tanto por dever do ofício, mas, sobretudo, porque Sammy exigia que ela o fizesse, por medo de que o que eles diziam se perdesse. A cada semana, ela discutia suas anotações em um pequeno grupo, recém-criado na SPP, que se dedicava ao estudo da psicanálise de crianças. Uma vez mais, Lebovici apostou em Joyce, insistindo para que ela publicasse o caso, junto com seus próprios comentários. Winnicott também a encorajou, já que, na época, ainda não havia um relato de uma psicanálise de criança, descrito sessão por sessão (Moro, 2001). Em parceria com Lebovici e Sammy, "uma criança inteligente, com um senso de humor extraordinário, . . . maravilhoso",[8] em 1960, com *Diálogo com Sammy*, Joyce McDougall inaugurou sua carreira de autora dos teatros da alma (McDougall & Lebovici, 1960).

As turbulências, as dúvidas e os desafios vividos com Sammy a aproximaram dos sofrimentos dos estados mais primitivos da psicose, confrontando-a com a angústia contratransferencial que vivera com ele e com os limites da técnica psicanalítica para o tratamento desses casos. Joyce passou a se perguntar sobre o sentido e a função de manifestações primitivas como aquelas, uma questão que se estendeu também, pouco depois, para o campo das perversões, das doenças ditas psicossomáticas e das adições.

Da dor à criação

Resgatando uma ideia central de G. Groddeck (1923), de quem lera, muito cedo, *O livro d'Isso*,[9] Joyce passou a afirmar que os sintomas, quaisquer que sejam sua natureza – neurótica, psicótica, perversa, corporal –, são criações do humano, tentativas de autocura, formas de lidar com as dificuldades da vida, com o caráter eminentemente traumático da sexualidade, com conflitos psíquicos, e também com aqueles entre a criança, sempre existente no fundo do adulto, e ele mesmo. Tentativas de sobreviver ao desespero, uma necessidade vital diante da angústia de desaparecer no outro. É essa dimensão

8 Em uma sessão, não descrita no livro, Sammy disse a Joyce: "Quero ver tua bunda, Douggie". Ela respondeu: "Sammy, você não verá minha bunda, mas você pode desenhar o que você imagina ver". Sammy retruca, "Ah, mas desenhar não é a mesma coisa que ver...", ao que ela responde: "Eu sei, mas por que você quer ver minha bunda?" "Escute, Douggie, você não gostaria de ver coisas que você nunca viu? Eu nunca vi a bunda de uma psicanalista..." (Moro, 2001).

9 Segundo Philippe Porret (2006), foi através do *Livro d'Isso* que Joyce descobriu a psicanálise e decidiu seguir seus estudos de psicologia.

criativa do sintoma, do desvio da dita "normalidade", da multiplicidade de expressões da sexualidade, das dificuldades clínicas diante dos pacientes ditos "difíceis" que a leva a manifestar-se *Em defesa de uma certa anormalidade*, também título de sua obra.

> *Face à dor psíquica, às divisões internas, aos traumatismos universais e pessoais que a vida inevitavelmente provoca, o homem é capaz de criar uma neurose, uma psicose, um escudo caracterial, uma perversão sexual, sonhos, obras de arte – e doenças psicossomáticas. (McDougall, 1978/1983, p. 133)*

Já nos anos 1960, por meio de seus estudos sobre a homossexualidade feminina, Joyce protestara contra o dogmatismo das ideias freudianas sobre a feminilidade e o moralismo dos meios psicanalíticos com relação à perversão. A partir de casos de três mulheres homossexuais, ela contesta a generalização então frequente, principalmente entre os grupos lacanianos, de que todas as homossexualidades eram perversões, da mesma maneira que se perguntava se o conceito de perversão podia explicar todos os desvios sexuais. Na época, suas posições eram questionadas mesmo no seio da SPP, provocando a desaprovação de certos colegas quanto ao fato de Joyce aceitar em análise pacientes perversos. Ofendida por essas atitudes, ela afirmava que o papel do psicanalista é auxiliar cada pessoa a descobrir sua verdade. Se essa verdade é a orientação homossexual, ajudá-la a assumi-la e, se ela for defensiva, a lidar com suas consequências ou transformá-la.

A partir dessa perspectiva, a concepção da criatividade ganhou força e presença permanente no pensamento de Joyce, tornando-se um importante operador teórico-clínico. Ela defende a existência de uma relação entre identidade sexual e criatividade, desenvolvendo a ideia de que para compreender o processo criativo é necessário ser homem *e* mulher, criar com as partes masculinas *e* com as femininas. Ela analisa as relações entre criatividade e desvio sexual, chamando a atenção para o fato de que ambas comungam uma dimensão criativa que se manifesta pela ação, manifestando-se por um agir que desvia a pulsão sexual de seu alvo original (McDougall, 1972). O perverso é alguém que recria sua sexualidade, porém, muitas vezes esta se manifesta por atos que ela denomina *atos sintomas*, nos quais a ação supera a elaboração fantasmática.

Mais tarde, ela desenvolve o conceito de *neossexualidades* para ampliar sua análise dessa dimensão criativa do sujeito com relação a seu comportamento sexual (McDougall, 1996). Ela se refere aos roteiros eróticos diferentes, montados segundo composições inabituais, com disfarces, objetos fetichistas, jogos sadomasoquistas, entre outros, diversos de uma sexualidade dita "normal". Por mais bizarra que possa parecer a encenação da sexualidade, na medida em que ela reconhece o desejo e a liberdade do outro, não há porque censurá-la, pois ambos consentem em seu exercício. Diferentemente dessa situação, apesar de também criativa, a dimensão perversa se caracteriza justamente pela impossibilidade de considerar o desejo do outro e, às vezes, a própria existência desse outro, na cena montada para o gozo do sujeito.

Do psicossoma ao pensamento

Em vários momentos, com crianças psicóticas, pacientes neossexuais e homossexuais, Joyce identificou os movimentos fusionais manifestados por fantasias de uma psique para dois, um sexo para dois, uma vida para dois, compreendendo-as como tentativas de se proteger (com o pensamento do outro) de angústias primitivas de desintegração ou (com o sexo do outro) da perda da identidade sexual e, ainda, preenchendo outras funções de mesma natureza. A partir do tratamento de pacientes com manifestações psicossomáticas, ela foi confrontada a outras modalidades de tais movimentos, que se expressavam pela fantasia de *um corpo para dois* (McDougall, 1986), uma fantasia que reedita a condição primordial do período intrauterino humano, quando, efetivamente fazendo parte de um mesmo corpo, o feto é alimentado, sustentado e protegido pela mãe.

Inspirada por Winnicott (1990), mas também por Denise Braunschweig e Michel Fain (1975) e outros autores, Joyce aponta como, a partir das características dos cuidados maternos, as marcas mais primitivas de indistinção entre dois corpos apresentam prolongamentos imaginários, acompanhando o processo de diferenciação da matriz somatopsíquica individual, rumo à constituição de um corpo e uma psique próprios, autônomos. Perturbações no exercício da função materna, ou ameaças intensas às capacidades de elaboração e de proteção do sujeito, mobilizam a fantasia de um corpo para dois como forma de proteção diante de fantasias ou ameaças de desintegração ou mesmo de sobrevivência.

Desde seus primeiros artigos sobre a perversão e sobre a criatividade, Joyce buscou articular as dinâmicas resultantes do encontro traumático com a sexualidade com as origens e as condições do desenvolvimento dos processos de diferenciação do psicossoma. Em sintonia com muitos psicanalistas, como W. Bion (1962), A. Green (1993), P. Aulagnier (1978), P. Marty (1990) e outros, ela dedicou-se à reflexão sobre as origens dos processos de pensamento, sobre o desenvolvimento do psiquismo e do universo representativo a partir dos registros somáticos, e sobre as contingências patológicas desses processos. Ela afirma, por exemplo, que a criatividade nasce com o corpo erógeno, refletindo a forma como esse corpo se representa psiquicamente e como as funções somáticas foram estruturadas na infância (McDougall, 1996).

É justamente em sua própria infância que ela reconhece suas primeiras intuições a respeito dessas articulações: "Eu tinha cinco anos quando descobri que meu corpo tinha uma linguagem própria", relata Joyce, inaugurando *Teatros do corpo* (1989).[10] Inicialmente, como a maioria dos psicanalistas em seus primeiros contatos com essa questão, também ela, marcada pelo paradigma da histeria (e, cabe dizer, também pelas ideias de G. Groddeck) enveredou por hipóteses que buscavam atribuir um significado aos sintomas. Porém, o trabalho com as perversões, com os antianalisandos, com os pacientes desafetados e normopatas rapidamente promoveu sua compreensão de que as manifestações ditas psicossomáticas colocavam em jogo dinâmicas bem mais primitivas e desorganizadas que as da histeria, da neurose e mesmo da psicose, fazendo-a questionar a natureza dessa simbolização.

10 No livro, ela descreve como, na Nova Zelândia, ela passava suas férias na fazenda dos avós paternos e ali, sistematicamente, era acometida por intensas crises de urticária. Uma vez, antes de partir para as férias de Natal, preocupada e irritada com a repetição dessas crises, sua mãe a proibiu de tomar o leite da fazenda, imaginando ser ele a causa desse sintoma, dizendo-lhe: "Escute-me bem, estamos todos cheios de teus dodói de pele. Na fazenda você não vai beber nem mais uma gota de leite!" Sem pestanejar, Joyce respondeu, imediatamente: "Não é o leite que me faz dodói na pele, é Mater" (McDougall, 1989, p. 26). Mater era sua avó, "idêntica à rainha Vitória" (*sic*), que reinava despótica e autoritária sobre Pater, toda a família e os funcionários da fazenda. Joyce a detestava pela maneira bruta como era tratada por ela. Na sequência do livro, ela relata outro episódio de sintomas somáticos graves (uma angina) de sua avó, e, retrospectivamente, os atribuiu à cólera e ao sentimento de ela ter sido traída por seu filho. Mesmo em se tratando de uma cena infantil e de uma interpretação feita muitos anos depois, podemos imaginar a importância daquela vivência que acompanhou Joyce por toda a vida até seus encontros com sintomas somáticos de seus próprios pacientes.

Foi em torno dessa cena que ocorreu o encontro de Joyce com outros psicanalistas, americanos, ingleses e, principalmente, franceses, buscando compreender o teatro psicossomático.

Os dramas do corpo

Nos anos 1960 e 1970, Pierre Marty, Michel de M'Uzan, Michel Fain, Christian David e Léon Kreisler, psicanalistas da SPP, entre outros, dedicavam-se à clínica de pacientes com manifestações somáticas não conversivas, desenvolvendo um olhar, uma escuta e uma teorização metapsicológica específica para lidar com as manifestações primitivas observadas nesses pacientes. Dessa perspectiva, desenvolveram conceitos como *pensamento operatório*, *depressão essencial*, *desorganização progressiva*, *mentalização*, que descrevem a precariedade do universo representativo, fantasmático e onírico dessas pessoas, bem como a pobreza de suas manifestações afetivas e de seu mundo objetal (Marty, 1990).

Joyce McDougall reconheceu a proximidade de suas próprias intuições com o pensamento desses autores[11] e sentiu-se "bastante estimulada" por ele. Passou a participar das consultas e discussões clínicas realizadas por Marty e seu colegas no Instituto de Psicossomática[12] e "começou a escutar [seus] pacientes com muito mais in-

11 Esses autores são geralmente identificados como pertencentes a uma "Escola de Psicossomática de Paris", que, formalmente, nunca existiu. Na verdade, podemos reconhecê-la como uma corrente original de pensamento sobre o que, geralmente, se considera como sendo o campo da psicossomática, mas que apresenta conceitos que também permitem articular toda a gama de manifestações do humano, das mais organizadas psiquicamente, como as neuroses, às menos organizadas, como as doenças orgânicas, incluindo em sua passagem descargas comportamentais, como as toxicomanias, transtornos alimentares e muitos outros (Marty, 1990; Volich, 2000).

12 IPSO, atualmente Instituto de Psicossomática Pierre Marty.

teresse" (Moro, 2001). Apesar de concordar com a leitura de Marty (1990) e de Kreisler, Fain e Soulé (1974) sobre os primórdios do desenvolvimento psicossomático e com a importância atribuída à função materna como determinante dos destinos da economia psicossomática, Joyce se contrapôs a muitas de suas hipóteses sobre os processos de somatização.

Destacando a indiferenciação "bebê-mãe universo" e a indistinção psique-soma, características do início da vida, Joyce aponta que as fontes do psíquico encontram-se no somático, da mesma forma que, em um movimento oposto, existe uma potencialidade regressiva da psique a retornar a suas fontes somáticas. É em meio a essa dinâmica que o ser humano oscila entre o desejo de fundir-se ao corpo materno e o desejo de independência total desse corpo (McDougall, 1989). A condição de prematuração do bebê para lidar com os estímulos do meio e de seu próprio corpo constitui a natureza potencialmente traumática que determina o desfecho de tais movimentos e, eventualmente, os processos de somatização. Esta se constitui, então, como um modo de defesa arcaico, anterior à constituição da linguagem. Ela resulta de falhas no exercício da função materna que comprometem o processo de internalização, a partir do qual se forma a identidade subjetiva. Assim como nas adicções e nas descargas dos *actings*, um episódio somático sinaliza o transbordamento dos recursos psíquicos de defesa contra a excitação. A função da somatização seria, portanto, preencher os vazios criados pela tensão entre o desejo de fusão e o de individuação e apropriação psíquica do seu próprio corpo.

Essa leitura evidencia a importância da dimensão econômica do afeto no desenvolvimento do sujeito e nos processos de somatização. Manifestando-se como descarga direta ou explosão somática da excitação, o sintoma corporal corresponderia a um *agir arcaico*, expulsando do psiquismo em direção ao corpo percepções, fantasias e pensamentos que desencadeiam afetos insuportáveis, associados a vivências traumáticas e precoces do desenvolvimento infantil. Decorrem dessas dinâmicas a *desafetação* e a *normopatia*, duas manifestações clínicas descritas por Joyce.

A primeira, próxima da depressão essencial de Marty (1966), resulta da carência, do esvaziamento ou do curto-circuito dos recursos psíquicos para representar e conter as vivências emocionais, presentes ou passadas, em função da intensidade traumática e desorganizadora de certas experiências. Porém se, por um lado, a desafetação pode proteger contra as angústias primitivas, por outro, ela aumenta a vulnerabilidade psicossomática (McDougall, 1984). Quanto à normopatia, ela corresponde a uma dimensão particular do pensamento operatório, seu caráter hiperadaptado à realidade exterior, sem contato com a vida subjetiva, com um mundo interno depauperado. Ambas as manifestações constituem dificuldades evidentes ao processo analítico clássico, manifestando-se pela *relação branca* e indiferenciada, descrita por Marty como característica da transferência desses pacientes (Marty & M'Uzan, 1963), e também nas experiências de vazio, sensações corporais e angústias contratransferenciais vividas pelo analista, já assinaladas por Joyce em suas descrições do "analisando robô", o *antianalisando* (McDougall, 1978).

A principal divergência entre as concepções de Joyce McDougall e as dos psicanalistas do IPSO diz respeito ao sentido simbólico dos sintomas somáticos. Marty, Fain e seus colegas consideram a carência representativa, onírica e fantasmática, bem como a pobreza das expressões afetivas, do mundo objetal dos mecanismos de defesas psíquicos, características dos pacientes descritos como *mal mentalizados*, marcas patognomônicas dos pacientes ditos psicossomáticos ou propensos à somatização (Marty, 1990). Joyce sustenta que mesmo nos funcionamentos mais primitivos é possível, em alguns casos, reconhecer uma dimensão simbólica. Segundo ela, uma dor *psíquica*, indizível, pode se traduzir por uma manifestação somática, da mesma forma que um funcionamento psicótico também pode apresentar somatizações.[13]

> *Cheguei à conclusão de que o transtorno psicossomático pode ser associado a fantasias. . . . De certa forma, o corpo fala e é preciso decodificar essa linguagem. Existe um sentido a ser encontrado em todas as somatizações, nas alergias, em todo o resto. Todo mundo somatiza. O que já é uma indicação de que o corpo fala, quando a alma não tem palavras suficientes ou quando o sujeito não consegue reconhecer seus afetos. (Moro, 2001, p. 25, tradução minha)*

Nessas formulações, mesmo sem explicitá-lo, Joyce parece manter vivas dentro de si as concepções de G. Groddeck (1923), que praticamente preconizava uma espécie de "teoria da significação generalizada",[14] sustentando que tanto a doença, mental ou corporal, como todos os processos humanos, como a arte, o pensamento, as emoções e mesmo os acidentes, são criações do Isso, carregadas de sentido, finalidade e função expressiva. Por outro lado, por meio de tais formulações, ela também se aproxima de autores contemporâneos, como Christophe Dejours (1989), que sustenta a existência de *somatizações simbolizantes*, nas quais mesmo

13 Contrariamente a uma conhecida afirmação de que "os psicóticos adoecem pouco", por serem bem mentalizados.

14 Parafraseando a teoria da sedução generalizada, de J. Laplanche (1987). Este amplia a descrição da "sedução pelo outro parental", feita por Freud, descrevendo-a como uma situação antropológica fundamental de sedução originária do *infans* pelo adulto provido de um inconsciente, por meio do qual a criança entra em contato com os "significantes enigmáticos".

manifestações primitivas como as da doença orgânica podem ser tentativas de significação de algo que, na história do sujeito, ficou excluído da *subversão libidinal* e da cadeia representativa, possuindo mesmo uma dimensão relacional, endereçada ao outro (Dejours, 1998).[15]

Para nomear especificamente a natureza das dinâmicas em jogo, em sua leitura dos processos de somatização, Joyce McDougall (1989) formula os conceitos de *privação psíquica, histeria arcaica* e de *psicose atual*. A primeira diz respeito aos estados em que uma representação, ao ser ejetada do consciente, por mecanismos projetivos ou pela identificação projetiva, perde qualquer possibilidade de ser recuperada sob a forma de sintomas ou de sublimação. O afeto é congelado, ficando a psique em estado de privação, de morte interior. Para lidar com o vazio resultante dessa condição, a psique tentará utilizar, como na infância, mensagens primitivas, de ordem somatopsíquica, infraverbais, para salvar o eu da morte psíquica (McDougall, 1982). Nesse nível de funcionamento primitivo, a histeria arcaica se manifesta em episódios esporádicos de somatização em função de conflitos em torno da própria possibilidade de existência do sujeito, o temor de perda de sua identidade subjetiva ou mesmo da vida, e não de conflitos ligados à possibilidade de satisfação de desejos (como na histeria neurótica). Por paradoxal que possa parecer, a histeria arcaica busca, pelo sintoma somático, preservar a integridade do corpo como um todo (McDougall, 1989). Finalmente, também referida a modos de funcionamento primitivos, a psicose atual revela a existência de núcleos psicóticos que, em vez de se manifestarem por meio de alucinações e delírios, se manifestam por meio de sintomas corporais e doenças equivalentes ao delírio. Por analogia às neuroses atuais, a psicose

15 Ver a entrevista com Dejours no artigo "A psicodinâmica do trabalho e as novas formas de dominação" desta coletânea.

atual também é marcada por angústias primitivas que, diante da impossibilidade de encontrarem vias de expressão psíquica, são descarregadas no corpo. A descarga pela via curta do psicossoma pode produzir respostas "delirantes" do funcionamento fisiológico (McDougall, 1978).

Cenas clínicas

Ao longo de sua vida, Joyce nos apresentou os protagonistas de seus teatros, suas cenas, seus enredos, seus autores. Compartilhou conosco relatos de sua própria história, suas aventuras, iniciadas na longínqua Oceania e transladadas para outros palcos do mundo. Permitiu-nos acompanhar suas dúvidas e descobertas no contato com seus pacientes, colegas e instituições. Convidou-nos a trilhar com ela os incertos caminhos do prazer e do sofrimento humanos, enfrentando o medo e o desconhecido, quando se arriscou a seguir por aqueles mais sombrios e silenciosos. Enfrentou preconceitos, como mulher, como estrangeira, como psicanalista, sem renunciar à liberdade de manifestar o que pensava.

Ensinou-nos a dar voz à clínica, apresentando-nos Georgette, Christophe, Isaac, Honorine, Paul, Tim, Peter, Sammy e muitos outros que inspiraram suas descobertas e seus conceitos. Eram eles que, com suas palavras, silêncios, sintomas, fantasias, convocavam as réplicas inevitavelmente improvisadas de Joyce, por nunca antes terem sido escritas, ou pensadas. Com eles, ela aprendeu a escutar os "múltiplos dialetos" do soma, a linguagem do desvario, a traduzir suas próprias sensações corporais, a interpretar com atos.

Não por acaso, Joyce foi uma das primeiras a insistir na importância da elaboração das experiências contratransferenciais do analista, inclusive corporais, sobretudo diante de pacientes com manifestações mais primitivas, como as somatizações e as adicções.[16] Não por acaso, alertou para a impossibilidade de alguns pacientes receberem o que quer que seja do analista, e para a necessidade deste de suportar durante muito tempo a transferência desvitalizante e, às vezes, mortífera do paciente, antes de conseguir ressuscitar esses "surdos-mudos do afeto" (McDougall, 1989). Não por acaso, como muitos outros psicanalistas, ela insistiu na importância do manejo do enquadre clássico da psicanálise para o tratamento desses pacientes, uma vez que eles não possuem recursos para suportar as condições regressivas e frustrantes do divã e da neutralidade do analista, podendo, em razão disso, desorganizar-se ainda mais em suas vivências primitivas.[17]

Joyce convidava-nos também, como psicanalistas, a refletir sobre os valores inconscientes, os compromissos institucionais e os ideais sociais que podem atravessar nossa escuta do paciente. Lembrava que não existem "pacientes difíceis", mas "encontros difíceis" entre analista e analisando. Convidava-nos a pensar sobre nossa atitude diante de colegas ou grupos psicanalíticos que sustentam teorias ou posições clínicas diferentes das nossas. Ela alertava contra o risco de as instituições psicanalíticas investirem religiosamente em seus pensadores, mestres e conceitos.[18] Ressaltava que

---

16 Em outra publicação, destaco que, com os pacientes que vivem processos de desorganização de sua economia psicossomática, "a contratransferência é um meio privilegiado para a apreensão das dinâmicas pulsionais que se encontram aquém da representação" (Volich, 2000, p. 370).

17 A importância dessa função particular do enquadre é também destacada em outros artigos desta coletânea por P. Fédida ("Tão longe, tão perto..."), A. Green ("Dos limites à poesia dos conceitos") , L. Israël ("A guerra dos mil anos"), F. Ferraz ("Nas teias da perversão" e "Viagens...").

18 ". . . uma teoria não é um artigo de fé, mas apenas uma série de postulados a serem demonstrados. Se assim não fosse, os modelos conceituais não seriam mais teorias, mas leis. . . . A canonização dos conceitos teóricos e clínicos, a idealização ou o denegrimento dos mestres são sequelas de afetos transferenciais não resolvidos. Os alunos, tornados discípulos, não mais questionam

> *. . . nossas teorias nos ajudam a enfrentar as incógnitas da situação clínica e a nos precaver contra nossa solidão nessa situação a dois. Ao nos filiarmos a uma escola teórica, fazemos parte de uma família, ficamos menos sós em face das incertezas que nos afligem a cada dia. O ideal seria termos para com a teoria dos outros o mesmo respeito que temos pela nossa; isso nos permitiria perceber melhor os limites de nossos próprios modelos e sua influência sobre nós. (McDougall, 1988, p. 606)*

Por mais de cinquenta anos Joyce McDougall ofereceu sua presença, sua sensibilidade e sua liberdade de espírito à escuta de seus semelhantes. Apesar de reconhecida internacionalmente pela criatividade de seu pensamento, pela riqueza de sua clínica, por sua obra, nunca criou um grupo, uma "escola", mas sempre continuou encontrando, trocando e discutindo com colegas das mais diversas orientações teóricas. Conseguiu cruzar todos os mares, superou turbulências, encantou-se com milhares de relatos de viagens. Clinicou em Paris até 2008 e, em 2009, voltou para Londres. Dali, em agosto de 2011, partiu para sua última viagem.

Referências

Aulagnier, P. (1978). *A violência da interpretação.* Rio de Janeiro: Imago.

---

seus modelos teóricos e clínicos e não prosseguem sua pesquisa pessoal" (McDougall, 1988, p. 604). No capítulo "O psicanalista em busca de sua alma", presente nesta coletânea, discuto algumas dessas questões.

Barande, I., Barande, R., McDougall, J., M'Uzan, M., David, C., Major, R. & Stewart, S. (1972). *La Sexualité perverse: études psychanalytiques*. Paris: Payot.

Bion, W. (1962). *Aux sources de l'expérience*. Paris, PUF, 1979.

Braunschweig, D., & Fain, M. (1975). *La nuit, le jour: essai psychanalytique sur le fonctionnement mental*. Paris: PUF.

Ceccarelli, P. (1997). Joyce McDougall, uma apresentação. *Percurso, 18*, 104-106.

Chasseguet-Smirgel, J. (Org.). (1964). *La sexualité féminine: recherches psychanalytiques nouvelles*. Paris: Payot, 1991.

Dejours, C. (1989). *Repressão e subversão em psicossomática: investigações psicanalíticas sobre o corpo*. Rio de Janeiro: Zahar.

Dejours, C. (1998). Biologia, psicanálise e somatização. In R. M. Volich, , F. C. Ferraz & M. A. A. C. Arantes (Orgs.), *Psicossoma II: psicossomática psicanalítica*. São Paulo: Casa do Psicólogo.

Duparc, F. (2000). *Joyce aux mille visages: l'oeuvre de Joyce McDougall*. Lausanne, CH: Delachaux et Niestle.

Green, A. (1980). *Narcisismo de vida, narcisismo de morte*. São Paulo: Escuta, 1988.

Green, A. (1993). *O trabalho do* negativo. Porto Alegre: Artmed, 2010.

Groddeck, G. (1923). *O livro d'Isso*. São Paulo: Perspectiva, 1997.

Kernberg, O. (1975). *Les troubles limites de la personnalité*. Paris: Privat, 1979.

Khan, M. (1981). *Figures de la perversion*. Paris, Gallimard.

Kirsch, S., & Van Wynsberghe, J. (Orgs.). (2013). *Les théâtres de Joyce McDougall*. Toulouse, FR: Erès.

Klein, M. (1946) Notas sobre alguns mecanismos esquizoides. In *Amor, culpa e reparação e outros trabalhos*. Rio de Janeiro, RJ: Imago, 1996.

Klein, M. (1955). Sobre a identificação. In *Inveja e gratidão e outros trabalhos* (pp. 169-204). Rio de Janeiro: Imago, 1996.

Kreisler, L., Fain, M., & Soulé, M. (1974). *A criança e seu corpo*. Rio de Janeiro: Zahar, 1981.

Lacan, J. (1958). De uma questão preliminar a todo tratamento possível da psicose. In *Escritos* (pp. 537-590). Rio de Janeiro: Jorge Zahar, 1998.

Lacan, J. (1998). *O seminário, livro 5: As formações do inconsciente*. Rio de Janeiro: Jorge Zahar, 1999.

Laplanche, J. (1987). *Nouveaux fondements pour la psychanalyse. La séduction originaire*. Paris: PUF.

Mahler, M. (1975). *O nascimento psicológico da criança: simbiose e individuação*. Rio de Janeiro: Zahar, 1977.

Mannoni, O., Mcdougall, J., Vasse, D., & Dethiville, L. (1987). *Le divan de Procuste: le poids des mots, le mal-entendu du sexe*. Paris: Denoël.

Marty, P. (1966). La dépression essentielle. *Revue Française Psychanalyse, 32*(3), 595-598.

Marty, P. (1990). *A psicossomática do adulto*. Porto Alegre: Artes Médicas, 1994.

Marty, P., & M'Uzan, M. (1963). La pensée opératoire. *Revue Française de Psychanalyse, 27*, 345-356.

McDougall, J. (1972). Créativité et déviation sexuelle. *Revue Française de Psychanalyse, 36*(4), 535-556.

McDougall, J. (1974). The psychosoma and the psychoanalytic process. *International Revue of Psychoanalysis, 1*, 437-459.

McDougall, J. (1978). *Em defesa de uma certa anormalidade: teoria e clínica psicanalítica* [Plaidoyer pour une certaine anormalité]. Porto Alegre: Artes Médicas, 1983.

McDougall, J. (1981). Corps et métaphore. *Nouvelle Revue de Psychanalyse, 23*, 57-81.

McDougall, J. (1982). *Théâtres du Je* [Teatros do eu: ilusão e verdade na cena psicanalítica]. Paris: Gallimard, 1992.

McDougall, J. (1984). The "dis-affected" patient: reflections on affect pathology. *Psychoanalytic Quarterly, 53*, 386-409.

McDougall, J. (1986). Un corps pour deux. In *IV Rencontres Psychanalytiques d´Aix en Provence. Corps et histoire.* Paris: Les Belles Lettres.

McDougall, J. (1988). Quelles valeurs pour la psychanalyse? *Revue Française de Psychanalyse, 52*, 595-611.

McDougall, J. (1989). *Théâtre du corps: le psychosoma en psychanalyse* [Teatros do corpo: o psicossoma em psicanálise]. Paris: Gallimard, 1991.

McDougall, J. (1996). *Éros aux mille et un visages* [As múltiplas faces de Eros: uma exploração psicanalítica da sexualidade humana]. Paris: Gallimard.

McDougall, J. (2013). Le corps emprisonné: réflexions sur le corps du thérapeute. In S. Kirsch & J. Van Wynsberghe (Orgs.), *Les théâtres de Joyce McDougall.* Toulouse, FR: Erès.

McDougall, J., & Lebovici, S. (1960). *Un cas de psychose infantile: étude psychanalytique* [Diálogo com Sammy: uma contribuição psicanalítica à compreensão da psicose infantil]. Paris: PUF, 2001.

Meltzer, D. (1967). *The Psycho-analytical Process*. Perthshire: The Clunie Press.

Montagna, P. (1988). A respeito de Joyce McDougall. *IDE*, *16*, 39-41.

Moro, M.-R. (2001, fevereiro). Entretien avec Joyce McDougall. *Le Carnet Psy*, *67*, 20-27.

Nemiah, J. C. (1978). Alexithymia and psychosomatic illness. *Journal of Continuing Education*, *39*, 25-37.

Pontalis, J.-B. (1977). *Entre le revê et la douleur*. Paris: Gallimard.

Porret, P. (2006). *Joyce McDougall, une écoute lumineuse*. Paris: Campagne Première.

Roudinesco, E. (1986). *Histoire de la psychanalyse en France* (Vol. 2). Paris: Seuil.

Sifneos, E. (1973). The prevalence of "alexythymic" characteristics in psychosomatics patients. *Psychotherapy and Psychosomatics*, *22*(2), 255-262.

Stoller, R. J. (1984). *Masculinidade e feminilidade: apresentação de gênero*. Porto Alegre: Artes Médicas, 1993.

Volich, R. M. (2000). *Psicossomática: de Hipócrates à psicanálise* (7a ed., Coleção Clínica Psicanalítica). São Paulo: Casa do Psicólogo, 2010.

Winnicott, D. W. (1951). Objetos transicionais e fenômenos transicionais. In *Textos selecionados: da pediatria à psicanálise* (pp. 389-408). Rio de Janeiro: Francisco Alves, 1982.

Winnicott, D. W. (1990). *O ambiente e os processos de maturação: estudos sobre a teoria do desenvolvimento emocional*. Porto Alegre: Artes Médicas.

23. Viagens...
Inspiração e criatividade na escrita de um analista[1]

Me dê um silêncio... Eu vou contar

João Guimarães Rosa, *Grande sertão: veredas*

A paisagem ondulada da serra convida ao devaneio. Serpenteando entre vales e montes, pequenos córregos fazem companhia a estradas solitárias pelas quais é possível por muito tempo viajar quase sem cruzar com outros passantes. Se eles surgem, uma névoa de poeira se levanta e encobre a paisagem, os animais e a vegetação do entorno, reforçando o clima onírico da viagem. Por caminhos como esses, é possível chegar ao Córrego de Bom Jesus, alcançar o alto da Pedra de São Domingos ou seguir ainda mais longe, até Paraisópolis, Gonçalves, e mesmo, desafiando lama, curvas e o enjoo, pular a divisa e chegar a Campos do Jordão.

Era em Cambuí que a viagem sempre começava. Cercada pelos montes da Mantiqueira, com suas fazendas, matas, cachoeiras e

---

1 Prefácio de *Ensaios psicanalíticos*, de Flávio Carvalho Ferraz (2011), modificado para esta coletânea.

tentadores convites para as aventuras de qualquer criança, a cidade, à margem da rodovia Fernão Dias, também convidava a imaginar os horizontes mais longínquos das grandes cidades, como São Paulo e Belo Horizonte.

Em meio a essas paisagens e dilemas cresceu Flávio Ferraz. As experiências ali vividas marcaram e até hoje se fazem presentes em seus caminhos. Impossível conhecer Flávio sem conhecer Cambuí. Quase impossível conversar com ele sem que, de repente, seus olhos brilhem e seu rosto se ilumine por uma lembrança que dispara: "Uma vez, em Cambuí...". Impossível não reconhecer em sua vida, em seu percurso profissional, seus escritos e, particularmente nestes *Ensaios psicanalíticos*, questões que matuta desde sua infância, passada naquela cidade.

Em Cambuí, como qualquer criança, Flávio brincava com os amigos na rua, aventurava-se por matas e cachoeiras, comia fruta no pé, pulava fogueira em São João. Em Cambuí, marcado pelo aroma do café recém-torrado e pela visão das manhãs orvalhadas de inverno, se perguntava sobre coisas da vida, se intrigava com o nascimento e a morte dos bichos e com o mundo, para além das montanhas do sul de Minas.

Adormecia embalado pelos contos de Grimm, de Andersen e de Monteiro Lobato, mas, ao despertar, saía pelas ruas em busca das histórias das gentes, dos matutos e, em particular, "daquelas personagens que perambulavam de rua em rua, ou mesmo de cidade em cidade, guardando em torno de si uma atmosfera de mistério"... os loucos de rua (p. 63).

Curioso, cativado por esse mistério, por "medo, curiosidade, pena" e outras emoções que eles despertavam à sua volta, aos 12 anos Flávio deu início a sua primeira investigação. Como ele mesmo conta,

> *. . . [Aos 12 anos] realizei uma tarefa por mim mesmo determinada: movido pela curiosidade, pelo interesse e pela paciência então possível, procurei fazer o que estava ao meu alcance, tentando dar algum corpo a histórias fantásticas que corriam de boca em boca sobre aquelas tão célebres figuras. Munido de um caderno de anotações, passei então a coletar o que eu ouvia a respeito dos loucos de rua, conversando ora com eles próprios, ora com outras pessoas da comunidade que me relatavam coisas interessantíssimas sobre a sua história. Procedia como se estivesse à cata de um quebra-cabeça, como se, ao final de tudo, eu pudesse desvendar o segredo e os mistérios daqueles loucos . . . . Foi então que me deparei com o mais incrível dessa empreitada: as peças do quebra-cabeça jamais se encaixariam com exatidão . . ." (Ferraz, 2000a, p. 19)*

Rabiscos e comichões

Desde então, sabemos, Flávio nunca mais parou de rabiscar seus cadernos, de ouvir e contar histórias. Zé Arbano, Chico Louco, Marcolina, Florilza, Rita Papuda, Zé da Dorfa, "loucos" de Cambuí, passaram a conviver em seu imaginário com os heróis de sua adolescência, com Bovary, Miguilim, Dora, Schreber e muitos outros personagens da literatura e da clínica, com grandes pensadores, poetas, psicanalistas. Muitos anos depois, Brinco, Geraldo Cassiano, Zé Ramiro, Honório, Quinhento eram ainda "convidados" por Flávio às conversas da mesa de refeições, onde os filhos dele e seus amiguinhos, fascinados, ouviam durante horas os relatos da insensata sabedoria daquelas pessoas que tanto o haviam impressionado. Mais tarde ainda, em 1999, a curiosidade do menino de

Cambuí transformou-se, na USP, em sua tese de doutorado *Andarilhos da imaginação: um estudo sobre os loucos de rua*, logo em seguida publicada em livro com o mesmo nome (Ferraz, 2000a).

Naturalmente, sua história como psicanalista começou muito antes de sua tese. Cursou o 2º grau no legendário Colégio Sagarana, em São Paulo, graduou-se em Psicologia na USP, iniciou sua análise, começou a clinicar em 1987 e fez a formação no curso de psicanálise no Instituto Sedes Sapientiae. Como não reconhecer nesse percurso as marcas deixadas pelos loucos de Cambuí?

Poderia ter seguido os passos do pai, respeitado promotor de justiça e fundador do primeiro colégio da cidade, onde foi professor por muitos anos, dedicando-se ao direito ou ao magistério; poderia ter permanecido em Minas, próximo à natureza, que ele tanto aprecia, cuidando da fazenda da família, ou ter feito tantas outras escolhas...

Porém, a psicanálise já começara a comichar em seu corpo, talvez diante do inesquecível olhar de Zé Arbano, que tinha "a própria cara de louco, destes que têm um olhar profundo, que metem medo na gente" (Ferraz, 2000a, p. 193), ou ainda tentando entender por que Rita Papuda, "a mais genuinamente louca, [que] delirava, e inventava histórias fantasiosas", vagava pelas ruas sempre segurando nos braços uma boneca que afirmava ser sua filha (p. 204). Fascinado pelo olhar de Zé Arbano, Flávio já naquela época percebera como os olhos podiam ser "uma espécie de termômetro que acusava o estado de espírito em que [ele] se encontrava, se bonzinho ou se bravo". Assim, deu-se conta dos afetos que circulam nos encontros humanos, dos efeitos do mundo interno de um sobre as vivências emocionais do outro, e – nem sabia ainda – da contratransferência: "quando [Zé Arbano] ria, ria também com os olhos e eu me sentia aliviado, livre de todos os perigos que ele representava para minha imaginação de criança" (Ferraz, 2000a, p. 193).

Buscando respostas pelos veios da psicologia e da psicanálise, Flávio mergulhou na clínica e na pesquisa sobre a natureza humana, embrenhou-se nos meandros infinitos, fascinantes e tenebrosos do inconsciente e das pulsões, muitas vezes perdeu-se na trama dos desejos, prazeres e sofrimentos humanos. Descobriu que o universo da loucura era mais vasto e estranho do que aquele que conhecera em Cambuí.

Já percebera, nas histórias que coletara, o papel dos dramas familiares, da atitude social, da exclusão e da miséria nas vivências dos "andarilhos" de sua cidade. Em seus estudos, no trabalho em inúmeras instituições e com seus pacientes descobriu outros matizes da "loucura", como as perversões, as neuroses, as depressões e as desorganizações psicossomáticas, muitas vezes silenciosas, algumas mortíferas. Além dessas, descobriu também a imensa diversidade de manifestações do sofrimento humano, os efeitos perturbadores das paixões, do amor, do ódio, da violência e da solidão, a destrutividade das toxicomanias e dos transtornos alimentares, a instabilidade dos estados-limite e, inclusive, as nefastas consequências dos que encontram em uma preocupante normalidade formas desesperadas e paradoxais de fazer ouvir sua dor.

Da ética à normopatia

Ao longo dessa viagem, Flávio sempre nos deu notícias de suas descobertas, em artigos, livros e conferências. Em 1994, publicou seu primeiro livro, *A eternidade da maçã: Freud e a ética* (Ferraz, 1994), fruto de sua dissertação de mestrado. A escolha desse tema certamente não foi fortuita. Ao refletir sobre a escolha que fizera pela psicanálise, Flávio tentava compreendê-la pela ótica familiar com a qual convivera, as questões do Direito, da Justiça, e da própria Ética na prática de seu pai, mas também buscava sustentar, por si mesmo, sua descoberta da importância de uma ética da tolerância como fundamento da teoria e do método psicanalíticos, como ele nos mostra no último capítulo de *Ensaios psicanalíticos*. Procurou ainda articular suas origens com seus desejos em *Saúde mental, crime e justiça*, publicado em 1996 em coautoria com Claudio Cohen e Marco Segre (Cohen, Ferraz & Segre, 1996).

Chama a atenção que, após se debruçar sobre a ética, Flávio tenha se dedicado a seu avesso, as perversões. Publicou dois de seus livros seguintes sobre essas dinâmicas psíquicas, verdadeiras figuras de recusa, negação ou mesmo subversão da ética, da lei e da castração. *Perversão* (Ferraz, 2000b) e *Tempo e ato na perversão* (Ferraz, 2005) se sucedem como fruto e prolongamento de suas pesquisas de pós-doutorado. Neles, Flávio lança o convite, reiterado em muitos de seus trabalhos, a releituras comparativas das manifestações psicopatológicas e à consideração do caráter mutante dessas manifestações nas novas configurações subjetivas do mundo contemporâneo, bastante distintas das existentes na época em que Freud estabeleceu as bases da psicopatologia psicanalítica.[2]

No interlúdio entre as duas obras, Flávio ainda publicou, em 2002, *Normopatia: sobreadaptação e pseudonormalidade*, alerta para os verdadeiros riscos patológicos, muitas vezes extremos, das aparências, do conformismo e da adaptação excessiva aos padrões de normalidade (Ferraz, 2002). Talvez seja esse seu livro mais ousado. Se a loucura e as manifestações psicopatológicas são, muitas vezes, toleradas como objeto de pesquisa e de tratamento é porque sempre nos é possível atribuir seus aspectos insuportáveis ao outro ("que é louco, claro"...), enquanto "nós" ("normais"...) buscamos proteção por detrás das evidências de normalidade de nossas vidas tão adequadas. Como suportar que sejam objeto de suspeita os cotidianos assépticos, organizados e sem conflito, ou a insinuação do

---

2 Ver o artigo "Nas teias da perversão" nesta coletânea.

eventual caráter mórbido e dos riscos de vidas bem-comportadas e supostamente perfeitas?

Nessa denúncia ferina à cultura do simulacro, Flávio conseguiu, em *Normopatia...*, esquivar-se da maior parte das armadilhas das banalizações panfletárias e das palavras de ordem vazias, atendo-se a sua bússola mais preciosa: a clínica. Os casos clínicos, presentes na maior parte de seus escritos, como recurso para a ilustração conceitual ou como fonte de inspiração de uma nova formulação teórica, apresentam-se nesse livro como um verdadeiro convite ao desarmamento ideológico e à humildade narcísica: deixemos (pelo menos um pouco...) de lado as idealizações sobre o bem-estar, a saúde e os critérios de normalidade e observemos, em nossos pacientes, as traiçoeiras correntes subterrâneas dos rios de superfície tranquila, desconfiemos delas como devemos desconfiar do silenciamento repentino dos animais, que precede as erupções vulcânicas e os terremotos. Para isso, é fundamental para o psicanalista colocar-se em outras condições de escuta e de observação de seu paciente, ampliando o enquadre clássico da psicanálise. Como se não bastasse tudo isso, Flávio ainda arremata sua obra questionando tanto as condições socioculturais promotoras da normopatia quanto as dinâmicas de instituições e da formação psicanalíticas que dificultam o desenvolvimento de uma abertura não normativa que torne possível o tratamento psicanalítico dos pacientes que não correspondem às indicações clássicas de análise.[3]

3 Como vimos, questões levantadas por muitos psicanalistas, entre os quais Joyce McDougall, René Major, André Green e Pierre Fédida, comentados em outros artigos desta coletânea.

Amizade e parcerias

Conheci Flávio em 1995, quando comecei a lecionar na Especialização em Psicossomática Psicanalítica do Instituto Sedes Sapientiae, de cuja fundação Flávio participou.[4] Surgiu entre nós uma prazerosa e fértil parceria de trabalho que aprofundou-se, transformando-se em uma gratificante amizade. Trabalhamos juntos no cotidiano do curso em um grupo de professores particularmente afetivo, estimulante e criativo, ávido por compartilhar experiências com colegas de outros grupos e instituições. Com esse espírito, organizamos inúmeras atividades para promover essas trocas, entre as quais se destacam cinco Simpósios de Psicossomática Psicanalítica, reconhecidos pela qualidade dos trabalhos e das discussões que promoveram.

Pude assim conhecer cada vez mais de perto uma das maiores características de Flávio: sua generosidade. Desde cedo um "rabiscador de cadernos" inveterado, Flávio também sempre estimulou aqueles que lhe são próximos a rabiscar. Foi dele a iniciativa de publicarmos uma coletânea com os trabalhos do I Simpósio de Psicossomática Psicanalítica. Vencendo a timidez, a resistência, a pouca familiaridade com a escrita da maior parte dos palestrantes, revisando incansavelmente os textos mais rústicos, conseguimos, em 1997, lançar *Psicossoma I: psicanálise e psicossomática*. Vieram em seguida *Psicossoma II: psicossomática psicanalítica* (1998), *Psicossoma III: interfaces da psicossomática* (2003) e *Psicossoma IV: corpo, história, pensamento* (2008), nos quais mantivemos nossa parceria como organizadores das coletâneas, com a ajuda de Maria Auxiliadora de A. C. Arantes na segunda e de Wagner Ranña nas duas últimas.[5]

---

4 A convite de Wilson de Campos Vieira.

5 Flávio participou ainda como autor de outras publicações coletivas promovidas

Esse mesmo espírito aglutinador e estimulante sempre se fez presente na participação de Flávio no departamento e no curso de psicanálise do Sedes, do qual é professor desde 1997. Também ali, rapidamente, ele se destacou não apenas como um professor muito apreciado pelos alunos, mas também como um ativo participante das instâncias institucionais, promotor de eventos e um grande incentivador da escrita e da publicação de trabalhos dos membros do departamento e de alunos. Nesse contexto, em parceria com Lucía Barbero Fuks, Flávio organizou quatro coletâneas a partir dos ciclos de debates do departamento: *A clínica conta histórias* (Fuks & Ferraz, 2000), *Desafios para a psicanálise contemporânea* (Fuks & Ferraz, 2003), *O sintoma e suas faces* (Fuks & Ferraz, 2006), *Psicanálise em trabalho* (Ferraz, Fuks & Alonso, 2016).

É incontestável a contribuição de Flávio Ferraz à promoção e ao desenvolvimento da escrita e das publicações psicanalíticas no Brasil. Desde o final dos anos 1990 intensificou-se no país um clima favorável à produção de textos psicanalíticos, pela crescente presença da psicanálise nas universidades e pela criação de programas de pós-graduação por colegas como Fabio Herrmann, Renato Mezan, Luís Claudio Figueiredo, Joel Birman, Jurandir Freire Costa, Manoel Berlinck e muitos outros. Um grande número de pessoas passou a se interessar pela pesquisa acadêmica em psicanálise, o que resultou no aumento da produção de artigos, dissertações e teses. Flávio, não contente em incitar novos colegas a publicarem seus trabalhos em revistas e coletâneas, apostou na capacidade de muitos de desenvolverem a autoria individual.

---

pela Especialização em Psicossomática Psicanalítica do Sedes, como de *Psicossoma V: integração, desintegração e limites* (Volich, Ranña & Pessoa Labaki, 2014) e do Projeto de Atendimento e Pesquisa em Psicossomática, *Psicanálise e psicossomática: casos clínicos, construções* (Soares, Rua, Volich & Pessoa Labaki, 2015).

Ao longo de todo esse tempo, Flávio sempre foi acompanhado pelos andarilhos de Cambuí. Já os compreendia um pouco melhor, por certo, mas permanecia insatisfeito com algumas respostas que encontrara para suas perguntas. Sentia falta de publicações específicas que considerassem de forma mais profunda a psicopatologia segundo uma perspectiva psicanalítica. Em 1999, foi tomado por um novo sonho. Imaginou uma série de publicações temáticas que apresentassem por esse ângulo não apenas as manifestações psicopatológicas, mas também preocupações da psicanálise contemporânea. Convidou colegas de diferentes orientações teóricas e inserções institucionais para escreverem cada volume e, com o apoio significativo da editora Casa do Psicólogo, começou a concretizar seu intento.

Com o lançamento de seu livro *Perversão*, nascia, em maio de 2000, a Coleção Clínica Psicanalítica. O sucesso encontrado por esse sonho de Flávio Ferraz é conhecido de todos. Com textos de reconhecida qualidade, a Coleção vem sendo ininterruptamente publicada e, em 2020, conta com 84 títulos, muitos deles várias vezes reeditados. Zeloso de seu projeto, Flávio sempre acompanhou de perto os autores e a editora na preparação de cada volume.[6]

Os *Ensaios psicanalíticos* brotaram naturalmente em meio à coleção, trazendo uma pequena amostra de diferentes momentos do percurso de seu autor. Eles testemunham a favor da vitalidade de Flávio, da diversidade de seus interesses e de sua forma simples mas profunda de tratar os espinhosos desafios apresentados por sua clínica e pelas conversas que, dentro de si, continuou travando

6 Com esse mesmo espírito, desde 2017, coordena também, na editora Blucher, a série Psicanálise Contemporânea, que, no início de 2021, conta com 21 títulos publicados.

com os loucos de sua infância e tantos outros interlocutores que encontrou pela vida.[7]

De tempos em tempos, Flávio tem o hábito de revisitar seus escritos. Ele os observa, os repensa, encontra neles e entre eles novas articulações. Em um exercício como esse, em 2003, escreveu uma tese, *Psicose, perversão, psicossomática e normopatia: contribuição à psicanálise das patologias não-neuróticas*, que lhe valeu o título de professor livre-docente no Instituto de Psicologia da USP.

Visitas e revelações

Nos treze ensaios reunidos nesse livro, ele nos convida a acompanhá-lo em uma nova visita a sua história. Flávio nos lembra de suas primeiras elaborações sobre a loucura e de seus encontros na literatura, na filosofia e na psiquiatria com diferentes visões da alienação. Ele aponta a ruptura operada pela psicanálise, que permitiu vislumbrar a loucura como uma forma particular pela qual o sujeito exprime uma verdade. Conduz-nos pelos meandros da perversão, postulando ser ela uma defesa contra a psicose (p. 121). Ele analisa o enigma do masoquismo, revelando também no sadomasoquismo as dimensões projetivas e identificatórias que se evidenciam na relação especular entre tirano e servo (p. 139).

Flávio percorre ainda os terrenos acidentados da formação psicanalítica. A partir da experiência do Departamento de Psicanálise do Instituto Sedes Sapientiae, ele discute os fundamentos da transmissão da psicanálise, o tripé analítico – teoria, análise,

---

7 A valorização da recordação, da memória individual e de comunidades nos processos de subjetivação e de construção de identidades culturais e coletivas, iniciadas com *Andarilhos da imaginação*, inspiraram ainda Flávio em publicações tão diversas como *Memória e o imaginário em torno do Teatro Amazonas* (2015) e *A culinária do Rio de Janeiro, da colônia à atualidade* (2017).

supervisão – e os dispositivos institucionais que sustentam um projeto de formação (p. 281). Um pouco mais à frente, reencontramos naturalmente suas reflexões sobre a ética, onde ele mostra como a psicanálise promoveu a transcendência da dimensão ética do tratamento para questionar, pela via da metapsicologia, os próprios fundamentos filosóficos da ética, baseados na consciência e na razão (p. 331). Por esse caminho, ele demonstra a incompatibilidade da psicanálise com qualquer objetivo adaptacionista, revelando, como vimos, a ética da tolerância como a essência da teoria e do método psicanalíticos (p. 342).

Na visita para a qual nos convida, Flávio mostra ao leitor não apenas os cenários mais conhecidos da psicanálise, mas também permite a descoberta de novos horizontes. Assim, ao questionar o primado do masculino na teoria da sexualidade freudiana, ele aponta a urgência de uma revisão dos conceitos e da linguagem psicanalítica que considere os imperativos das mudanças culturais (p. 167). Convida também à ampliação da investigação da formação da subjetividade, da sexualidade e da psicopatologia de forma a refletir tais mudanças. De forma semelhante, ao discutir a abordagem psicanalítica das tendências antissociais, da violência e do medo, ele denuncia a insuficiência das visões clássicas que tentam explicá-las apenas como consequência de conflitos internos ligados à culpa, ao superego e à pulsão de morte, ressaltando a importância de reconhecer a realidade da violência social, para além do mundo interno do sujeito, e também de considerar os efeitos dessa violência sobre o funcionamento psíquico (p. 212).

Esse mesmo interesse pela dimensão social da prática psicanalítica é presente na análise que Flávio realiza das possibilidades sublimatórias e alienantes do trabalho, que podem tanto se constituir como fonte de realização como causa de adoecimento. Nesse campo, a psicanálise pode contribuir não apenas para o cuidado com a saúde do trabalhador, mas também para pensar a organização do trabalho de forma a propiciar que ele seja colocado a serviço das aspirações e das realizações humanas (p. 325).[8]

Partindo dos fundamentos da nosografia psicanalítica, Flávio nos mostra ainda como o campo da psicossomática se constitui não como uma ruptura, mas como uma ampliação da psicanálise, como o foram os estudos sobre a psicose feitos pelos ingleses, com implicações tanto para a metapsicologia como para a clínica (p. 233). Graças ao resgate da clínica das manifestações relacionadas às neuroses atuais, que receberam pouca atenção de Freud, tornou-se possível a compreensão e o tratamento de manifestações que se articulam, de diferentes formas, ao corpo. Não o corpo da histeria, erógeno ou representado, mas o corpo biológico ou soma, como as somatizações em geral, os transtornos alimentares, o transtorno do pânico, as adicções, manifestações mais próximas de *actings* do que propriamente do sintoma. Flávio lembra que a clínica psicossomática *restituiu à psicanálise uma problemática – o corpo* – que, apenas por um equívoco, ficou-lhe alheia por tantos anos (p. 238).

Em um ensaio inédito sobre a metapsicologia dos restos diurnos, Flávio continua sua busca por novos recursos clínicos e conceituais que permitam o acesso a zonas inexploradas da psicanálise (p. 261). Ele discute as consequências de questões despertadas pela clínica das psicopatologias não neuróticas que resultaram na mudança observada na abordagem dos sonhos, de uma leitura clássica que privilegia sua função como via de acesso ao recalcado do paciente, para uma tendência contemporânea a tentar compreender o valor e a função do sonhar para vida psíquica.

---

8 Questões inspiradas, entre outras, nas hipóteses de Christophe Dejours, apresentadas no artigo "A psicodinâmica do trabalho e as novas formas de dominação" desta coletânea.

Os ensaios desse volume reiteram a ousadia, a difícil mas necessária combinação entre rigor e liberdade de pensamento e o respeito das evidências clínicas, presentes, como vimos, em outros escritos de Flávio Ferraz.

Parafraseando Laplanche, Flávio é um daqueles psicanalistas que, sem ceder à banalização e às fórmulas fáceis, é capaz de "fazer prosear" a psicanálise.[9] Com ele, sentimo-nos à vontade em meio à diversidade dos temas que ele evoca e também nos diálogos que ele estabelece com autores das mais variadas origens, épocas e filiações institucionais. Sempre remetendo às contribuições de fundadores como Freud, M. Klein, Lacan e Winnicott, ele também nos convida para a interlocução com O. Kernberg, J. McDougall, Massud Khan, J. Chasseguet-Smirgel, C. Dejours, J. Laplanche, M. Aisenstein, P. Marty e muitos outros psicanalistas estrangeiros, que, em perfeita igualdade de condições, debatem com Silvia Alonso, Miriam Chnaiderman, Aline e Decio Gurfinkel, Renata Cromberg, Lucía e Mario Fuks, Luis Carlos Menezes, Renato Mezan, Ana Maria Sigal, Maria Helena Fernandes, Mário E. Pereira, Joel Birman, Nelson da Silva Junior, Jurandir Freire Costa e vários outros colegas que testemunham da vitalidade do pensamento psicanalítico brasileiro.

Mesmo tendo descoberto a dimensão impossível de completar o quebra-cabeça que começou a montar em Cambuí, Flávio é persistente. Ele teima, insiste. A cada leitura, a cada sessão, a cada artigo ele ainda busca mais uma peça, outra e outra ainda... *Ensaios psicanalíticos* é mais uma delas. Aqui fala um grande psicanalista. Se fizermos silêncio, poderemos ouvir o menino contar.

---

9 Referência ao convite reiterado de Laplanche de "fazer trabalhar a obra de Freud". Ver comentário a respeito em sua entrevista "Os postulados da razão tradutora", presente nesta coletânea.

Referências

Cohen, C., Ferraz, F. C., & Segre, M. (1996). *Saúde mental, crime e justiça*. São Paulo: Edusp.

Ferraz, F. C., & Volich, R. M. (Orgs.). (1997). *Psicossoma I: psicanálise e psicossomática*. São Paulo: Casa do Psicólogo.

Ferraz, F. C. (1994). *A eternidade da maçã: Freud e a ética*. São Paulo: Escuta.

Ferraz, F. C. (2000a). *Andarilhos da imaginação*. São Paulo: Escuta.

Ferraz, F. C. (2000b). *Perversão* (Coleção Clínica Psicanalítica). São Paulo: Casa do Psicólogo.

Ferraz, F. C. (2002). *Normopatia: sobreadaptação e pseudonormalidade* (Coleção Clínica Psicanalítica). São Paulo: Casa do Psicólogo.

Ferraz, F. C. (2005). *Tempo e ato na perversão* (Coleção Clínica Psicanalítica). São Paulo: Casa do Psicólogo.

Ferraz, F. C. (2011). *Ensaios psicanalíticos* (Coleção Clínica Psicanalítica). São Paulo: Casa do Psicólogo.

Ferraz, F. C. (2015). *Cidade e subjetividade. Memória e imaginário em torno do Teatro Amazonas* (Coleção Clínica Psicanalítica). São Paulo: Casa do Psicólogo.

Ferraz, F. C. (2017). *A culinária do Rio de Janeiro, da colônia à atualidade*. Rio de Janeiro: Metalivros/Artprime Cultural.

Ferraz, F. C., Fuks, L. B., & Alonso, S. L. (2016). *Psicanálise em trabalho*. São Paulo: Escuta.

Fuks, L. B., & Ferraz, F. C. (2000). *A clínica conta histórias*. São Paulo: Escuta.

Fuks, L. B., & Ferraz, F. C. (2003). *Desafios para a psicanálise contemporânea.* São Paulo: Escuta.

Fuks, L. B., & Ferraz, F. C. (2006). *O sintoma e suas faces.* São Paulo: Escuta.

Rosa, J. G. *Grande sertão: veredas.* São Paulo: Nova Aguilar, 1994.

Soares, A. M., Rua, C. R., Volich, R. M., & Pessoa Labaki, M. E. (Orgs.). (2015). *Psicanálise e psicossomática. Casos clínicos, construções.* São Paulo: Escuta.

Volich, R. M., Ferraz, F. C. & Arantes, M. A. A. C. (Orgs.). (1998). *Psicossoma II: psicossomática psicanalítica.* São Paulo: Casa do Psicólogo.

Volich, R. M., Ferraz, F. C., & Ranña W. (Orgs.). (2003). *Psicossoma III: interfaces da psicossomática.* São Paulo: Casa do Psicólogo.

Volich, R. M., Ferraz, F.C., & Ranña W. (Orgs.). (2008). *Psicossoma IV: corpo, história, pensamento.* São Paulo: Casa do Psicólogo.

Volich, R. M., Ranña, W., & Pessoa Labaki, M. E. (Orgs.). (2014). *Psicossoma V: integração, desintegração e limites.* São Paulo: Casa do Psicólogo.

Parte III

Clinicar, transmitir, cuidar

24. Do poder da cura à cura do poder[1]

Tentar compreender a relação entre o médico e seu paciente, entre um profissional de saúde e as pessoas que o procuram, comporta certos riscos. Em função da natureza e dos pressupostos terapêuticos predominantes na clínica contemporânea, é muitas vezes difícil e desconfortável a aproximação dessa questão, que desperta

1 Publicado no caderno Folhetim da *Folha de S.Paulo*, 24 de fevereiro de 1985, revisto para esta coletânea. Agradeço a Sonia M. R. Mendonça e Marilu A. dos Reis (*in memoriam*) observações e sugestões que, na época, contribuíram para a elaboração final deste capítulo.
Em nossos dias, algumas colocações desse texto podem parecer elementares. Optei por mantê-las em sua forma original, representativa do momento em que foram elaboradas e do contexto em que foram publicadas. O espírito e a mensagem central do artigo foram importantes na época de sua escrita, apontando um caminho que viria a ser percorrido e mais elaborado ao longo dos anos que se seguiram. As ideias nele desenvolvidas inspiraram e foram ampliadas posteriormente em diversos outros artigos e livros, por exemplo, no Capítulo 6 ("A função terapêutica") de *Psicossomática: de Hipócrates à Psicanálise* (Volich, 2000) e no artigo "O cuidar e o sonhar: por uma outra visão da ação terapêutica e do ato educativo" (Volich, 2004), apresentado nesta coletânea, entre outros.

sentimentos ambivalentes, conflitos institucionais e interesses corporativos.

As clássicas críticas de Foucault (1998; 1999), I. Ilich (1975) e Guattari (Deleuze & Guattari, 1972), bem como outras análises (Israël, 1968; Balint, 1988; Bleger, 1984) frequentemente mobilizaram e, ainda hoje, continuam a mobilizar, mesmo que em menor medida, resistências tenazes da ciência, dita "oficial", que muitas vezes responde por meio de corpos de conhecimentos monolíticos, herméticos e cristalizados. Apesar de mudanças significativas observadas ao longo do tempo, e de uma maior abertura ao diálogo e à crítica, ainda nos deparamos com concepções sobre o adoecer e sobre a terapêutica pautadas pela busca de objetividade e margens de certeza ambiciosas e crescentes, pouco permeáveis às vivências de alteridade e à subjetividade inerentes a todo encontro humano. Porém, o que fazer com a pluralidade e a diversidade de fenômenos tão incertos e imprevisíveis da Natureza e da existência humana, inevitavelmente presentes nesse encontro?

Célio Garcia (1979) descreve com clareza essa situação:

> *O Discurso científico apresenta-se como fechado, isento de referência pessoal. Não há lugar para a falha nem para o lapso. Necessariamente delimitado, estabelece o que está dentro do "campo científico" e o que está fora. Se o "impensado" é o que está fora, seria impossível trazê-lo à consideração da Ciência. (p. 155)*

Longe de ser uma questão meramente epistemológica, ou do âmbito da filosofia da ciência, essa visão se infiltra e se reflete em alguns dos aspectos mais íntimos de nossas vidas.

Essas visões repercutem nas concepções de doença e sintoma, nos processos terapêuticos, nas atitudes do profissional e na posição do paciente, marcando as relações entre eles e as diferentes etapas dos processos terapêuticos. É importante questionar as consequências de uma ciência médica calcada (recalcada?) em uma "isenção de referência pessoal", para a qual o impensado, o imponderável, o invisível não tem lugar.

Esculápio, Chíron e a arte de curar

A dimensão coletiva dos mitos reflete a natureza e o imaginário dos sujeitos que a eles deram origem. O mito de Esculápio, deus da Medicina para os gregos, fornece indicações preciosas para uma compreensão mais profunda das relações entre a doença e a cura.

Segundo o relato de Groesbeck (1983),[2] a ninfa Corônis, já grávida de Apolo, apaixona-se por Ísquis. Irado ao tomar conhecimento, Apolo se vinga matando-a. Encontrando-se Corônis já em sua pira funerária, Apolo sente-se culpado e, arrependido, intercede, conseguindo ainda resgatar com vida seu filho, Esculápio, do ventre da mãe. Esculápio é entregue aos cuidados de Chíron – um centauro conhecido por sua arte de curar – para ser educado. Segundo Kerényi (1959), Chíron é uma figura contraditória. A despeito de ser imortal, sofre de uma ferida incurável; sua figura combina seu aspecto animal com o apolíneo: apesar do corpo de cavalo, é ele quem instrui os heróis nas artes da medicina e da música.

Chíron habitava uma caverna no cimo do monte Pelíon, em cujo sopé se estendiam o lago de Boibeis e o vale de Peletronion, famoso por suas ervas medicinais. Sob a orientação de Chíron, Esculápio familiarizou-se com as plantas e seus poderes mágicos e com a serpente. Nesse local encontrava-se ainda a planta *Kentaureion* ou *Chironion*, capaz de curar qualquer mordida de cobra, ou mesmo

2 Baseado nas versões de Graves (1955) e de Kerényi (1959).

o ferimento causado por uma flecha envenenada. Chíron sofria de um ferimento dessa espécie, causado por Hércules, porém sua ferida não podia ser curada. Assim, segundo Groesbeck (1983), "o mundo de Chíron, com suas inesgotáveis possibilidades de cura, era também um mundo de doença eterna" (p. 75). Segundo se afirmava, a caverna de Chíron era uma das entradas do inferno.

Esculápio e Chíron são marcados por uma dupla determinação. Esculápio escapa de seu destino de ser sacrificado junto com sua mãe, ganhando direito à vida graças aos remorsos divinos de seu pai. Nasce sob o registro de uma reparação (Klein, 1940), recebendo, por meio de sua educação o direito de um dia poder salvar um outro de sua dor. Ele, que enfrentou a iminência de morrer, dedicar-se-á a tentar evitar a morte de seu semelhante. Dentro de si, Esculápio carrega, ao mesmo tempo, a injunção do desejo paterno, de vida e de salvação, entremeado com as marcas da perda primordial e definitiva da mãe, que sequer chegou a conhecer.

Chíron é o curador e o mestre. Funções fundamentais de, ao mesmo tempo, preservar e apresentar a vida a quem, órfão de nascimento, não teve a oportunidade de conhecê-la, nem quem lhe ensinasse a lidar com ela. Sua origem divina não o isentava dos dissabores mortais, como a discórdia, que o levou a se digladiar com Hércules, nem da ferida, marca definitiva e eterna, que resultou dessa luta. Apesar de todo seu poder e sabedoria, diante dessa ferida, Chíron era impotente.

Ambos, Chíron e Esculápio, encontram-se sob o signo da perda e da dor irreversíveis. Esculápio perde a possibilidade de conhecer a mãe para ganhar Chíron e o conhecimento da medicina. Chíron é derrotado em luta e sua ferida o conduz ao conhecimento da arte da cura.

Suportemos por ora a tentação de seguir pela interpretação inesgotável do mito para destacar alguns aspectos por ele evocados, relacionadas aos gestos de cura, no plano de nossas próprias vivências internas de dores, perdas e frustrações.

A sensação de ameaça a nossa integridade gera ansiedade, mobilizando recursos para defender-se dela (Freud, 1926). Buscamos frequentemente proteger e nos certificar dessa integridade, e, muitas vezes, mesmo quando ela foi perturbada ou rompida, nos iludimos negando a condição de sofrimento que decorre dessa condição.

A psicanálise revelou os efeitos de algumas situações prototípicas da história de cada ser humano, nas quais as vivências e representações de completude e de integridade são concretamente ameaçadas ou inviabilizadas (Freud, 1914; 1926). Assim, por exemplo, os estados de satisfação plena e imediata, e a tranquila e constante relação com o corpo materno, vividos pelo feto, são brusca e violentamente interrompidos no momento do nascimento. A satisfação das necessidades de alimentação propiciadas pela mãe na amamentação são quebradas pelo desmame. A constatação, pela criança, das diferenças sexuais entre homens e mulheres também produz vivências semelhantes, para a menina, da ausência em si de um órgão narcisicamente valorizado, o pênis, enquanto o menino teme a possibilidade de perdê-lo.

Freud destaca que, mesmo tendo sido vividas em idades bastante precoces, os desdobramentos dessas experiências continuam inconscientemente presentes e influentes, ao longo de toda a vida do sujeito. Essas experiências precoces constituem-se como precursoras do complexo de castração (Freud, 1924). Vivências de perda ou de perturbações corporais são frequentemente remetidas a esse complexo, gerando sofrimento, conflitos e angústia. Assim como o corpo recorre a alguns mecanismos reflexos para se proteger contra as agressões externas, a psique lança mão de mecanismos de defesa para, de alguma forma, lidar com a ansiedade.

Da fala do sintoma à surdez profissional

As experiências ou o contato com situações que remetem às experiências primitivas de perda, desintegração, frustração de desejos, separações de pessoas, são sempre dolorosas. Essas situações são frequentes ao longo da vida, e muitas vezes tentamos negar ou evitar algumas delas, imaginando poder recuperar o estado de plenitude e satisfação permanente, há muito perdido. A realidade dificilmente compactua com tais ilusões. Buscamos então modificar essa realidade. Se não for possível ou suficiente curar ou negar as próprias feridas, podemos então tentar transformar e alterar à nossa volta e junto com outros as evidências externas que possam remeter à nossas próprias dores. Tentamos reparar fora de nós, nas pessoas, no mundo, algumas situações com as quais já não conseguimos lidar dentro de nós mesmos.

Nenhuma objeção, pelo contrário, a que aquele que busca ajudar o outro a lidar com seu sofrimento o faça podendo encontrar respostas para seus próprios males, ou ainda que busque com seus semelhantes soluções que não foi capaz de encontrar por si mesmo. Contanto que não negue, ele próprio, as dores que originaram suas ações.

Entretanto, não é o que observamos. Ao descreverem seus médicos, psicoterapeutas, enfermeiros, dentistas e outros profissionais da saúde, algumas pessoas se queixam de sua "frieza", "distância", "desumanidade", "onipotência", "dureza". Atentos aos riscos e injustiças inerentes às generalizações, cabe perguntar o que leva esses profissionais a se conduzirem, na relação com seus pacientes, como se os problemas por eles apresentados não os afetassem pessoalmente, como se eles mesmos nunca tivessem estado no lugar desses pacientes ou não corressem o risco de um dia estar, como se, além de seus serviços profissionais especializados, nada mais tivessem para oferecer e compartilhar com eles.

No excepcional filme de Godfrey Reggio *Koyaanisqatsi* (1982), assistimos a uma cena dramática. Em um leito de hospital, um paciente, com sondas injetadas em seu braço, estende a mão buscando contato com um membro da equipe hospitalar, que se aproxima. Em *close* e em câmera lenta, o braço do paciente se ergue devagar, pedindo, e a outra pessoa se aproxima. Ao chegar, em vez de lhe segurar a mão, toma-lhe o pulso. Corte brusco.

Mesmo que a descrição não tenha a força da imagem do filme, parecia evidente que não era bem aquilo que o paciente buscava. Para nós, meros espectadores, é marcante a crueldade dessa cena, entretanto, muitas vezes ao dia, ela passa despercebida no mundo todo... Na verdade, cabe perguntar, para além do sintoma, qual a natureza da queixa do paciente. Será que provendo-lhe as últimas conquistas da medicina estamos compreendendo seu desejo... ou seu sofrimento?

Ao observarmos uma criança chorando, muitas vezes pensamos que "ela só quer chamar a atenção". Quando ela nos apresenta um pequeno raspão no dedo, percebemos que ela espera que ali depositemos um beijo e digamos "pronto, agora já está bom!". No entanto, quando um adulto se queixa de "um mal-estar na barriga", muitas vezes se pensa em uma úlcera, se não em algo pior, e, sem pestanejar, procura-se o melhor especialista, são feitos todos os exames e ele é operado "o quanto antes". Qual não é a surpresa quando, pouco tempo depois, essa mesma pessoa aparece com uma "sensação esquisita no peito...". Frequentemente, a escuta do adulto é absolutamente literal. Sua queixa é seriamente considerada, porém nem sempre nos ocorre que também o manifesto pelo adulto pode ter um outro sentido, latente. Afinal, a necessidade de requisitar a atenção e o cuidado do outro "é coisa de criança, não é mesmo?"...

Seria ingênuo, e até arriscado, ignorar sensações e sintomas marcados por tais apelos. Pelo contrário, eles devem ser tratados com os melhores recursos disponíveis. Porém o modelo médico que considera "o sintoma, somente o sintoma, nada além do sintoma" acaba por estabelecer uma relação perversa e, principalmente fetichista (negadora da falta e da castração – Freud, 1927) entre o profissional e seu paciente e, o que é pior, entre o paciente e sua própria imagem.

O sintoma, por mais doloroso que seja, sempre pode ser utilizado, com alguma vantagem, como depositário e justificativa para dificuldades e limitações do indivíduo. A atenção e o cuidado intensivo, o investimento libidinal no sintoma podem ajudar a evitar o contato com conflitos de outra natureza. A esperança da "melhora" ou da "cura" do sintoma pode propiciar a ilusão de que, uma vez o sintoma superado, "tudo vai ser diferente". Por meio do sintoma é possível escamotear ou negar as feridas primeiras da infância, as faltas primordiais e irreversíveis. "Meu único problema na vida é ser vesgo" (ou ter insuficiência cardíaca, distúrbios digestivos, ou mesmo uma unha encravada), consola-se o ingênuo...

Se voltarmos novamente nossa atenção às crianças, com quem tanto podemos aprender, percebemos que, antes da aquisição da fala, toda sua comunicação se faz por meio de seu corpo. Um observador atento em pouco tempo pode aprender a interpretar os estados emocionais de um bebê a partir da forma como ele se alimenta, da frequência com que adoece, pelos padrões de seus movimentos etc. Porém, a partir de quando passa a falar, negligenciamos outras formas de expressão. Julgamos que, pela mera aquisição da palavra, toda a comunicação primitiva simplesmente desaparece. Não consideramos sequer, como destaca Joyce McDougall, que algumas esferas da vida do indivíduo, que não obtiveram acesso à comunicação verbal, continuam buscando se expressar por aquelas formas anteriores, agindo por meio do corpo em vez de simbolizar por intermédio da palavra (McDougall, 1983; Volich, 2000).[3]

A ilusão do poder e a alienação do humano

Uma criança que adoece recebe mais atenção, tem suas vontades mais rapidamente satisfeitas, recebe alguns sinais efetivos de que se importam com ela, de que é querida. Muitas vezes recorre à doença, real ou fantasiosa, exatamente para conferir a medida de afeto que lhe é dispensada. O adulto também utiliza, consciente ou inconscientemente, mecanismos dessa natureza para conseguir vantagens, e alguns, inclusive, se profissionalizam nessa estratégia. O médico, ou profissional de saúde, desatento a essas dinâmicas corre o risco de, por mais eficientes que sejam seus procedimentos terapêuticos, ouvir de seu paciente que "não era bem isso que eu esperava...".

Para além da doença, do sintoma e da dor, o paciente também nos estende a mão pedindo que enxerguemos sua carência primordial, seu desamparo, que por alguns momentos estejamos presentes para que se certifique que, de outra forma, é possível superá-los. Porém, muitas vezes, surda mas profissionalmente, lhe tomamos o pulso...

É difícil essa outra escuta, abrir os ouvidos àquelas demandas que não são verbalizadas. Sem dúvida é muito mais fácil responder diretamente ao sintoma – para o qual a medicina e a ciência podem oferecer avançados recursos e grandes chances de

3 Essa leitura de McDougall é apresentada com mais detalhes no artigo "Remotas paisagens" desta coletânea.

sucesso – do que ao desamparo, a sofrimentos irreversíveis e inexoráveis, inerentes à existência, que expressam a fragilidade do ser humano e suas dificuldades para lidar com o Universo que o rodeia e com seus semelhantes.

Graças aos recursos da ciência, o profissional de saúde é capaz de lidar com a doença manifesta do outro, porém, teme tomar contato com as vivências que o irmanam com aquele que está diante de si, independente de suas qualificações, classe social, nacionalidade etc. Muitas vezes é difícil escutar no outro aquilo que angustia a si próprio, a carência, a sensação de aniquilamento iminente, sua falta originária.

Para defender-se e tentar se livrar de tais situações, potencialmente angustiantes, o profissional se cinde, se fragmenta, isola, nega e perde contato com uma parte de si mesmo que, apesar de sofrida, compõe sua história e sua essência. Apesar de sua fragmentação e das tentativas de negá-la, cria para si uma falsa ideia de completude, de um poder ilimitado de cura, e, no limite, nega sua condição mortal. Com isso, gradualmente se desumaniza e desenvolve na relação com o outro uma visão de ser humano que nada tem de humana, por idealizada e alienada, tanto das perdas e feridas primordiais como da inevitabilidade da morte.

Nesse movimento, o doente e o profissional que dele cuida se acumpliciam na manutenção de suas ilusões. O doente acredita que seu problema se resume a seus sintomas, e que existe uma pessoa todo-poderosa, infalível, possuidora de um saber capaz de livrá-lo deles. O profissional de saúde acata literalmente a demanda de alívio do sintoma, incorpora a fantasia de saber em si depositado, investindo-se e acreditando, como consequência, que efetivamente pode suprir aquilo que, na verdade, seu paciente não consegue lhe pedir. Esse "suposto saber", como descreve Lacan (1968), e o poder que dele emana facilitam o acobertamento das próprias feridas do profissional, com as quais provavelmente tomaria contato caso se dispusesse a ouvir seu paciente para além de seu pedido de cura para os sintomas.

Pela manutenção desse engano mútuo, fecha-se o círculo para além do qual é impossível conceber qualquer outra espécie de conhecimento. No âmbito de uma ciência que favorece esse engodo, o ser humano se refugia, para manter-se alienado de si e de seu semelhante. Cria-se uma dinâmica em que o poder por ela gerado perverte a vida ao invés de buscar melhorá-la.

Retomando os dramas de Chíron e Esculápio, é fundamental considerar que seus conhecimentos da cura se originam e se sustentam na história das perdas de cada um. É o contato com sua ferida incurável que permite a Chíron ser um curador, assim como o aprendizado de Esculápio ocorre sob o signo da imperfeição de seu mestre. A infalibilidade e onipotência divinas não se constituíam em atributos necessários àqueles que se dedicavam aos procedimentos terapêuticos.

É difícil abdicar de nossas tenazes ilusões sobre nossa saúde, sobre nossos sintomas, sobre nosso poder e o poder do outro. Porém, para alcançar o que encontramos em Esculápio e Chíron, é necessário o reconhecimento da castração – de nossa carência, falta e perdas – que pode, eventualmente, aproximar-nos do que mais queremos (e tememos...): os meandros de nosso próprio desejo.

Referências

Balint, M. (1966). *O médico, seu paciente e a doença*. Rio de Janeiro: Livraria Atheneu, 1988.

Bleger, J. (1984). *Psico-higiene e psicologia institucional*. Porto Alegre: Artes Médicas.

Deleuze, G., & Guattari, F. (1972). *O anti-Édipo: capitalismo e esquizofrenia*. São Paulo: Editora 34, 2010.

Foucault, M. (1998). *O nascimento da clínica*. Rio de Janeiro: Forense-Universitária.

Foucault, M. (1999). *História da loucura*. São Paulo: Perspectiva.

Freud, S. (1914). Introdução ao narcisismo. In *Edição Standard Brasileira das Obras Psicológicas Completas de Sigmund Freud* (Vol. XIV). Rio de Janeiro: Imago, 1980.

Freud, S. (1924). A dissolução do complexo de Édipo. In *Edição Standard Brasileira das Obras Psicológicas Completas de Sigmund Freud* (Vol. XXI). Rio de Janeiro: Imago, 1980.

Freud, S. (1926). Inibição, sintoma e ansiedade. In *Edição Standard Brasileira das Obras Psicológicas Completas de Sigmund Freud* (Vol. XX). Rio de Janeiro: Imago, 1980.

Freud, S. (1927). Fetichismo. In *Edição Standard Brasileira das Obras Psicológicas Completas de Sigmund Freud* (Vol. XXI). Rio de Janeiro: Imago, 1980.

Garcia, C. (1979). O problema da articulação do psicanalítico com outros campos. In S. Leclaire, *O corpo erógeno. Uma introdução à teoria do complexo de Édipo*. Rio de Janeiro: Edição Chaim Katz.

Graves, R. (1955). *Os mitos gregos* (2 Vols.). Rio de Janeiro: Nova Fronteira, 2018.

Groesbeck, C. J. (1983). A imagem arquetípica do médico ferido. *Junguiana – Revista da Sociedade Brasileira de Psicologia Analítica, 1*.

Illich, I. (1975). *A expropriação da saúde. Nêmesis da medicina*. Rio de Janeiro: Nova Fronteira.

Israël, L. (1968). *Le médecin face au malade*. Bruxelles, Desart & Mardaga.

Kerényi, K. (1959). *Asklepios archetypal image of the physician's existence* (Bollingen Series LXV-3). New York: Pantheon Books.

Klein, M. (1940). O luto e suas relações com os estados maníaco--depressivos. In M. Klein, *Amor, culpa e reparação e outros trabalhos (1921-1945)* (pp. 385-412). Rio de Janeiro: Imago, 1996.

Lacan, J. (1968). O engano do sujeito suposto saber. In *Outros escritos*. Rio de Janeiro: Jorge Zahar, 2003.

McDougall, J. (1983). *Em defesa de uma certa anormalidade*. Porto Alegre: Artes Médicas.

Reggio, G. (Diretor). (1982). *Koyaanisqatsi. Vida fora de equilíbrio*. Estados Unidos: IRE Productions.

Volich, R. M. (2000). *Psicossomática: de Hipócrates à psicanálise* (7a ed., Coleção Clínica Psicanalítica). São Paulo: Casa do Psicólogo, 2010.

Volich, R. M. (2004). O cuidar e o sonhar: por uma outra visão da ação terapêutica e do ato educativo. In L. Pessini & L. Bertachini (Orgs.), *Humanização e cuidados paliativos* (pp. 71-86). São Paulo: Edições Loyola.[4]

4 Também presente nesta coletânea.

25. O psicanalista em busca de sua alma

Reflexões sobre a "especialidade" do analista[1]

A ausência de doença é talvez a saúde, mas não é a vida.

D. W. Winnicott, *O brincar e a realidade*

Ao longo de sua história, apesar de todas as resistências, a psicanálise gradativamente expandiu-se para além das fronteiras da clínica e dos institutos de formação. Tendo inicialmente instigado os meios literários e culturais, as visões de homem e de mundo inerentes à obra de Freud e de seus sucessores inspiraram novas leituras e práticas nas mais diferentes áreas da existência humana. Médicos, sociólogos, filósofos e educadores incorporaram de forma direta ou indireta em suas práticas e teorias muitas das teses psicanalíticas.

1 Originalmente publicado na revista *Percurso*, *22*, 1º semestre de 1999, pp. 23-34, revisto e atualizado para esta coletânea. O trabalho original foi discutido no Encontro Sul-Americano dos Estados Gerais da Psicanálise, realizado em São Paulo, em novembro de 1999, e no encontro mundial dos Estados Gerais da Psicanálise, em Paris, em julho de 2000.

Ao mesmo tempo, um número crescente de psicanalistas e pessoas com formações próximas a este campo passou também a se interessar pelo trabalho em situações e enquadres diferentes daqueles classicamente conhecidos na cura psicanalítica: intervenções institucionais, participação em equipes médicas, hospitalares, educacionais, jornalísticas, jurídicas, empresariais, governamentais e muitas outras.

Por sua vez, o ensino da psicanálise igualmente se difundiu para além dos institutos de formação oficiais, passando a ser ministrado em diversos cursos acadêmicos, não apenas nos de psicologia ou psiquiatria, e também divulgado por meio de palestras, congressos e cursos informais abertos ao grande público.

Essas tendências, observadas em muitos países, mas particularmente acentuada nas grandes cidades brasileiras, intensificaram o interesse pela psicanálise por parte de setores até então alheios a ela, ampliando a presença das ideias psicanalíticas nesses novos setores.

Assim, há muito constatamos psicanalistas e profissionais com conhecimentos de psicanálise trabalhando em contextos clínicos, de pesquisa e de ensino específicos. Muitas vezes, essas pessoas trabalham com problemáticas, queixas e manifestações relativamente homogêneas, como grupos de toxicômanos, alcoólatras, alunos com problemas de aprendizado ou em orientação escolar, pacientes com patologias somáticas específicas – aids, soropositivos, câncer, doenças autoimunes, cardiopatias, nefropatias –, questões de gênero, psicóticos, melancólicos, delinquentes, mulheres ou crianças vítimas de violência, esportistas, políticos, empresários e muitos outros.

Essa especificidade de inserção, concentrando o trabalho com uma clientela, sintomatologia ou grupos específicos, faz com que, com frequência, esses profissionais sejam considerados – pelas demais pessoas, ou por si mesmos – como *especialistas* em tais questões. Essa imagem de *especialista* tem como consequência um fluxo preponderante de clientes com queixas características daquele grupo, e, amiúde, uma solicitação, quase exclusiva, para que manifeste sua opinião – por meio de artigos, conferências, entrevistas, cursos – sobre seu campo de *especialidade.*[2]

A recorrência e a intensificação desse fenômeno revelam ser este um problema complexo, delicado e pleno de consequências, apesar da tendência de alguns a descartá-lo com um revés, por meio de respostas pré-fabricadas. Penso ser fundamental refletir sobre o sentido e os efeitos de uma *especialização* na psicanálise, bem como compreender aqueles psicanalistas que assumem, defendem e promovem um trabalho de *especialidade* psicanalítica em um certo campo.

Para isso, é necessário considerarmos inicialmente a constituição e o lugar do campo psicanalítico no Brasil, a formação do analista e de sua identidade, bem como analisar as implicações da suposta *especialidade* do psicanalista na clínica particular e institucional. É importante ainda compreender as repercussões ideológicas e teórico-clínicas das noções de etiologia, cura e escuta implícitas à concepção de especialização, tanto em uma perspectiva de trabalho transdisciplinar como nas curas ditas *clássicas*.

---

2 Este trabalho é fruto de questões que emergiram desde o início de minha prática psicanalítica, com atividades em meio médico e um interesse pela questão do adoecer e da terapêutica, em seus sentidos mais amplos. Na época de sua escrita, as discussões com os colegas do Laboratório de Psicopatologia Fundamental da PUC-SP e as experiências compartilhadas com a equipe do Centro de Estudos da Mama nesses campos inspiraram particularmente as reflexões aqui apresentadas. Ao longo dos anos, essas reflexões foram enriquecidas e aprofundadas com colegas professores e alunos em formação em Psicossomática Psicanalítica no Instituto Sedes Sapientiae de São Paulo, na supervisão do Projeto de Atendimento e Pesquisa na Clínica desse Instituto, em encontros com colegas de outras instituições. A todos, meu profundo agradecimento.

Psicanálise & cia. no Brasil

As tendências à *especialização* no campo psicanalítico são, sem dúvida, herdeiras da própria história do movimento psicanalítico em nosso país. Apesar da importância de conhecê-la mais detalhadamente, no âmbito de nossa discussão, lembraremos apenas alguns momentos de referência dessa história, para situarmos nossa questão.

Desde muito cedo, a teoria freudiana despertou o interesse de alguns de nossos conterrâneos. Já em 1899, Juliano Moreira (1873-1933), titular da cadeira de clínica neuropsiquiátrica da Faculdade de Medicina da Bahia, menciona a seus alunos os primeiros trabalhos freudianos (Chemouni, 1990; Perestrello, 1986). Em 1914 ele apresenta uma conferência sobre o método de Freud na Sociedade Brasileira de Neurologia, e, junto com Júlio Pires Porto-Carrero, funda em 1928 a Sociedade Brasileira de Psicanálise do Rio de Janeiro. Ainda na década de 1920 um outro grupo cria a Sociedade Psicanalítica do Rio de Janeiro. Ambas coexistem até os nossos dias, apesar de rivalidades e discussões recorrentes, mobilizadas por questões clássicas, ligadas à transmissão da psicanálise e à estrutura de poder da sociedade, e também por questões políticas e turbulências marcantes, como o episódio em torno do psicanalista Amílcar Lobo – médico que participava de sessões de tortura promovidas pelo regime militar – e os posicionamentos de Hélio Pellegrino e Eduardo Mascarenhas, na década de 1980 (Vianna, 1997).[3]

---

3 No início dos anos 1970, o psicanalista e médico Amílcar Lobo foi denunciado como colaborador da tortura no DOI-CODI. A Sociedade Brasileira de Psicanálise do Rio de Janeiro inicialmente defende Lobo, inclusive perante a IPA. Ao protestar e se contrapor a essa postura da SBPRJ, Hélio Pellegrino e Eduardo Mascarenhas são expulsos dessa Sociedade e Helena Bessermann Vianna é violentamente atacada pelos mesmos motivos.

Em São Paulo, Francisco Franco da Rocha e Durval Marcondes interessaram-se pela psicanálise e constituíram, em 1927, a primeira Sociedade Brasileira de Psicanálise.[4] Entre seus fundadores, encontravam-se não apenas médicos de diferentes especialidades, mas também professores universitários, poetas, como Menotti del Pichia, o jurista Cândido Motta Filho, o educador Lourenço Filho. Desde o início, as reuniões da Sociedade eram frequentadas por inúmeros artistas, intelectuais e mesmo aristocratas quatrocentões (Chemouni, 1990; Perestrello, 1986). Cabe lembrar que, na mesma época, sob os auspícios de Ernest Jones, a International Psychoanalytical Association (IPA) impedia o acesso de não médicos à psicanálise, critério que pautava as normas institucionais para formação dos analistas, determinantes não apenas da aceitação dos candidatos, mas também da própria filiação das sociedade psicanalíticas de um país à IPA. Apesar de não satisfazerem tal critério, em 1929, tanto a Sociedade Brasileira de São Paulo como a do Rio de Janeiro foram reconhecidas pela associação internacional.

A filiação à IPA e o número crescente de psicanalistas formados no exterior, principalmente em Londres, gradativamente alinhou a Sociedade Brasileira de Psicanálise aos padrões e requisitos internacionais da formação, com uma certa predominância de médicos entre membros e candidatos. Porém, em São Paulo, persistiram na Sociedade as marcas de suas origens e o ecletismo de seus pioneiros. Em 1939, Durval Marcondes inaugura um curso de psicanálise na Escola Livre de Sociologia e Política de São Paulo, abrindo espaço para aqueles que fora da Sociedade se interessassem pela obra de Freud e de seus sucessores. Com efeito, muitos

4 Depois da fundação das sociedades de psicanálise de Viena e Berlim, em 1908, foram sucessivamente fundadas as dos Estados Unidos (1911), de Londres (1913) e da Hungria (1920). A da França foi criada em 1926 e a da Argentina, em 1942.

dos membros mais antigos da Sociedade de São Paulo iniciaram seu percurso por meio das ciências sociais (Berlinck, 1988).

Apesar dessa abertura, até os anos 1970, mesmo em São Paulo e em outras cidades brasileiras, a *formação* e a *prática* da psicanálise eram uma atividade quase exclusivamente reservada aos membros das sociedades psicanalíticas oficiais. Estabelecia-se uma clara distinção entre o psicólogo clínico, cuja profissão fora regulamentada no início dos anos 1960, o psiquiatra, médico especializado em transtornos mentais, e o psicanalista, formado pelos institutos de formação das sociedades de psicanálise. Esses três profissionais podiam praticar a psicoterapia: o psicólogo clínico, autorizado pelo diploma universitário, era um *generalista*; o psiquiatra, também autorizado pela academia, era o único *treinado* para o tratamento medicamentoso, geralmente por meio da residência médica; o psicanalista, autorizado pela instituição psicanalítica oficial, era o único que fora *formado* (treinado?) para a aplicação do *método psicanalítico*, segundo o clássico tripé *análise pessoal-estudo teórico-supervisão* (*contrôle* em francês).

Na segunda metade dos anos 1970, duas correntes, oriundas de horizontes diferentes, começaram a modificar o panorama psicanalítico brasileiro. A primeira, vinda do norte, trazia em seu bojo, de forma gradual mas persistente, a efervescência do movimento lacaniano na França, sobretudo nas questões referentes à transmissão da psicanálise, à autorização do analista (lembremos a célebre frase de J. Lacan: "O analista se autoriza por si mesmo...") e ao polêmico procedimento do *passe*, votado pela então École Freudienne de Paris, em 1967 (Lacan, 1967). A segunda, vinda do sul, mas também influenciada pelo movimento lacaniano francês, trouxe para nossas terras os efeitos da imigração repentina e significativa de um grande número de psicanalistas argentinos em fuga da violência do regime militar vigente naquele país.[5] Essa corrente, mais abrupta e com efeitos imediatos, transpôs rapidamente para o Brasil as querelas geradas pelos movimentos Plataforma e Documento, que desde o início da década de 1970 questionavam a estrutura e a formação no seio da Sociedade de Psicanálise oficial na Argentina (Berlinck, 1988).

A partir de então, o panorama da formação psicanalítica no Brasil muda de forma radical.

Em São Paulo, o Instituto Sedes Sapientiae passou a se constituir como um importante polo institucional de formação em psicanálise. Um grupo de psicanalistas brasileiros, reunidos desde o início de 1974 em torno de Regina Chnaiderman, acolhe um grande número de psicanalistas argentinos que, fugindo do regime militar, buscaram o exílio trazendo em sua história e sua formação os efeitos das polêmicas geradas por Plataforma e Documento (M. Chnaiderman, 1998).[6] Outros psicanalistas argentinos, sem se filiar a nenhuma instituição, constituíram verdadeiras redes de

---

5 Para mais detalhes sobre esse momento da psicanálise argentina e suas repercussões sobre o Brasil, ver o artigo "Psicanálise e terror político" desta coletânea.

6 Em 1975, a convite de Madre Cristina, foi criado o primeiro curso de formação em psicanálise fora da Sociedade Brasileira de Psicanálise, com uma proposta de abertura crítica e visão social, tendo como professores vários analistas da SBPSP, como Roberto Azevedo, Fabio Herrmann, Deodato Curvo Azambuja, Isaías Melsohn, Deocleciano Bendochi Alves, Milton Zaidan e Regina Chnaiderman, não filiada à IPA. Esse grupo acolheu e integrou um grande número de psicanalistas argentinos, que em 1976 se exilaram em função da ditadura, como Ana Maria Sigal, Carlos e Lea Bigliani, Mário e Lucía Fuks, Nora e Oscar Miguelez e outros. Em 1979, diante da dificuldade de superar divergências teóricas, políticas, pessoais e grupais, houve uma cisão nesse grupo, da qual surgiram dois cursos, o de Psicanálise, organizado em torno de Regina Chnaiderman, e o de Formação em Psicanálise, formado em torno de Roberto Azevedo.

formação por meio de sua atividade clínica, de supervisão e de grupos de estudo.

Nesse ambiente, desde o final da década de 1970, um grande número de jovens psicanalistas brasileiros sentiu-se autorizado a realizar sua formação de uma forma "não institucional", sem, entretanto, deixar de reconhecer o tripé análise pessoal-supervisão-estudo. Porém, segundo M. Berlinck (1988), esse tripé gradualmente se configurou para cada um de forma *pluralista*, resultando de um movimento transferencial determinante da escolha particular de um analista, de um supervisor e de um mestre, sem as considerações e as determinações normalmente existentes nos institutos de formação, nos quais, obrigatoriamente, cada uma dessas funções deve ser previamente autorizada pela instituição.

A seus riscos e perigos, o *candidato-livre* (*selvagem*, segundo alguns setores da psicanálise oficial), na busca de sua própria autorização como analista, *autoriza* um certo número de pessoas a ocuparem aqueles lugares-chave em sua formação. Caberia então a essas pessoas permitir àqueles que buscam formar-se dessa maneira a elaboração da demanda que lhes é endereçada e das dinâmicas transferenciais que dela resultam. Apesar das controvérsias, a história desse processo mostra alguns desfechos positivos da *formação livre*, mas também alguns graves acidentes dela decorrentes, principalmente no que se refere à ética do analista. O clínico, muitas vezes solitário em seu percurso, sem um grupo com quem compartilhe e sustente alguns princípios e valores básicos, é presa fácil de seduções e transferências não elaboradas (premeditadamente?), dedicando-se a práticas duvidosas que pouco tem a ver com a ética da psicanálise.

Da identidade à crise

Apesar de todas as polêmicas e brigas institucionais que provocou, é inegável que Lacan e o movimento lacaniano produziram um profundo questionamento das estruturas institucionais, da formação e do funcionamento das sociedades de psicanálise oficiais na França, com repercussões nas sociedades de outros países, e na própria IPA - por mais difícil que lhes tenha sido reconhecê-lo.[7] Porém, os diferentes graus de abertura que resultaram dessas reflexões, nos organismos oficiais e em outros grupos psicanalíticos, também produziram alguns efeitos colaterais.

Desde os anos 1970, em diversos países, e no Brasil principalmente, aumentou significativamente o número de psicanalistas formados e que "se autorizam" sem qualquer vínculo com instituições psicanalíticas.[8] Também desde aquela época, o movimento lacaniano implantou-se de forma crescente e consistente em nosso solo. Suas estruturas de formação e a ideologia a elas subjacente contribuíram para que se autorizassem como psicanalistas pessoas com percursos e experiências muito diferentes daquelas defendidas pela IPA e suas associadas.

A diversificação dos circuitos de formação, a abertura de suas estruturas e a multiplicação do número de profissionais que atualmente se definem como psicanalistas acabou conduzindo, na verdade, a uma imensa dificuldade para compreender a essência de suas atividades. Já há algum tempo, a denominação *psicanalista*

7 Para um relato mais detalhado dos movimentos institucionais da psicanálise francesa decorrentes das posições de Lacan e dos confrontos com a IPA, ver o artigo "Os dilemas da tradução freudiana" desta coletânea.

8 Até os anos 1980, ao serem aceitos em formação na Sociedade Psicanalítica de Paris, os candidatos tinham que assinar um documento comprometendo-se a não se denominarem psicanalistas até que todas as exigências de sua formação fossem cumpridas e devidamente validadas pela Comissão de Ensino.

abrange uma grande diversidade de percursos de habilitação, de filiação institucional, de perspectivas teóricas e clínicas. Mesmo colegas que há muito participam e contribuíram para a constituição desse campo sentem-se, muitas vezes, desorientados. Diante desse panorama, não é um acaso que André Green pergunte: "Ser psicanalista em nossos dias, p'rá fazer o quê?". Um tal desabafo, utilizado como título de artigo é fruto da constatação, já na primeira linha do artigo de que "a denominação psicanalista não significa grande coisa atualmente" (Green, 1994, p. 1119), revelando, de forma eloquente, que efetivamente nos encontramos diante de um mal-estar se não da psicanálise, pelo menos dos próprios psicanalistas: *um mal-estar de sua identidade.*

Percebemos assim que tanto psicanalistas formados de forma *pluralista* como alguns que o fizeram em uma instituição *oficial* ou *oficiosa* vivem uma grande dificuldade em definir o seu ofício. Mais do que isso, para além dos emblemas institucionais, das tentativas de respaldar-se na ortodoxia, nas instituições ou em fórmulas tradicionais ou instituídas segundo um princípio "*ready made*" – para consumo e alívio imediato –, muitos pressentem, em seu foro íntimo, que não sabem o que são, nem o que os anima. O psicanalista perde, assim, sua inspiração, e... sua poesia. Como a intuição, é ela parte essencial de sua prática.

A multiplicação de instituições, escolas, referências e opções de filiação no campo psicanalítico acabou por produzir uma crise de identidade do analista.

O que diferencia um psicanalista formado segundo os cânones da IPA de um outro formado no veio das escolas lacanianas, ou de um terceiro cujo percurso foi marcado pelo *pluralismo*? A referência teórica? O reconhecimento institucional? As figuras de transferência? A filiação? Poderíamos dizer que ao mesmo tempo que todas essas opções se prestam como respostas, elas também se revelam insuficientes ou insatisfatórias.

Do ponto de vista do próprio analista, a enumeração de diferenças baseadas nesses fatores pode ser uma estratégia paliativa que alivia e mascara seus conflitos, mas que não responde às inquietações mais profundas de seu desejo como analista. Para os outros, com quem ele trabalha, convive, se relaciona, os parâmetros exteriores de referência também deixam muitas vezes a desejar: tanto para vários de seus colegas psicanalistas - que experimentam a mesma insatisfação com relação a eles - como para o público e para os pacientes - para quem esses sinais possuem pouco ou nenhum significado.

Da crise à especialidade

O desconforto gerado pelo mal-estar identitário do analista tem outros desdobramentos.

A dificuldade de encontrar um rosto para si mesmo dificulta que o outro o distinga em meio à multidão.[9] Ao mesmo tempo, essa dificuldade aumenta o risco de indiscriminadamente incorporar qualquer rosto ou máscara que lhe seja atribuído, como forma de aplacar a angústia de se perceber sem expressão diante do desejo e do olhar do outro.

9 No ano 2000, em entrevista à *Folha de S.Paulo*, Wilson Amendoeira (então presidente da Associação Brasileira de Psicanálise, ABP) mencionava a filiação de 980 analistas brasileiros à IPA, enquanto Renato Mezan estimava existirem 5 mil analistas fora das instituições oficiais da IPA (Singer, 2000). Em 2019, a Federação Brasileira de Psicanálise (Febrapsi) contava com cerca de 2.200 membros de sociedades e de institutos de psicanálise no Brasil, a grande maioria no Sul e no Sudeste (Febrapsi, 2019).

Essas vivências subjetivas perturbadoras inevitavelmente repercutem também na vida econômica do analista, no sustento que ele extrai de sua atividade profissional, por dificultar que, sem rosto e sem expressão, esse psicanalista seja conhecido, identificado e escolhido pela clientela que poderia vir a procurá-lo.

Além disso, não podemos esquecer que a proliferação do número de analistas, acima descrita, provoca um aumento da oferta de profissionais e serviços (grupos terapêuticos e de estudo, intervenções institucionais, supervisões, atividades de ensino...), em outras palavras, um aumento da *concorrência.*

Ao evitar até o momento "*appeler un chat, un chat*",[10] explicitando essa dimensão econômica, busquei privilegiar uma visão mais cristalina das transformações e da formação no campo psicanalítico e, principalmente, acentuar a importância, a meu ver crucial, da crise de identidade que atravessa os psicanalistas. É evidente que, para além de questões de princípio, teóricas ou clínicas, a discussão que realizamos é completamente impregnada por questões ideológicas e, sobretudo, econômicas. Apesar disso, gostaria de solicitar ao leitor um pouco de tolerância ao fato de que, neste trabalho, este aspecto fique limitado a essa evocação, que, sem dúvida, mereceria um desenvolvimento mais abrangente.

A angústia suscitada pela fragilidade identitária do psicanalista combina-se então às repercussões dessa experiência na relação com seus pares e com o público, que lhes dificultam reconhecê-lo, diferenciá-lo e, sobretudo, escolhê-lo. A tendência à *especialização* representaria então, para alguns, uma tentativa de constituir um imagem diferenciada, *moderna e científica* para a superação dessa angústia e de suas consequências.

---

10 "Chamar o gato pelo seu nome" (ou seria melhor dizer "colocar o guizo no gato"?).

Da especialização impossível...

Como em outras oportunidades (Volich, 1997; 1998), reafirmo neste momento que a postura de *especialista* é incompatível com a prática psicanalítica, seja ela particular ou institucional.

A clínica psicanalítica se caracteriza por uma posição privilegiada de escuta, observação e descoberta do inconsciente, sensível aos movimentos de organização, desorganização e transformação da economia psicossomática (Volich, 2000). É fundamental reconhecer "o sintoma, . . . psíquico, somático ou social, [como] um momento de crise (crítico), condensando em si ruptura e continuidade da continuidade (subjetiva, orgânica, social) rompida" (Volich, 1997). O sintoma, a doença, o sofrimento, o contexto individual, institucional ou etário no qual o psicanalista exerce seu ofício são *dimensões contingentes* de uma clínica que necessita de algumas referências para se situar e acontecer. O campo de trabalho do psicanalista (com psicóticos, neuróticos, drogaditos, pacientes que somatizam, crianças, adolescentes ou adultos) é apenas

> *um recorte, entre muitos, do campo de "acontecimentos" possíveis da vida de um sujeito, a partir do qual a dimensão pática se oferece à sua experiência.*[11] *Parte de um todo da existência humana que traz em si condensadas tanto a estrutura como a essência desse todo. (Volich, 1998, p. 58, nota)*

11 Destacando a importância da dimensão do *pathos*, paixão e sofrimento, na vivência e na compreensão da experiência psicopatológica, Pierre Fédida propôs o paradigma de uma psicopatologia fundamental, "um projeto de natureza intercientífica", no qual o fundamental seria "um ideal de comunicação mais que o objeto de uma esperança de "ciência unificada" (Fédida, 1992, p. 295).

Como sustento nesses trabalhos, a tentativa de transpor a visão de *especialização* – disseminada em práticas sociais e profissionais, médicas em particular, para o campo da psicanálise –, instituindo "rigidez de fronteiras entre diferentes campos de conhecimento, por razões ideológicas ou de mercado", seria uma maneira de tentar alcançar uma tranquilidade, certamente ilusória, "diante das transformações de nosso mundo e de nossa época", e, mais especificamente, do campo e do mercado psicanalíticos.

O caráter que denominei *contigente* da prática do analista é pautado por sua história pessoal, sua subjetividade, é fruto de seu desejo. Em função disso, ele pode sem dúvida preferir trabalhar com crianças ou adolescentes, em clínica particular ou em uma instituição, interessar-se por um certo tipo de problemática clínica, preferir um trabalho de grupo ou individual. Cada uma dessas situações repercute sobre os enquadres de trabalho e sobre estratégias clínicas específicas, cujo principal objetivo é tornar a relação e as transformações terapêuticas possíveis. De forma alguma são os enquadres e as estratégias que definem a essência psicanalítica da situação, mas, sim, a posição subjetiva de escuta, o trabalho com a transferência e com a contratransferência, atravessados pelo inconsciente do analista sintonizados e em relação com os modos de organização da economia psicossomática do paciente.[12]

12 A ampliação da metapsicologia e dos recursos clínicos da psicanálise revelou a continuidade funcional e a gradação entre modos de organização primitivos, desenvolvimento humano e da economia psicossomática e as manifestações patológicas. Desde Ferenczi, vários autores como D. Winnicott, P. Marty, A. Green, J. McDougall e vários outros defendem a necessidade de modificações do enquadre clássico da psicanálise para o tratamento de manifestações clínicas mais precárias que as das psiconeuroses (Volich, 2000; 2016a). Esse aspecto, em particular, é apresentado em vários artigos desta coletânea, especialmente os referentes aos autores acima.

Apesar das diferenças de contexto e das situações clínicas com as quais o psicanalista se depara, o exercício da função analítica, em cada uma dessas situações, só pode se sustentar a partir da experiência possível, para o analista *e* para o paciente, na relação transferencial e contratransferencial, e, por meio dessa relação, da possibilidade de transformação *de ambos*, a partir das descobertas de seus inconscientes. Felizmente, ao longo dos anos observamos um número crescente de colegas que compartilham dessas posições (Menezes, 1996; Herrmann, 1996; Rocha, 2005).

Seria, sem dúvida, injusto afirmar de forma indiscriminada que todos os psicanalistas escolhem a via da suposta *especialização* como forma de *resolver* os conflitos vividos em torno de sua identidade de analista. Muitos conseguem elaborar essa questão em sua análise pessoal e em sua formação, inclusive ao trabalhar em serviços voltados ao atendimento específico de certas manifestações. Ao abordar um tema tão sensível e polêmico, corremos o risco de escorregar para a generalização. Tomemos o cuidado para evitá-lo.

Em 1998, no Brasil, a psicanalista Hanna Segal referiu-se à voga de "tratamentos [psicanalíticos] especializados em abuso sexual infantil", emergentes na época, reafirmando, com sua experiência, mas com a humildade que lhe era própria, que "um psicanalista não pode ser um especialista de nada, exceto no estudo da mente humana. Ele não deve concentrar-se em um fragmento [de material analítico], nem estimular um fragmento especial" (Segal, 1998).

Devemos, então, encerrar o debate? Decretar, ensinar e solicitar aos postulantes ao título de psicanalistas que certifiquem que não poderão declarar-se ou considerar-se *especialistas*, perdendo, caso contrário, direito a esse título? Talvez alguns cheguem a considerar essas ideias, evocando a autoridade institucional para lidar com essa questão. Afinal, a via burocrática não deixa de ser, para as instituições, mas também para muitos indivíduos, uma forma para escamotear conflitos, instaurando uma aparência de ordem... e "progresso".

Talvez, em função de sua própria experiência ou do exposto até o momento, para alguns leitores, a questão da *especialidade* do analista não seja (mais?) um verdadeiro problema.

Porém, para além das respostas que cada um encontrou para essa questão, sugiro que reconheçamos a existência dessa tendência em nosso meio, e que tentemos compreendê-la como fruto possível da *psicopatologia do analista e de sua formação*, debruçando-nos sobre sua etiologia e seus efeitos tanto na prática analítica como no mundo em que vivemos.

... *à ilusão da especialidade*

Como vimos, a tendência à *especialização* do analista resulta de um duplo movimento. Por um lado, a tentativa de, por meio de uma especialidade, aliviar a angústia suscitada pelas questões vividas em torno de sua identidade analítica. Por outro – em parte consequência desse primeiro –, uma necessidade de diferenciar-se, situar-se, ser reconhecido e localizado no mercado de trabalho.

Esses movimentos têm como pano de fundo um contexto ideológico e socioeconômico. A cultura de nossos tempos, extremamente marcada pelo cartesianismo, pelo positivismo e pelo liberalismo, revela em todos os campos, do conhecimento ao trabalho, uma tendência extrema à especialização. Lembremos simplesmente, por exemplo, que existem atualmente agências fotográficas especializadas em animais, outras em paisagens, e outras ainda em pessoas, sendo que, nestas últimas, algumas se dedicam exclusivamente a clichês de mãos, bundas, olhos, cabelos etc. Não há dúvida que há muito vivemos em uma época propícia à promoção, ao consumo e, consequentemente, à identificação com objetos parciais, que pautam nossa existência.

Nesse sentido, observamos que, na vida social, ficam cada vez mais restritos os espaços de autonomia, liberdade, troca e convivência com as diferenças, muitas vezes restando apenas ao sujeito a possibilidade de existir entre a fragmentação – quando ele é fatiado ao ir ao fotógrafo, ao médico, à repartição pública, e tantos outros lugares – e a fusão no coletivo. Como afirma M. Horkheimer (1993):

> *Querer ser um indivíduo, querer tempo para pensar calmamente, e também a liberdade para dizê-lo – mesmo quando isto se oponha às exigências da época, e não quando caminhe na direção de suas tendências – parece atualmente quase tão perverso como há cem anos a promiscuidade . . . Naturalmente, neste estado de coisas, o simples fato de afirmar seriamente que não existe liberdade de pensamento conduz ao banimento ou a algo pior. . . . Como se a liberdade de pensamento não consistisse precisamente em pensar até os seus limites o interdito – em vez de recalcá-lo, de projetá-lo com tudo o que faz parte dele. Pensar o interdito, eis o que o Estado deveria proteger, se desde há muito tempo ele não protegesse algo completamente diferente do humano. (p. 51, tradução minha)*

Naturalmente, a angústia da dessubjetivação, os conflitos em torno das incertezas e da fragmentação da identidade não são, de forma alguma, um apanágio do psicanalista. Este, porém, pode, em princípio, contar com sua análise pessoal como um recurso para, espera-se, tentar elaborá-los e superá-los. Por meio das trocas e transferências com seus professores, supervisores, analistas, colegas, e com a própria instituição, sua formação pode tanto favorecer a elaboração de tais conflitos e angústias, como dificultá-la e comprometê-la por meio de mecanismos ortopédicos paliativos, que posteriormente revelam sua fragilidade. É quando percebemos a emergência de um *falso self* analítico.

Como lembra D. Winnicott (1960), o *falso self* é resultado de uma carência precoce do ambiente, da incapacidade da mãe de sentir as necessidades de sua criança e de sua dificuldade em estar presente e responder aos gestos do filho. Para lidar com angústias e vivências primitivas perturbadoras resultantes de tais carências, a criança "molda" uma falsa identidade, calcada na identidade, nos dizeres e fazeres maternos. O *falso self* dissimula a fraqueza e a porosidade do *verdadeiro self*, estando voltado para a adaptação e, em última instância, para a sobrevivência. Essas reflexões sobre as consequências das primeiras relações do bebê com o ambiente materno são transponíveis para diferentes modalidades de experiências de relação que o ambiente institucional pode oferecer aos bebês-analistas em formação.[13]

O contato com as angústias e com vivências primitivas e desorganizadas do paciente são particularmente suscetíveis de mobilizar no sujeito-analista *núcleos porosos* da identidade. A insuficiência de recursos para a elaboração dessas experiências pode provocar no analista a intensificação de dinâmicas *falso self*. Refugiar-se em uma *especialidade* pode ser uma tentativa de limitar o campo da experiência desorganizadora, principalmente por meio da promoção

---

13 Mais recentemente, em outro trabalho, no qual discuto a função da supervisão na formação clínica, aponto os riscos de "alienação do analista nos 'desejos' e nos ideais da instituição, de formação ou de trabalho". O supervisor pode "colocar-se . . . como representante da instituição de formação, e não como alguém que viabilize o desenvolvimento da autonomia da escuta e do raciocínio clínico" (Volich, 2015, p. 285).

de enquadres, rotinas e estratégias padronizadas para, sobretudo, evitar a surpresa e o desconhecido, experiências inerentes a cada encontro com o paciente.

Essas condições revelam algumas dimensões extremas de questionamentos e conflitos indissociáveis da experiência analítica. Diante delas, o psicanalista se veria diante da mesma tentação que, segundo Horkheimer (1993), assola o filósofo:

> *renunciar ao pensamento, que seria sempre indemonstrável – uma simples opinião – e dedicar-se à ciência saudável. Escapar enfim à esfera onde se diz que as coisas "são" assim, mas que entretanto elas podem "ser" diferentes. Passar finalmente da linguagem à fórmula, como o físico. . . . Como é bom escapar ao contínuo tormento de ter que a cada passo definir, partindo de si mas permanecendo rigorosamente o mais próximo possível da "coisa", ao mesmo tempo o objetivo e o método, o tema e o estilo, o objeto e a direção do interesse. O que melhor que este perpétuo dever de exatidão, que pela via segura de um critério externo, conduz ao conhecimento científico? . . . seu funcionamento [da ciência] segundo sólidos critérios adaptados ao objetivo de dominação oferece, porém, uma segurança tão sedutora que o filósofo olha algumas vezes com inveja para esse mundo onde a simples engenhosidade, a aplicação no trabalho e a boa saúde trazem o sucesso, enquanto a preocupação da legitimidade da empreitada é constantemente deixada para "outros". (p. 39, tradução minha)*

Revela-se, então, a armadilha para aqueles que, em busca de certezas, tentam conseguir, no campo da ciência e por meio de uma prática especializada, livrar-se da incômoda posição de abstinência e de não saber, de abertura ao sonho e ao desconhecido, da necessidade de sustentar a legitimidade de seu discurso e de sua ação a partir da escuta do inconsciente, características da prática analítica.

O discurso científico e o discurso acadêmico podem se prestar de forma exemplar a essa tarefa. O trabalho do psicanalista em uma instituição - de saúde, jurídica, educacional, e outras - ou na universidade propicia-lhe um grande número de oportunidades para se deixar levar ou para adotar posturas ordenadas e categóricas.

A especialidade do psicanalista na instituição

O modelo médico, predominante em nossa cultura, se presta como paradigma exemplar da postura especializada. A divisão do saber e do fazer médicos em especialidades favorece a fragmentação da relação com o paciente, já bastante rarefeita nesse contexto. Nesse e em outros meios, pautados por relações fragmentadas com a equipe, com os pacientes e com a instituição, o psicanalista vive e pode reproduzir essa atitude em outros contextos institucionais e na própria clínica particular.

É importante ressaltar que o trabalho e a postura psicanalíticos em uma instituição não são aqui considerados no seu enquadre clínico clássico (sessões individuais, duração e frequência fixa de sessões, tratamentos prolongados etc.), mas *se referem explicitamente à capacidade de escuta analítica*, independentemente das características do enquadre.[14] Para além da especificidade dessa questão para o psicanalista, essa discussão também diz respeito às

14 Como sugere J. Bleger, mesmo em outros enquadres institucionais, como em meio médico, é importante que um *pensamento psicanalítico* possa ser

implicações da especialização no trabalho institucional de todos os profissionais de saúde mental, psicólogos, psiquiatras e outros. Em que medida é possível para eles preservar sua identidade, as particularidades de sua prática e da relação com seus pacientes, de forma que sua contribuição seja efetiva?

As instituições - de saúde, judiciais, educacionais e outras - confrontam o psicanalista com uma pluralidade de transferências com diferentes membros da hierarquia, exercendo uma vasta gama de funções especializadas. Dentro da dinâmica institucional, o analista é quase que naturalmente inserido em um lugar específico da organização que corresponde às expectativas e às necessidades da instituição quanto ao seu campo de competências, os *transtornos psíquicos* dos *pacientes*, mesmo que, quase sempre, a definição desses distúrbios não seja muito clara.

Colocado nesse lugar de *especialista* em psicopatologia, muitas vezes é difícil para o profissional superar as limitações dessa atribuição de uma função especializada para revelar, por exemplo, que, mesmo quando os pacientes não apresentam traços psicopatológicos evidentes, possa existir um sofrimento psíquico subjacente à queixa - orgânica, pedagógica, jurídica... -, ao sintoma ou ainda ao comportamento que os conduziu à instituição. Pode ainda lhe ser difícil, tendo recebido como missão institucional o cuidado dos pacientes, revelar que, muitas vezes, para tratar deles, é necessário também promover a elaboração dos conflitos da equipe que o trata, ou mesmo da família desses pacientes.

Nesse sentido, é também importante considerarmos que, muitas vezes, a demanda do paciente é inicialmente endereçada a um

---

promovido de forma a ampliar a compreensão do paciente e a criar enquadres individuais e coletivos para lidar com eles (Bleger, 1984, p. 125).

outro profissional, e não a um de saúde mental.[15] Buscando tratamento ou ajuda por dificuldades escolares, sintomatologia somática, dificuldades sociais ou com a lei, é frequente que não seja o sofrimento psíquico, subjacente aos motivos de tais consultas, que apareça em primeiro plano. Assim, a principal transferência que se estabelece é com o *especialista* na queixa apresentada - pedagogo, médico, juiz, e outros. Quando solicitado, o psicanalista é tributário da primeira transferência estabelecida com aquele colega, suposto *especialista* na queixa apresentada e sobre o qual recaíram, e amiúde seguem recaindo, mesmo após o encaminhamento, as esperanças de solução.

Por mais que a indicação seja pertinente, é comum percebermos a frustração do paciente encaminhado para um outro profissional (não apenas psicanalista, mas qualquer outro profissional da equipe), por não ter sido tratado pelo primeiro.[16] Nas primeiras entrevistas, o psicanalista frequentemente encontra nesses pacientes resistências cristalizadas em torno desse sentimento de rejeição, que dificultam o estabelecimento do vínculo terapêutico. Uma primeira transferência pode permanecer *cativa* (às vezes até de forma premeditada) do primeiro especialista. Este, algumas vezes ambivalente em seu encaminhamento, por questões narcísicas, tem dificuldade de renunciar àquele lugar idealizado por seu paciente, dificultando a separação do paciente e a criação de uma nova relação. Nas instituições - ou mesmo fora delas -, é frequente recebermos pacientes indicados por outros profissionais justamente *para não serem* tratados, que não dão continuidade ao novo processo terapêutico.

15 A não ser nas próprias instituições de saúde mental, que não deixam também de apresentar sua especificidade quanto ao lugar de especialista atribuído ou assumido pelo psicanalista...

16 Em outros trabalhos, aprofundo a discussão das implicações clínicas e transferenciais dessa questão (Volich, 2000; 2016b).

Essas condições constituem algumas entre muitas situações de conflito em torno da identidade profissional do psicanalista, perturbando sua capacidade de exercer a função que lhe é própria: favorecer a emergência e a elaboração da experiência subjetiva dos protagonistas dos dramas com os quais ele é confrontado e das quais ele também é parte, pela via da transferência.

Identificar-se imaginariamente com a representação social ou institucional de sua profissão, incorporar o papel de *especialista* que lhe é atribuído pela instituição e pelos pacientes, ou reivindicá-lo pessoalmente podem ser tentativas de lidar com conflitos e ataques frequentes aos quais é submetida sua identidade analítica em meio institucional, ou com as fragilidades oriundas de sua formação.

Ocupar esse lugar de *especialista* pode ser uma tentativa de buscar reconhecimento e aceitação pela equipe, um meio para tentar viabilizar seu trabalho e conseguir, por meio dessa "autorização", resgatar para si a transferência atravessada e capturada pela instituição e pelos primeiros especialistas a quem o paciente endereçou as queixas manifestas de seu sofrimento.

Não há dúvida que o psicanalista necessita inserir-se na equipe em que trabalha, funcionando segundo uma rotina comum, que, inclusive, pode requerer uma modulação e adequação de sua técnica. No entanto, ele pode fazê-lo com consciência dos limites que deve respeitar para preservar sua função analítica e a especificidade de sua prática, com o direito e mesmo a obrigação de explicitar para a equipe quando o funcionamento coletivo passa a ser nocivo para o exercício da função terapêutica, ou de qualquer outra tarefa para a qual ela se propõe.[17]

---

17 Fernando Rocha afirma ser um dever ético do analista possuir a capacidade de discernir entre seu saber de analista e o saber inconsciente do sujeito. "O que especifica a posição do analista é o fato de respeitar essa ilusão necessária mas não se deixar capturar por ela. É isso que vai caracterizar toda a

A especialidade do psicanalista na clínica

Não é apenas o trabalho institucional e a necessidade de trabalhar com outros profissionais que confronta o analista com os dilemas da especialização. Mesmo em consultório, num enquadre psicanalítico clássico, ele pode se deparar com dilemas semelhantes. Limitar a atividade psicanalítica à clínica particular não é, para o analista, uma garantia contra os riscos de *se especializar*.

Freud carrega uma grande responsabilidade pela ambivalência do psicanalista quanto ao caráter especializado de sua prática. Repetidas vezes ele se insurgiu contra as dificuldades criadas pela resistência dos médicos na compreensão do sofrimento do paciente e do sentido de seus sintomas, ressaltando também que a formação médica não seria uma condição obrigatória para o exercício da psicanálise (Freud, 1895; 1919; 1926).

Porém, é espantoso que, justamente em um artigo dedicado a aconselhar os *médicos* que pretendem se dedicar à psicanálise, ele recomende "calorosamente aos colegas" que durante o tratamento tomem como *modelo* a conduta do cirurgião que "*impõe silêncio a todos os seus afetos*, inclusive à sua compaixão humana e concentra todas as suas energias psíquicas para um só fim: praticar a operação conforme todas as regras da arte" (Freud, 1912). Não é surpreendente, portanto, que esse ideal de *assepsia afetiva* ali manifesto se infiltrasse também nas concepções da formação analítica. Dessa forma, no clássico artigo "A natureza da ação terapêutica da psicanálise", James Strachey (1934) descreve que, no processo analítico, o paciente, repetindo sua infância na relação transferencial, encontra um objeto-analista que, *sem tédio nem angústia*,

---

dimensão de respeito ao inconsciente e distinguir a psicanálise dos demais sistemas de crenças apontando para o desvanecimento desta suposição" (Rocha, 1991, p. 21).

enfrenta as pulsões do paciente, dirigidas contra o analista. Assim, o paciente introjeta no superego um objeto mais tolerante e compreensivo que seus objetos arcaicos.

Apesar de todas as ressalvas de Freud à atitude médica diante da doença e do paciente, resistente à consideração das dinâmicas inconscientes, ele nunca deixou de acalentar a esperança de que sua ciência pudesse ser acolhida no meio médico. Que preço estaria disposto a pagar por essa aceitação? Que preço seus herdeiros efetivamente vêm pagando para que o desejo do fundador da psicanálise se realize?

Não por acaso, durante décadas a maior parte dos candidatos e membros das sociedades psicanalíticas oficiais eram médicos. A presença majoritária desse grupo, tributário do juramento hipocrático, não deixava de ser uma forma de afirmar diante da comunidade científica a pertinência terapêutica do método psicanalítico e sua seriedade. Porém, essa concentração de profissionais formados segundo os padrões das escolas médicas muitas vezes favoreceu, e ainda favorece, que alguns considerem a psicanálise como mais uma especialização entre as muitas possíveis na medicina, condições com fortes repercussões na própria concepção e estruturação dos institutos de formação psicanalíticos. Esses fatores nem sempre foram ou são objeto de análise para o analista em formação, ou mesmo para a instituição psicanalítica.

Ao contrário, essa perspectiva de *especialização* marcou profundamente a orientação da formação. Como aponta Fabio Herrmann, observamos na história da IPA a competição entre as diferentes correntes psicanalíticas (*ego psychology*, kleiniana, bioniana...) exigindo que os analistas, desde o começo da formação, "já fossem direcionados segundo as propostas teóricas que mais tarde deveriam defender. E que instrumento melhor do que a própria análise para levá-los a encarnar posições?". No âmbito da IPA, esse movimento provocou "acusações recíprocas de proselitismo e o de abuso de poder entre as correntes psicanalíticas", fazendo com que os diferentes grupos internos não pudessem mais se entender nem admitir publicamente suas divergências. Para contornar essa situação potencialmente explosiva foram criados os *standards* [de formação]: "à medida que cresce a fragmentação ideológica do movimento psicanalítico, parece que a busca de padrões centralizados torna-se o único ponto de acordo possível sobre a formação" (Herrmann, 1996, p. 203).

Como consequência, nas sociedades oficiais, o rigor (real ou imaginário?) dos processos de seleção dos candidatos, o investimento financeiro implicado na manutenção de análises, pessoais e didáticas, e de supervisões por um longo período de tempo, a submissão ao controle institucional durante a formação, as diferentes etapas de avaliação do candidato e, finalmente, a obtenção do título de *membro* da Sociedade de Psicanálise sempre foram fatores iniciáticos, que, desde há muito tempo, contribuíram para que alguns psicanalistas considerassem, implícita ou explicitamente, sua atividade como *especial*, se não *especializada*. Uma atitude frequentemente revelada por meio da pergunta recorrente de membros da Sociedade a não membros: "mas você faz *terapia* ou *análise*?", ou dos pressupostos que justificariam a diferença significativa entre os honorários dos *analistas da Sociedade* (em particular os dos didatas) e de outros terapeutas ou analistas. Essas mesmas questões são também observadas, de certa forma, entre os analistas em formação nas sociedades oficiais e os que a realizam em grupos não oficiais, ou segundo o modelo *pluralista*.

Portanto, é real o risco de que, ao longo de sua prática, o psicanalista possa deslizar para posições nas quais se identifica imaginariamente com o lugar que lhe é atribuído como *especialista* do inconsciente, do complexo de Édipo, da sexualidade, da transferência, da subjetividade... Não apenas em uma instituição, mas também no consultório, é possível que ele considere que seu interesse particular por uma questão clínica ou a presença majoritária de pacientes com alguma característica comum caracterize sua atividade como a de um *especialista.*[18]

Seria desejável que a encarnação desse suposto saber analítico, permanente ou momentânea, incitasse esse profissional a uma reflexão sobre sua formação e suas identificações ao longo desse processo, bem como sobre suas relações com seus grupos de referência e de pertinência. A impossibilidade de realizá-la e a consequente cristalização nessa posição de *especialista* repercute, sem dúvida, na escuta, na transferência e na clínica desse profissional.[19]

Os efeitos da especialização na escuta analítica

Para Foucault, a genialidade da criação freudiana consiste em propiciar, por meio da situação psicanalítica, um curto-circuito que permite à "alienação tornar-se desalienante" (Foucault, 1972, p. 530). Por meio do processo analítico, a pessoa, submetida à ordem médica e alienada em seu sintoma, pode reapropriar-se de seu corpo, de sua história e tornar-se sujeito. Com vistas a isso, o movimento solicitado ao psicanalista consiste em deslocar-se da

18 F. Rocha (2005) alerta para os riscos adaptativos da formação psicanalítica, insistindo que esse processo deve conduzir o clínico em formação à emancipação, a uma prática de autocrítica, de interrogação, em oposição à noção de modelo.

19 Nesse sentido, para além da análise, a supervisão tem justamente como função instaurar o lugar de um terceiro, de um mediador que pode amortecer e tentar evitar os riscos de captura, fusionais e na dualidade, determinados por intensos campos de força transferenciais e institucionais, constituindo-se como continente e limite para fantasias de onipotência do analista, da instituição, e também da própria análise do analista (Volich, 2015, p. 287).

perspectiva médica (principalmente se for esta sua formação), colocando-se em uma outra posição de escuta. Ao suspender o olhar médico, o analista concebe uma outra representação da anamnese, do diagnóstico e da nosografia, tornando-se um "médico às avessas" (Menezes, 1996).

Esse efeito de desalienação-subjetivação perpassa toda a formação e a atividade analítica, da análise pessoal à clínica, da pesquisa ao ensino.[20] Assim como o lapso, essa dinâmica é em sua essência instável, inesperada, fugidia. Não há controle possível, nem conquistas permanentes. Assim que alcançada, ela se desvanece, deixando em seu rastro um estranho sentimento de vazio e abandono, que convoca a uma nova descoberta. Tarefa de Sísifo, que nos confronta com o reconhecimento da volatilidade de qualquer certeza. Velhas-novas terras que permanentemente se oferecem a novas expedições e descobertas, desafiando permanentemente a paciência e o esforço que imaginávamos não mais necessário, despertando a angústia que desejaríamos acreditar para sempre aplacada.

Desde os tempos mais primitivos da história, o desejo de saber manifestou-se em meio às tentativas do homem de lidar com o medo e com as angústias provocados pelo contato com o desconhecido, com a Natureza e com seus semelhantes. A religião, as invenções, a ciência são algumas das criações que, desde então, visam lidar com tais sofrimentos, promovendo, inclusive, utopias e ideais de conseguir, um dia, suprimi-los de forma absoluta. Em muitos momentos, em nossa história individual, somos capturados por tais ideais, embarcando em expedições em busca do

20 "Ensinar psicanálise é um ato psicanalítico e é um projeto de desalienação. Desalienação desta vez não do sujeito analisando, mas desalienação do discurso que tem sobre o saber analítico. . . . A noção de formação analítica comporta uma contradição nos próprios termos, já que a psicanálise não é feita para instruir modelos de pensamento ou de comportamento" (R. Chnaiderman, 1988, p. 13).

melhor dos mundos. Porém, apesar de paradoxal, poder retornar ao mundo em que vivemos, tentando lidar com suas mazelas e seus sofrimentos, é um ato de liberdade.

Obturar todas essas experiências, essência do humano, eis o risco que corre o psicanalista, tentado pela *especialização*, pela busca de autorizar-se por meio da identificação imaginária ao lugar do suposto-saber.

Na instituição ou na clínica particular, o deslize ou a captura por miragens de certezas anunciadas pelo modelo científico, pela suposta segurança ortopédica de normas e padrões de funcionamento, rouba àquele que pretende dedicar-se à análise – analista ou paciente – a liberdade de circulação entre a utopia e a realidade, entre o sonho e a vigília, entre o inconsciente e o consciente, entre passado, presente e futuro.

A *especialização* enviesa e obstrui a escuta, limita o campo da transferência e da experiência analítica, perpetua a clivagem entre corpo anatômico e corpo erógeno, criando zonas obscuras, inacessíveis ao trabalho de análise.

O analista *especialista*, capturado pelas armadilhas narcísicas de sua formação e de seu contexto de trabalho, fascinado por certezas ilusórias e sem liberdade de crítica com relação a elas, corre o risco de ignorar as diferenças de funcionamento entre si mesmo e o outro, entre sua prática e a do colega, diferenças fundamentais para permitir a emergência do inconsciente e da subjetividade. Dessa forma, abre mão de uma das principais funções do psicanalista, a de permitir um trabalho de *desintoxicação* da dependência criada pela captura por ideais e pelos supostos saberes que tanto proliferam em nossa cultura, oferecendo-se sedutores para acolher nosso desamparo, e, como Morfeu, conduzir-nos, pela noite de nossas existências, para um sono, para alguns, eterno.

Referências

Berlinck, M. T. (1988). A psicanálise em cursos de ciências sociais. In *Psicanálise da clínica cotidiana* (pp. 65-73). São Paulo: Escuta.

Bleger, J. (1984). *Psico-higiene e psicologia institucional*. Porto Alegre: Artes Médicas.

Chemouni, J. (1990). *Histoire du mouvement psychanalytique*. Paris: PUF.

Chnaiderman M. (1998). Existe uma psicanálise brasileira? *Percurso, 20*, 19-28.

Chnaiderman, R. (1988). Política de formação em psicanálise. *Percurso, 1*, 11-14.

Febrapsi. (2019). Por que a regulamentação ameaça a psicanálise. Recuperado de https://www.febrapsi.org/quem-somos/articulacao/

Fédida, P. (1992). D'une psychopathologie générale à une psychopathologie fondamentale. Note sur la notion de paradigme. In *Crise et contre-transfert* (p. 295). Paris: PUF.

Foucault, M. (1972). *Histoire de la folie à l'âge classique*. Paris: Gallimard.

Freud, S. (1895). Estudos sobre a histeria. In *Edição Standard Brasileira das Obras Psicológicas Completas de Sigmund Freud* (Vol. XII). Rio de Janeiro: Imago, 1980.

Freud, S. (1912). Recomendações aos médicos que exercem a psicanálise. In *Edição Standard Brasileira das Obras Psicológicas Completas de Sigmund Freud* (Vol. XII). Rio de Janeiro: Imago, 1980.

Freud, S. (1919). Sobre o ensino da psicanálise na universidade. In *Edição Standard Brasileira das Obras Psicológicas Completas de Sigmund Freud* (Vol. XVII). Rio de Janeiro: Imago, 1980.

Freud, S. (1926). A questão da análise leiga. In *Edição Standard Brasileira das Obras Psicológicas Completas de Sigmund Freud* (Vol. XX). Rio de Janeiro: Imago, 1980.

Green, A. (1994). Être psychanalyste aujourd'hui, pour quoi faire? *Revue Française de Psychanalyse, 58*(4), 1119-1126.

Herrmann, F. (1996). Análise didática: uma história feita de críticas. In A. Slavutzky et al. (Orgs.), *Cem anos de psicanálise* (p. 203). Porto Alegre: Artes Médicas.

Horkheimer, M. (1993). *Notes critiques (1949-1969) – Sur le temps présent*. Paris: Payot.

Lacan, J. (1967). Proposição de 9 de outubro de 1967 sobre o psicanalista da Escola. In J. Lacan, *Outros escritos* (pp. 248-264). Rio de Janeiro: Jorge Zahar, 2003.

Menezes, L. C. (1996). A idéia de progresso em psicanálise. In A. Slavutzky et al. (Orgs.), *Cem anos de psicanálise* (pp. 151-160). Porto Alegre: Artes Médicas.

Perestrello, M. (1986, julho-agosto). Primeiros encontros com a psicanálise: os precursores no Brasil (1899-1937). *Jornal Brasileiro de Psiquiatria, 35*(4), 195-208.

Rocha, F. (1991). Algumas considerações sobre as entrevistas preliminares, demanda e início de análise. *Percurso, 3*.

Rocha, F. (2005). Emancipação versus adaptação: perspectivas na Formação psicanalítica. *Jornal de Psicanálise, 38*(69), 131-139.

Segal, H. (1998, 22 de abril). A dama da psicanálise. Entrevista de Hanna Segal a Dorrit Harazim. *Veja, 1553*.

Singer, A. (2000, 20 de setembro). Brasileiros chegam à maioridade do freudismo. *Folha de S.Paulo*. Recuperado de https://www1.folha.uol.com.br/fsp/ilustrad/fq2909200019.htm

Strachey, J. (1934). The nature of therapeutic action of psychoanalysis. *International Journal of psychoanalysis*, *XV*, 127-159.

Vianna, H. B. (1997). *Não conte a ninguém*. Rio de Janeiro: Imago.

Volich, R. M. (1997, outubro). O que há de fundamental nas (psico)patologias da mama? Inédito.

Volich, R. M. (1998). Fundamentos psicanalíticos da clínica psicossomática. In *Psicossoma II: psicossomática psicanalítica*. São Paulo: Casa do Psicólogo.

Volich, R. M. (2000). *Psicossomática: de Hipócrates à psicanálise*. São Paulo: Casa do Psicólogo. (7a ed., ampliada, 2010)

Volich, R. M. (2015). A clínica da supervisão, da desorganização à autonomia. In: A. M. Soares, C. R. Rua, R. M. Volich; & M. E. Pessoa Labaki (Orgs.), *Psicanálise e psicossomática: casos Clínicos, construções*. São Paulo: Escuta.

Volich, R. M. (2016a). Nomear, subverter, organizar. O corpo na clínica psicanalítica. *Revista Brasileira de Psicanálise*, 50(2), 47-64.

Volich, R. M. (2016b). O campo transferencial como fundamento clínico da ação terapêutica. In: M. Kamers, H. H. Marcon, & M. L. T. Moretto (Orgs.), *Desafios atuais das práticas em hospitais e nas instituições de saúde*. São Paulo: Escuta.

Winnicott, D. (1960). Distorção do ego em termos de verdadeiro e falso self. In *O Ambiente e os processos de maturação: estudos sobre a teoria do desenvolvimento emocional* (pp. 128-139). Porto Alegre: Artmed, 1983.

Winnicott, D. (1975) *O brincar e a realidade*. Rio de Janeiro: Imago.

26. Os dilemas da formação do médico

Os tutores na residência de Clínica Médica da FMUSP[1]

Cada vez que o limite do saber é atingido, cada vez que questões permanecem sem respostas, ou mesmo que são difíceis de serem proferidas, constatamos que o ser humano se remete a seu próprio corpo. O nascimento, a morte, a paixão, a reprodução implicam uma totalidade que torna impossível qualquer cisão entre corpo e espírito. As questões mais profundamente angustiantes são justamente aquelas onde toda resposta verbal é por demasiado desencarnada, onde apenas o corpo ofereceria uma resposta satisfatória. É por isso que os estudos de medicina parecem particularmente aptos a revelar esse saber esperado desde as primeiras questões infantis.

Lucien Israël, *Le médecin face au malade*

A natureza da medicina, suas bases biológicas, humanas, relacionais e terapêuticas, em interação permanente com mudanças

---

1 Publicado na *Revista do Hospital Universitário da USP*, *11*(1-2), 2001, pp. 59-63, adaptado para a presente publicação.

culturais, socioeconômicas e tecnológicas determinam a alta complexidade tanto da prática como do ensino da medicina. Essas características produzem periodicamente reflexões e buscas de aperfeiçoamento dos currículos, métodos de ensino e da prática clínica das faculdades de medicina.

Na Faculdade de Medicina da USP, em particular, inúmeras reformas curriculares e metodológicas foram implantadas ao longo de sua existência, com vistas a melhor responder a todos esses processos (Marcondes, 2001; Gonçalves, 2001). Em 1996, no Departamento de Clínica Geral e Propedêutica do Hospital das Clínicas da FMUSP, propusemos a criação do Projeto Clínico e Didático de Ação Multidisciplinar em Meio Médico-Hospitalar, com o objetivo de criar instrumentos para responder a alguns desses desafios.[2] As atividades desse projeto trouxeram contribuições significativas para alunos, professores, assistentes e residentes, que repercutiram tanto no ensino como na clínica do Departamento e, indiretamente, em outros setores da faculdade.

Apesar dos avanços propiciados por essas atividades, as questões e os dilemas evidenciados nessas experiências e em diferentes projetos de reformulação do ensino e prática médicas permanecem atuais, instigando a reflexão e o trabalho permanente de elaboração e aperfeiçoamento da formação e da prática da medicina.[3]

---

2 Agradeço especialmente o apoio e a parceria de Milton de Arruda Martins, professor titular do Departamento de Clínica Geral, e de Maria do Patrocínio Nunes (Patrô), Iolanda F. L. Tibério, Arnaldo Lichtenstein e José A. C. Atta, na época, professores, assistentes e coordenadores da graduação e da residência em Clínica Médica da FMUSP, que desde os primeiros momentos participaram ativamente na criação do Projeto e em sua implantação.

3 Para além da FMUSP, a experiência na criação e implantação desse projeto continuou repercutindo em minha prática clínica e institucional em outras interfaces com serviços médicos e prática institucionais, como no Centro de Estudos da Mama (1996-2001, junto com equipes de oncologia e mastologia dos hospitais Albert Einstein, Pérola Baygton e Beneficência Portuguesa), e na

Limites e dilemas

É crescente a consciência dos dilemas e dificuldades enfrentados pelos médicos ao longo de sua formação. Da escolha da profissão à especialização, passando pela graduação e pela residência, inúmeros são os desafios, os percalços, as dúvidas e as hesitações com as quais se deparam aqueles que escolheram dedicar-se à medicina, muitos movidos pelo ideal de cuidar do sofrimento de seu semelhante, todos tomados por questões que remetem aos horizontes mais longínquos de sua existência.

Experiência inusitada, complexa, muitas vezes incompreensível, que surpreende o aprendiz e o profissional ao mobilizar, no encontro com os temas de seus estudos, com os colegas, com os professores e, sobretudo, com os pacientes, o contato com o desconhecido e seu próprio sofrimento.[4] Experiência estranha, desconfortável, da qual rapidamente busca o indivíduo desvencilhar-se, escapar, esquecer por meio dos mais diversos estratagemas. Experiência inevitável, que burla todas essas estratégias revelando a versatilidade de suas manifestações que, em última instância, visam apenas solicitar para si mesmo um cuidado semelhante àquele que lhe é exigido para compreender e tratar as dores de seus pacientes.

Sabemos o quanto o médico, preocupado em promover a saúde dos outros, descuida da sua própria. O quanto ele, atento aos sintomas e às condições de vida do doente, desconhece e negligencia os sinais de seu corpo. Sabemos também que, ao mesmo tempo

---

supervisão do Projeto de Atendimento e Pesquisa em Psicossomática do Instituto Sedes Sapientiae (2002-2017), entre outras. A elaboração dessas experiências foi aprofundada em diversas publicações, especialmente em "A função terapêutica" (Volich, 2000), "Horizontes médicos" (Volich, 2002), "A clínica da supervisão, da desorganização à autonomia" (Volich, 2015).

4 Cf. os artigos "Do poder da cura à cura do poder" e "O cuidar e o sonhar: por uma outra visão da ação terapêutica e do ato educativo" desta coletânea.

que insiste na importância do respeito das prescrições terapêuticas pelo paciente, o médico frequentemente se trata por conta própria e muitas vezes deixa de respeitar preceitos terapêuticos que lhe dizem respeito. Desde os tempos de seus estudos e ao longo de toda sua vida profissional, tudo se passa, aparentemente, como se a simples proximidade com a matéria médica, a circulação em meio ao sofrimento dos doentes e o conhecimento da arte terapêutica pudessem de forma mágica protegê-lo da dor, da doença e de seu próprio sofrimento.

Inclemente, a realidade invariavelmente demonstra o caráter falacioso dessas crenças. A tristeza, a angústia, a depressão, a solidão, os comportamentos aditivos (alimentos, fumo, álcool, drogas), as tentativas de suicídio, alguns erros terapêuticos, as faltas éticas são apenas alguns dos sinais mais evidentes da falência da ilusão de imunidade que acompanham o aluno e o profissional ao longo de seu percurso pela medicina.

Apesar da familiaridade desse panorama, ainda são poucos aqueles que reconhecem a importância de um manejo preventivo de tais manifestações e pouquíssimos os recursos disponíveis para fazê-lo. Como sublinha o Dr. Jean Hamburger, nefrologista do Hospital Necker em Paris e pioneiro mundial em transplante renal, "os limites e as dificuldades atuais da medicina não emanam apenas dos limites dos recursos tecnológicos [disponíveis], mas, sobretudo, dos postulados a partir dos quais se desenvolveu e se sustenta a prática e o ensino da medicina atual" (Hamburger, 1984, p. 148). Sintonizado com essa leitura, em 1998, Milton de Arruda Martins, professor titular de Clínica Médica da FMUSP, ponderava:

> *As fascinantes descobertas oriundas [da biologia molecular] estão ajudando a entender melhor muitas doenças. Mas, por trás destas descobertas, existe uma*

> *enorme pretensão que, a meu ver, dará rapidamente lugar a uma grande decepção: estas descobertas não vão conseguir explicar o comportamento humano e o adoecer e, na verdade, a medicina do século XXI não vai ser só a medicina da biologia molecular: ela será a medicina da multi-causalidade e do diálogo entre todas as áreas. Ela vai ser a medicina em que a pesquisa básica, a epidemiologia, a psicologia, a antropologia, vão começar - tomara -, a conversar. É dessa conversa que poderá surgir um entendimento mais claro da doença e do adoecer. (Martins, 1998, p. 240)*

Assim, é importante repensar e propor novas metodologias de ensino da medicina (por exemplo, o ensino baseado em problemas - PBL), estimular a crítica na prática médica (utilizando a medicina baseada em evidências), repensar e reformular a estrutura curricular das faculdades, como vimos, periodicamente realizadas. Porém, é também fundamental criar e promover junto com essas iniciativas uma atenção crescente ao processo individual e coletivo da formação do médico, levando em conta os desafios, os conflitos e os impasses inevitáveis ao longo dessa formação, criando estruturas e mecanismos que propiciem ao aluno e, posteriormente, ao médico melhores recursos para lidar com eles.

Ampliando a visão da formação médica

O Projeto Clínico e Didático de Ação Multidisciplinar em Meio Médico-Hospitalar surgiu nessa conjuntura, buscando responder a algumas dessas necessidades. Seu principal objetivo foi promover melhores condições de aprendizado, treinamento e exercício profissional para alunos, residentes e médicos a partir da sensibilização às dificuldades por eles encontradas nesses processos e da criação de estruturas específicas para lidar com essas questões, com vistas a superá-las.

Desenvolvidos de 1996 a 2003, os diferentes enquadres do projeto buscavam propiciar a reflexão de alunos, residentes, professores e assistentes sobre cada etapa da formação médica, desde os primeiros encontros com o paciente na disciplina de propedêutica, na época no quarto semestre, passando pelo envolvimento clínico crescente do aluno com o paciente por meio da consolidação do levantamento da história e do exame do paciente, no quarto ano, até, no internato, o acompanhamento integral supervisionado do paciente, em ambulatório e enfermaria. Na residência em Clínica Médica, nosso projeto teve como objetivo propiciar ao residente a elaboração dos efeitos da brusca passagem da posição de aluno para a de médico e seus desdobramentos, aspectos que discutiremos mais amplamente ao longo deste artigo.

Em nosso trabalho, evidenciou-se, uma vez mais, que a formação médica não é apenas um processo de aquisição de conhecimentos e de habilidades. Desde o momento da escolha da profissão, e durante todo o tempo de seu exercício, estão permanentemente em jogo dinâmicas de construção e de transformação da identidade do aluno e do médico.

Pela própria natureza de sua atividade, clínica, cirúrgica ou mesmo, algumas vezes, de pesquisa, o médico está permanentemente em contato com pessoas que trazem para a consulta ou no encontro com o profissional não apenas seus sintomas, mas também sua história, seus valores, seus afetos, sua realidade socioeconômica e cultural. Durante seus estudos, as relações que o aluno de medicina estabelece com seus pares, professores, residentes e assistentes moldam as futuras relações que ele irá estabelecer com seus pacientes. Todas essas experiências questionam e mobilizam, naturalmente, as competências técnicas do aluno e do médico, mas também sua própria pessoa, sua história, as escolhas que efetuou até então.

Torna-se evidente, portanto, a necessidade de que o ensino e o treinamento do médico propiciem condições para que alunos, residentes e assistentes possam elaborar todas essas experiências e os conflitos mobilizados pelos diferentes momentos de sua formação.

Tutores na residência em Clínica Médica da FMUSP

Na época em que desenvolvemos nosso projeto, a Residência em Clínica Médica da FMUSP se organizava como um treinamento de especialização em serviço, constituído por duas etapas: 1. Residência em Clínica Médica Básica (medicina geral ou interna), 2. Residência em Clínica Médica Especializada (Cardiologia, Nefrologia, Pneumologia, Endocrinologia, Reumatologia, Gastroenterologia, Geriatria, Alergia-Imunologia, Hematologia).

O objetivo principal do programa em Medicina Interna era treinar o residente na identificação e conduta dos principais distúrbios de saúde em adultos, acentuando a abordagem do indivíduo como um todo. Na residência especializada, os residentes aprofundavam seus conhecimentos e habilidades em uma área de escolha. Ambos os programas utilizavam como estratégia o treinamento em unidades de internação, de tratamento intensivo, ambulatórios e prontos-socorros. O residente tinha a responsabilidade não apenas de assistir os pacientes sob sua responsabilidade, mas também de orientar alunos de graduação em regime de internato, coordenar e apresentar reuniões científicas. Em algumas áreas, era oferecida uma introdução à pesquisa científica. Desde 1997, a residência básica em Clínica Médica passou a ter duração de dois anos. Essa ampliação permitiu introduzir estágios de medicina comunitária e ampliar os estágios de medicina ambulatorial, visando uma melhor adequação à realidade epidemiológica e ao mercado de trabalho, bem como, a partir de 2001, um estágio de pronto atendimento, enfermaria e urgências no Hospital Universitário.

Tutoria

Visando propiciar melhores condições de treinamento e formação na residência, criamos na Residência de Clínica Médica a atividade de tutoria, cujo principal objetivo era observar, refletir e elaborar a experiência individual e coletiva do residente ao longo dos dois anos de duração do programa.

Desde o início, cada grupo de residentes recebia um tutor para acompanhá-los ao longo desse tempo. Esse tutor era geralmente um assistente, preceptor ou professor de uma das clínicas que compõem a Residência de Clínica Médica, ou ainda de outros institutos (Psiquiatria, Escola de Enfermagem, e outros). O principal requisito para ocupar essa função era a identificação com os objetivos do projeto (acima descritos) e a disponibilidade a acompanhar seu grupo ao longo das diferentes etapas da residência.[5]

Cada grupo se reunia com uma periodicidade variável, definida pelo próprio grupo, sendo que a participação nesses encontros era voluntária. Neles, eram discutidos quaisquer temas de interesse

5 Agradeço a parceria e a disponibilidade de todos os tutores que, desde o início, se mobilizaram para esse trabalho, em especial, Maria do Patrocínio Nunes (Patrô), Wilson Jacob Filho, Alexandre Saadeh, Alfredo Mansur, Maria Júlia Paes da Silva, Bruno Caramelli, Toshio Chiba, Dulce Pereira de Brito, Silvia Massue Iriya e Lilia Schreiber e também o companheirismo de Izabel Cristina Rios, que compartilhou comigo a supervisão dos tutores.

ou de necessidade dos membros do grupo, como situações vividas no atendimento e na relação com os pacientes, questões ligadas ao funcionamento dos estágios, à carreira e às escolhas profissionais, mas também questões ligadas à vida pessoal de cada um, valores, reflexões sobre modo de vida, lazer, ou ainda temas gerais ligados à cultura, à política, economia etc.

Ao longo do tempo, no encontro com os tutores, os residentes tinham a oportunidade de rever seu percurso pela medicina, suas escolhas, as vivências da graduação suas experiências nos estágios e nas especialidades. Segundo relatos da maioria dos participantes, mesmo que muitas vezes ressignificadas e elaboradas *a posteriori*, essas reflexões contribuíam de forma significativa para compreender o momento de vida de cada um, sua relação com a profissão e com a especialidade para a qual se orientavam, preparando suas escolhas futuras.

Nos primeiros tempos da residência, a tutoria contribuía para que o residente pudesse melhor efetuar a passagem abrupta de sua condição de aluno para a de médico, quando passava a ter a responsabilidade integral pelo acompanhamento do paciente, inclusive do ponto de vista legal, uma importante fonte de tensão e de conflitos desde sempre experimentada no início da residência, em todos os programas. Nesse contexto, o residente também encontrava respaldo e escuta para melhor lidar com sentimentos e reações até hoje inerentes à forma de organização dessa prática, como: sentimentos de injustiça e de frustração com o grande volume de trabalho e com o número insuficiente de pessoas com quem dividir essa carga; elevados níveis de tensão e de cansaço aos quais ele é sistematicamente submetido; frequente sensação de solidão e de abandono, do ponto de vista tanto do aprendizado como da responsabilidade profissional, entre outros.

Os tutores

Os tutores tinham como principal função serem os mediadores das discussões das questões levantadas individual ou coletivamente pelo grupo, como as anteriormente descritas. A partir da escuta dos elementos apresentados pelos membros do grupo, o tutor buscava apresentar aos residentes aspectos não considerados na discussão, ressaltar questões que foram negligenciadas, apontar as dinâmicas que facilitavam ou dificultavam a compreensão dos temas discutidos, a superação das dificuldades apontadas, o alcance dos objetivos desejados. A regularidade dos encontros com o grupo propiciava aos participantes, na maioria das vezes, o desenvolvimento de recursos construtivos para lidar com os diferentes momentos da residência, principalmente com os mais difíceis.

Os tutores eram escolhidos em função de sua sensibilidade para perceber tais dinâmicas e disponibilidade para ajudar tanto o grupo como, muitas vezes, alguns individualmente, e também para lidar com as situações acima descritas. Apesar de muitos possuírem atividades de ensino, tendo experiência no manejo de grupos em contextos didáticos e pedagógicos, revelou-se que, para alguns, o trabalho em grupo exigia recursos de dinâmica de grupo e de comunicação interpessoal e institucional que iam além dos que eles estavam habitualmente acostumados a utilizar, gerando incertezas e desconforto em alguns momentos do trabalho.

Com o objetivo de desenvolver recursos para lidar com essa contingência e com as dificuldades dela decorrentes, oferecendo respaldo e possibilidade de compreensão das situações vividas pelos tutores com seus grupos, a cada três semanas realizava-se uma reunião de supervisão dos tutores em que eram discutidas e elaboradas as situações surgidas nos grupos.

Ao longo do tempo, a supervisão propiciou o aperfeiçoamento da capacidade de observação e análise das dinâmicas coletivas e individuais e a consideração de dimensões latentes, subjacentes às relações e comunicações humanas, permitindo aos tutores uma compreensão cada vez mais profunda e rica das questões vividas pelos residentes e pelos grupos.

Preservando o sigilo quanto à identidade dos protagonistas, condição fundamental para sustentar a confiança necessária ao funcionamento dos grupos, os tutores gradualmente se instrumentalizavam para o melhor exercício de sua função de mediadores. Para além dessa função, muitos tutores relatavam também beneficiar-se pessoalmente das discussões de supervisão, ao poder elaborar, por intermédio das questões discutidas a partir dos grupos, questões que eles mesmos viveram ou viviam em suas experiências pessoais, em sua prática e na relação com seus pacientes ou alunos.

Do conflito à elaboração

Ao longo dos sete anos durante os quais desenvolvemos a tutoria dos residentes de Clínica Médica da FMUSP, constatamos que essa atividade contribuiu significativamente para o melhor funcionamento do programa de residência e para uma maior satisfação dos residentes com esse programa. O acompanhamento do trabalho dos grupos, os relatos de um grande número de residentes, a observação da coordenação da residência e dos assistentes nas enfermarias e ambulatórios apontaram inúmeros benefícios trazidos por essa atividade, tanto na interação com as equipes clínicas dos diferentes serviços como no atendimento dos pacientes.

Diante de um contexto institucional complexo, de um estágio considerado difícil, por exemplo, pudemos perceber que individual e coletivamente os residentes conseguiam, a partir da tutoria, desenvolver recursos para compreender e melhor lidar com as dificuldades apresentadas por aquele contexto, mesmo que não ocorressem mudanças significativas nele, em função da brevidade do estágio ou das dificuldades institucionais para implementá-las. O relato dos residentes apontava também uma grande satisfação com os encontros com os tutores, reconhecendo que eles permitiam melhor compreender e lidar com dilemas e situações clínicas, institucionais e mesmo de ordem pessoal que surgiram em vários momentos da residência.

Em tais momentos, os residentes puderam geralmente encontrar meios mais eficientes para manifestar suas necessidades e expectativas e também canais mais adequados para tentar alcançá-los. Como consequência, observou-se uma diminuição significativa de conflitos tradicionalmente encontrados no trabalho hospitalar (situações críticas como plantões, com colegas e equipes de trabalho) bem como de conflitos individuais e coletivos com outros profissionais, residentes, alunos ou pacientes.

O amadurecimento do residente ao longo desse processo propiciou uma melhor compreensão da ambivalência, tanto dos residentes como da instituição hospitalar, quanto a sua própria identidade e sua função. Ofereceu-lhe também melhores recursos para lidar com o desgaste físico e psíquico dessa etapa de sua formação e para efetuar suas escolhas futuras em melhores condições, contribuindo, inclusive, para que elas pudessem ser orientadas para a busca de satisfação no exercício profissional e de equilíbrio com a vida pessoal.

Por meio dos encontros com os tutores, eram evidenciados os riscos de mecanismos adaptativos "de sobrevivência" (da insensibilidade ao sofrimento às adições) frequentemente desenvolvidos durante a residência, paradoxais, tendo em vista o caráter humanitário e terapêutico da profissão. Da mesma forma, foi observada uma melhora do vínculo, da escuta, da capacidade de observação e raciocínio do médico-residente diante do paciente.[6]

Apesar de todos esses benefícios, a realização dos encontros com os tutores muitas vezes encontrava dificuldades e resistências. Para alguns residentes ou para todo um grupo era inusitado e, algumas vezes difícil, compreender e aceitar a existência de um espaço específico legitimado pela instituição para olhar para si mesmo. Da mesma forma, percebeu-se a dificuldade de alguns em reconhecer que a elaboração de questões pessoais e do grupo poderia melhorar o trabalho com os pacientes e com a equipe terapêutica. Em alguns momentos, resistências dessa natureza prejudicaram a realização dos encontros, obstruídos pela dificuldade em compreender e falta de disponibilidade para trabalhar as dinâmicas de grupo e institucionais.

---

6 Não apenas na residência, mas também na graduação, os efeitos positivos do trabalho periódico com professores, tutores e assistentes gradualmente se disseminaram para além do Departamento de Clínica Médica, em outros âmbitos da FMUSP:

- Inspirado em princípios semelhantes aos do Projeto, em 1998, foi criada, no primeiro ano da faculdade, a disciplina Introdução à Medicina e suas Especialidades, com a proposta de promover desde o início da formação uma visão integrada e multidisciplinar da medicina.
- Na discussão de um novo currículo, que ocorria na época, a Comissão de Graduação considerou diversos elementos evidenciados por professores e alunos nas atividades com os tutores.
- Atividades organizadas em torno de tutores, centrais em nosso Projeto, foram também criadas por outros Departamentos da FMUSP.
- Os bons resultados alcançados pelas atividades do Projeto Clínico e Didático de Ação Multidisciplinar em Meio Médico-Hospitalar também inspiraram a criação, em 2000, do Projeto Tutores, atividade regular em grupos de tutores para todos os alunos da graduação da FMUSP (Bellodi & Martins, 2001).

Muitas vezes essas dificuldades eram atribuídas a elementos concretos, como a necessidade de que o ritmo dos encontros de tutoria se adequasse ao ritmo dos estágios (grades horárias, plantões etc.), porém ficava evidente que a dificuldade dos grupos em se reunirem ou o aumento do absenteísmo no grupo acontecia justamente em alguns momentos críticos da residência (individuais ou coletivos), sendo esses comportamentos sintomas de tais dificuldades. Algumas vezes, resistências de mesma natureza também foram vividas pelos próprios tutores, com expressões semelhantes às observadas nos membros dos grupos.

De maneira geral, o acompanhamento dos residentes pelos grupos de tutoria ao longo de sete anos permitiu desenvolver uma maior integração dos estágios da residência, em função da mobilização e participação de tutores de diferentes especialidades. Observamos também uma melhora no aproveitamento e na satisfação dos residentes com suas atividades, que em grande medida resultou, reciprocamente, na maior satisfação das diferentes clínicas e dos responsáveis por estágios com o grupo de residentes, com a consequente diminuição de conflitos em muitos deles.

A criação de enquadres de diálogo e de reflexão de proximidade por meio dos tutores diminuiu de forma significativa o recurso constante à coordenação da residência e a instâncias superiores da pós-graduação para a resolução de conflitos, melhorando as relações de estudo e de trabalho e permitindo também a detecção e manejo precoce das dificuldades individuais e dos grupos. A existência de enquadres e de modos de trabalho como a tutoria favoreceu e promoveu a criação de vínculos tanto entre os residentes como com outros membros da equipe, e com os tutores em especial. Estes passaram a ser também bastante procurados como referência por alguns residentes para conversas e aconselhamento, mesmo depois do término da residência.

Apesar de seus notáveis benefícios, a tutoria dos residentes de Clínica Médica da FMUSP nem sempre conseguiu responder a muitos dos dilemas desconhecidos vividos por aqueles que decidiram um dia dedicar-se à arte da medicina, ao cuidado e ao tratamento do outro e de si mesmo. Ela, porém, foi e continua sendo um recurso capaz de indicar, para aqueles que se disponham a enxergá-lo, que a longa busca por tais respostas não precisa necessariamente ser clandestina, nem mesmo solitária.

Referências

Balint, M. (1966). *O médico, seu paciente e a doença*. Rio de Janeiro: Livraria Atheneu, 1988.

Bellodi, P. L., & Martins, M. A. (2001). Projeto tutores: da proposta à implantação na Graduação da Faculdade de Medicina da Universidade de São Paulo (FMUSP). *Revista do Hospital Universitário da USP*, *11*(1-2), 52-59.

Gonçalves, E. L. (2001). Ser médico: uma longa trajetória – Uma curta reflexão para professores e estudantes de medicina. *Revista do Hospital Universitário da USP*, *11*(1-2), 22-29.

Hamburger, J. (1984). *La raison et la passion – Réflexions sur les limites de la connaissance*. Paris: Seuil.

Israël, L. (1968). *Le médecin face au malade*. Bruxelles, Desart & Mardaga.

Lown, B. (1997). *A arte perdida de curar*. São Paulo: JSN Editora.

Martins, M. A. (1998). Reflexões sobre a formação do médico. In R. M. Volich, F. C. Ferraz & M. A. A. C. Arantes (Orgs.), *Psicossoma II: psicossomática psicanalítica* (pp. 239-246). São Paulo: Casa do Psicólogo.

Marcondes, E. (2001). A graduação médica na Faculdade de Medicina – USP – Breve histórico e análise da estrutura curricular. *Revista do Hospital Universitário da USP, 11*(1-2), 5-21.

Volich, R. M. (1995, dezembro). Entre uma angústia e outra... *Boletim de Novidades Pulsional, 80*, pp. 37-45.

Volich, R. M. (2000). A função terapêutica. In *Psicossomática: de Hipócrates à psicanálise* (7a ed., Coleção Clínica Psicanalítica). São Paulo: Casa do Psicólogo, 2010.

Volich, R. M. (2002). Horizontes médicos. In *Hipocondria, impasses da alma, desafios do corpo* (3a ed. ampliada). São Paulo: Casa do Psicólogo, 2015.

Volich, R. M. (2004). O cuidar e o sonhar: por uma outra visão da ação terapêutica e do ato educativo. In L. Pessini & L. Bertachini (Orgs.), *Humanização e cuidados paliativos* (pp. 71-86). São Paulo: Edições Loyola.[7]

Volich, R. M. (2015). A clínica da supervisão, da desorganização à autonomia. In A. M. Soares, C. R. Rua, R. M. Volich & M. E. Pessoa Labaki (Orgs.), *Psicanálise e Psicossomática. Casos clínicos, construções*. São Paulo: Escuta.

Warth, M. P. T. O., & Volich R. M. (1997, setembro). Repensando a relação professor-aluno. *Ponto e vírgula – Boletim do Centro de Desenvolvimento da Educação Médica FMUSP (CEDEM), 41*, 12-13.

7 Também presente nesta coletânea.

27. Aos mestres sem nenhum carinho[1]

Em tempos em que observamos nossas escolas competirem freneticamente em torno de tecnologias educacionais requintadas, é alentador encontrarmos um livro que nos remeta à microscopia do processo educativo: a relação professor-aluno.

Max Marchand não mede palavras. É veemente ao afirmar que, independentemente das metodologias educacionais, é a qualidade do diálogo entre o educador e o educando que decide o sucesso ou fracasso virtuais da tarefa educacional.

---

1 Resenha de *A afetividade do educador*, de Max Marchand (1985). Publicada no caderno Ilustrada da *Folha de S.Paulo* em 27 de outubro de 1985.
Nesse ano de 1985, a leitura do livro de Marchand e a escrita desta resenha me sensibilizaram para a importância da dimensão transferencial *também* na atividade pedagógica. Apesar da simplicidade da resenha (ao meu olhar atual) decidi incluí-la na coletânea como marco significativo dos desdobramentos que essa descoberta continua a produzir em minha prática de ensino e pela inspiração que ainda me oferece para alguns de meus trabalhos sobre as relações entre a transmissão de conhecimentos e habilidades e a clínica. Cf., por exemplo, os artigos "Repensando a relação professor-aluno" (Warth & Volich, 1997) e "O cuidar e o sonhar: por uma outra visão da ação terapêutica e do ato educativo", presente nesta coletânea.

Por meio do que denomina "par educativo", Marchand busca resgatar uma dimensão geralmente negligenciada por grande parte dos educadores, que poucas vezes se interrogam sobre o que se passa no mundo da criança, desprezando suas fantasias, percepções e afetos. O conceito de par educativo enfoca a unidade de relação professor/aluno, fonte de interações afetivas que exigem a análise simultânea tanto das reações recíprocas entre os membros do par como de suas reações às influências externas.

Se muitas escolas se permitem reconhecer a importância dos fatores afetivos das crianças no processo de aprendizado, nem todas conseguem destacar, ou mesmo enxergar, que esses mesmos fatores podem influir na atitude dos professores ao ensinar. Como negar os sentimentos provocados em qualquer um de nós por uma criança? Da mesma forma, o professor, no seu contato frequente com as crianças, se vê irremediavelmente tocado em experiências primitivas de sua infância. Estas podem levá-lo a reagir das mais diferentes maneiras: invejando a juventude de seus alunos, buscando avidamente sua admiração e aprovação, restringindo sua liberdade, tentando fazer delas a criança que ele próprio, professor, não conseguiu ser, entre muitas outras.

A afetividade do educador procura ser, a um só tempo, uma tentativa de descrição fenomenológica simples e clara de algumas modalidades de relação no interior do par educativo e também uma proposta do que Marchand chama de *higiene afetiva do educador*. Assim, é importante que os educadores se preocupem em reconhecer as reações provocadas em si por seus educandos, que busquem formas de cuidar de sua vida afetiva e mental, em função da constante exigência que seu ofício lhes demanda neste campo.[2]

---

2 Muitos anos depois, essa concepção sobre a importância do trabalho da "contratransferência", não apenas dos educadores, mas também de médicos e de outros profissionais de saúde, foi uma das fontes de inspiração para o trabalho

Geralmente, por sua posição, é o educador que pode, por sua mudança de atitude, propiciar o aperfeiçoamento da relação afetiva com seus alunos. Ao contrário do que frequentemente observamos, Marchand insiste na importância de dois focos no processo educativo, o *conflito* e a *inevitabilidade da separação.*

O conflito é o cerne da tarefa educativa. É a possibilidade de se defrontar com desafios, reconhecer e adquirir recursos para enfrentá-los, angustiar-se diante de dificuldades, que permite à criança, na sua relação com o educador, fortalecer-se e se desenvolver. A educação "boazinha", na qual ninguém discorda ou discute, aquela que nega o conflito e escamoteia as diferenças, é a que propicia a eterna infantilização da criança, que a mantém prisioneira de seus próprios limites nunca postos à prova.[3]

Por outro lado, se em um primeiro momento é tarefa do educador aproximar o aluno, trazê-lo para junto de si para que trocas recíprocas possam ocorrer, ao longo do tempo, é necessário para ambos saber abrir mão dessa relação. O amor pelo aluno significa uma preparação para a separação. Implica que o professor reconheça que é apenas uma pequena parte no universo da criança e que os recursos adquiridos na convivência em comum devem, na verdade, permitir ao aluno sua autonomia, sua independência,

---

desenvolvido por meio de tutores com alunos, residentes, professores e assistentes da Faculdade de Medicina da USP (cf. o artigo "Os dilemas da formação do médico" desta coletânea) e também de outros projetos, como o do Centro de Estudos da Mama, com equipes de oncologia e mastologia (Assolini & Mesquita, 1998; Volich, 1998).

3 Causa vertigem, mas é inevitável, o salto de 35 anos convidando a pensar essa perspectiva sugerida por Marchand na triste realidade educacional do Brasil de 2020, quando fervilham propostas de negação da diversidade e do contraditório, retrocessos em iniciativas de integração de alunos com necessidades especiais e tentativas de criação de pensamentos únicos e homogêneos em torno de concepções de mundo, da natureza, de costumes, de comportamentos e da história humana.

enquanto o professor, por sua vez, se prepara para reiniciar seu caminho e propiciar a outras crianças essa experiência. Marchand nos revela, enfim, a dramática descoberta de que, mesmo rodeado de crianças, professores, pais, diretores e muitos outros agentes, a tarefa do educador é, em essência, solitária.

Referências

Assolini, M. M., & Mesquita, A. C. (1998, março). O desafio do psicólogo na equipe multidisciplinar de mastologia e oncologia. *Boletim de Novidades Pulsional, 107*, 13-15.

Marchand, M. (1985). *A afetividade do educador* (Maria Lúcia Barbanti e Antonieta Barini, trad.). São Paulo: Summus.

Volich, R. M. (1998, março). Psicanálise e oncologia: a arte do impossível? *Boletim de Novidades Pulsional, 107*, 3-7.

Warth, M. P. T. O., & Volich, R. M. (1997, setembro). Repensando a relação professor-aluno. *Ponto e vírgula - Boletim do Centro de Desenvolvimento da Educação Médica FMUSP (CEDEM), 41*, 12-13.

28. O cuidar e o sonhar

Por uma outra visão da ação terapêutica e do ato educativo[1]

Uma visão impossível.

Deitado há semanas naquele mesmo leito, o olhar no vazio, sem dizer palavra, ele resistia. Nada mudava. Não melhorava, não piorava. Vivia? Segundo os instrumentos, vigilantes e atentos, sem dúvida. Pulso regular, respiração natural ritmada, atividade cerebral mínima, mas nada manifesta. Segundo seus familiares, seus amigos, não se sabia. Muitos, aos poucos, minguavam na visita. Outros adotaram os monitores dos equipamentos da UTI como únicos instrumentos de seu saber. Esperavam.

---

1 Publicado em *Humanização e cuidados paliativos*, de Pessini e Bertachini (Orgs.) (2004), revisado e modificado para esta coletânea. As ideias deste trabalho surgiram a partir de uma discussão sobre esse tema realizada no Grupo Especializado de Atendimento Integrado (Geai) em 8 de novembro de 1999 em São Paulo. Elas foram posteriormente ampliadas em outros trabalhos, especialmente no capítulo "A função de terapêutica" de *Psicossomática: de Hipócrates à Psicanálise* (Volich, 2000). Agradeço aos amigos e interlocutores do Geai pela inspiração e pelas trocas que deram origem este trabalho.

Diziam os médicos que era o que restava fazer. Pois tudo já havia sido feito. Todas as drogas, todas as manipulações, algumas experiências. Nenhuma resposta. Longo coma.

Mas Marianne persistia. Dia após dia, debruçada à sua cabeceira, acariciava-lhe o braço, sussurrando-lhe ao ouvido as novidades, notícias daquele mundo que prescindia de sua presença. Aproveitava cada minuto daquela visita para recordar cenas de suas vidas. O primeiro encontro, as aventuras, os lugares que junto conheceram, tudo que construíram.

No corredor, os membros da equipe médica passavam apressados. Não resistindo, diminuíam o passo para contemplar aquela cena, condoídos, angustiados. Quase todos já haviam lhe dito que aquele ritual não tinha sentido. Ele não podia ouvir, não podia sentir, não podia perceber sua presença. Por que ela insistia? Por que se recusava a admiti-lo? Marianne já não argumentava com eles. Começara dizendo que, mesmo sem poder confirmá-lo, acreditava que, para ele, seu gesto devia fazer sentido, que algo do que fazia chegava até ele. Vários foram aqueles que tentaram convencê-la de que aquilo era impossível, encorajando-a a ser forte e a "encarar a realidade". Aprendera a dizer que se era incerto o efeito de seu gesto para ele, que ao menos considerassem a importância que aquela "conversa" tinha para ela.

No quadragésimo terceiro dia, Jerôme abriu os olhos. A enfermeira foi a primeira a percebê-lo. Chamou-o pelo nome recebendo um balbucio como resposta: pediu água. O intensivista aproximou-se para medir seus reflexos. Hesitantes, respondiam. Os marcadores clínicos indicavam que o organismo começara a reagir. Meia hora depois, Marianne chegou. Automaticamente, debruçou-se na cabeceira da cama reiniciando seu ritual. Não pareceu surpresa quando ele começou a responder-lhe, com dificuldade, tomando, ainda que tropegamente, a iniciativa de pedir a ela notícias daquele mundo, de onde percebia ter se ausentado.

Espantada, mas satisfeita com aquela evolução, a equipe médica tentava entender o que acontecera. Ao examiná-lo, recolhiam os elementos clínicos que buscavam, sem, porém, conseguir compreender, em seu relato, fragmentos das "conversas" que Marianne tivera com ele ao longo daquele período. Para os médicos, tendo em vista seu estado clínico e neurológico, parecia impossível que tivesse ouvido ou registrado algo. Sonhava?

Casos como esse não são estranhos para aqueles que frequentam as unidades de terapia intensiva. Os recursos técnicos que envolvem o paciente em coma muitas vezes escamoteiam as incertezas e as evoluções inesperadas de um paciente, no sentido da vida ou da morte. Frequentemente, nesses casos, permanecem inexplicáveis a sobrevivência ou a recuperação de pacientes de situações traumáticas extremas, ou daqueles cuja evolução parecia promissora, mas que acabam por sucumbir.

O que chama a atenção no caso de Jerôme não é tanto o desenlace feliz de sua situação, mas a atitude de Marianne e o que ela mobilizou na equipe terapêutica. Por que durante todo o coma ela insistiu em sua "conversa" com Jerôme, quando todos os médicos afirmavam formalmente que, clinicamente, Jerôme não era capaz de ouvi-la ou compreendê-la? O que perturbava a equipe terapêutica impedindo-a de compreender o gesto de Marianne?

Mais do que encontrar uma explicação para a evolução surpreendente de casos extremos ou mesmo menos graves que o de Jerôme, o objetivo deste trabalho é refletir sobre a atitude de Marianne e as reações da equipe terapêutica, que nos convidam à reflexão sobre a *experiência do cuidar*. A partir dela, podemos aprofundar nossa compreensão das dinâmicas presentes na relação terapêutica, e também na relação educativa, que guarda com a primeira uma intimidade frequentemente esquecida.

Relação terapêutica, relação educativa

A *relação terapêutica* é aquela que se estabelece entre uma pessoa que sofre e busca alívio e alguém que, em princípio, teria recursos para aliviá-la. Ela se instaura com vistas ao tratamento de uma disfunção, ao restabelecimento de um estado anterior e a alcançar um padrão, uma norma (anatômica, fisiológica, psicológica ou social), considerados como mais equilibrados.

Os desvios desse padrão são caracterizados como disfunção, distúrbio ou sintoma, e geralmente considerados "estranhos" ao sujeito. No âmbito das ciências da saúde, a *ação terapêutica* é muitas vezes promovida como uma ação de normalização (poderíamos dizer normativa?), que, para atingir seus objetivos, exige a eliminação do elemento estranho, a depuração de uma substância tóxica, a superação de um obstáculo ao desenvolvimento, a reversão de um processo nocivo ao organismo ou, ainda, mudanças de comportamentos, de estados emocionais, de condições subjetivas.

Por sua vez, a *relação educativa* se estabelece entre o sujeito que, para desenvolver-se, precisa de uma outra pessoa que, em princípio, poderia orientá-lo e oferecer-lhe recursos com vistas a esse fim. A *ação educativa* é comumente associada à ideia de aquisição de habilidades, de competências, à noção de formação, mas também de recursos cognitivos, afetivos e subjetivos. Ela busca propiciar a expressão e o desenvolvimento do potencial existente no sujeito, pautando-se por modelos e normas social e individualmente estabelecidas. A educação geralmente se orienta segundo objetivos e métodos marcados por ideais e normas familiares e socioculturais, visando permitir aos indivíduos incorporá-las ao longo da vida, simultaneamente ao processo de aquisição de recursos, conhecimentos e de constituição subjetiva.

O processo educativo também é pautado por ideais de normalidade, pressupostos e concepções sobre o ser e o desenvolvimento humano (filosóficos, sociológicos, psicológicos, antropológicos, religiosos). Geralmente, considera-se que a adequação à norma caracteriza *o bem*, enquanto, por outro lado, o *mal* é caracterizado pelo desvio da norma estabelecida. A ação terapêutica e a ação educativa compartilhariam, então, um ideal comum: permitir ao sujeito alcançar e preservar uma condição de "bem-estar", manter-se no rol da normalidade e, em caso de perturbação, desvio ou "mal-estar", conseguir recuperar esse "bem-estar". Todas essas concepções, ao mesmo tempo, repercutem e se refletem na esfera jurídica, são a ela referidas e também a transformam, moldam o corpo e as relações sociais.

Apesar de prevalente, essa leitura é controversa e, pertinentemente, sujeita a questionamentos.

A despeito de especificidades e divergências, as múltiplas correntes terapêuticas e educativas orientam-se usualmente segundo tais referências. Porém, diferenças significativas surgem quando se busca especificar as origens, as características e os meios para alcançar o "bem" ou o "bem-estar" e os parâmetros que definem a normalidade. Revelam-se então diferentes concepções de homem, visões diversas das relações entre este e seus semelhantes e do lugar que eles ocupam na natureza e na vida social. Consequentemente, dessas concepções resultam também diferentes formas de compreender o "mal", a doença, o sintoma, a anormalidade e, mesmo, a ilegalidade, assim como distintos métodos para lidar com essas condições.

As ações e relações terapêuticas e educativas incitam-nos, portanto, à reflexão sobre a ideia de *normalidade* e de desvio, sobre as múltiplas concepções do desenvolvimento humano e de suas perturbações, bem como sobre suas repercussões nas esferas individuais e coletivas.

Assim, é possível questionar o sentido terapêutico de priorizar em qualquer circunstância a eliminação de certos sintomas, a manutenção indefinida da vida por aparelhos ou a aceitação incondicional de certos padrões relacionados à ideia normativa de saúde, como quando ela entra em choque com certas formas de subjetivação. Da mesmo maneira, podemos também perguntar sobre o valor educativo de aceitar como postulado, inquestionável, o imperativo de adaptação do sujeito à realidade, a certas formas de organização social e a certas normas, sem considerar a possibilidade de transformá-las, caso não sejam mais satisfatórias, sustentáveis ou cerceiem princípios, liberdades e direitos de certos grupos ou comprometam a convivência social e entre países.

Em que medida é terapêutico, por exemplo, realizar cirurgias estéticas visando apenas assemelhar-se aos padrões de beleza veiculados a cada época pela mídia, ou educativo preparar as crianças para a "globalização", considerada inefável, oferecendo já na escola maternal *tablets* e jogos eletrônicos, ou fazendo-as frequentar, desde a mais tenra idade, cursos de línguas ou de computação? As políticas públicas e os diferentes projetos institucionais para lidar com usuários e dependentes de drogas (lícitas e ilícitas), oscilando entre as propostas repressivas e punitivas e as que buscam a recuperação e alternativas de inserção social dos dependentes químicos, são ainda um exemplo da dificuldade de definir os padrões de normalidade e igualmente a maneira de interpretá-los e tomá-los como referência para ações, tanto terapêuticas como educativas.

Muitas outras questões semelhantes podem ser levantadas, que, porém, fugiriam do foco do presente artigo.

Questões controversas como essas evidenciam, se ainda preciso fosse, que, em nossos dias, a terapêutica e a educação permanecem fortemente marcadas por concepções de adaptação e modelagem a padrões e ideais centrados em referências e normas coletivas, muitas vezes em detrimento da consideração de subjetividades e particularidades individuais e de certos grupos, e pela tendência imperativa à eliminação do "mau" e do desviante, em detrimento da compreensão da origem e do significado dos desvios ou, ainda, sem considerar a conveniência de transformação de normas, que já não correspondem à evolução e mudanças de indivíduos e sociedades.

A multiplicação de problemas oriundos de posições que privilegiam as normas em detrimento da compreensão das subjetividades daqueles que podem eventualmente desviar-se delas são claramente observáveis em nossas escolas, hospitais e consultórios: de forma geral, alunos e pacientes alienados de si mesmos e dos processos nos quais estão envolvidos, que não se sentem ouvidos por aqueles que tratam e ensinam. Resultam dessas condições, na educação, discriminação de "alunos-problema", dificuldades de inserção e de aprendizado, *bullying* e violência institucional; na saúde, segregação de pacientes portadores de certas doenças ou pertencentes a grupos de risco, de alguns que manifestam certos comportamentos, iatrogenia, multiplicação de exames desnecessários, diminuição da importância da clínica, perturbação constante da relação médico-paciente, entre muitos outros.

Como sabemos, essa lista é, infelizmente, bem mais extensa. São constantes as queixas e as evidências de descaso nas iniciativas públicas e privadas quanto à saúde e à educação. Ao longo dos anos, tornou-se extremamente frequente que alunos e pacientes sintam-se mal cuidados, ao mesmo tempo que os membros de equipes educacionais e de saúde se sentem pouco reconhecidos e com condições de trabalho cada vez mais precárias. Uns diante dos outros parecem não conseguir se enxergar, nem se ouvir. O que compromete, e muitas vezes impede, a relação e a comunicação entre eles?

Fatores econômicos são frequentemente evocados para explicar tais dificuldades. Apesar de também pertinentes, eles não são suficientes. Para além deles, é importante também considerar que, para compreender os obstáculos às relações e ações terapêuticas e educativas, invisíveis mas quase tangíveis, é necessário reconhecer que a referência quase exclusiva às normas coletivas impede que a subjetividade, a história e as condições de vida daqueles que participam da relação educativa ou terapêutica se sintam reconhecidos e cuidados. O reconhecimento desses fatores poderia favorecer a superação de tais obstáculos.

Assim, no processo educativo e na ação terapêutica é importante atentar para as fontes individuais e dinâmicas internas daqueles que participam dos processos de aprendizado e de tratamento, bem como considerar o contexto individual, familiar e social do desenvolvimento de cada um, sua natureza e seus desejos.

Da mesma forma, é necessário um outro olhar para os percalços do desenvolvimento, para os momentos de desorganização psicossomática e de doença, para os impasses terapêuticos e para as dificuldades de aprendizado, para o "paciente difícil" e para o "aluno-problema", reconhecendo que, mais que o eventual caráter desviante a ser eliminado ou corrigido, embutidos nos sintomas e em tais manifestações existem, sobretudo, sofrimentos de outra ordem que, sem que o indivíduo se dê conta, demandam também compreensão.

Como resgatar a essência de processo educativo e, no processo terapêutico, as experiências de transformação? Uma passagem fundamental para tentar responder a essa questão é compreender o processo do cuidar.

Existe uma especialidade no cuidar?

Sabemos que o termo *educar* é oriundo do latim *ducor*, conduzir. Está implícita nessa derivação a ideia de alguém que, possuindo conhecimentos e experiência, conduz, orienta o discípulo em direção aos ideais e aos objetivos educativos. Na Antiguidade, os mestres, em torno dos quais se reuniam os discípulos, eram modelos admirados e cultuados por eles. Platão sempre lembrou a dimensão amorosa dessa relação. A relação educativa, de transmissão e aprendizado, era assim marcada pelo vínculo a alguém admirado, que encarnava certos ideais. Esse relacionamento possuía, ao mesmo tempo, uma dimensão coletiva e individual: o conhecimento do mestre era compartilhado por todos, sem deixar de ser, também, individualizado. Os relatos daqueles tempos frequentemente descrevem o mestre caminhando ao lado de seu aluno, numa posição de companheirismo, que em nada diminuía sua autoridade, e os diálogos que ocorriam entre eles. O que estava implícito nesse dispositivo de transmissão de saber e de aprendizagem?

Por sua vez, o termo *terapêutica* deriva do grego *therapéuo*, que significa "eu cuido" (Corominas, 1997).[2] Na Grécia Antiga, o *thérapueter* era aquele que se colocava junto à pessoa em sofrimento. Inicialmente, ele compartilhava a experiência da doença do paciente com vistas a poder compreendê-la e, a partir dessa

2 Agradeço a Alfredo Mansur pela indicação da particularidade etimológica essencial desse termo que designa nossa prática cotidiana.

proximidade com o doente, mobilizar seus conhecimentos e sua arte de *cuidar*, sem a certeza de poder realmente curá-lo. Para compreender a doença, o *thérapueter* interessava-se pela totalidade da vida do paciente, inclinando-se tanto para ouvi-lo como para aproximar-se de seu corpo e examiná-lo. Essa inclinação (*klinos*, em grego, termo do qual deriva a palavra *clínica*) significava também uma reverência, uma posição de respeito com relação ao sofrimento do doente.

Para além da pessoa, dos conhecimentos e de uma eventual especialidade do terapeuta, cabe considerar a *função* que ele exerce na relação com aquele que sofre. Inicialmente, para o exercício dessa *função terapêutica*, o profissional da saúde (médico, psicólogo, fisioterapeuta, assistente social, enfermeira, ou outro) ou mesmo (por que não?) uma pessoa próxima são, sobretudo, convidados a acolher um pedido de ajuda com relação a um sofrimento que busca uma outra pessoa para compartilhá-lo e, se possível, compreendê-lo e aliviá-lo. Um sofrimento que, geralmente, o próprio sujeito desconhece, mas que encontra no sintoma, na queixa, sua forma de expressão mais requintada, quase sempre a única possível naquele instante de sua vida.

Da mesma forma, a *função educativa* tampouco pressupõe a especialização daquele que a exerce. O educador pode ser um professor, um instrutor, um orientador pedagógico, um monitor, mas também alguém próximo da criança, familiar ou não, um parente, um funcionário da escola, um jornaleiro, ou seja, todo aquele que é confrontado à curiosidade e à incompreensão do sujeito diante da vida e de suas experiências e que se disponha a acolher a angústia subjacente a tais enigmas, sem necessariamente conhecer as respostas a eles. Enigmas para os quais o sujeito busca acolhimento, tolerância e partilha. Ao aceitar esse pedido e essas condições, quase nunca explicitadas, esse outro contribui para que ele se reorganize diante dos efeitos perturbadores do não saber e de enigmas apresentados pela vida, com vistas a tentar descobrir respostas.

O conhecimento, a técnica, a experiência acumulada ao longo dos séculos na tentativa de compreensão do desconhecido e de tratamento das diferentes formas de expressão da natureza e do sofrimento humano são sem dúvida essenciais para tentar lidar e aliviar tais manifestações. Eles são também importantes para que o indivíduo reconheça e busque alcançar seus anseios, se desenvolva e tente encontrar respostas para os enigmas com os quais se depara ao longo de sua existência. Porém, tanto no contexto educativo como no terapêutico, esses fatores pressupõem, antes de tudo, a capacidade de cada um para entrar em contato com as experiências pessoais, fantasias, desejos e com as relações vividas ao longo de sua história, com a curiosidade, presente em todas as idades, do indivíduo que busca aprender ou ainda que, quando sofre, apresenta sua queixa, o órgão lesado, o desequilíbrio revelado pelos exames clínicos.

Dessa perspectiva, constatamos que a função educativa e a função terapêutica possuem uma íntima relação com experiências primordiais que nos constituem e que todos compartilhamos, a partir das quais elas se estruturam. Experiências que marcam nossas origens, sem as quais nossa existência e nosso desenvolvimento não teriam sido possíveis. Relacionam-se especialmente com a experiência de nosso desamparo primitivo, de nosso completo desconhecimento inicial da vida e do mundo que, para serem superados, necessitaram do exercício, por um outro humano, da *função materna*.

Função materna, funções de transformação

Léon Kreisler (1992), pediatra e psicanalista, ressalta o caráter fundamental da função materna para assegurar o desenvolvimento e o equilíbrio da economia psicossomática do bebê. Apesar de principalmente exercida pela mãe nos primeiros tempos de vida de seu filho, ela é também desempenhada, de diversas maneiras, por todos aqueles que cuidam da criança. Essa função compreende tanto a satisfação das necessidades fisiológicas e instintivas da criança como também a proteção contra ameaças físicas do meio em que vivem. Ela funciona também como uma "película" que o envolve, como um *para-excitações*, um "filtro" para sensações e experiências que o bebê ainda não é capaz de assimilar ou elaborar por si mesmo.

Em meio às turbulências características de sua chegada ao mundo, essa proteção propicia à criança a criação de um espaço de quietude, que favorece suas primeiras tentativas de organização autônomas. Por sua vez, a mãe e aqueles que exercem a função materna podem descobrir e acompanhar os ritmos próprios da criança, percebendo e interpretando suas respostas aos contatos corporais, às vocalizações e aos gestos do bebê. Dessa forma, ele se constituem também como organizadores de comportamentos e de funções do lactente, como *intérpretes* de suas reações (Aulagnier, 1978).

Kreisler (1992) descreve a *gerência materna,* caracterizada pela qualidade da presença materna e de sua relação com o bebê, que podem assegurar, por um certo período, funções que este ainda não é capaz de assumir por si mesmo, em razão de seu estado de desenvolvimento. Dessa forma, a mãe propicia gradualmente à criança a aquisição de competências próprias e específicas necessárias ao desenvolvimento autônomo em direção a níveis mais evoluídos e harmônicos de funcionamento. Ele lembra a natureza recíproca dessa relação, uma vez que também o bebê é capaz de induzir a competência e o funcionamento da mãe e daqueles que exercem a função materna (Kreisler, 1992, p. 351). De forma semelhante, é fundamental considerar que, na relação terapêutica ou educativa, o paciente ou o aluno também promovem a competência do terapeuta ou do professor.

A presença e o contato da mãe e daqueles que cuidam do bebê são fontes de estímulos que promovem sua maturação e seu desenvolvimento, inclusive fisiológico. Ashley Montagu (1986) relata inúmeras pesquisas que revelam a importância do contato sensorial com a mãe e da estimulação epidérmica para a organização do sistema imunológico e do processo de mielinização do sistema nervoso. A precariedade ou a irregularidade desse contato são perturbadores para o desenvolvimento da criança, como já havia demonstrado René Spitz (1963). Ao descrever o *hospitalismo*, ele revela que a satisfação exclusiva das necessidades biológicas e dos cuidados materiais são insuficientes para garantir a sobrevivência do bebê. Apesar da satisfação de necessidades fisiológicas e de higiene, crianças que vivem privação afetiva extrema podem apresentar do terceiro ao sexto mês atraso motor, passividade, inércia, diminuição marcante nos movimentos mesmo na cama, expressão facial vaga, coordenação ocular defeituosa. Principalmente nos primeiros meses, elas manifestam também uma grande incidência de doenças infecciosas graves e uma mortalidade significativamente maior que a da população de sua idade.

Essas manifestações evidenciam a função fundamental da relação com um outro humano para o processo de maturação, integração e desenvolvimento da motricidade, das relações com as demais pessoas e com o ambiente, da linguagem e dos recursos psíquicos. Nessa evolução, é importante considerar que esses recursos, mais elaborados, têm uma função essencial de assimilação e elaboração dos estímulos provenientes da realidade externa e do meio interior, e, dessa forma, de manutenção do equilíbrio da economia psicossomática. Em sua constituição e em suas dinâmicas e funções, essa economia, e o aparelho psíquico em particular, são marcados pelas experiências de satisfação e de frustração, de dor e de prazer, de amor e de ódio vividas com aqueles que cuidaram da criança ao longo de seu desenvolvimento. As relações com seus semelhantes, sobretudo nos primórdios da vida, e as marcas por elas deixadas forjam as condições do indivíduo para lidar com o desconhecido e com o sofrimento. Elas determinam também o pano de fundo determinante das experiências do cuidar.

O desamparo primitivo e sua superação

Em seus primórdios, a existência humana é marcada pela experiência do desamparo. No nascimento, ao passar do meio intrauterino protegido e relativamente tranquilo para o exterior do corpo da mãe, o organismo do bebê precisa responder, em pouquíssimo tempo, a estímulos, sensações e necessidades até então inexistentes ou desconhecidas. Sem contar com os funcionamentos automáticos de regulação antes propiciados pelo organismo materno, o recém-nascido passa a ser submetido a estímulos internos, oriundos de seu corpo, e externos, vindos do ambiente, sem ainda conseguir proteger-se ou lidar com eles. Mesmo os recursos fisiológicos presentes no nascimento, em grande medida automáticos, são insuficientes para esse fim. Suas funções vitais passam a exigir medidas para sobreviver e garantir o equilíbrio do organismo. Sem o cordão umbilical e a placenta, comer, respirar, regular a temperatura do corpo, proteger-se contra as ameaças de toda ordem passam a ser necessidades a serem satisfeitas, sem que o bebê tenha por si mesmo como fazê-lo.

Nessas condições, a mãe é convocada a suprir de fora aquilo que naturalmente garantia para seu filho em seu ventre. Muitas vezes ela se assusta com a dimensão desse desafio. Ela pode aceitá-lo, recusá-lo ou ainda delegá-lo. Com vistas à sobrevivência do novo ser, alguém precisa corresponder a ele. Cada uma dessas alternativas marca de forma significativa as diferentes maneiras desenvolvidas pelo sujeito para lidar com suas experiências de vida, com conflitos, frustrações e prazeres que dela decorrem.

Pensando na equivalência entre o nascimento e a tragédia, Freud (1895) nomeou como *desamparo* as experiências do recém-nascido, marcadas pela desorganização, pela impotência, pela sideração, pela extrema dependência de um outro para (re)organizar-se. Não por acaso, Freud (1920) evidencia nessas experiências a essência da experiência traumática. Nessa linhagem, também o desconhecido, o sofrimento, o novo e a doença remetem o indivíduo a experiências de mesma natureza.

O desamparo resulta da condição do bebê que ainda não conta com recursos para lidar com ondas crescentes de estímulos incompreensíveis às quais está submetido, com necessidades orgânicas diferentes e simultâneas, mas todas imperativas, com o aumento insuportável da excitação que as acompanham.

Inicialmente, as experiências reais de satisfação são as únicas capazes de arrefecer tais turbulências, propiciando uma descarga eficiente das tensões por meio de *ações específicas* às necessidades da criança (Freud, 1895; 1900). Dessa forma, elas diminuem a intensidade das excitações, acalmam e apaziguam o bebê. Essas experiências, inesquecíveis e estruturantes, sinalizam que, apesar do desamparo, o caos pode ser evitado e aliviado, que uma ordem pode a ele sobrevir, que diante da necessidade que desponta e da agitação que se anuncia pode existir uma esperança. Experiências e significados impossíveis de serem descritas pelo bebê, que podem, porém, ser observadas e promovidas por aqueles que o acompanham, produzindo profundos efeitos na história do sujeito.

A função estruturante da fantasia e da relação ao outro

Observamos frequentemente que algum tempo depois de satisfeito da fome, por exemplo, o bebê começa a reproduzir com os lábios os movimentos de sucção. Aparentemente saciado, desperto ou dormindo, ele repete esses movimentos, como uma espécie de lembrança daquela experiência que o libertou da tensão da necessidade, do caos e do desespero pela impossibilidade de lidar com essas sensações. Verdadeiros traços de memória inscritos no corpo, eles sinalizam a origem de uma experiência alucinatória. O bebê se dá conta de que é capaz de reproduzir com seu corpo a experiência do momento libertador da satisfação mesmo na ausência da necessidade, tanto quanto do objeto de satisfação. Essa "lembrança" é evocada simplesmente para tentar experimentar novamente o prazer propiciado por aquele momento, independentemente de qualquer necessidade. Por meio daqueles movimentos, o bebê esboça suas primeiras tentativas de autonomia com relação às suas necessidades corporais e com relação àqueles que podem satisfazê-las.

O prazer pela lembrança da experiência de satisfação e também pela capacidade de reproduzi-la funda e estrutura a experiência autoerótica, inaugura a vida de fantasia e, graças a ela, a vida psíquica. É essa a natureza da alucinação primitiva (Freud, 1900), que se origina na inscrição da experiência de satisfação e da representação daquele que a propiciou no psiquismo incipiente do bebê. A partir dessa experiência primordial do ser humano, organiza-se a atividade de fantasia, de representação e do sonho, e, particularmente, o aparelho psíquico e o funcionamento psicossomático. Assim, a alucinação primitiva inaugura a possibilidade de superar as necessidades corporais para representá-las em uma outra dimensão, aquela que constitui o desejo humano, estruturado em torno da falta e das tentativas de preenchê-la a partir das marcas deixadas pelas primeiras experiências de satisfação e por aqueles que as propiciaram.

Os recursos constituídos a partir da alucinação primitiva permitem lidar com o desprazer contingente à não satisfação das necessidades, tolerar a espera enquanto sua satisfação real não é possível, tentando poupar as funções orgânicas, que, dispendiosas, tendem à descarga imediata diante do caráter desprazeroso de qualquer acúmulo de tensão. A atividade representativa e a fantasia propiciam, portanto, a ligação da excitação do organismo e também a estruturação das instâncias psíquicas e para a constituição do princípio de realidade. Por meio deles, torna-se possível evitar, graças a recursos psíquicos, a utilização ou o esgotamento dos recursos corporais automáticos e inespecíficos, muitas vezes ineficientes e, em alguns casos, fatais.

A neurofisiologia demonstra que o sonho, constituído a partir do paradigma da alucinação primitiva, é um mecanismo de regulação do organismo, responsável pela manutenção de seu equilíbrio físico-químico e pela recuperação da energia despendida durante o estado de vigília. Segundo Michel Jouvet, ele possui também, no início da vida, uma função de maturação do funcionamento fisiológico, em especial do sistema nervoso. O sono paradoxal (fase REM, durante a qual ocorre o fenômeno onírico) é o guardião não apenas do sono, como afirma Freud (1900), mas da própria individuação psicológica, sendo o responsável pela "programação da individuação do sistema nervoso central" (Jouvet, 1992, p. 182). Por sua vez, Michel Fain (1971) ressalta o caráter paradigmático e estruturante do sistema sono-sonho para a compreensão da economia psicossomática.

A observação dessas e de outras funções do bebê revela a importância das primeiras relações com seus semelhantes em seu desenvolvimento. As características da presença materna e daqueles que exercem essa função influenciam as possibilidades e os limites desse desenvolvimento, modelando os recursos do sujeito para lidar, ao longo da vida, com conflitos e com suas experiências de prazer ou de frustração. O equilíbrio ou desequilíbrio entre os momentos de presença e ausência, de investimento e desinvestimento da criança experimentado nessas relações configuram diferentes organizações da economia psicossomática da criança que participam de distúrbios característicos da carência ou do excesso de presença materna, descritos por Kreisler (1992). Essas marcas dos primeiros tempos do desenvolvimento podem também ser reatualizadas na adolescência e na vida adulta, participando de diferentes manifestações de desorganizações da economia psicossomática nesses períodos (Ranña, 2003; Marty, 1990).

A experiência da ausência materna, correlata à sensação de que suas necessidades não são satisfeitas, promove no bebê a necessidade de recorrer à experiência alucinatória como tentativa de lidar com o desprazer e a desorganização decorrentes dessas condições. A impossibilidade de experimentar essa ausência ou a promoção da satisfação permanente da criança, inclusive sem mesmo que surja alguma necessidade, perturbam e algumas vezes impedem que o bebê desenvolva a atividade alucinatória e a experiência de autonomia e compromete a constituição dos recursos psíquicos e representativos. Por outro lado, a ausência ou precariedade frequentes de satisfação e de proteção também perturbam a organização dessas funções, produzindo estados de carência, de privação e de sofrimento aos quais a criança pode responder por meio de distúrbios funcionais (Kreisler, 1992).

Compreendemos assim a importância da função materna para o surgimento e a evolução da atividade de fantasia e de representação e para a integração por elas propiciadas de funções orgânicas, senso-motoras e psíquicas. O grau de equilíbrio entre o investimento/desinvestimento, satisfação/frustração da criança pela mãe e seus substitutos delineia as possibilidades do comportamento autoerótico, da alucinação do desejo e também a viabilidade de entrada do pai nessas relações, marcando as formas de triangulação edípicas. Essas experiências ampliam o campo de autonomia da criança e a abertura de suas experiências para o mundo e outras pessoas. Esse equilíbrio define também as características da economia libidinal do indivíduo, das linhas evolutivas e dos movimentos de organização e desorganização de sua economia psicossomática (Marty, 1990; Volich, 2000).

A experiência do cuidar é herdeira de todas essas vivências. No encontro terapêutico ou educativo reatualizam-se para cada protagonista suas experiências mais precoces diante do desamparo, do sofrimento, do desconhecido e as vivências de cada um da qualidade da presença ou ausência daqueles que puderam ou não acolhê-los e aliviá-los.

Resgatando a essência do cuidar

Em sua leitura de *Fedro* de Platão, Jacques Derrida aponta que, na Grécia Antiga, o termo *pharmakon* designava ao mesmo tempo o remédio e o veneno (Brisson, 2000). O *pharmakon* não possui uma virtude própria, não se constitui apenas como a substância ativa presente na droga, mas compreende também a pessoa que a administra. Ele dispõe, segundo P. Fédida, "desta afinidade tão estranha com o psíquico, de onde todo seu poder de ilusão é tirado" (Fédida, 1998, p. 37). O *pharmakon* é, portanto, uma verdadeira "operação" na qual as relações com o terapeuta que o prescreve e com aquele que o administra são partes indissociáveis dos efeitos que ele produz. A operação platônica do *pharmakon* o desqualifica como substância (é uma substância, mas também uma não substância), para requalificá-lo pela *fala* e pela *memória*.

Essa leitura pode talvez provocar, num primeiro momento, um certo estranhamento. Porém, ela não deve surpreender-nos totalmente. Conhecemos as formulações de Claude Lévi-Strauss (1958), que, descrevendo os rituais praticados pelos curandeiros em torno do doente, ressalta a função e a *eficácia simbólica* dos gestos, dos sons, do ambiente formado em torno dos ritos do xamanismo (p. 215). Fenômenos da mesma ordem são também observados no conhecido *efeito placebo*, quando a administração a uma pessoa de uma substância inócua produz nela os efeitos normalmente conseguidos com a utilização da verdadeira substância ativa. Geralmente, considera-se esse fenômeno como fruto da *sugestão*, mas é importante considerar que essa sugestão resulta da *transferência* (Freud, 1912) entre o sujeito que ingere o placebo e aquele que o administra e, em particular, da qualidade dessa relação e do lugar de suposto saber ocupado por este último.[3]

Esses exemplos evidenciam a importância da *perspectiva tópica* presente nos fenômenos anteriormente citados. Os efeitos da ação terapêutica ou educativa são fruto da *posição* relativa existente entre o mestre e o discípulo, entre o terapeuta e o paciente e, mais especificamente, entre cada um deles e a *operação-pharmakon*, na qual se situa tanto o remédio e o procedimento prescritos

---

3 Em outro trabalho, "Efeito placebo e subjetividade: dor, desejo e palavra" (Volich, 2011) aprofundo essa discussão sobre o efeito placebo.

pelo médico como o conhecimento transmitido pelo professor. Destaca-se nesses processos o papel essencial da presença de um outro, que participa acompanhando o sujeito em cada um deles, observando seus efeitos, atribuindo significados e interpretando fenômenos que surgem naquele ser que vive, sofre e se desenvolve.

O *cuidar* implica, portanto, assumir posições. Colocar-se ao lado do sujeito seja para inclinar-se diante de sua dor, aguardar com ele os efeitos dos procedimentos terapêuticos, ou para acompanhá-lo no caminho que percorre em busca de seu desenvolvimento. Mesmo sem o perceber, o educador tem que se haver com sofrimentos da criança e do discípulo, com seu desamparo, com incertezas e com seu medo diante do desconhecido. Por sua vez, o terapeuta é confrontado com o desamparo do paciente, com sua angústia diante do sofrimento, da invalidez ou da morte. Porém, de certa forma, ele também é convocado a educá-lo, conduzi-lo por um caminho que ele não foi capaz de percorrer sozinho, ou para o qual não contou com a presença de alguém que pode, anteriormente, acompanhá-lo ou orientá-lo.

O desconhecido e a doença revelam e, frequentemente, provocam a fragilização do sujeito. Assim, aquele que cuida é muitas vezes confrontado com a dificuldade de ter que lidar com processos primitivos e desorganizados de funcionamento, sem poder contar necessariamente com a convicção, o engajamento e a disposição do paciente ou do discípulo para enfrentar essas condições.

O cuidar convoca o terapeuta e o educador às experiências primordiais de nossa história nas quais a superação do desamparo, da fragilidade e da desorganização depende primordialmente da presença de um outro humano. Como a mãe com o bebê, o *cuidador* é convocado ao exercício da *função materna*, podendo ser o *outro* que protege o discípulo ou o paciente diante de estímulos e situações que ele não é capaz de suportar e elaborar em certos momentos da vida. Evidencia-se, então, que a função materna se constitui como paradigma do cuidar.

No encontro com o paciente ou com o aluno, todo terapeuta e todo educador tornam-se parte de seu universo de relações. Mesmo que não atentem a essa condição, eles passam a se constituir como objetos psíquicos, sujeitos passíveis de responder ao desconhecido, ao sofrimento e ao desamparo dos quais nem sempre os primeiros se dão conta. Os destinos do ato terapêutico e do ato educativo são determinados por essa *transferência*, descrita por Freud (1912).

Dessa forma, em suas atividades, o terapeuta e o educador são constantemente solicitados ao exercício da função de intérprete de sinais minimalistas e de níveis bastante primitivos de comunicação, muitas vezes pré-requisitos para atingir os objetivos aos quais normalmente eles se propõem. Nesse registro, eles necessitam frequentemente resgatar os mínimos indícios sensoriais, dos gestos, do olhar, do toque para que seja possível estabelecer com o paciente ou com o aluno uma relação que promova, antes de tudo, o desenvolvimento de recursos mais evoluídos de comunicação e de reação diante das dificuldades vitais, cotidianas do aprendizado ou da doença.

D. W. Winnicott sublinhou a importância da *experiência da ilusão* no desenvolvimento da criança. Essa experiência, que se constitui no espaço intermediário entre a subjetividade e a objetividade, propicia a formação do objeto psíquico e a organização da relação com a realidade. Essa área de ilusão deixa em suspenso a distinção entre a realidade e a fantasia, sendo fruto do compromisso entre aquilo que a criança concebe e o que a mãe traz para a relação.

O espaço transicional constitui um campo neutro de experiência que não será contestado, e, desta forma, "um lugar de repouso precioso para o indivíduo". A criança, e, ulteriormente o adulto, podem reencontrar esse espaço potencial por ocasião de certas atividades que implicam uma não integração momentânea do eu (Winnicott, 1951).

Esses processos se referem ao brincar, à criação artística e outros semelhantes. A existência desse *espaço transicional* é também fundamental para lidar com vivências desintegradoras de sofrimento e do desconhecido, frequentemente imbricadas com as situações terapêuticas e de ensino.

O cuidar pressupõe um exercício permanente de liberdade para que o cuidador possa entrar em contato com sensações, fantasias e emoções do outro e também com aquelas mobilizadas em si pelo paciente ou pelo aluno, para compreendê-las como informações importantes a respeito daquilo que ocorre com cada um deles na consulta ou no ambiente de ensino. Portanto, é também importante promover e legitimar nesses contextos, ao lado do enquadre e de procedimentos terapêuticos ou educacionais específicos, um espaço de ilusão, de sonho, onde encontros de outra ordem possam acontecer.

O reconhecimento dessa dimensão onírica, transicional, do encontro terapêutico ou educativo propicia àqueles que dele participam o resgate daquelas experiências estruturantes e fundamentais do desenvolvimento. Mestre e discípulo, médico e paciente não trocam apenas informações e conhecimentos, dados da anamnese, sinais propedêuticos ou indicadores fornecidos pelos exames complementares. Nesses encontros, reatualizam-se histórias de vida que, muitas vezes, buscam através do outro reestruturar-se de forma menos sofrida e mais satisfatória. Assim, para o paciente ou para o aluno, o terapeuta e o educador são também vividos e representados nessa dimensão, a daqueles que podem acolher e talvez conjurar um destino, muitas vezes trágico, que, mesmo sem o saberem, permeia as relações entre eles.

* * *

Jamais saberemos o que determinou a evolução surpreendente do estado de Jerôme e o quanto a atitude de Marianne contribuiu para que ela ocorresse. Para a equipe terapêutica era incompreensível e mesmo angustiante acompanhar, dia após dia, a repetição daqueles gestos, daquelas palavras, daquelas "conversas", impossíveis segundo as evidências clínicas e os indicadores dos requintados aparelhos de monitoramento e de sobrevivência da unidade de terapia intensiva.

Durante aquelas semanas, apesar dos prognósticos sombrios da equipe médica, Marianne não compreendia o que acontecia com ela, nem com Jerôme. Sabia apenas que o queria vivo, que o imaginava reagindo às histórias que lhe contava, respondendo às perguntas que lhe fazia. Delirava?

Provavelmente, nenhum membro da equipe terapêutica poderia propiciar a Jerôme aquilo que Marianne lhe propiciara. O incômodo e a compaixão que sentiam diante daquela cena irreal, à beira do leito, originava-se talvez na percepção íntima e sutil do imenso esforço que ela despendia em desejar que ele reagisse, respondesse, vivesse. Intuíam, talvez, naquela situação, o lugar ao qual eram permanentemente convocados, dia após dia, pela condição extrema de cada um de seus pacientes. Pressentiam a necessidade, a urgência e as demandas que sequer podiam ser formuladas pelos pacientes, e que frequentemente negavam, por não se sentirem à altura para responder a elas.

Mesmo em condições menos graves, nas mais simples situações terapêuticas ou educativas, aquele que cuida tem a oportunidade de compreender que, antes mesmo das competências técnicas necessárias ao exercício de suas funções, seu desejo de vida e de desenvolvimento do outro é um elemento essencial para que este outro sintonize e responda ao gesto do cuidar. Um desejo no qual está implicada a pessoa do cuidador, sua própria história, sua capacidade de sonhar. Difícil compreensão de uma experiência que aparentemente fragiliza e assusta, mas sem a qual pode tornar-se inviável o ato de cuidar.

Referências

Aulagnier, P. (1978). *A violência da interpretação.* Rio de Janeiro: Imago.

Brisson, L. (2000). *Platon, Phèdre. Introduction, traduction et notes* (suivi de La pharmacie de Platon, de Jacques Derrida). Paris: Flammarion.

Corominas, J. (1997). *Breve diccionario etimológico de la lengua castellana.* Madrid: Ed. Gredos.

Fain, M. (1971). Prélude à la vie fantasmatique. *Revue Française de Psychanalyse, 35*, 291-364.

Fédida. P. (1998). A fala e o pharmakon. *Revista Latinoamericana de Psicopatologia Fundamental, I*(1), 29-45.

Freud, S. (1895[1950]). Projeto de uma psicologia científica. In *Edição Standard Brasileira das Obras Psicológicas Completas de Sigmund Freud* (Vol. I). Rio de Janeiro: Imago, 1980.

Freud, S. (1900). A interpretação dos sonhos. In *Edição Standard Brasileira das Obras Psicológicas Completas de Sigmund Freud* (Vol. IV; especialmente capítulo VII). Rio de Janeiro: Imago, 1980.

Freud, S. (1912). A dinâmica da transferência. In *Edição Standard Brasileira das Obras Psicológicas Completas de Sigmund Freud* (Vol. XII). Rio de Janeiro: Imago, 1980.

Freud, S. (1920). Além do princípio do prazer. In *Edição Standard Brasileira das Obras Psicológicas Completas de Sigmund Freud* (Vol. XVII). Rio de Janeiro: Imago, 1980.

Jouvet, M. (1992). *Le sommeil et le rêve*. Paris: Odile Jacob.

Kreisler, L. (1992). *A nova criança da desordem psicossomática*. São Paulo: Casa do Psicólogo, 1999.

Lévi-Strauss, C. (1958). *Antropologia estrutural*. Rio de Janeiro: Tempo Brasileiro, 1975.

Marty, P. (1990). *A psicossomática do adulto*. Porto Alegre: Artes Médicas, 1994.

Montagu, A. (1986). *Tocar*. São Paulo: Summus Editorial.

Pessini, L., & Bertachini, L. (Orgs.). (2004). *Humanização e cuidados paliativos*. São Paulo: Loyola.

Ranña, W. (2003). A criança e o adolescente: seu corpo, sua história e os eixos da constituição subjetiva. In R. M. Volich, F. C. Ferraz, & W. Raña (Orgs.), *Psicossoma III: interfaces da psicossomática*. São Paulo: Casa do Psicólogo.

Spitz, R. (1963). *O primeiro ano de vida*. São Paulo: Martins Fontes, 1993.

Volich, R. M. (1995, dezembro), Entre uma angústia a outra... *Boletim de Novidades Pulsional, 80*, 37-45.

Volich, R. M. (1997). A técnica por um fio...: reflexões sobre a terapêutica psicossomática. In F. C. Ferraz & R. M. Volich (Orgs.), *Psicossoma: psicanálise e psicossomática*. São Paulo: Casa do Psicólogo.

Volich, R. M. (2000). *Psicossomática: de Hipócrates à psicanálise* (7a ed., Coleção Clínica Psicanalítica). São Paulo: Casa do Psicólogo, 2010.

Volich, R. M. (2011). Efeito placebo e subjetividade: dor, desejo e palavra. In G. H. Peres, S. M. Cury Ismael, V. Elias & M. L. T. Moretto, *Tempo de vida e a vida de nosso tempo. Repercussões na psicologia hospitalar.* Rio de Janeiro: Atheneu.

Winnicott, D. W. (1951). Objetos transicionais e fenômenos transicionais. In *Textos selecionados: da pediatria à psicanálise* (pp. 389-408). Rio de Janeiro: Francisco Alves, 1982.

29. Severina

Breves reflexões sobre o ato terapêutico[1]

. . . é a parte que te cabe neste latifúndio.

João Cabral de Melo Neto, *Morte e vida severina*

Severina é a vida daquele que se debruça sobre o sofrimento do outro.

Severina é a experiência do paciente que pressente que, por melhor que consiga explicar sua queixa, é incapaz de dizer exatamente do que sofre.

Severina é a prática do médico, do terapeuta, de todo aquele que cuida, que revela, a cada consulta, o conflito entre o saber acumulado ao longo de seus estudos e o desafio do enigma que lhe lança o paciente.

Severina é a renúncia, muitas vezes a contragosto, da paixão pelo gesto de curar em função de exigências de evidências, produtividade e de lucro.

---

1 Publicado em *Boletim de Novidades Pulsional, 123*, julho de 1999, pp. 74-76.

Severina é a impossibilidade de contato com a dúvida, que resseca e racha a terra da criatividade e do crescimento interior.

Severina é o calor tórrido dos holofotes, da fama, do reconhecimento profissional tão batalhado, tão almejado, que muitas vezes impede de respirar.

Severina é a errância solitária do profissional que, apesar de cruzar cotidianamente com seus pares, sente-se como se vagasse em terra devastada pela infertilidade e pela penúria.

Severina é a vida. É a morte.

Imagens de um poema, de um filme dos anos 1960, que poderia fazer-nos supor que já nos encontramos distantes daqueles tempos, daquelas paisagens desérticas de um Nordeste avassalado pelo abandono, pela miséria, pela fome. Terras onde o silêncio se impõe pelo simples fato de que o esforço para a emissão de algumas sílabas é demasiado grande para organismos tão debilitados pela carência.

Severina é a memória que se perde, transformando-nos em seres, em povo, sem rosto, sem história.

Severina não é ali, distante no tempo, no espaço. É aqui. É agora. É cada instante.

Severina de João, de Cabral, não foi apenas um retrato de um certo Brasil que provavelmente muitos de nós nunca conhecemos ou conheceremos. Severina continua sendo. É a própria imagem do desamparo, do abandono não apenas de uma região, de um povo, mas do que habita o íntimo de cada humano, desde nossas origens.

É nesse desamparo, Severina, Severino, que se encontram terapeuta e paciente, por mais que se esforcem em manter distantes as paisagens que compartilham, por mais que tentem acreditar estarem em lados opostos de uma fronteira, ilusória, do sofrimento: um doendo, o outro aliviando a dor.

Severina é a necessidade de reconhecer uma outra dor, compartilhada, que funda o ato terapêutico. É o que nos mostra Esculápio, deus da Medicina salvo *in extremis* do ventre de sua mãe, sacrificada em um ritual, e confiado a Chíron centauro mítico, mestre da cura, que sofria de um ferimento incurável. Apesar de seu saber e de seus poderes terapêuticos, Chíron era incapaz de curar suas próprias feridas, destinado a suportá-las eternamente, por ser imortal. Chíron e Esculápio, o Mestre e o discípulo, o poderoso e o abandonado, o médico e o doente, oriundos de mundos e de espécies distintos, encontram-se sob o signo da perda e da dor irreversíveis. É sob a luz dessas experiências que exercem e cultivam a arte terapêutica.

A psicanálise nos mostra que a vida é um jogo no qual, para poder ganhar, é necessário, antes de tudo, reconhecer que perdemos. É a partir das experiências mais primitivas de perda e das angústias mais precoces que se estrutura o desejo de curar. Tratar o outro é antes de mais nada poder entrar em contato com o próprio sofrimento e com as experiências que ele evoca em nosso foro mais íntimo. É efetuar o trabalho permanente de reparação de nossas próprias feridas, reencontradas nas dores daqueles de quem cuidamos.

Do leito hospitalar à assepsia da mesa cirúrgica, do consultório *high-tech* aos ambulatórios de periferia, dos divãs, das poltronas, das salas aparelhadas dos fisioterapeutas, do andar sempre apressado dos enfermeiros aos gestos mágicos do xamã e do burburinho dos hospitais, invariavelmente emanam gritos candentes que, muitas vezes, sob o manto das melhores intenções, insidiosamente são calados pela parafernália terapêutica.

Apesar de seu caráter desviante e regressivo, toda doença, mental ou somática, é *ainda* uma tentativa de estabelecimento de um equilíbrio do organismo, que não consegue utilizar recursos mais evoluídos para enfrentar os conflitos internos ou externos aos quais está submetido. Muitas vezes é a doença o último recurso do indivíduo para fazer ouvir uma dor profunda que não pode ser escutada de outra forma. A subversão do corpo, mesmo dos processos metabólicos mais automáticos, pode ainda ser, algumas vezes, uma tentativa de subjetivação.

Severina é a necessidade de compreender a doença segundo uma dialética contínua entre psique e soma, duas dimensões de um funcionamento único do organismo.

Severina é a tentativa de reconhecer e incluir no gesto terapêutico a importância de sempre considerar as vicissitudes da existência do ser humano e de cada sujeito: suas origens, seu desenvolvimento, seus males, suas produções individuais, sociais e culturais.

Severina é, enfim, a luta para resgatar da polifonia dos sinais clínicos e da exuberância da tecnologia diagnóstico-terapêutica o sentido e a urgência dos sofrimentos silenciados.

Referências

Foucault, M. (1963). *O nascimento da clínica.* São Paulo: Forense, 1977.

Freud, S. (1930). O mal-estar na civilização In *Edição Standard Brasileira das Obras Psicológicas Completas de Sigmund Freud* (Vol. XXI). Rio de Janeiro: Imago, 1980.

Melo Neto, J. C. (1994). Morte e vida severina. In *Obra completa* (p. 171). Rio de Janeiro: Nova Aguilar.

Volich, R. M. (1998). Fundamentos psicanalíticos da clínica psicossomática. In R. M. Volich, F. C. Ferraz, & M. A. A. C. Arantes, *Psicossoma II: psicossomática psicanalítica*. São Paulo: Editora Casa do Psicólogo.

Volich, R. M. (2000). A função terapêutica. In *Psicossomática: de Hipócrates à psicanálise* (7a ed., Coleção Clínica Psicanalítica). São Paulo: Casa do Psicólogo, 2010.

30. Olhares de criança[1]

Olhar matinal

Manhã fria, de inverno. Na penumbra do quarto, encolhido entre as cobertas, respira, sereno, o pequeno vulto. Envolto em sua inocência, ignorando os primeiros raios de luz que se anunciam à sua cabeceira, insiste a criança em frequentar aquele mundo mágico que, encantada, ela visita todas as noites. Por que abandoná-lo?

Entre o dever e a culpa, aproximamo-nos de seu leito para despertá-la e prepará-la para o novo dia. Hesitamos. Pensamos em poupá-la daquela brusca passagem, quando, quebrado o encanto, a realidade ofusca e incomoda mais que a luz que se intensifica. Esperamos. Mais alguns movimentos daquelas cobertas que, lentamente, sobem e descem, ritmando o tempo que se obstina a passar.

Um primeiro toque no rosto, um beijo, observando um esboço de gesto mais brusco, pedindo que a deixemos em paz. Um outro

1 Publicado em *Boletim de Novidades Pulsional, 88*, agosto de 1996, pp. 21-27, adaptado para esta coletânea.

toque, um nome sussurrado anunciando a hora que já se faz tarde, e as primeiras instruções do dia. Soberbo, o filho nos ignora, olhos fechados e corpo se estirando, preguiçoso.

De repente, seus olhos se abrem, encontrando, ao seu lado, uma presença estranha ao mundo imaginário por onde andava. Instante fugaz, imperceptível, renovado desde o primeiro momento em que pôs os olhos neste mundo. Com seu olhar fixo, silencioso mas decidido, ele nos pergunta: "Quem é você?".

Antes de reconhecer em nós seu pai, sua mãe, alguém da família, somos aqueles que o arrancamos de seu mundo de sonhos, narcísico, para colocá-lo em contato com um outro, bem menos gratificante, bem mais exigente. Momento de estranhamento, quando, inevitavelmente, somos interpelados por aquele olhar, que espera de nós resposta: "Quem é você?". A cada dia, a cada despertar, a pergunta se coloca insistente, e a cada vez somos intimados a respondê-la. Para a criança, somente?

Ao despertar, em seu estranhamento e na busca de reconhecer-nos em meio ao caos do mundo que a aguarda, a criança questiona mais do que nosso nome, nossa função para com ela. Ela realmente nos confronta com quem somos, não apenas para ela, mas também para nós mesmos, perante de nossos pares. Mesmo que silenciosa, sua questão convoca a um balanço de nossos gestos, de nossas palavras, de nossas ações, das perspectivas e consequências de cada uma de nossas decisões.

A criança nos interroga sobre nossa identidade, sem dúvida, mas também sobre a essência do ser pai ou mãe. Ela busca também em nossos gestos e olhares respostas, apoio e alívio para a angústia suscitada por uma questão semelhante, que a toma por inteiro, "quem sou eu?". Ela nos interpela sobre nossos projetos, para a vida e para ela mesma, filha que se encontra diante de nós. À sua maneira, ela ainda perscruta nossas virtudes, vícios e valores.

Muitas vezes é difícil sustentar aquele olhar... Há aqueles que dele se esquivam... Alguns, por alguns instantes, apenas. Outros, por toda vida, sistematicamente...

Naquela breve troca de olhares, aquele ser, tão frágil em sua aparência, tem o poder de abalar as mais sólidas crenças sobre nós mesmos, sobre nossa existência, perturbando e mesmo transformando os projetos mais bem estabelecidos.

Atarefados e dominados pelo ritmo alucinado de nossas vidas, talvez não prestemos muita atenção a este ritual matinal. Entretanto, a cada dia, ele marca, impregna e, inconscientemente, determina nossos destinos.

Olhar de um e de outro

Ao formular suas concepções sobre o "estádio do espelho", Jacques Lacan destaca a importância da função estruturante do olhar da mãe para a organização da vivência fragmentada que a criança tem de seu próprio corpo e do mundo (Lacan, 1949). Esta experiência inaugural, vivida entre seis e dezoito meses de idade, não se constitui apenas pelo encontro da criança com sua imagem refletida no espelho, como sugere o nome. Acima de tudo, ela é, essencialmente, uma experiência *de relação*, na qual, no limite, o próprio "espelho", como objeto concreto, pode ser dispensado. Por meio da interação entre a mãe e a criança, a partir do encontro e da dialética de desejos de cada uma delas, são criadas as condições que podem (ou não...) viabilizar a estruturação da criança como sujeito, sua identidade e sua separação simbólica do corpo materno.

Assim como a presença de um outro ser humano permite ao bebê sobreviver e superar sua condição de desamparo (Freud,

1895), as diferentes modalidades e qualidades dessa presença modelam as condições de sua sobrevivência e de desenvolvimento.[2]

No início desse desenvolvimento, é por meio do olhar, das palavras e dos desejos daquela mãe, ou daquelas pessoas, que geralmente o amam (mas que algumas vezes também podem odiá-lo), que o filho gradualmente percebe e representa sua própria existência. Esses desejos, esse amor e esse ódio modelam a representação que a criança constrói de si, de seu corpo, da realidade.

Como descreve E. Salducci (1993), ao descobrir sua imagem no "espelho", a criança se volta para a mãe pedindo que ela autentique aquela descoberta. Apontando para a imagem, ela pronuncia hesitante à mãe, seu nome na terceira pessoa: "Bebê?" Ao que a mãe responde "Sim, é você, meu filho...", permitindo à criança ousar pela primeira vez conceber "Aquele *sou* eu...". É *por meio de* e *na* imagem do outro – o outro no espelho, mas também na realidade – que a criança tem a oportunidade de se (re)conhecer. Nos primeiros tempos de sua existência, ela vive e experimenta a si mesma, antes de tudo, enquanto outro.

As primeiras relações do bebê com sua mãe são marcadas por vivências de simbiose e de indiferenciação. Em meio às experiências da maternidade, para a mulher, o bebê ocupa um lugar narcísico privilegiado, de defesa contra a angústia de castração, e de símbolo imaginário da recuperação do falo perdido na infância (Freud, 1924). Também para o pai o bebê ocupa um lugar narcísico, de um ser ideal e perfeito (Freud, 1914). Muitas vezes é difícil para o pai ou para a mãe renunciar a essa ligação narcísica à criança. Nessas circunstâncias, todos – mãe, pai e filho – correm o risco

---

2 A condição de desamparo, suas contingências e repercussões nos primeiros tempos de vida são discutidos mais amplamente no artigo "O cuidar e o sonhar" desta coletânea, na seção "O desamparo primitivo e sua superação".

de se tornarem prisioneiros de uma relação imaginária, alienada de si mesmos, onde nenhuma liberdade é possível.[3]

A cada manhã, na penumbra do quarto, observando o filho que ainda habita o mundo dos sonhos, reatualizam-se as primeiras experiências da infância, dos pais e da criança. Fascinados, também os pais são capturados por aquela cena narcísica.

A cada dia, no momento do despertar, repete-se também a busca pelo reconhecimento recíproco, onde, espelhos um para o outro, pais e filhos tentam identificar suas imagens: "Quem é você?", "Quem sou eu?". Ao acolher o filho para o mundo de vigília, pelo olhar da criança, também os pais são confrontados com verdades de sua própria existência.

Olhar impossível

Aos olhos de todos, Jean-Claude Romand[4] tinha tudo para ser feliz. Aos 39 anos, morando com sua esposa e dois filhos pequenos numa pequena aldeia do Aïn, perto da fronteira franco-suíça, Jean-Claude era considerado um pai exemplar de uma família harmoniosa. Respeitado por amigos e vizinhos como pesquisador da Organização Mundial da Saúde, em Genebra, especialista em pesquisa fundamental sobre a arteriosclerose, ele vivia uma vida

3 Aprofundo essa análise dos efeitos nefastos e desorganizadores dos ideais e, em particular, do ego-ideal em "Morrer de amor: os ideais e as desorganizações psicossomáticas" (Volich, 2008) e a retomo, de forma mais sucinta, no contexto mais amplo da economia psicossomática em *Psicossomática: de Hipócrates à Psicanálise* (Volich, 2000).

4 A história verídica de Jean-Claude Romand foi relatada por Emmanuel Carrère na revista *Nouvel Observateur* de 20-26 de junho de 1996, pp. 43-45 (recuperado de http://goo.gl/044uXo) e posteriormente no livro *L'adversaire* (Carrère, 2001), adaptado para o cinema (por Nicole Garcia, em 2002) e para o teatro (por Frédéric Cherbœuf, em 2016).

aparentemente tranquila e destinada ao sucesso. Quem o via toda manhã levando seus filhos à escola imaginava que, para aquele homem, ali se iniciava um dia pleno de realizações e de descobertas apaixonantes. Entretanto, aqueles momentos constituíam o último contato que seus conhecidos tinham com ele pelo resto do dia. Ao dobrar a esquina da escola, por anos a fio, seu carro seguira um destino que mais ninguém, além dele, conhecia...

Uma viagem iniciada muitos anos antes. Com vinte anos, cursando o segundo ano de medicina, Jean-Claude foi reprovado nos exames finais. Ele poderia ter feito os exames de segunda época, mas um acidente banal, na escada de sua casa, fez com que ele fraturasse o pulso, impedindo-o de realizá-los. Ele ainda poderia ter solicitado um exame oral, mas, por razões misteriosas, não o fez. Imaginando que a decepção pela reprovação seria insuportável para seus pais e para Florence, sua futura esposa, Jean-Claude mentiu dizendo que havia passado para o terceiro ano. "Mentira pueril, que, ele não sabia ainda, selaria seu destino, o de seus pais, de sua futura esposa e de seus filhos ainda não nascidos", conta Emmanuel Carrère (1996).

Desde aquela primeira mentira, ao logo de oito anos, de ano em ano, repetiu-se o ritual. Jean-Claude estudava muito em casa, saía para a faculdade, pesquisava na biblioteca, mas, sem que ninguém suspeitasse, ele continuava inscrito no segundo ano. Com seus familiares, com a namorada, com amigos, ele comentava modestamente seus sucessos, os temas dos cursos (que ele *realmente* estudava!), as experiências de internato (que ele nunca frequentou...). Sua namorada chegou a tomar-lhe a matéria para o exame de residência, no qual ele anunciou ter passado em quinto lugar, sem que ninguém se surpreendesse.

Ao casar com Florence, em 1980, ele inventou ter sido contratado como pesquisador da Organização Mundial da Saúde em

Genebra, o que justificava que ele nunca se encontrasse em sua sala, "viajando" de um centro para outro, em reunião com outros pesquisadores, e mesmo com alguns políticos famosos. Durante treze anos ele sustentou essa ficção sem levantar a menor suspeita.

Em 1985 e 1987 nasceram seus dois filhos, Caroline e Antoine. Talvez sua vida familiar fosse o único porto tranquilo em meio à turbulência de seu mundo interior. Ele era dedicado à família, bastante presente ao lado da esposa e das crianças, era capaz de tudo para satisfazê-los, e não media esforços para lhes evitar o menor incômodo. Em função disso, os amigos e a vizinhança apreciavam aquele grupo harmonioso e de convivência tão agradável.

Porém, para onde se dirigia Jean-Claude a cada manhã, após dobrar a esquina da escola das crianças? Como passava seus dias, uma vez que nenhum compromisso, nenhuma pesquisa, nenhuma pessoa o aguardava para além daquela esquina?

Durante o horário comercial, Jean-Claude errava pelas estradas da região onde morava, escolhendo ao acaso ora uma cidade como Genebra, ora uma esticada até Lyon, ou mesmo até as florestas do Jura, onde passara sua infância. A um dado momento, ele estacionava e passava o dia lendo, dos jornais do dia às publicações científicas, para manter-se atualizado em "sua especialidade". À noite, ele voltava para casa. Nesse momento, quando os outros se preparam para entrar no mundo dos sonhos, Jean-Claude saía do seu...

Não vamos nos deter nos detalhes de seus malabarismos financeiros para conseguir as quantias necessárias para prover sua família. Em meio à espiral de estratégias e subterfúgios que ele teve que desenvolver para sustentar sua vida dupla, obter uma renda por meio de algumas pequenas operações imobiliárias talvez não lhe fosse o mais difícil.

O que certamente surpreende é constatar como, a partir de sua primeira e inocente mentira, Jean-Claude tomou um caminho que se revelou irreversível. Durante quase vinte anos, ninguém levantou a menor dúvida sobre suas supostas conquistas, seus hábitos, sua rotina. Durante quase vinte anos, nenhum lapso, nenhuma surpresa, nenhum imprevisto se sobrepôs ao extremo controle ao qual, sistematicamente, ele submetia todas as suas ações, todas as suas falas. Dessa forma, ao final de cada dia, dos meses, dos anos, sempre era possível encontrar Jean-Claude, calmo e modesto, apesar de seu "sucesso", "com seu sorriso doce que só podia inspirar confiança" (Carrère, 1996).

Até que ele conhece Chantal. Não se sabe ao certo se foram amantes ou simplesmente amigos. Com certeza, aproximar-se em segredo de outra mulher, acrescentar mais essa atividade clandestina ao rol daquelas que ele praticava cotidianamente não era motivo para maiores remorsos ou preocupações. Dentista, recém-separada, ela vende seu consultório para mudar-se para Paris, e pede para Jean-Claude aplicar seu dinheiro na Suíça, com vistas à montagem de sua nova clínica. Mesmo sabendo que ela precisaria em breve daquele dinheiro, ele o utiliza, gastando-o com ela, sem que ela soubesse sua origem, para impressioná-la.

Quando Chantal pede que ele retire o dinheiro para comprar seu consultório, Jean-Claude inventa mil obstáculos para fazê-lo, adia, desculpa-se, e ela aceita sem maiores problemas. Porém, naquele momento, ele pressente que seu tempo se esgotava, que seu sistema estava prestes a falhar pela primeira vez, e que, talvez, toda a verdade se revelaria.

Diante do inevitável, Jean-Claude poderia simplesmente fugir, decidir ser preso, ou mesmo suicidar-se, deixando um bilhete garantindo aos seus que sempre os amou, e que foi essa a razão de todos os seus atos. Mas ele não pode escolher nenhuma dessas saídas.

Mais do que o medo de ser desmascarado, de perder a liberdade ou a vida, lhe era sobretudo insuportável a ideia de que seus pais, Florence e seus filhos descobrissem que ele não era aquele que eles acreditavam ser, e sim um simples escroque. De tão insuportável para si mesmo, ele imagina que tampouco eles tolerariam essa revelação, que morreriam em função disso.

Porém, ele os ama. Ele sempre os protegeu e os preservou. Em seu íntimo, ele se debate com essa ideia, pensando que eles não mereciam "tal morte, tal sofrimento". "Melhor seria se eles morressem sem sofrer, isto é, sem saber"... Ele imagina uma solução, e, naquele instante, a máquina infernal se acelera.

Ele planeja sua solução com a mesma minúcia e a mesma frieza com que sempre montou todo o cenário de sua vida. Compra munições, barbitúricos, gasolina. Chega a se surpreender consigo mesmo. "Uma lógica terrível o aprisiona em seu plano final, como sempre o aprisionou em sua mentira".

Na sexta-feira à noite, toda a família foi a um shopping para as compras. Jantam juntos, contam-se histórias da escola, riem das brincadeiras e das piadas de cada um. No sábado, pela manhã, Jean-Claude se levanta e olha por alguns minutos sua mulher dormindo. "Um instante de branco" e, em seguida, ele se percebe com um pau de macarrão ensanguentado na mão. Florence continua deitada, mas morta, com o crânio estraçalhado.

No andar de baixo, seus filhos, já acordados, assistem a um vídeo dos *Três Porquinhos*. À sua aproximação, eles olham para ele (será que ele conseguiu enxergar esses olhares?). Ele se senta ao seu lado, acaricia-lhes as cabeças e convida-os para uma brincadeira de esconde-esconde no quarto deles. Eles entram debaixo dos lençóis, e, sem desconfiar de nada, aguardam... até o momento em que são atravessadas pelas balas do fuzil de seu pai.

Jean-Claude sai de casa, entra no seu carro e, desta vez com destino certo, dirige-se à casa de seus pais. Almoça com eles e, depois da sobremesa, convida-os, um a um, para subirem com ele ao andar superior, onde também os elimina. "Eles também nada pressentiram, nada compreenderam". Nem mesmo o cachorro de estimação, cuja fotografia ele carregava sempre em sua carteira, foi poupado.

Os dias de Jean-Claude sempre foram longos. Há muito tempo, ele já tinha marcado um encontro com Chantal em Paris para aquela noite. Ele percorre cerca de quinhentos quilômetros para encontrá-la, saem juntos, e acabam brigando. Ele também tenta matá-la, mas ela consegue dissuadi-lo. Ele se desculpa, se arrepende, pensando que talvez não fosse tão importante que ela viesse a saber a verdade a seu respeito. Ele retorna para sua casa e passa o domingo enclausurado junto aos corpos de sua família. Na noite de domingo para segunda, ele espalha gasolina pela casa, toma um coquetel de barbitúricos e ateia fogo a tudo.

Chamados pelos vizinhos, os bombeiros intervêm rapidamente e apagam o fogo. Encontram os corpos das crianças e da mulher carbonizados, e Jean-Claude gravemente queimado, mas vivo. Depois de tantos anos, talvez tenha sido este seu lapso fatal.

Provavelmente, nunca conseguiremos descobrir tudo o que levou Jean-Claude a esquivar-se do olhar de seus pais, de Florence, de seus próximos, quando evitou compartilhar com eles a verdade dolorosa de seu fracasso nos exames finais. Nunca saberemos o que circulava entre os olhares de Jean-Claude e seus pais, que provavelmente contribuiu para aquela esquiva. Sabemos, porém, que no conluio de evitar tais olhares, negando ou furtando-se a responder às perguntas neles implícitas, desencadeou-se um movimento mortífero que, acelerando-se ao longo de vinte anos, tornou-se irreversível.

A partir do final de sua história, podemos ainda tentar imaginar como Jean-Claude, pai "presente e protetor", acolhia a cada manhã Caroline e Antoine quando de sua chegada do mundo dos sonhos. Quão doloroso, talvez impossível, suportar o olhar de seus filhos lhe perguntando "Quem é você?", sendo que a única resposta que podia lhes dar era "Eu não sou Eu". Poder apenas ser um outro de ninguém, secreto, em silêncio, solitário... Esquivar mais uma vez o olhar, suportar uma vez mais a impostura, e, retendo o fôlego, acariciar as cabeças dos filhos sabendo que ele nunca poderia lhes responder.

A cada manhã, na penumbra do quarto, junto com o despertar do dia, um momento de verdade se anuncia. Diante do primeiro olhar da criança, do Outro, pode-se aceitar o convite de encontrá-lo sob o signo da Vida, ou sempre esquivar-se desse olhar, destinando-se inevitavelmente a encontrá-lo sob o signo da Morte.

São Paulo, 24 de junho de 1996

Referências

Garcia, N. (Diretor). (2002). O Adversário. França/Suíça/Espanha: Europa Filmes.

Carrère, E. (1996, 20-26 de junho). Cinq meurtres pour une double vie. *Nouvel Observateur, 1650*, 43-45.

Carrère, E. (2001). *L'adversaire.* Paris: Gallimard.

Freud, S. (1895[1950]). Projeto de uma psicologia científica. In *Edição Standard Brasileira das Obras Psicológicas Completas de Sigmund Freud* (Vol. I). Rio de Janeiro: Imago, 1980.

Freud, S. (1914). Sobre o narcisismo: uma introdução. In *Edição Standard Brasileira das Obras Psicológicas Completas de Sigmund Freud* (Vol. XIV). Rio de Janeiro: Imago, 1980.

Freud, S. (1924). A dissolução do complexo de Édipo. In *Edição Standard Brasileira das Obras Psicológicas Completas de Sigmund Freud* (Vol. XIX). Rio de Janeiro: Imago, 1980.

Lacan, J. (1949). *O estádio do espelho como formador da função do eu*. In *Escritos* (pp. 96-103). Rio de Janeiro: Zahar, 1998.

Salducci, E. (1993). Stade du miroir. In R. Chemama (Org.), *Dictionnaire de la Psychanalyse*. Paris: Larousse.

Volich, R. M. (2008). Morrer de amor: os ideais e as desorganizações psicossomáticas. In R. M. Volich, F. C. Ferraz & W. Ranña (Orgs.), *Psicossoma IV: corpo, história, pensamento*. São Paulo: Casa do Psicólogo.

Volich, R. M. (2000). *Psicossomática: de Hipócrates à psicanálise* (7a ed., Coleção Clínica Psicanalítica). São Paulo: Casa do Psicólogo, 2010.

31. Morrer em análise[1]

"Sinto que você morreu...", disse-me Martine, após alguns minutos de silêncio. E ela tinha razão.

Acompanhando seus pensamentos ao longo da sessão, fui subitamente tomado pela dor de uma lembrança insuportável. Capturado, realmente deixara de escutar Martine, que, sentindo ter me perdido, apontava-me tê-la abandonado. Resgatado por sua frase, lembrei-me de sua história, de suas dificuldades amorosas, da morte precoce de sua mãe, de sua amargura e de sua agressividade contida mas frequentemente manifesta contra aqueles que ela mais amava.

Qualquer um desses caminhos provavelmente poderiam tê-la levado a retomar suas associações, sua elaboração, suas próprias lembranças. Porém, era verdadeiro o que sentira. Mais que uma

---

1 Publicado originalmente na revista *Percurso, 38* (ano XX), 171-173, 2007, adaptado para esta edição. Uma versão ampliada com articulações teórico-clínicas sobre essas questões foi publicada em *Limites de Eros* (Volich, 2012).

reprodução do passado, era certo que ali, naqueles instantes, no presente, eu efetivamente não pudera investi-la. Morrera.

Insidiosa, marcada por uma dor que não escolhemos, infiltrou-se entre nós não a fantasia, mas a *realidade* da perda. Sem dúvida, teria sido mais seguro persistir pelos clássicos caminhos da transferência: lembrara de sua mãe? Desejara sua (minha) morte? Poderíamos, talvez, esperar que as interpretações e as elaborações contribuíssem para o lento trabalho de cicatrização de antigas feridas de Martine. Deixaríamos, no entanto, sangrando o corte daquele abandono que acabávamos de experimentar.

Correndo o risco de um movimento difícil e da ruptura possível que ele poderia provocar, disse-lhe que, efetivamente, não pudera estar com ela naqueles momentos. Que fora ela que me trouxera de volta de um lugar que eu não pudera evitar. Entre lágrimas silenciosas, Martine suspirou, aliviada. "Não suportaria", disse-me, "mais uma mentira em sua vida". Seguimos trabalhando. Por alguns anos...

Desafios

Muitos colegas acompanharam a luta do psicanalista Fabio Herrmann contra o câncer, que culminou com seu falecimento em 2006. Nas diferentes fases de seu tratamento, Fabio manteve, dentro de suas possibilidades, muitas de suas atividades institucionais e o atendimento de seus pacientes, com os quais fez questão de trabalhar as repercussões de sua doença e da provável morte que dela decorreria. Pôde despedir-se da maioria deles.

Dedicando um número especial a esse importante psicanalista brasileiro, a revista *Percurso* constatou que "temas como a doença e a morte do analista, essa agudização de sua humanidade e corporeidade", "não são usualmente abordados nos escritos psicanalíticos". Convidou, então, alguns colegas a se manifestarem sobre esses processos da existência e da finitude do analista no decorrer de uma análise.[2] Esse convite evocou em mim a lembrança de Martine.

Acompanhamos durante anos a vida de nossos pacientes. Conosco, eles compartilham suas alegras e tristezas, suas realizações e fracassos, seus momentos de vitalidade e de fragilidade. A nós eles confiam suas dores, suas dúvidas, seus medos e prazeres. Testemunhamos seu crescimento, sua velhice, conquistas e fracassos de toda ordem, os momentos de beleza e de feiura, de vitalidade e de desencanto. Muitas vezes, acompanhamos suas doenças, das mais simples a algumas graves, oscilando entre a esperança e o desespero. Às vezes, seguimos com eles até seus últimos momentos, em que nossas palavras parecem perder sua função, seu poder. Momentos em que nos resta apenas a esperança de termos conseguido, na história que construímos juntos, transformar nossa presença em algo que possa ainda atribuir um sentido a fantasias antes impensáveis, que aos poucos se materializam em uma insuportável realidade.

Quanto a nós, analistas, geralmente vivemos a maioria desses processos de forma imperceptível para nossos pacientes. Eles quase nada sabem de nossas angústias ou de nossas alegrias, de nossas vidas, de nossos amores, de nossas esperanças, conquistas ou frustrações. Às vezes, somos traídos por nosso corpo, quando uma primeira ruga aparece revelando o efeito do tempo, quando uma olheira revela nosso cansaço ou tristeza, quando o emagrecimento, a cor da pele ou outro sintoma evidenciam um sofrimento, uma doença ou um mal-estar indisfarçável.

---

2 Responderam também a esse convite Carmen S. Molloy, Liana Pinto Chaves (*Percurso – Revista de Psicanálise*, *38*, junho de 2007, p. 171 e seguintes).

Desmarcamos sessões, atrasamos, suspiramos, transpiramos, gaguejamos... mas ali estamos, presentes... Mais do que muitas vezes percebemos, os pacientes acompanham esses e muitos outros sinais, imaginam suas causas tentando compreendê-los, preocupam-se, convidam-nos a nomeá-los, recebendo quase sempre em troca uma interpretação que os convoca a suas próprias histórias, mas que, por mais pertinente que seja, não responde completamente à inquietação que a fragilidade de nossa existência material revela e mobiliza em suas fantasias.

Às vezes, abruptamente, a presença do analista não é mais possível. Uma doença súbita, um drama familiar, um acidente podem interromper as sessões por um período mais prolongado. Algumas vezes, para sempre. Nem sempre a despedida é possível.

Outras vezes, mesmo íntegros e fisicamente presentes na sessão, podemos desaparecer diante do caráter insuportável de algumas cenas trazidas pelo paciente.

Em um processo psicanalítico, como na vida, quase nunca escolhemos o encontro com a perda. Fantasia e realidade dessa experiência se impõem, mesclando-se às vivências pulsionais mais primitivas, muitas vezes, sem palavras. O frio, o silêncio, a penumbra, a paralisia, a solidão combinam-se para compor o cenário doloroso por onde desfilam os abandonos, as separações, as mutilações, as doenças, as mortes. Na análise, porém, apresenta-se a possibilidade de não mais solitários, mas acolhidos por uma pessoa significativa, retomar o contato com essas feridas, esperando que possam cicatrizar. O investimento do analista, pela presença, pela escuta, pela palavra, em alguns momentos, inclusive, pelo gesto, é o que propicia a aproximação dessas dores para a constituição de um outro olhar, de uma outra experiência que permita libertar-se da tendência algumas vezes irrefreável de sua repetição.

Há, porém, momentos em que, mesmo com o resguardo e a proteção do enquadre analítico, subitamente, o investimento não é mais possível. Pelo encontro insuportável com uma cena desde sempre evitada, pela intensidade da dor mobilizada, pela violência pulsional irrefreada. Recolhidos ao mínimo espaço de nossa própria sobrevivência, por alguns instantes, nos anestesiamos, ensurdecemos, abandonamos, desinvestimos. Morremos. Para o outro, para o mundo.

Assim oscila a análise, para ambos, paciente e analista, entre o investimento e o desinvestimento, entre a vida e a morte. A dor da morte, da perda, é a dor do desinvestimento.

Por que falou Martine a um "morto"? Por um lado, naturalmente, pela estranha familiaridade de sua sensação, para conjurar a ideia/desejo de que eu realmente tivesse morrido. Por outro, por se perceber como a única que poderia, ali, naquele momento, ao dirigir-me sua fala, seu desejo, seu investimento, me ressuscitar. Mesmo tomada por sua própria dor, e apesar dela, Martine descobriu-se, sem saber, como guardiã e promotora da vida.

Ainda que a aliança em torno do desejo de vida seja a condição fundamental para uma análise, é inevitável que, em alguns momentos desse processo, analista e paciente se deparem com experiências de perdas, abandonos, de desinvestimentos. Somos constantemente confrontados com dolorosos momentos em que corremos o risco de desaparecer ou de efetivamente morrermos um para o outro. Insuportável condição de não existir para esse outro, tão significativo, da qual, muitas vezes, nem mesmo o enquadre ou a técnica podem nos proteger. Porém, quando tolerada, essa condição é incontornável para a descoberta, mesmo em condições extremas de sofrimento, dos recursos de investimento de cada um.

Há ainda, é verdade, inesperados momentos em que perdas, mortes, separações reais tornam impossível o reencontro, esvaziando gestos e palavras, tornados quase sem sentido. Momentos solitários, em que o resgate da memória, dos encontros, do vivido é quase a única forma de resistência à convocação melancólica, último recurso para o investimento e a promoção da vida.

Referências

Volich, R. M. (2012). Morrer em análise. In E. M. Marracini, M. H. Fernandes, M. R. Cardoso & S. Rabello (Orgs.), *Limites de Eros* (pp. 169-183). São Paulo: Primavera Editorial (2a ed. no prelo, Blucher).

32. Tempos difíceis[1]

Ao nascer, o ser humano é inserido numa temporalidade, numa filiação e numa história. Vivemos a experiência, do antes e do depois, do passado e do futuro e também, claro, do presente. Os bebês e as crianças pequenas não experimentam essas categorias como nós, adultos. Em interação com o ambiente e aqueles com quem convive, a vivência e a representação do tempo se organizam aos poucos ao longo do desenvolvimento, a partir das primeiras experiências das crianças com seu corpo, com suas necessidades, com seus ritmos biológicos, por exemplo, o sono, a fome, a sede. Na oscilação entre a tensão de uma necessidade, como a fome, e o relaxamento vivido quando ela é saciada, constituem-se, para a criança, os ritmos e a experiência do tempo. As oscilações entre a necessidade e a satisfação, entre o desprazer e o prazer, instauram a temporalidade do humano.

É importante lembrar que, ao longo de toda a vida, uma parte de nós, o inconsciente, persiste em não reconhecer a ordenação

1 Publicado em *Brasileiros*, dezembro de 2013, pp. 98-99, e adaptado para a presente publicação.

temporal. Como revelou Freud (1900; 1915), e como nos mostram diariamente nossos sonhos, o inconsciente é o "lugar" onde tudo é possível. Nele coexistem, sem nenhuma contradição, o passado e presente, o antes e o depois, o aqui e o acolá, as cenas da infância e as fantasias sobre o futuro.

Para entendermos nossa relação com o tempo, é também preciso perceber que o humano é um ser em movimento permanente, entre o desejo e a realidade; a potência e a impotência; a culpa e a promessa. Oscilamos entre a esperança de satisfação de nossos desejos e a frustração por sua insatisfação, entre momentos de prazer e de desprazer.

A duras penas, aprendermos a lidar com a realidade da não satisfação e do desprazer (Freud, 1911), porém, o inconsciente e as fantasias ligadas a nossas experiências infantis incitam-nos a acreditar na possibilidade de satisfações e prazeres ilimitados. Guardamos para sempre as marcas desses funcionamentos, criando, ao longo da vida, estratégias para lidar com a realidade e com as experiências que desmentem a onipotência de nossos desejos. Projetamos sobre uma outra pessoa a responsabilidade pela frustração de um desejo, deslocamos para um outro objeto a esperança de satisfação desse desejo frustrado, negamos a dor dessa frustração.

A temporalidade é o pano de fundo de movimentos do desejo como esses. O passado é o tempo da verdade, da realidade implacável do que já aconteceu e não pode mais ser modificado. É o tempo que nos confronta com o sofrimento dos desejos insatisfeitos e com o prazer das satisfações já alcançadas. Podemos negar aqueles sofrimentos correndo o risco de nos tornarmos prisioneiros das satisfações já obtidas. O futuro é o tempo em que tudo ainda é possível. É o tempo das promessas, propício para que acreditemos que todos os nossos desejos ainda têm chances de se realizarem. As frustrações do passado ou do presente podem nos convidar a negar ou esquecer estes tempos. O futuro se oferece com suas novas possibilidades para tentarmos satisfazer o que não foi possível anteriormente.

Ao aproximar-se o final de um ano, esperamos que ele acabe logo, imaginando poder esquecer nossas dores e frustrações do ano que se encerra e acreditar que, no próximo, seremos mais felizes e satisfeitos. O futuro é o tempo propício para a projeção da onipotência infantil (Freud, 1913; 1914), do pensamento mágico e da ilusão – no bom sentido da palavra, pois, como nos revelou D. W. Winnicott (1951), precisamos sonhar, inclusive, para acreditarmos em nós mesmos, nos outros e no mundo que nos rodeia, e continuar vivendo.

A passagem de ano marca um momento, aleatório, que se presta de forma particularmente fértil a esse pensamento mágico, infantil, inconsciente. No *Réveillon*, podemos acreditar ter deixado para trás, no Ano Velho, nossas decepções, nossas perdas e nossa tristeza, projetando no Novo Ano todas as esperanças e desejos que, acreditamos, magicamente serão "certamente" satisfeitos.

Porém, por mais que oscilemos entre essas duas possibilidades – querer que tudo acabe logo, esperando a oportunidade de um novo início –, precisamos também negociar com nossas culpas: "será que conseguirei suportar o fato de que o ano vai acabar e não fiz várias coisas que pretendia? Não vi todos meus amigos, não terminei o trabalho planejado, não encontrei um novo amor..." Diante do tempo que se esvai ao final de cada ano, surge a urgência de resolver todas essas pendências em dezembro.

Somos seres ambivalentes. Ao mesmo tempo que queremos que tudo acabe logo para termos a chance de um novo início, queremos também ganhar um tempo que não existe para tentarmos até o último minuto do ano realizar o impossível. Sempre buscando alcançar tudo o que desejamos, negociamos com nós mesmos.

Olhamos para a lista de promessas do ano que finda, tentamos nos dar uma última chance, mas guardamos uma carta na manga: "Se não der certo, passarei para a lista do próximo ano... que, aliás, com certeza, será muito melhor, com mais felicidade, amor, saúde, dinheiro...".

"Humano, demasiado humano", como diria Nietzsche (1878). Dentro de certos limites, nessas vivências, nada há de doentio. Como o fizemos desde nossas primeiras experiências infantis com a realidade do mundo, vivemos e alimentamos as ilusões e as fantasias necessárias para que acreditemos que podemos superar nossas dores e que a esperança nos dê motivo para que continuemos vivos, em busca da satisfação de nossos desejos.

Porém, essas experiências essenciais à vida, a ilusão e a esperança, nos tornam presas fáceis do marketing e do consumo. Nessa dimensão mágica, infantil, onipotente, tornamo-nos facilmente vulneráveis aos apelos e publicidades que, mais do que prometer, tentam nos garantir que nas Festas de final de ano nossos desejos efetivamente serão satisfeitos, que encontraremos ao pé da árvore o presente pelo qual ansiamos; que (sem dúvida!) o próximo ano será muito melhor, que conquistaremos tudo aquilo que não alcançamos no ano que se encerra...

Não só no Natal e Ano Novo, mas especialmente nessas datas, é através dessa brecha, da "ilusão necessária" para o viver, que se infiltra a tirania do consumo e dos ideais que nos escravizam.[2]

---

2 Em "Morrer de amor: os ideais e as desorganizações psicossomáticas" (Volich, 2008), analiso os riscos e os efeitos nefastos do funcionamento primitivo do ego-ideal, implicado nessas dinâmicas, para o sujeito e sua economia psicossomática: "A clínica revela as dificuldades daqueles que, cada vez mais numerosos em nossa época, se recusam ou não conseguem renunciar ou superar as promessas mirabolantes de amor e de gozo prometidas e exigidas pelo ego ideal. A precariedade de seus recursos internos e sua extrema dependência do desejo do outro constituem uma combinação explosiva que torna o sujeito

Quando isso ocorre, o jogo vira: o que era facultativo – a ilusão, o devaneio, o sonho – passa a ser compulsório. Nas festas, somos obrigados a ser felizes; nas ceias, temos que comer e beber bem além de nossa necessidade e prazer; temos a obrigação de comemorarmos, de nos alegrarmos, esperançosos, apagando as frustrações do passado.

Porém, o compulsório é uma violência contra o humano. O prazer, que poderia ser contingente, facultativo, leve, torna-se imperativo, fonte de exigência, urgência, pressão. Assim, "enlouquecemos", nos "estressamos" e nos maltratamos nos finais de ano. Não temos mais escolha.

O recolhimento, a reflexão, os momentos de sintonia com outras dimensões, espirituais e afetivas, pessoais, familiares e sociais esperados nesse período do ano tornam-se inviáveis, diante das exigências das celebrações coletivas.

O que poderia ser uma pausa, um balanço, para elaborarmos nossos feitos e decepções, nossas conquistas e perdas, para sonharmos com o que realmente desejamos no porvir, torna-se impróprio e mesmo inconveniente.

O que já foi e poderia novamente ser um jogo delicioso, de liberdade de escolha e de crescimento, transforma-se em verdadeira servidão.

---

presa fácil de qualquer pessoa, imagem, produto ou ideologia que lhe prometa a possibilidade de afastar-se de seus terrores, de suas dores, de seu sofrimento. Presa fácil de qualquer um que lhe ofereça uma identidade, um corpo, uma vida que mascare seu desamparo e suas dolorosas feridas narcísicas" (pp. 231-232).

Referências

Freud, S. (1900). A interpretação dos sonhos. In *Edição Standard Brasileira das Obras Psicológicas Completas de Sigmund Freud* (Vol. XXI; p. 81). Rio de Janeiro: Imago, 1980.

Freud, S. (1911). Formulações sobre os dois princípios do funcionamento mental. In *Edição Standard Brasileira das Obras Psicológicas Completas de Sigmund Freud* (Vol. XII; pp. 277-290). Rio de Janeiro: Imago, 1980.

Freud, S. (1913). Totem e tabu. In *Edição Standard Brasileira das Obras Psicológicas Completas de Sigmund Freud* (Vol. XIII). Rio de Janeiro: Imago, 1980.

Freud, S. (1914). Narcisismo: uma introdução. In *Edição Standard Brasileira das Obras Psicológicas Completas de Sigmund Freud* (Vol. XIV; p. 309). Rio de Janeiro: Imago, 1980.

Freud, S. (1915). O inconsciente. In *Edição Standard Brasileira das Obras Psicológicas Completas de Sigmund Freud* (Vol. XIV; pp. 191-252). Rio de Janeiro: Imago, 1980.

Nietzsche, F. (1878). *Humano, demasiado humano*. São Paulo: Companhia das Letras, 2000.

Volich, R. M. (2008). Morrer de amor. Os ideais e as desorganizações psicossomáticas. In R. M. Volich, F. C. Ferraz & W. Ranña (Orgs.), *Psicossoma IV: corpo, história, pensamento*. São Paulo: Casa do Psicólogo.

Winnicott, D. W. (1951). Objetos transicionais e fenômenos transicionais. In *Textos selecionados: da pediatria à psicanálise* (pp. 389-408). Rio de Janeiro: Francisco Alves, 1982.

Agradecimentos

Fruto dos inumeráveis encontros e tempos que o inspiraram, este livro evoca a presença de amigos, colegas, familiares, professores, analistas, pacientes e alunos. Agradeço aqui a cada um pela importância que tiveram e ainda têm em minha vida, pelos sonhos, pelas experiências, por tudo que construímos.

Manifesto minha especial gratidão a meus pacientes, supervisionandos e alunos, que, por motivos compreensíveis, não podem ser nomeados um a um. Agradeço a confiança por compartilharem comigo suas vivências mais íntimas e sua clínica e pelo aprendizado e transformações reciprocamente experimentados ao longo dos caminhos que percorremos. A meus alunos, agradeço o calor da acolhida, a compreensão, sobretudo em alguns momentos difíceis, e as dúvidas, comentários e provocações que instigaram minha curiosidade e inúmeras descobertas.

Dos textos, emergem lembranças de muitos a quem me é particularmente importante explicitar meu reconhecimento.

Sou especialmente grato a Circe Maria Fernandes Bittencourt, que despertou em mim o fascínio pelas travessias e o prazer de relatá-las. Tenho boas lembranças de amigos e de outros professores do Colégio I. L. Peretz, que, como ela, compreenderam, incentivaram e acompanharam nossa curiosidade adolescente, revelando-nos, em tempos sombrios e ameaçadores, um outro Brasil e outros mundos.

Com os *chaverim*, *madrichim* e *chanichim* do Ichud Habonim,[1] muito cedo, experimentei o valor das trocas, da transmissão e das vivências coletivas. Com eles descobri a importância da amizade, da solidariedade e da luta contra as desigualdades e por mundos melhores, que até hoje me inspiram. A partir dessas experiências, pude construir e amadurecer com meus companheiros de Shnat Hachshará, do Garin Aliá, amigos do *kibutz* Bror Chail e de Tel Aviv, relações verdadeiras, solidárias e comunitárias, que contribuíram para o crescimento de cada um e dos projetos que compartilhamos. A todos eles e em especial a Noemi e Rubens Mau, Moisés Shcolnick, Ruth Hirch, Ana Spritzer, Danilo Tabacoff (*in memoriam*), Eugenia Klin, Helena Grajzer Milchtein, Thaís Gerchman, Jaime Kosman, Marcos e Shirley Joelsons, Henrique e Judith Steinberg, Dina e Gil Hausman, José Sérgio Wolf, Márcio Manela, Arale e Léa Thalenberg, Salvador Barzelai, Ari Chussid (*in memoriam*), Anete e Roberto Ring, Estela e André Matalon,

1 Companheiros, monitores e jovens de quem fui monitor no movimento de jovens Ichud Habonim (União dos Construtores). Seria excessivo mencionar todos aqueles com quem compartilhei esse período intenso e tão importante para todos nós. Que as melhores lembranças de cada um estejam aqui representadas por Leny K. Pripas, Mauro Kuperman, Ethel Resch, Priscila Marchesano (*in memoriam*), Marcio Klein, Sara Barzelai, Sérgio Hotimsky, Feiga G. Azoubel, Anette Schvartz-Azoubel, Esther Foigel, Suzana Chwartz, Noemi Jaffe, Vita Icilevici, Iara e Tâmara Czeresnia, Silvio Hotimsky, Noemia Mandelbaum, Dina Dikstein-Hausmann, Levi Kann, Silvia Czeresnia, Serge Mor (França), Abrão Kann, entre muitos outros.

Avramit Brodsky, Ruth Levit, Lili Besnosoff, meu profundo reconhecimento pela história que construímos.

A vida universitária ofereceu-me oportunidades de encontros marcantes. Os laços com a turma de 1975 da Faculdade de Pedagogia da USP, reforçados pela solidariedade vivida durante o período turbulento da morte de Vladimir Herzog, são até hoje presentes. Na Universidade de Tel Aviv, graças aos professores e colegas das Faculdades de Psicologia e de Orientação Educacional, pude integrar dois campos significativos de meu interesse, descobrindo as interfaces entre o ensino e a clínica, até hoje preciosas.

Na Faculdade de Psicologia da PUC-SP, o aprendizado e a intensidade das relações com colegas e professores inspiraram, amadureceram e consolidaram conquistas de meu percurso, aproximando-me de muitos com quem até hoje compartilho amizades e experiências significativas. Se aqui o espaço não me permite nomear todos individualmente, espero que cada um se reconheça representado pelo companheirismo, pela criatividade e pela generosidade de Viviane N. Campagna, Adriana M. Fráguas, Cristina G. Marrey, Beth Antonelli, Circe Tufolo, Regina Wielenska, Heloísa Marton, Alberto Pereira Lima, Maria de Fátima Cury Meireles (Fana), Lígia V. Gomez, Marina Massi, Osmar Luvinson Pinto, Luciana Sadalla de Avilla, Teresa R. Bracher e Yudith Rosenbaum, que, com muitos outros, contribuíram para que tenhamos nos mantido próximos ao longo de tantos anos. Lembrando ainda a saudosa presença de Marilu dos Reis e de João Papaterra, a cada um expresso minha gratidão.

A convivência e as discussões com colegas com quem trabalhei no início de minha atividade clínica e institucional, no Centro Comunitário de Saúde Mental de Parelheiros, no Grupo de Estudos de Reich e Psicanálise Caiubi/Atibaia e em meus primeiros consultórios, nas ruas Ministro Godói e Piracuama e em

Jundiaí, inspiraram meus primeiros escritos, alguns aqui apresentados. Agradeço a eles a abertura e a tolerância para minha inexperiência, a disponibilidade daqueles que me orientaram naqueles primeiros momentos e a confiança dos que acreditaram em nossos projetos e construções clínicas. A amizade e o companheirismo que floresceram com muitos deles me acompanham até hoje, pessoalmente e também na convivência cotidiana com alguns, como Silvio Hotimsky, Naiza França, Nelson Motta Melo, Betty Bogoshwol, Paula Francisquetti, Mara Caffé, Amanda Slaviero, Téo Lim e Ilva Silva de Jesus, na clínica que compartilhamos, onde as trocas, mesmo que muitas vezes fugazes, tornam nossa atividade menos solitária.

Sou também especialmente grato a Susana, Eva Landa, Fábio Landa, Mayer Snitkowsky, José Ângelo Gaiarsa, Nathalie Zaltzman, Dominique Stein, Carlos Augusto Nicéas, Carlos Gioelli, analistas e supervisores que, em diferentes momentos, acompanharam-me na descoberta de territórios e cenas desconhecidas, contribuindo até hoje, bem além de nossos encontros, para a elaboração de minhas experiências pessoais e profissionais.

A Olga Pires de Camargo, Renato Mezan, Luis Carlos Menezes, Miriam Chnaiderman, Cristina Magalhães e Isabel Kahn Marin agradeço o apoio e o importante papel que tiveram em algumas de minhas decisões na transição entre vida acadêmica e os primeiros tempos de minha atividade profissional no Brasil e também, posteriormente, durante minha residência na França e em meu retorno.

No programa de doutorado da Universidade de Paris VII – Denis Diderot, Jean Laplanche, Pierre Fédida, Sophie de Mijolla, Philippe Gutton e André Green revelaram-me a importância da pesquisa e da transmissão da psicanálise na universidade. Agradeço a eles e, especialmente, a Fédida, André Green e Piera Aulagnier pelo acolhimento, pela escuta e pelo ensino que muito contribuíram para o amadurecimento de meu trabalho e de minha clínica.

O ensino, a visão crítica e a disponibilidade do Prof. M. Sami Ali, orientador de minha tese, permitiram-me desenvolver os recursos necessários para as articulações de minha pesquisa clínica. Além dele, na banca de defesa da tese, os comentários e críticas dos professores Jacques Coppey, Philippe Gutton e Michel Marty apontaram para novas perspectivas que continuei desenvolvendo por muito tempo. Sou grato a cada um deles por essas contribuições e também ao Conselho Nacional de Desenvolvimento Científico e Tecnológico (CNPq) pelo apoio que viabilizou a obtenção do doutorado.

Minha pesquisa, realizada no serviço de oncologia do Hôpital St. Louis, em Paris, não teria sido possível sem o acolhimento caloroso do Prof. Michel Marty, diretor do serviço, cuja abertura à reflexão sobre as interfaces psíquicas e somáticas do adoecer e dos processos terapêuticos enriqueceu as discussões dos casos clínicos da tese. A ele e ao Prof. André Gorins, Dr. Marc Espié, Nicole Alby, Jacqueline Janiaux, Sonia Chiriacco, Linda Slama, Therèse Jond, Lucette Vigneron e Claudine Tran, colegas dos serviços de mastologia e de psicologia daquele hospital, agradeço o apoio e as preciosas trocas durante nosso trabalho em comum.

Na França, as amizades de Ana Sartori e Jorge C. da Silva, Véronique e Pascal Hérault, Clotilde e Gabriel Marinet, Ivette Levy, Catherine Langlais e Jean-Lin Roig, Diana Tabacof, Jacqueline e Philippe Janiaux, Sonia e Tonio Chiriacco, Patrícia Pereira Leite e José Canelas, Noemia e Ludger Mandelbaum constituíram um ambiente afetuoso para minha nova família e inspirador para meu trabalho. Com Véronique Vergnaux, Marie-Christine Langlois, Dominique Hutin, Patrice Lagard, Bruno Verrier, Hadda Hiresche, Marie-Lou Gonzalez, Maria Ramanisamanana e Pierre

Cordier compartilhei o prazer de trabalhar na Assistance Publique – Hôpitaux de Paris, em meio a um clima alegre, criativo e respeitoso das diferenças. Agradeço a cada um deles pela convivência que nos propiciou e ainda nos propicia as melhores experiências e lembranças de nossa vida naquele país.

Ao retornar ao Brasil, a acolhida, o cuidado e o incentivo de familiares, de antigos e novos amigos e colegas foram importantes para nossa reinserção e em algumas passagens difíceis que enfrentei. Além dos já mencionados, sou grato a Silvia Czeresnia Bronstein, Silvio e Sonia Hotimsky, Lisete dos Santos, Maria Amélia e Dráusio Ribeiro, Sonia Mendonça, Rudi e Ana Luisa Anker, Anette Azoubel, Cecília Orsini, Beatriz Stuchi, Stella Sampaio Leite, Léa Waidergorn, Heidi Tabacoff, Wilma S. Schwarc, amigos da PUC-SP, da *tnuá* e dos parceiros do terreno do Embu, pela presença significativa naqueles primeiros tempos e por tudo que, com muitos deles, continuamos cultivando.

Ao longo dos anos, encontros profissionais e pessoais criaram laços com novos parceiros de diferentes horizontes, como Renata Cronberg, Paulina Schmitbauer Rocha, Isabel Marazina, Caterina Koltai, Felícia Knobloch, Maria Rita Kehl, Regina Aragão, Michele Kamers, Vera Iaconelli, Alexandre Faisal Cury, Edson Luiz de Sousa, Vera Ramires, Fernando Rocha, Maria Júlia Paes da Silva, Cristina Ferreira, Carolina Henriques, Selme Lisboa, Octavio de Souza, Ivanise Fontes, Victoria Béjar, Sandra Trombetta, Márcia Azevedo, Débora e Zilmar Unikowski, Mary Jane Spink, Sheyna Vasconcellos, Alfredo Nafah, Nora e Oscar Miguelez, Beatriz Aguirre, Admar Horn, Sonia Bromberger e Margareth Binder e alguns colegas dos departamentos de psicanálise do Sedes, das Sociedades Brasileiras de Psicanálise de São Paulo e do Rio de Janeiro, da Sociedade Psicanalítica do Recife, da Sociedade de Psicanálise da Cidade do Rio de Janeiro e de outros grupos psicanalíticos. Guardo as melhores lembranças de eventos como os Estados Gerais da Psicanálise, os Fóruns Sociais Mundiais, congressos e outras atividades, publicações e viagens que realizamos, dos momentos que compartilhamos, e uma grande satisfação tanto pelo que produzimos como pela amizade que surgiu com alguns deles, ao sabor de trocas e da convivência.

Todas essas experiências contribuíram para o crescimento de meu trabalho e se encontram representadas em muitos dos textos desta coletânea. Com vários desses colegas participei e continuo a participar de diferentes grupos, clínicos, de pesquisa, de ensino, nos quais a reflexão e a discussão coletivas são inspiradoras e fontes de motivação para todos.

Nesse sentido, agradeço o companheirismo e o entusiasmo do primeiro grupo de pesquisadores do Laboratório de Psicopatologia Fundamental da PUC-SP – Ana Cecília Magtaz, Ana Cleide Moreira, Antonio Ricardo Rodrigues da Silva, Cláudio Waks, Daniel Delouya, David Calderoni, Edilene Queiroz, Isabel Kahn Marin, Ivanise Fontes, Júlio César Nascimento, Lou Muniz Atem, Maria Elisa Pessoa Labaki, Manoel Berlinck, Mário Eduardo Costa Pereira, Marta Conde, Maurício Garrote, Milton Lopes de Souza, Mira Wajntal, Ney Branco de Miranda, Paulo Ceccarelli, Renate Meyer Sanches e Veridiana Fráguas – pela abertura para a diversidade temática que inspirou e promoveu nossas pesquisas durante os seis anos de trabalho conjunto. Com esse espírito, eles acolheram meu projeto do Centro de Estudos da Mama, empreendido conjuntamente com Ana Cecília Mesquita, Éline Batistella, Luciana Tejada, Marta Assollini, Rosiane Sobrino, Rubia Mara Nascimento e Sonia Nussenzweig Hotimsky e apoiado pelo Prof. Dr. Domingos Petti, diretor do Instituto de Ginecologia e Mastologia da Beneficência Portuguesa de São Paulo. A todos eles, manifesto também minha gratidão.

Reitero meu agradecimento a Milton de Arruda Martins, professor titular do Departamento de Clínica Geral do HCFMUSP, a Maria do Patrocínio Nunes (Patrô), Iolanda F. L. Tibério, Arnaldo Lichtenstein e José A. C. Atta e à equipe do Departamento pela parceria no Projeto Clínico e Didático de Ação Multidisciplinar em Meio Médico, e igualmente a Wilson Jacob Filho, Alexandre Saadeh, Alfredo Mansur, Maria Júlia Paes da Silva, Bruno Caramelli, Toshio Chiba, Dulce Pereira de Brito, Silvia Massue Iriya, Lilia Schreiber e Izabel Cristina Rios pela afinidade que construímos na supervisão dos tutores dos residentes de Clínica Médica da FMUSP e pelas transformações por ela promovidas.

A Aline Camargo, Ana Luisa Cordeiro, Ana Maria Soares (Naná), Ângela Penteado, Atílio Bombana, Bernardo Bittelman, Cristiane Abud, Decio Gurfinkel, Éline Batistella, Flávio Ferraz, Gil Moreira, Helly Aguida, Lilian Carbone, Márcia de Mello Franco, Maria Auxiliadora Arantes (Dodora), Maria Elisa Pessoa Labaki, Maria Helena Fernandes, Maria José Femenias Vieira, Maria Luiza Ghirardi, Mirian Rejani, Sidnei Casetto, Sonia Neves, Wagner Ranña, colegas e amigos professores da Especialização em Psicossomática Psicanalítica do Instituto Sedes Sapientiae, agradeço a convivência e a solidariedade vividas com a maioria ao longo de nossos 26 anos de trabalho comum. Inspiradoras de inúmeras realizações coletivas e individuais, essas experiências constituem, como apontei, o pano de fundo da maioria dos textos desta coletânea. Agradeço ainda o convite de Wilson de Campos Vieira e dos primeiros professores para que eu participasse desse grupo, e aos colegas do Instituto Sedes Sapientiae pelo apoio ao longo dos anos.

Sou grato pela presença e pela consistência do investimento de cada um desses parceiros em nosso trabalho de formação, de transmissão e produção editorial que resultaram em simpósios, jornadas clínicas, publicações, um projeto clínico e em nosso

Departamento de Psicossomática Psicanalítica. Apesar da importância de todos, expresso um agradecimento especial a Maria Luiza Ghirardi pela compreensão, pelo companheirismo e pela sintonia que construímos ao longo dos nove anos de trabalho conjunto na coordenação da especialização, a Maria Elisa Pessoa Labaki pela presença sensível, pela escrita compartilhada e pelo pensamento clínico que desenvolvemos nas atividades de supervisão, a Maria Helena Fernandes pela amizade e pelas trocas inspiradoras e, uma vez mais, a Flávio Ferraz, amigo e parceiro de tantas aventuras editoriais, presença constante e instigadora de descobertas, elaborações pessoais e vários projetos.

Ao longo dos anos, em nossa formação, convivi com colegas e alunos curiosos, ávidos pelo estudo e pelas descobertas, com grande sensibilidade clínica e disponibilidade para a construção coletiva. Desse solo fértil, brotou e floresceu o Projeto de Atendimento e Pesquisa em Psicossomática, desenvolvendo recursos clínicos para a prática clínica em situações extremas de desorganização da economia psicossomática, e também o Departamento de Psicossomática Psicanalítica do Sedes, fruto de um movimento de apropriação individual e coletiva da teoria e da clínica que compartilhamos na Especialização. Sou grato a cada um por essa parceria que resultou nessas realizações, plenas de significado e vitalidade.

Manifesto ainda meu agradecimento às editoras Casa do Psicólogo/Pearson/Artesã, Escuta, Atheneu e outras, que propiciaram novos rumos e encontros a minhas palavras, à editora Blucher, que me recebe neste momento, e aos periódicos *Percurso*, *Revista Brasileira de Psicanálise*, *Revista Latinoamericana de Psicopatologia Fundamental*, *Jornal de Psicanálise*, *Pulsional*, *Cadernos de Subjetividade*, *Folha de S.Paulo* e outros que acolheram minhas publicações e gentilmente concordaram com a inclusão de algumas nesta coletânea.

Atravessado pelos anos e por tantas cenas, é possível que tenha esquecido de alguém que também mereceria ser aqui mencionado. Se assim for, desde já expresso minhas desculpas e meu reconhecimento, esperando sua compreensão.

Neste longo percurso, resgatando a escrita, os encontros e a memória, cabe, finalmente, expressar minha gratidão para com tantos que, mesmo sem estar diretamente implicados nos textos aqui reunidos, contribuíram e impregnam com sua existência o espírito de todos eles.

A Lúcia, muito mais que "uma feliz circunstância", amada companheira de descobertas e criações.

Às famílias Volich, Guertzenstein, Kann, Eisenbruch, Katz, Bassani, Strauss, Tarasantchi, Sígolo, Coury e Veynoglou-Kominskas, presentes e solidárias.

A Bruno, cedo demais privado de seu prazer em educar.

A Iraildes, presença tranquila e organizadora de nossas vidas.

A Gabriel, André, Laura e Carol, com a confiança de que mesmo o presente mais difícil pode ser transformado.

A Vitor, Arthur, João e as crianças do porvir, com a forte esperança no futuro melhor que irão construir.

A meus pais, sem os quais nenhum encontro teria sido possível.

Série Psicanálise Contemporânea

Adoecimentos psíquicos e estratégias de cura: matrizes e modelos em psicanálise, de Luís Claudio Figueiredo e Nelson Ernesto Coelho Junior

O brincar na clínica psicanalítica de crianças com autismo, de Talita Arruda Tavares

Budapeste, Viena e Wiesbaden: o percurso do pensamento clínico-teórico de Sándor Ferenczi, de Gustavo Dean-Gomes

Do pensamento clínico ao paradigma contemporâneo: diálogos, de André Green e Fernando Urribarri

Do povo do nevoeiro: psicanálise dos casos difíceis, de Fátima Flórido Cesar

Expressão e linguagem: aspectos da teoria freudiana, de Janaina Namba

Fernando Pessoa e Freud: diálogos inquietantes, de Nelson da Silva Junior

Heranças invisíveis do abandono afetivo: um estudo psicanalítico sobre as dimensões da experiência traumática, de Daniel Schor

A indisponibilidade sexual da mulher como queixa conjugal: a psicanálise de casal, o sexual e o intersubjetivo, de Sonia Thorstensen

Interculturalidade e vínculos familiares, de Lisette Weissmann

Janelas da psicanálise: transmissão, clínica, paternidade, mitos, arte, de Fernando Rocha

O lugar do gênero na psicanálise: metapsicologia, identidade, novas formas de subjetivação, de Felippe Lattanzio

Os lugares da psicanálise na clínica e na cultura, de Wilson Franco

Metapsicologia dos limites, de Camila Junqueira

Nem sapo, nem princesa: terror e fascínio pelo feminino, de Cassandra Pereira França

Neurose e não neurose, 2. ed., de Marion Minerbo

A perlaboração da contratransferência: a alucinação do psicanalista como recurso das construções em análise, de Lizana Dallazen

Psicanálise e ciência: um debate necessário, de Paulo Beer

Psicossomática e teoria do corpo, de Christophe Dejours

Relações de objeto, de Decio Gurfinkel

O tempo e os medos: a parábola das estátuas pensantes, de Maria Silvia de Mesquita Bolguese

Tempos de encontro: escrita, escuta, psicanálise, de Rubens M. Volich

Transferência e contratransferência, 2. ed., de Marion Minerbo

GRÁFICA PAYM
Tel. [11] 4392-3344
paym@graficapaym.com.br